Assessment Center in der
betrieblichen Praxis

Windmühle
GmbH
Verlag und Vertrieb von Medien

ARBEITSKREIS ASSESSMENT CENTER (HRSG)
FÜHRUNGSKRÄFTEAUSWAHL UND -ENTWICKLUNG

Das Assessment Center in der betrieblichen Praxis

ERFAHRUNGEN UND PERSPEKTIVEN

Windmühle GmbH

Verlag und Vertrieb
von Medien

REIHE »ASSESSMENT CENTER« BAND 1

CIP-Kurztitelaufnahme der Deutschen Bibliothek

Das **Assessment Center in der betrieblichen Praxis** :
Erfahrungen und Perspektiven / Arbeitskreis Assessment-Center (Hrsg.). - Hamburg : Windmühle Verl. u. Vertrieb von Medien, 1989
(Reihe Assessment Center ; Bd. 1)
ISBN 3-922789-32-3
NE: Arbeitskreis Assessment-Center; GT

1. Auflage 1989

Printed in Germany
ISBN 3-922789-32-3

Inhalt

Überblick und Einleitung

Wolfgang Jeserich

Mit dem vorliegenden Band zeigen wir auf, wie Unternehmen und Organisationen mit dem Instrument Assessment Center arbeiten und stellen neue Entwicklungen und Anwendungsmöglichkeiten vor. Damit geben wir die Inhalte des 3. Deutschen Assessment Center Kongresses 1988 wieder. Eine allgemeine Schlußfolgerung läßt sich gleich zu Beginn ziehen: Das Verfahren des Assessment Center gewinnt in Deutschland weiter an Bedeutung.

Nach der Umfrage des 'Instituts für Qualitative Personalarbeit' waren 1988 mindestens 89 Organisationen namentlich bekannt, die in der BRD Assessment Center unter den verschiedensten Bezeichnungen durchführen. Vergleichen wir das mit den 14 Firmen, die uns als Durchführer von AC's beim ersten Kongreß 1979 in Köln bekannt waren, dann ist das eine enorme Entwicklung.

Die soziale Akzeptanz dieses Verfahrens sowohl bei externen Bewerbern, als auch bei betriebsinternen Teilnehmern und Beobachtern sowie in den Unternehmen, die sich einmal zu diesem Verfahren entschlossen haben, steht kaum noch in Frage.

Wir haben es hier mit einem Instrument zu tun, das in idealer Weise die immer wieder gestellten Forderungen an die Personalarbeit vereint: Die wissenschaftliche Durchleuchtung und Begründung des eigenen Tuns, die Transparenz und Chancengleichheit für alle Beteiligten und die Hilfestellung für die Entscheidungen der Linie durch das Personalwesen. Diese Kriterien begründen die Akzeptanz dieses Instruments.

Es wird von allen Beteiligten immer deutlicher wahrgenommen,daß mit dem Assessment Center ein faires und lebendiges Instrument geschaffen wurde, das in seiner konsequenten Anwendung auch den theoretischen diagnostischen Gütekriterien vollauf genügt. Wir müssen allerdings deutlich darauf hinweisen, daß das nur dann der Fall ist, wenn die Veranstalter sich an eine Reihe von Qualitätsmerkmalen halten, die auch in diesem Band immer wieder Gegenstand der Diskussion sind.

Einer der wesentlichen Gesichtspunkte bei der Begründung der Methode in den 20er Jahren war die ganzheitliche Betrachtungsweise. Das ist heute sogar noch aktueller als damals. Alle Versuche mit Apparaten, welcher Konstruktion auch immer, oder allein mit Hilfe der EDV bzw. ausschließlich mit Testbatterien, der Persönlichkeit eines Menschen gerecht zu werden, lehnen wir entschieden ab. Das heißt nicht, daß Datenverarbeitungssysteme und PC-Programme nicht schon längst Eingang in unsere Arbeit gefunden hätten. Aber sie haben eine Hilfsfunktion, und sie ersetzen nicht das Urteil und die Einsichten der Menschen in diesem Prozeß. Sie bringen auch nicht die nötige Methodenvielfalt auf, die ein weiteres Gütekriterium des AC´s ist.

Eine ganzheitliche Betrachtungsweise ist von entscheidender Bedeutung, denn bei der Auswahl und Förderung von Menschen haben wir es - und das wird immer so bleiben - mit subjektiven Aspekten zu tun. Man kann diese zwar ständig weiter objektivieren, doch werden sie in einem weiten Bereich Grundlage der Arbeit bleiben. Dazu kommt, daß - wie Biedenkopf in seinem Beitrag schreibt - wir mit einer ständig wachsenden Komplexität unsere Gesellschaft fertig werden müssen.

Wir müssen heute die Menschen suchen und fördern, die diese Komplexität auch noch nach der Jahrtausendwende beherrschen und steuern können. Das setzt komplexere Diagnosemethoden und komplexeres Denken und Beurteilen voraus. Daß uns das in der Praxis Schwierigkeiten macht, ist verständlich und erklärt vielleicht - aber entschuldigt es nicht -, daß sich immer noch einige große Unternehmen dieser Methode verschließen. Erst recht gilt das für die Wissenschaft, die sich immer noch zu wenig mit dieser Methode und dem, was ihr vorausgeht und folgt, auseinandersetzt. Eine zusätzliche Erklärung liegt möglicherweise in dem interdisziplinären Ansatz, den wir für diese Methode wie übrigens in der ganzen Personalentwicklung suchen müssen. Der Mangel an fundierter wissenschaftlicher Kritik am AC, den wir - bei aller Überzeugung von der Qualität dieser Methode - ernsthaft bedauern, ist vielleicht ebenfalls daraus zu erklären.

Der "Arbeitskreis Assessment Center - Führungskräfte-Auswahl und -Entwicklung", wird sich in den nächsten Jahren deshalb verstärkt der wissenschaftlichen Durchdringung widmen müssen. Er wird auch jungen Studenten und dem akademischen Nachwuchs Hilfe anbieten, in dieser Richtung weiter zu forschen.

Auch auf diesem Kongreß ist deutlich geworden, daß der Teil der zu empfehlenden Entwicklungsmaßnahmen, der therapeutische Aspekt, noch viel zu wenig durchdrungen ist. Wir stellen fest, daß die Qualität der Diagnose einen hervorragenden Standard erreicht hat, auch wenn sie noch immer nicht allen unseren eigenen Ansprüchen genügt. Wir stellen aber andererseits fest, daß die therapeutische Seite bisher mit viel zu großem Kaliber arbeitet und daß sie nicht den wachsenden Ansprüchen unserer Führungskräfte nach gezielten Maßnahmen gerecht wird. Die Entwicklungsmaßnahmen entsprechen nicht dem Diagnosestandard.

Der vorliegende Band verfolgt das Ziel, den neuesten Stand der Arbeiten auf dem Gebiet der Assessment Center darzustellen. Dabei soll deutlich werden, daß das AC zwar ein voll akzeptiertes und erfolgreiches Instrument ist, daß aber andererseits noch eine ganze Reihe von Aspekten unbefriedigend gelöst sind. Dazu gehören die erstmalige Implementierung, ferner die unter Praktikern mit dem Ausdruck 'Nachsorge' beschriebene Integration des Verfahrens in die gesamte Personalpolitik und die Follow-up-Maßnahmen.

Im ersten Teil dieses Bandes werden vielfältige Anwendungsmöglichkeiten aus der Praxis vorgestellt. Hier wird eine deutliche Schwerpunktverlagerung von den reinen Auswahlzwecken in Richtung Förderung und Personalentwicklung sichtbar. Dabei sind die Klientel in erster Linie Führungskräfte und Führungsnachwuchskräfte. Zunehmend kommen aber auch hochgradige Spezialisten als Teilnehmer der AC in Frage. Wie bei der ganzen Personalentwicklung handelt es sich hierbei um die Konzentration auf eine zukünftige oder schon bestehende Leistungselite, die heute vorbereitet werden muß, um in der Welt der Jahrtausendwende erfolgreich zu bestehen.

Im zweiten Teil werden mehrere grundsätzliche und theoretische Fragestellungen und Befunde erläutert. Hier geht es zum Teil darum, die bisherigen Denkansätze der Psychologie in Frage zu stellen und endlich zur Kenntnis zu nehmen, daß die Wissenschaft nicht deswegen das Beurteilungs- und Bewertungsverhalten der Praxis als Fehlverhalten interpretieren darf, weil sie dem theoretischen Konzept nicht entsprechen.

Frederic Vester zeigt noch einmal die Notwendigkeit und die Chancen von vernetztem Denken auf. Vester wie auch Biedenkopf haben uns mit ihren kritischen Anmerkungen zum Nachdenken und Weiterdenken angeregt. Wir hoffen, daß wir in den nächsten Jahren innerhalb der Projektgruppen unseres Arbeitskreises diese Thematik vertiefen und zu anwendungsrelevanten Theorien kommen werden.

Dynamisierung der AC's, Einbringen von strategischem, vernetztem Denken und die verstärkte Durchdringung der Personalentwicklungs-Seite unserer Arbeit werden wichtige Aufgaben sein, mit denen wir uns in der nächsten Zeit beschäftigen.

An dieser Stelle bedanke ich mich bei der Leiterin unseres Kongreßbüros, Frau Karin Dorsch, sowie Herrn Reinhard Leiter von der Allianz noch einmal recht herzlich dafür, daß sie die Vorarbeiten und die Durchführung so hervorragend organisiert haben. Und ohne die kompetente Mitarbeit aller unserer Mitglieder wäre natürlich auch dieser Kongreß nicht zustande gekommen, und es ist nicht zuletzt ihrem selbstlosen Einsatz zu verdanken, daß wir dieses Buch heute vorlegen können.

Vernetztes Denken - Anforderungen an das Management der 90er Jahre

Frederic Vester

In den letzten zehn Jahren hat sich ein starkes Umweltbewußtsein in unserer Gesellschaft etabliert. Mehr und mehr Menschen wird klar, daß wir ein untrennbares Glied der Biosphäre sind, das mit dem übrigen Leben auf diesem Planeten eine Einheit bildet und daß daher alle Eingriffe in die Biosphäre mit irgendeiner Zeitverzögerung immer wieder auf uns selbst zurückwirken.

Ich glaube, die Zeit, in der man vor ökologischen Desastern warnen mußte, ist daher eigentlich vorbei, denn die Häufung solcher Rückwirkungen unseres Handelns ist inzwischen nicht mehr zu übersehen. Nach den eingetretenen Ereignissen gibt es praktisch niemanden mehr, der beispielsweise im Hinblick auf ein zukunftsorientiertes Management an der Notwendigkeit eines umweltgerechten Wirtschaftens zweifelt.

Ich will daher im folgenden weniger die ökologische Krise und ihre steigenden sozialen Kosten beklagen, sondern vor allem auf die kreative Seite eines ökologisch orientierten Denkens eingehen und damit auf die konkreten Umsetzungsmöglichkeiten, wie sie sich aus den wichtigsten Grundregeln eines überlebensfähigen Systems ergeben.

Dieses Denken verlangt jedoch zunächst eine Metamorphose unserer Sichtweise. Denn wenn wir unsere wachsenden Probleme bewältigen wollen, müssen wir uns ein anderes Bild von der Wirklichkeit machen, eine andere Sicht zulegen, als sie uns durch die Art unserer fachorientierten Schulbildung anerzogen wurde. So besteht diese Wirklichkeit zum Beispiel nicht aus heterogenen Einzelbereichen und Einzelkomponenten, sondern sie ist ganz real ein vernetztes Gefüge von Wirkungen und Rückwirkungen, das sich meist ganz anders verhält, als wir aus einem noch so genauen Studium der Einzelkomponenten ablesen könnten.

Um dieses Verhalten zu verstehen, benötigen wir als nächstes die Kenntnis gewisser Eigenschaften und Gesetzmäßigkeiten komplexer Systeme, denen übrigens auch die künstlich von uns geschaffenen Systeme gehorchen, wie eine Firma, ein Gewerbegebiet, eine Gemeinde oder ein Ballungsraum. Ohne diese Kenntnis und ohne damit das lineare Denken überwunden zu haben, werden alle Versuche, unsere Probleme zu lösen, nur Stückwerk bleiben.

Dabei ist klar, daß auch die Einzelbereiche eines Lebensraumes wie etwa Raumstruktur, Kriminalität, Streßbelastung, Naherholung, Verkehr, Abfallentsorgung nicht mehr getrennt voneinander betrachtet werden können, sobald wir etwas Verläßliches über das Verhalten eines solchen Systems erfahren wollen.

Die Voraussetzung für eine anwendungsbezogene Systemkunde war daher erst einmal das Entstehen interdisziplinärer Arbeitsgruppen, interdisziplinärer Forschungsrichtungen, wo Wirtschaftswissenschaftler, Ökologen, Informatiker, Soziologen, Techniker, Kaufleute, Regionalplaner und Ärzte gemeinsam komplexe Systeme zu untersuchen begannen.
Aus dieser interdisziplinären Betrachtungsweise, die seit einigen Jahren weltweit zunimmt, schälten sich sehr rasch mehrere Erkenntnisse heraus.

1. Wir Menschen bilden mit der Umwelt, in der wir leben, eine untrennbare biologische Einheit; sei es in einem südamerikanischen Slumgebiet, sei es in einer Fischerhütte auf den Kleinen Antillen, sei es in einem typischen Produktionsprozeß unserer Industriegesellschaft. Jede einzelne unserer Körperzellen steht - ganz gleich, welche Tätigkeit wir auch ausüben - nach wie vor über den universellen genetischen Code mit allem anderen Leben auf diesem Planeten in enger Verbindung.

2. Unser gesamter Lebensraum mit Wasser, Boden, Licht, Wärme, Pflanzen, mit der Tierwelt, den Bodenlebewesen und den Mikroorganismen ist kein Nebeneinander einzelner Bestandteile, sondern in seiner Gesamtheit ein komplexes System, dessen Komponenten alle miteinander in Wechselwirkung stehen und dessen Zusammenspiel seit Millionen von Jahren mit geradezu unglaublicher Perfektion abläuft. Es handelt sich dabei um ein Zusammenspiel, in dem die einzelnen Glieder und Teilgebiete nach genialen Prinzipien miteinander gekoppelt sind, sich gegenseitig regulieren, zum Teil auch ausschalten oder im Laufe der Evolution weiterentwickeln.

3. Aus dem Studium komplexer Systeme ergibt sich, daß für dieses spontane Zusammenspiel und seine Aufrechterhaltung eine Reihe von Regeln verantwortlich ist, insbesondere das Prinzip der Selbstregulation, das kaum einen Energieaufwand verlangt. Ihm liegt die Funktion des Regelkreises zugrunde, mit dem ein System in der Lage ist, Störgrößen, die von außen auf einen empfindlichen Systemteil treffen - diesen Systemteil nennt man "Regelgröße" -, aufzufangen und selbsttätig auszugleichen oder sogar nutzbringend zu integrieren.

Das System besitzt dadurch eine große Fehlerfreundlichkeit, ein Begriff, den übrigens Ernst-Ulrich von Weizsäcker neuerdings im Hinblick auf einige ja nun keineswegs fehlerfreundliche moderne Technologien näher ausgearbeitet hat. Lebende Systeme sind sehr fehlerfreundlich. Bei ihnen kann ruhig etwas passieren, sie funktionieren weiter und kommen immer wieder ins Gleichgewicht, solange sich das Ganze zwischen gewissen Grenzwerten abspielt.

Für das Regelkreisprinzip bringe ich bei der Aufzählung der Grundregeln, mit denen ich mich hier hauptsächlich beschäftigen möchte, gleich noch eine Art kybernetische Rücksteuerung, die das Funktionieren des gesamten irdischen Lebens seit seinem Anfang garantiert hat und die man bis in die kleinste Einheit alles Lebendigen, bis in die lebende Zelle, verfolgen kann. Nebenbei ist solch eine Zelle ein höchst effizienter Fabrikationsbetrieb, von dessen Informatik jede Produktionsfirma außerordentlich viel lernen kann. Da gibt es keine Überkapazitäten, da kommt man mit unerhört wenig Energie aus, alles spielt sich bei 37 Grad Celsius ab, entstandene Produkte steuern praktisch direkt wieder den Einsatz der Maschinen, von denen sie selbst gestellt werden. Das sind hochinteressante Abläufe, die es in der Technik noch gar nicht gibt.

Genau dasselbe spielt sich offenbar in allen Größenordnungen ab: in jedem Organismus, in jedem Biotop, in jedem Ökosystem. Die Wissenschaft spricht bei dieser Wiederholung gleicher Grundmuster neuerdings von "Fraktalen". Allerdings sieht man bei größeren Systemen, z.B. bei einem Wirtschaftsunternehmen oder einem Ballungsgebiet, meist nicht die Fäden der zugrundeliegenden Vernetzung, so real sie auch sind. Wenn man von einem Wirtschaftsunternehmen den Plan seiner Vernetzung verlangt, bekommt man ein Organigramm in die Hand gedrückt. Als wenn die Dinge so zusammenhängen würden! Nein, daran kann man vielleicht die eigenen Aufstiegschancen ablesen oder die besten Wege für Schuldzuweisungen, wenn man etwas falsch gemacht hat, aber bestimmt nicht, welche kybernetischen Funktionen in einem Unternehmen ablaufen. Dazu braucht man tatsächlich eine andere Betrachtungsweise, die weniger Wert auf die Dinge selbst und ihre genauen Daten als auf die Beziehungen zwischen ihnen legt.

Wenn wir so die Vernetzung eines Systems erkennen, verstehen wir auch, daß wir aufgrund dieser Vernetzung oft das Gegenteil von dem erreichen, was wir eigentlich wollen. Aber wir erkennen auch eine ganze Menge neuer Ansatzhebel und Steuerungsmöglichkeiten, auf die wir sonst nie gekommen wären und mit denen wir unsere Ziele vielleicht viel eleganter erreichen. Und zwar so, daß es zu einer systemverträglichen Art der Entwicklung führt.

Allerdings ist es nicht die Kybernetik der Regeltechnik, der wir folgen sollten, sondern ihrem eigentlichen Urgrund, der Biokybernetik, und damit derjenigen Organisationsform, nach der lebende Systeme seit mehreren Milliarden Jahren wirtschaften und die dabei ohne die uns bekannten Probleme wie Energie-, Rohstoff- und Abfallsorgen, Schulden und Arbeitslose einen beneidenswerten Umsatz machen.

Es lohnt sich jedenfalls, der Natur auch im organisatorischen Gebiet auf die Finger zu schauen, nicht nur im Hinblick auf ihre Biotechnik. Wir haben vergessen, wie die Natur all diese Techniken managt, die wir seit Äonen nachahmen. Doch gerade das ist wohl das interessanteste Teilgebiet der Bionik.

Das Geheimnis dieser Wirtschaftsweise liegt in einer Handvoll biokybernetischer Prinzipien, aus denen ich, bevor ich sie näher beschreibe, zunächst das Fazit ziehen will.

Es sind Prinzipien, die weniger als Beschränkungen, Verbote oder Schutzmaßnahmen zu verstehen sind, sondern vielmehr als Innovationsanreize. Man kann sie als eine Art Checkliste für zukunftsorientiertes Management benutzen. Es hat sich daraus schon ein ganzheitliches Frühwarnsystem und ein biokybernetisches Controlling entwickelt.

Sie sind außerdem in ein neues Planungsinstrumentarium eingeflossen, das "Sensitivitätsmodell", das in enger Zusammenarbeit mit Alexander von Hesler, dem Chefplaner des Umlandverbands Frankfurt, entwickelt wurde. Und schließlich sind sie auch von den ersten Wirtschaftsunternehmen bereits mit Erfolg in der Praxis angewandt worden.

Die erste Regel betrifft das Prinzip der Selbststeuerung durch negative Rückkopplung in verschachtelten Regelkreisen. Negative Rückkopplung bedeutet: Selbstregulation durch Kreisprozesse. Beispiele sind die Steuerung der Hormonkonzentration durch unser vegetatives Nervensystem, die Regulierung der Benzinzufuhr durch den Vergaserschwimmer, die Arbeitsweise des Fliehkraftreglers oder die Aufrechterhaltung ökologischer Gleichgewichte zwischen Tier- und Pflanzenarten.

Ich nehme immer gern ein ganz simples Beispiel von Raubtier und Beute, wo Körpergewicht, Laufgeschwindigkeit und Fanghäufigkeit einen Regelkreis bilden: Je schneller ein Wolf läuft, desto mehr Hasen kann er fangen. (Nehmen Sie das Ganze als Analogie; wen Sie dabei mit Wölfen oder Hasen gleichsetzen, bleibt Ihnen überlassen.) Je mehr Hasen der Wolf fängt, desto dicker wird er, desto schlechter kann er laufen, desto weniger Hasen fängt er, desto dünner wird er dann wieder, und infolgedessen kann er wieder schneller laufen, wieder mehr Hasen fangen, desto dicker wird er wieder - und so fort. Da regulieren sich dann natürlich nicht nur Gewicht und Geschwindigkeit des Wolfes über die Menge der gefangenen Hasen. Auch die Überlebenschance der Wölfe wird hierdurch beeinflußt. Die Zahl der Hasen steht sowohl mit ihrer eigenen Vermehrung als auch mit der verfügbaren Pflanzennahrung in Wechselwirkung. Ihre Vermehrungsrate ist dabei übrigens eine positive Rückkopplung.

Damit sind wir schon mitten in der Kybernetik. Positive Rückkopplungen, also Vorgänge, in denen sich Wirkung und Rückwirkung verstärken, sind natürlich ebenfalls notwendig, damit überhaupt Dinge in Gang kommen. Sie schaukeln sich jedoch unweigerlich zu Teufelskreisen auf, wenn sie nicht durch eine negative Rückkopplung kontrolliert werden, die Störungen auffängt und die Abweichungen wieder auf das Gleichgewicht einstellt.

Wenn wir die Reaktionen eines komplexen Systems verstehen wollen, müssen wir also seine positiven und negativen Rückkopplungen kennen. Dann wissen wir, wo gefährliche, kritische Teile sind, wo puffernde Zonen sind, und wir lernen auch unsere Unternehmen besser verstehen.

Ich komme zur zweiten Grundregel, nämlich der Unabhängigkeit der Funktion vom Wachstum - genauer: der Unabhängigkeit vom quantitativen Wachstum. Wenn ein System überleben will, muß es Metamorphosen durchmachen. Eine Raupe wäre ab einer gewissen Größe nicht mehr lebensfähig. Auch als noch so große Raupe könnte diese Spezies ihre Funktion nicht erfüllen, noch könnte sie sich fortpflanzen. So schaltet sie rechtzeitig auf Nullwachstum um und wird zum Schmetterling. Das nennt man gemeinhin qualitatives Wachstum.

Wir sehen hier also: Das normale quantitative Wachstum kann Metamorphose nicht ersetzen. Im Gegenteil, es muß zum Stillstand kommen, um Metamorphose zu erlauben. Das gilt analog für alle lebenden Systeme. Man kann sich als Prototyp das Gehirn vorstellen. Sein Wachstum ist schon wenige

Monate nach der Geburt abgeschlossen. Denn hier, wo höchste Funktionen verlangt werden, kann ein Wachstum nur stören. Deshalb kann das Denken erst beginnen, wenn das Wachstum in ein Gleichgewicht übergegangen ist. Ob gewisse Wirtschaftspolitiker deshalb am Wachstum festhalten, weil sie mit dem Denken nicht beginnen möchten, das will ich hier lieber gar nicht ausführen.

Damit kein Irrtum aufkommt: Ich habe überhaupt nichts gegen Wachstum als solches. Wachstum ist vorübergehend und unter entsprechenden Umständen durchaus akzeptabel, ja notwendig. Es ist die Abhängigkeit vom Wachstum, die so gefährlich ist, die Starrheit, mit der an einer überholten Wachstumsphilosophie und damit an monistisch linearen Denkformen festgehalten wird. Sie führt dazu, daß wir mit allen möglichen Tricks weitermarschieren wollen, indem wir die Selbstregulation, die uns allmählich in die neue stationäre Phase führen und dort eine Metamorphose, eine Umwandlung, eine Evolution erreichen würde, aufheben und eine Art Krebswachstum einleiten, das mit dem Wirt sich selbst vernichtet.

Ein immer teurerer Aufwand und schließlich der Kollaps sind so praktisch vorprogrammiert. Wir erleben das Tag für Tag. Wir können es in der Wirtschaftspresse nachlesen. Viele Pleiten etablierter Firmen kommen aufgrund dieses gewaltigen Managementfehlers und der dadurch entstandenen Überkapazitäten zustande. Das können die Wirtschaftsanwälte, die diese Pleiten abwickeln, in vielen Fällen bestätigen. Leider ist es unglaublich schwierig, einem Tumor begreiflich zu machen, daß das, was er für einen großartigen Erfolg hält, in Wirklichkeit Selbstmord ist.

Die dritte Grundregel ist das Prinzip der Unabhängigkeit vom Produkt. Überlebensfähige Systeme sind funktionsorientiert statt produktorientiert. Nur dies ermöglicht die nötige Flexibilität einer Unternehmung oder eines regionalen Lebensraums in Zeiten eines technischen und sozialen Wandels und einer sich laufend verändernden Umwelt. Clevere Systeme spezialisieren sich daher niemals auf ein Produkt. Sie spezialisieren sich auf eine Funktion, eine Aufgabe, beispielsweise auch auf eine Zielgruppe hin. Denn

Produkte ändern sich oft rasch, Funktionen aber bleiben lange erhalten. Die Funktion "Für Wärme sorgen" läßt sich mit vielen Produkten bewerkstelligen. Wenn es die Umstände verlangen, kann der Verbraucher also leicht auf ein anderes Produkt umsteigen. Ein produktorientiertes Unternehmen jedoch - sei es ein Stromproduzent oder ein reiner Pelzfabrikant - ist dann weg vom Fenster.

Nach dieser Regel darf sich beispielsweise die Automobilindustrie eigentlich nicht primär als Autobauer verstehen, sondern als Unternehmen im Verkehrsgeschäft. Das ist im Grunde eine viel interessantere Branche, deren Aufgabe sich sowohl auf die Entwicklung unterschiedlicher Fahrzeuge und neuer Transportarten erstreckt als auch auf Entsorgungs- und Versorgungseinrichtungen (Abfallbeseitigungssysteme, Energieboxen) bis hinein in Überlegungen zu einer besseren Städteplanung und Siedlungsstruktur, die vielleicht generell weniger Verkehrsaufkommen oder andere Fahrzeuge benötigt.

Das alles sind Tätigkeiten und Dienstleistungen, mit denen man ebenfalls Geld verdienen kann - und das mit weit besserer Zukunftssicherung, als wenn man sich auf einen - im Grunde längst überholten Produkttyp versteift.

Ganz ähnlich dürften sich auch Elektrizitätswerke nicht als Stromerzeuger betrachten, sondern als Energieversorger. Das ist bei einigen auch der Fall. Insbesondere einige amerikanische Elektrizitätsgesellschaften haben das inzwischen begriffen. Sie haben gemerkt, daß sie weit besser fahren, wenn sie, statt mehr Strom zu produzieren, Energiesparpakete anbieten und ihren Kunden zu einem Verbund mit Alternativtechnologien verhelfen. Dadurch können sie auf den Bau weiterer Kraftwerke verzichten, die nur das Kapital aufbrauchen und die Umwelt verschmutzen. Sie können den so "rückgewonnenen" Strom billiger verkaufen, bleiben bei alternativen Technologien am Ball und verlieren trotzdem nicht ihre Kunden. Die PP&L und andere Gesellschaften in den USA tun das bereits seit Jahren.

Mein Institut an der Universität der Bundeswehr hat gerade einen Arbeitsbericht veröffentlicht, der über die in den USA begonnene Umkehr der Energiewirtschaftspolitik berichtet. Bei der Untersuchung hat sich herausgestellt, daß es nicht nur für die Umwelt und den Endverbraucher, sondern auch für die Stromproduzenten selbst weit vorteilhafter ist, Energie sparen zu helfen, als neue Kraftwerke zu bauen. Der so zusätzlich gewonnene (und verkaufbare) Strom kostet die Betreiber oft nur 1 Cent pro Kilowattstunde; wenn sie ihn extra machen, kostet er vielleicht 5 Cents.

Ein anderes positives Beispiel für den Umstieg vom Produktdenken auf ein Funktionsdenken bietet die Asbestindustrie, der ich in einem Vortrag vor der Holderbank in Zürich vor zehn Jahren genau diesen Rat zur Funktionsorientierung gegeben habe. Statt alles daranzusetzen, um weiter das gesundheitsschädliche Asbest produzieren zu können - damals hieß es, es gebe keinen einzigen wirklichen Ersatzstoff -, besann man sich auf die Funktion der Branche, nämlich auf die Faserverarbeitung, und löste sich damit vom Produkt und von diesem Rohstoff. Die Wirtschaftspresse nannte es damals eine Flucht nach vorn.

Eine rasante Innovation war das Ergebnis: Gut 300 Ersatzstoffe mit zum Teil besseren Spezialeigenschaften stehen heute zur Verfügung. Interessant ist, daß sich der Dachverband jetzt tatsächlich nicht mehr "Verband der Asbestindustrie" nennt, sondern "Verband der Faserverarbeitenden Industrie." Daran hat er gut getan. Kurz, eines gilt für jedes lebende System: Produkte kommen und gehen, Funktionen aber bleiben.

Im komme zur vierten Grundregel, zum Jiu-Jitsu. Lebende Systeme arbeiten generell nach dem Prinzip der asiatischen Selbstverteidigung, also durch Ausnutzung bereits existierender - auch scheinbar behindernder - Kräfte und deren Umlenkung im gewünschten Sinne mit geringfügigen Steuerenergien. Doch wenn uns etwas stört, dann denken wir immer gleich: Das muß weg! Wir sollten uns dagegen lieber zuerst einmal fragen: Können wir es nicht umlenken und vielleicht nutzen?

In der technischen Praxis und der Wirtschaftspraxis bis hin zur Landesplanung hieße das beispielsweise, statt des plötzlich notwendigen Baus eines teuren Klärwerks die rechtzeitige Erhaltung und Nutzung profitabler Selbstregulationen wie der Selbstreinigungskraft der Gewässer. Das Prinzip heißt also auch: unentgeltliche Prophylaxe statt nachträglicher teurer Reparatur.

Jiu-Jitsu ist aber auch eine Frage der Größenordnung, beispielsweise beim Einsatz neuer Technologien wie der Sonnenenergie. Auch hier könnten wir durch riesige Solarkraftwerke wieder genau dieselben Fehler machen wie bisher und auf atemberaubende, aber unintelligente Prestigeobjekte setzen, bei denen der Aufwand den Nutzen übersteigt. Wir haben es beim Growian erlebt, einem 3-Megawatt-Windkraftwerk, das etwa zehn- bis zwanzigmal so teuer war, als wenn man vielleicht 1.000 kleine Windkraftwerke mit einer Leistung von je 1-2 Kilowatt gebaut hätte. Wenn etwas zu groß wird, wird es teuer. Natürlich gibt es irgendwo in der Kurve ein Optimum. Wir könnten mit leisen Stirlingmotoren kleine 15-Kilowatt-Energieboxen bauen, wie sie jede Autofabrik herstellen kann und in Wohnanlagen setzen, was den Primärenergieverbrauch für Strom und Heizung auf einen Bruchteil senken würde.

Solche Mini-Kraftwerke würden die Kraft-Wärme-Kopplung und damit das Jiu-Jitsu-Prinzip weit besser ausnutzen als jedes Großkraftwerk. Daß auch sonst das Jiu-Jitsu-Prinzip durch Gewinnerhöhung bzw. Betriebskostensenkung gerade für den Umweltschutz eine wirksame Motivation liefert, zeigen die vielen Fälle, in denen durch Umweltschutzmaßnahmen Kosten gespart und die Renditen erhöht wurden. In diesem Moment beginnt die eigentliche Wirtschaftsökologie - nicht, indem man weiterhin Dreck macht und diesen Dreck beseitigt (das ist noch der teure, technokratische Umweltschutz), sondern wir brauchen einen Umweltschutz, der beim Verfahren ansetzt. So erreicht ja auch die Natur mit ihren Energiekoppelungen, Energieketten und Energiekaskaden, mit Fotosynthese und mit Katalyse ihren beneidenswerten Wirkungsgrad, von dem unsere Ingenieure nicht zu träumen wagen.

Das Jiu-Jitsu-Prinzip gilt natürlich nicht nur für den technischen, sondern auch für den organisatorischen Bereich bis hin zu Städtebau und Politik. Es gilt genauso für den psychosozialen Bereich, etwa in der Kindererziehung.

Damit kommen wir schon zur nächsten Grundregel: dem Prinzip der Mehrfachnutzung. Überlebensfähige Systeme bevorzugen Produkte und Vorgänge, bei denen mehrere Fliegen mit einer Klappe geschlagen werden. Das ist eine Spielart des Jiu-Jitsu-Prinzips. Möglichst nichts, was wir schaffen oder tun, möglichst kein Produkt und kein Verfahren sollte nur für einen Zweck einsetzbar sein. Das verlangt natürlich eine gewisse fachüberschreitende Diversität und hat gerade im Bereich der Wirtschaft unterschiedliche Implikationen.

So betrifft dieses Prinzip beispielsweise die Weiterverwendung und Mehrfachnutzung von Verpackung (nicht nur für Information und Werbung, sondern auch als Bauteile, Möbel oder Spielzeug) ebenso wie die Anwendungspalette neuer Produkte, die ja ebenfalls oft nur in einer Ebene, etwa der technischen und nicht auch der psychosozialen Ebene, gesehen wird. Begriffe wie soziale Akzeptanz, Bedürfniswandel und ähnliches spielen hier mit hinein. Man verkauft ja nicht nur eine Ware, man verkauft ja auch Kontakt, Selbstbewußtsein, Erlebnis, Betreuung.

Mehrfachnutzung favorisiert naturgemäß Verbundsysteme. Das wäre beispielsweise in Industriegebieten die auch dort kaum genutzte Kraft-Wärme-Kopplung unter Rückspeisung von Strom ins Netz - ein brachliegendes Potential von vielen tausend Megawatt. In einer Untersuchung des Battelle-Instituts habe ich auf ein weiteres Reservoir hingewiesen, nämlich auf die Energie organischer Abfälle, insbesondere auf die enormen ökologischen, ökonomischen und arbeitswirtschaftlichen Vorteile von mit Biogas betriebenen Blockheizkraftmodulen gegenüber herkömmlichen Kraftwerken. Das könnte bei dem Mist der 20 bis 30 Millionen Großvieheinheiten der Bundesrepublik und den jährlich 20 Millionen Tonnen menschlicher Fäkalien noch einmal 10.000 bis 20.000 Megawatt bringen.

Allerdings wird genau diese Rückspeisung von Strom ins Netz, die Bildung kleiner Erzeugergemeinschaften und damit die Verwirklichung von Mehrfachnutzung und Jiu-Jitsu-Prinzip durch das längst nicht mehr zeitgemäße Energiewirtschaftsgesetz auf sträfliche Weise verhindert.

Schließlich bedeutet das Prinzip der Mehrfachnutzung auch eine Absage an alle einseitigen Entsorgungsverfahren wie die Müllverbrennung, die ja das Abfallproblem nur von der Deponie auf Luft und Wasser verlagert, ohne den Wert des Mülls - abgesehen von einer geringen Energiegewinnung - zu nutzen.

Die sechste Grundregel ist das Prinzip des Recyclings. Man muß sich immer wieder vergegenwärtigen, daß die Natur - damit meine ich stabile Ökosysteme und Biotope - überhaupt keine Abfälle als solche kennt; denn aus gutem Grund hat sie im Laufe der Äonen einen geschlossenen Materialkreislauf etabliert.

Ich habe das auf einer meiner Wanderausstellungen mit dem sogenannten Miniplaneten demonstriert; eine hermetisch abgeschlossene Plexiglashalbkugel, die über sechs Jahre - ohne Luft- oder Wasseraustausch mit der Umwelt - ein lebendes System aus Laubmoosarten, Bakterien, Milben und Insekten beherbergt und sich lediglich durch das einstrahlende Licht und die abstrahlende Wärme auf der Basis der Fotosynthese durch stetiges Recycling mit konstanter Biomasse erhält.

Durch das nutzbringende Wiedereingliedern von Abfallprodukten in den lebendigen Kreislauf der beteiligten Systeme - für jedes Produkt steht in der Natur schon gleich ein Enzym zu seinem Abbau parat - ist ja in der Natur überhaupt nicht zwischen Ausgangs- und Endpunkt zu unterscheiden.

Wir allerdings tun das. Wir unterscheiden sehr wohl zwischen Ausgangsprodukt und Endprodukt. Wir haben der Produktion gegenüber der Abfallumwandlung einen überdimensionalen Wert zugeteilt. Über der Faszination des Produzierens haben wir vergessen, daß die Story eine Fortsetzung hat. Deshalb haben wir diesen gewaltigen Abfallstau. Wir müssen also auch hier,

so wie ich es eigentlich noch in meiner Ausbildung als Chemiker gelernt habe, jedes anfallende Nebenprodukt einer Reaktion als erneuten Rohstoff betrachten - die Chemie tut das einigermaßen, aber viele andere Produktionsbereiche eben nicht. Das heißt, wir müssen von unserem eindimensionalen Denken abgehen, das immer nur Anfang und Ende kennt, und dafür in kybernetischen Kreisprozessen denken - jedoch auch hier nicht etwa unvernetzt innerhalb der eigenen Branche, sondern über diese hinausschauend, indem wir sie im Verbund mit anderen sehen. Denn profitable Recyclingmöglichkeiten innerhalb eines Industrieunternehmens oder auch einer Branche - worauf wir uns leicht in unserem fachspezifischen Denken beschränken - sind weit weniger häufig als solche zwischen verschiedenartigen Branchen.
Man denke nur an die rentable Wärmerückgewinnung beispielsweise zwischen Brauerein (Kühlwasser) und Großwäschereien (Warmwasser).

Was den Hausmüll betrifft, so können aus einer einzigen Sortieranlage bei einem Recycling im Verbund gut 15 Produktarten gewonnen werden. Erst dann lohnt sich die Abfallaufbereitung auch finanziell, die natürlich noch besser und billiger bei der Vorsortierung in den Haushalten selbst beginnt.

Aus der nötigen Zusammenarbeit verschiedener Branchen beim Recycling ergibt sich eine starke Beziehung dieses Prinzips zum nächsten Prinzip, nämlich dem der Symbiose. Symbiose ist das enge Zusammenleben grundverschiedener Arten zum gegenseitigen Nutzen. Sie ist die Grundlage aller lebenden Systeme und beginnt schon mit den Atmungspartikeln, den Mitochondrien im Inneren unserer Zellen, die von diesen mit Nährstoffen versorgt werden und dafür deren Energiehaushalt besorgen, was übrigens die Vorbedingung für die Entwicklung der Vielzeller war.

Von dort reicht das Prinzip über die Darmbakterien, die von der Nahrung des Menschen leben (und ihm dafür lebenswichtige Vitamine aufbauen), über die Blattläuse melkenden Ameisen (die diese dafür beschützen) bis zur großen Symbiose zwischen Tier- und Pflanzenwelt, genauer gesagt: zwischen Fotosynthese und Atmung, die seit Äonen für den Kohlenstoffkreislauf auf diesem Planeten sorgt. Es sind technisch hochinteressante Lösungen, nach denen auch wir immer wieder suchen sollten.

Der ökologische und ökonomische Sinn dieses Prinzips liegt darin, daß Symbiose immer zu einer beträchtlichen Rohstoff-, Energie- und Transportersparnis aller beteiligten Glieder führt und dadurch auch die Umwelt entlastet. Symbiose verlangt jedoch unabdingbar eine gewisse Kleinräumigkeit, dezentrale Strukturen und Diversität, sonst kommt sie nicht zustande. Kurz: Sie verlangt Vielfalt auf kleinem Raum.

Monostrukturen wie in der amerikanischen Landwirtschaft oder in der Montanunion sind daher trotz aller scheinbaren Rationalisierungsgewinne entsprechend teuer und anfällig. Mit der Einführung von Monostrukturen hat unsere Entwicklungspolitik den hungernden Ländern tatsächlich vielfach die Lebensgrundlage entzogen. Auch in den USA gehen seit Jahren Woche für Woche 1.000 bis 2.000 Farmer an den Folgen der Monokulturen bankrott. Ganz ähnliche Folgen der Überkapazität hatten wir in den Monostrukturen der Werftindustrie und in der Stahlindustrie.
Kurz: Lebensfähige Systeme können überhaupt nur in Symbiose mit der Umwelt und anderen Systemen existieren.

Ich komme zum achten und letzten Prinzip: die Befolgung eines biologischen Grunddesigns. Diese Regel bedeutet, daß Produkte, Funktionen, Organisationsformen, die zu einem Überleben unserer Spezies und nicht zu deren Aushöhlung und Vernichtung beitragen sollen, mit der Biologie des Menschen und der Natur vereinbar sein müssen, generell also mit der Struktur überlebensfähiger Systeme.

Schon Planung und Gestaltung sollten somit nie isoliert, sondern immer im Feedback mit der lebendigen Umwelt geschehen, um diese hineinwirken zu lassen. Dies nimmt uns viel Arbeit ab und führt eher zu überlebensfähigen Systemen als abgesonderte, isolierte, starre Planung.

Das hat übrigens der Altvater der Systemdenker in der Wirtschaft, Friedrich August von Hayek, sehr deutlich gemacht, als er sagte: "Mit der Bildung spontaner Ordnung sind weit komplexere Systeme erreichbar, als je durch bewußte Planung und Schaffung möglich ist". Ein sehr kluges Wort - eine

Absage an die deterministische, konstruktivistische Planungsweise. Im Grunde haben wir es hier nicht wie so oft mit Regeln oder Prinzipien zu tun, die sich gegenseitig ausschließen, sondern mit sich gegenseitig stützenden Prinzipien, mit einer Art Regelknoten, der in sich die Tendenz zur Selbstorganisation trägt.

Im großen und ganzen bewegt sich allerdings bei uns noch sehr wenig. Man hängt am Bestehenden und scheut vielfach den Weg einer Basis-Innovation.

Die acht Grundregeln, die ja nicht von mir erdacht, sondern im Laufe meiner gut zwanzigjährigen experimentellen Arbeit in der biochemischen Forschung gefunden wurden, haben jedoch im Laufe der biologischen Evolution eine millionenmal längere Erprobungs- und Garantiezeit hinter sich als die Theorien unserer Volkswirtschaft und aller Ingenieurwissenschaften zusammengenommen. Wir sollten diesen Regeln also mit einigem Vertrauen begegnen.

Deshalb, so glaube ich, vergeben wir uns nichts, wenn wir von den Organisationsformen der Natur, dieser einmaligen Superfirma unseres Planeten, etwas lernen. Dazu gehört auch, daß ihr durchschlagender Erfolg nicht auf dirigistischen Maßnahmen basiert, sondern auf einer klugen Kombination von Selbstregulation und Steuerung. Auch unsere Wirtschaft sollte daher ihre Zukunft nicht auf einer krampfhaften Zementierung überholter wirtschaftlicher Strukturen aufbauen, etwa durch Stützungsaktionen des Staates, sondern auf einen permanenten Mut zu Innovationen und damit zu angepaßten, d.h. langfristig überlebensfähigen Lösungen. Ich glaube, dazu ist es höchste Zeit.

Letzten Endes sind es die Entscheidungsträger, die solche Entwicklungen ins Rollen bringen müssen und die die Verantwortung für jeden Schritt tragen, der zur Zeit immer noch tiefer in eine Sackgasse führt. Diese Entscheidungsträger werden es auch tun, wenn sie darüber informiert werden, wie unerhört profitabel es ist, Systemzusammenhänge zu kennen und sie zu nutzen, statt dauernd in Unkenntnis gegen sie zu verstoßen.

Was erwartet man nun von einem Manager der Zukunft? Wirtschaftswissenschaftler vom Management Center in St. Gallen betonen, daß in den Industriestaaten ganze Generationen von Managern ausgebildet worden seien, die nur fähig seien, Betriebe in guten Zeiten, womit steigender Umsatz gemeint ist, zu führen. Diese Zeiten sind in vielen Branchen vorbei, und von einem auch in Zukunft erfolgreichen Manager wird mehr erwartet.

Das Rezept dazu ist einfach und schwer zugleich. Ein neues Handeln verlangt ein neues Bewußtsein. So muß sich der Manager konsequent von dem herrschenden technokratischen Denken lösen, einem Denken, das glaubt, alles nach unserem Willen planen und konstruieren zu können. Dieser Weg endet in einer Sackgasse. Und natürlich heißt es auch Abschied zu nehmen vom herrschenden Wachstumsdenken. So ist es die vielleicht gefährlichste Schwäche der Wirtschaft überhaupt, wenn Wachstum nicht als Chance, sondern als Notwendigkeit angesehen wird.

Genau das wird aber unseren Führungskräften in ihrer Ausbildung immer noch vermittelt, womit dieses Wissen eben nur für Wachstumsphasen taugt und damit auch nur für die lineare Entwicklung einzelner Produkte, einzelner Projekte.

Sie sehen, es wird etwas verlangt, was man mit dem Wort "Umstülpen" bezeichnen könnte. Die Blickrichtung muß anders werden. Die übliche, unsystemische Sichtweise schaut dabei nach draußen: Was machen die anderen? Wie ist die zukünftige Marktlage? Was macht die Konkurrenz? Wie wird der Geschmack? Wie sind die Preise? Wie sind die Konjunkturaussichten? Was sind die Absichten des Gesetzgebers? Wie ist die Technik der Konkurrenz? Dazu setze ich ein: Werbung, Marktanalysen, repräsentative Umfragen, Prognosen, Werkspionage, Lobbyismus, Hochrechnungen, Imageaufbau, Soll-Ist-Controlling, Trendanalysen, usw...

Soviel zu dieser unsystemischen Sichtweise von innen nach außen. Die sollte man umstülpen: Man steigt heraus und schaut nach innen und das von mehreren Seiten. Ich frage gar nicht mehr nach der Konkurrenz. Ich kann sie sowieso nicht dadurch beeinflussen. Ich frage auch nicht nach dem Marktanteil der anderen. Kein Mensch weiß auch, wie der Markt 1992 beschaffen ist.

Dagegen untersuche ich erstens mein eigenes System und frage: Was ist das überhaupt für ein System? Wie laufen die Informationsflüsse? Wie ist die Umweltfreundlichkeit und damit die Zukunftsträchtigkeit seiner Verfahren und Produkte, damit ich nicht plötzlich durch ein Gesetz einen Rückschlag bekomme. Wie ist die Selbstregulation, wo sind Umkippeffekte, wie groß ist seine Flexibilität? Wo kann ich es steuern, wo nicht? Wie sind seine aktiven und reaktiven Teile? Wie ist die Kybernetik der Vernetzung? Wie ist die Innovationskraft? Wo sind kritische Bereiche? Wo sind puffernde Bereiche? Wie sind die Symbiosemöglichkeiten? Bin ich funktionsorientiert? Alles das kann ich feststellen. Dafür gibt es Instrumente: Sensitivitätsanalyse, Biokybernetisches Controlling, Einflußmatrizen, Wirkungsgefüge. Das kann man untersuchen und verbessern. Der Effekt ist: Mein System, meine Firma, werden mit unerwarteten Ereignissen besser fertig. Mein Ziel: Ich entwickle mein System so, daß es mir mehr und mehr egal sein kann, was außen passiert, weil ich mit allen möglichen Eventualitäten besser fertig werden kann. Jedenfalls ist es viel gesünder, daran zu arbeiten, daß eine Firma überlebensfähig wird, daß sie auch, wenn außen etwas Unerwartetes passiert, in der Lage ist, Störungen aufzufangen, als ihren Umsatz künstlich hochzupuschen.

Diese Denkweise ist evolutionär, ganzheitlich, funktionsorientiert und somit überlegen. Das Ziel ist nicht Gewinnmaximierung, sondern die Stärkung der Überlebensfähigkeit und die Stärkung der Steuerbarkeit des Unternehmens. Was die Zukunft betrifft, so sollte man sich an den Ausspruch von Arthur Köster halten: "Man kann die Zukunft nicht machen", sagt er, "aber mann kann sich die Zukunft geneigt machen". Man strebt also keine Zustände an, man strebt Fähigkeiten an. Die Orientierung dazu geschieht am Vorbild lebender Systeme. Das eigene "Unternehmen" wird als Organismus in einem größeren System erkannt. Man nutzt und pflegt seine vitalen

Funktionen, kann dadurch selber agieren und das Systemverhalten optimieren. Man sieht sich als Teil eines Ganzen und schaut daher auf ganz andere Dinge als vorher. Nämlich: Wie erfülle ich meine gesellschaftliche Funktion? In dem Moment werde ich für die Gesellschaft interessant. Dann kann ich auch das verkaufen, was ich erzeuge.

Weiterhin sollte man sich fragen: Welche gesamtökonomischen Auswirkungen hat mein Unternehmen? Denn hier werde ich immer in engere Sackgassen hineingeraten. Wenn jetzt beispielsweise mit der Abfallbeseitigung irgendein Gesetz kommt - starke Auflagen nach dem Verursacherprinzip oder Öko-Steuern - bin ich plötzlich gefordert: Je eher ich mich hier anpasse, um so eher bin ich nachher am Ball.

Darüber hinaus gilt es zu untersuchen: Welche sozialpsychologischen Wirkungen haben meine Produkte? Entsteht da etwa eine weitere Technikkritik? Entsteht da eine Art von Angstgefühlen, wie wir sie ja vielfach schon durch manche zu große Prestigetechnik haben. Eine Entwicklung, die am Ende die Technik als Ganzes verdammen läßt? Obwohl wir ohne Technik gar nicht mehr auskommen? Und schließlich, wie wirken die Produkte auf unseren Lebensraum und unsere Umwelt? Das sind Fragen, die ich mir stellen und neu beantworten muß. Und in dem Moment wird alles, was ich mache, automatisch von einer neuen Seite für die Gesellschaft interessant. Und als Rückwirkung, wenn man so will aus Dank, wird vieles effizienter, es wird billiger und profitabler, weil ich nun im Systemzusammenhang arbeite und nicht mehr gegen ihn.

Literaturhinweise

VESTER, F.:
Leitmotiv vernetztes Denken.
Heyne, München, 1988

VESTER, F.:
Neuland des Denkens.
dtv, München, 1985

VESTER, F.:
Unsere Welt - ein vernetztes System.
dtv, München, 1983

VESTER, F.:
Ballungsgebiete in der Krise.
dtv, München, 1983

Definition und Zielsetzung der Assessment Center-Methode

Peter Jung, Reinhard Leiter

Das Assessment Center (AC) ist ein hocheffizientes Verfahren zur Potentialeinschätzung bei Auswahl und Beurteilung von möglichen Führungskräften. Hier werden

- Leistungen und Verhalten
- mehrerer Teilnehmer gleichzeitig
- von mehreren Beobachtern
- zu definierten, unternehmensspezifischen Anforderungen
- beobachtet und beurteilt.

Es gilt die Regel: Aufgabenvielfalt und mehrere Beobachter ergeben mehr Treffsicherheit und Objektivität.

Mit der AC-Methode lassen sich mehrere Ziele ökonomisch, effizient und praxisrelevant realisieren:

- Bewerberauswahl
- Bedarfsanalyse
- Potential-Feststellung
- Potential-Analyse

Die Methode des Assessment Centers

Der Erfolg der AC-Technik gegenüber anderen Methoden läßt sich auf einige wesentliche Aspekte zurückführen. Sie legt Wert auf

- maßgeschneiderte unternehmensbereichsspezifische Anforderungsbeschreibungen

- anforderungsbezogene Aufgaben,
- eine strikte Trennung von Beobachtung und Bewertung,
- den Einsatz kompetenter und einheitlich vorbereiteter Beobachter und
- die Überwindung von Beurteilungsfehlern durch den Einsatz verschiedener Instrumente und Beobachter.

Aus den genannten Aspekten ergeben sich die folgenden Vorteile einer qualifizierten, d.h. differenzierten Diagnose:

- Der Einsatz von verschiedenen Diagnoseinstrumenten erfolgt in einer Vielfalt von praxisnahen sozialen Situationen.
- Unternehmensspezifische Fallstudien und Problemstellungen werden integriert.
- Die abschließenden Beurteilungen und Empfehlungen werden auf der Grundlage aller Informationen aus den einzelnen Übungen von den Beobachtern abgeleitet und gemeinsam vertreten.

Vorteile der Assessment Center-Technik

Für das Unternehmen:

Die Anwendung der Assessment Center-Methode bietet für das Unternehmen eine Reihe von Vorteilen:

- Das Unternehmen erhält einen Überblick über das zur Verfügung stehende Führungspotential.
- Der Personalentwicklungs- und Fortbildungsbedarf wird für das Gesamtunternehmen für jeden Mitarbeiter individuell ermittelt und geplant.
- Das Risiko von Fehlbesetzungen wird entscheidend gesenkt.
- Die spezifische Struktur eines AC's als Gruppensituation ermöglicht Aussagen über das Kommunikationsverhalten der Teilnehmer über einen längeren Beobachtungszeitraum hinweg.
- Die AC-Methode ist sowohl für die Auswahl interner als auch für die Auswahl externer Bewerber geeignet.

- Die Beobachter aus dem Unternehmen werden für Führungsprobleme, Führungsverhalten sowie Beobachtung und Bewertung von Mitarbeitern sensibilisiert.
- Die Teilnehmer an einem Assessment Center werden mit den Anforderungen und Erwartugnen des Unternehmens vertraut gemacht, was in der Regel eine motivierende Wirkung hat.

Für die Teilnehmer:

Auch für die Teilnehmer bietet die Assessment Center-Technik zahlreiche Vorteile, die die hohe Akzeptanz der Methode erklären:

- Die Teilnehmer erleben die Objektivität des Verfahrens, das gleiche Chancen für alle garantiert.
- Die unterschiedlichen Aufgabenstellungen und -schwierigkeiten sowie die Vielfalt der sozialen Situationen geben jedem Teilnehmer die Möglichkeit, sich optimal, produktiv und kreativ darzustellen.
- Jeder Teilnehmer erhält im Feedbackgespräch eine konkrete Rückmeldung über seine im Assessment Center gezeigten Stärken und Schwächen.
- Individuelle Entwicklungsmaßnahmen und der damit verbundene Fortbildungsbedarf werden im Hinblick auf mögliche Einsatzbereiche festgelegt.

In den Abschnitten 2 bis 4 wurden Punkte angesprochen, die für die Assessment Center-Methode generell gelten. Dabei ist aber nicht zu vergessen, daß sich die konkrete Umsetzung in den einzelnen Unternehmen wegen unterschiedlicher Randbedingungen und Konstruktionsphilosophien unterschiedlich gestaltet.

Das Assessment Center der Allianz Versicherungs-AG

Peter Jung, Reinhard Leiter

Die Allianz stellt sich vor

Die Allianz-AG als Holdinggesellschaft des Konzerns gehört zu den größten internationalen Versicherungskonzernen. Sie erzielte im Jahre 1987 weltweit Betragseinnahmen von rund 26,5 Mrd. DM und hatte mehr als 40.000 angestellte Mitarbeiter. Zur Allianz-AG gehören eine Reihe bekannter Versicherungsunternehmen: in der BRD die Allianz Versicherungs-AG, die als Kompositversicherer einen eigenen Teilkonzern bildet und die Allianz Lebensversicherungs-AG; im Ausland u.a. die beiden ihrerseits international tätigen Versicherungskonzerne Riunione Adriatica di Sicurta (RAS) in Italien und Cornhill in Großbritannien.

Die Allianz Versicherungs-AG als Sachversicherungsgruppe Inland, auf die sich die folgenden Ausführungen beziehen, hat im Innendienst etwa 12.000 Mitarbeiter. Sie erzielte 1987 ein Beitragsvolumen von rund 8,8 Mrd. DM. Sitz ihrer Generaldirektion ist München; Niederlassungen bestehen in Berlin, Frankfurt, Hamburg, Köln, München und Stuttgart. Die Niederlassungen in Frankfurt (Frankfurter Versicherungs-AG) und München (Bayerische Versicherungsbank) sind eigene Gesellschaften.

Ziele unserer Assessment Center

Mit unseren AC's möchten wir folgende Zielsetzungen erreichen:

- Feststellen der Eignungsvoraussetzungen für gehobene Führungsaufgaben

- Feststellen der individuellen Stärken/Schwächen

- Ableiten individueller Entwicklungsmaßnahmen

- Beratung der Kandidaten durch Beobachter

In der Allianz gilt der Grundsatz, daß qualifizierte Führungs- und Fachpositionen, wenn irgend möglich, durch Mitarbeiter aus dem eigenen Haus besetzt werden sollen. Um das Führungspotential der Mitarbeiter systematisch einschätzen zu können, werden an definierten, qualitativen Schnittstellen Assessment Center, hier Personalentwicklungs-Seminare (PE-Seminare) genannt, eingesetzt, die überwiegend von eigenen Mitarbeitern besucht werden. Diese Mitarbeiter müssen von ihren Vorgesetzten als überdurchschnittlich und besonders förderungswürdig beurteilt worden sein.

Da es sich bei den Teilnehmern um besonders gute Mitarbeiter handelt, deren Motivation und Leistungsbereitschaft durch die Ergebnisse der AC's nicht gefährdet werden soll, muß der Auswahlcharakter des Verfahrens im Hintergrund und der Förderungscharakter im Vordergrund stehen. Deshalb sind die vier aufgeführten Ziele gleichrangig. Besonders wichtig erscheint es uns, daß die Stärken und Schwächen eines jeden Teilnehmers in den verschiedenen Übungen sorgfältig herausgearbeitet und davon für ihn individuelle Förderungsmaßnahmen abgeleitet werden. Zum Abschluß des Seminars erfolgt eine ausführliche Beratung jedes Teilnehmers durch einen von ihm gewählten Beobachter. Dabei müssen die in den Übungen festgestellten Stärken und Schwächen für den Teilnehmer nachvollziehbar sein und von ihm als relevant anerkannt werden.

Generell gilt folgendes bei unseren PE-Seminaren:

1. Die Beurteilung aus einem AC kann und darf nicht als für immer gültiges Urteil betrachtet werden, weder im positiven noch im negativen Sinne.

2. Das Verfahren darf - soll es nicht Gefahr laufen, in einen Machtkampf hineingezogen zu werden - die Entscheidungsbefugnis der Vorgesetzten nicht außer Kraft setzen, sondern soll diese an besonders wichtigen und im Alltag wenig beobachteten Stellen durch differenzierte Informationen ergänzen.

Konstruktionsphilosophie unserer Assessment Center

Aus diesen relativ wenigen Prämissen haben wir eine Reihe von Konsequenzen gezogen:

Das Bildungswesen versteht sich als Dienstleister für die Linie. Als solcher stellt es ein Instrument und methodisches Know-how zur Verfügung. Da die Vorgesetzten durch die Ergebnisse des AC's vor wichtigen Personalentscheidungen durch ergänzende Informationen über Mitarbeiter unterstützt werden sollen, die anhand von Alltagsbeobachtungen nicht möglich wären, fällt uns ein Verzicht auf Leistungstests im Rahmen der AC's leicht, zumal wir davon ausgehen, daß Nachweise über fachliche Qualifikationen im Berufsalltag besser erbracht und beurteilt werden können.
Die wichtigsten Punkte unserer Philosophie definieren wir demnach wie folgt:

- Einbeziehung der Linie.

- Linie überwiegt deutlich - Bildungswesen ist Dienstleister für die Linie.

- Mitentwickler werden aus der Linie und der Personalabteilung zusammengestellt.

- Keine Vorgabe von der Linie über Dauer, Zahl der Beobachter, Zahl der Teilnehmer, Kosten.

- Nur firmenspezifische Übungen aufgrund echter Geschäftsvorfälle, keine Verwendung von Fragebögen, Testverfahren, Interviews und ähnlichem.

Anforderungen an die Übungen

Wir konzentrieren uns auf die Simulation von praxisnahen Situationen, die von Linienvorgesetzten und Mitarbeitern gleichermaßen als relevant akzeptiert werden. Hieraus leiten sich folgende Anforderungen an die einzelnen Übungen in unseren AC's ab:

- Orientierung an den typisch-kritischen Situationen.
- Bezug zur späteren Funktion muß erkennbar sein.
- Kein zu großer Fachbezug, damit momentanes Fachwissen nicht zu sehr im Vordergrund steht (Teilnehmerbevorzugung vermeiden).
- Zu starker Fachbezug überstrahlt Verhaltenseinschätzung der Beobachter.
- Forderung nach unterschiedlichen Übungstypen.
- Einbeziehung der Linie in die Entwicklung der Übungen.
- Übungen müssen Verhaltensbeobachtung zulassen.

Um die Praxisnähe und -relevanz zu gewährleisten, arbeiten während der Entwicklung eines AC's Mitarbeiter des Bildungswesens (methodisches Know-how) und der Linie (praktisches und fachliches Know-how) eng zusammen. In dieser Zusammenarbeit werden sowohl die typisch-kritischen Situationen der Zielfunktion, als auch die ihnen zugehörigen Anforderungen erarbeitet. Unter Anforderungen verstehen wir dabei Handlungsweisen, die ein erfolgreicher Funktionsinhaber in der betreffenden typisch-kritischen Situation benutzt, um diese zu meistern. In dieser Zusammenarbeit entstehen ebenfalls die Übungen, die als Simulationen sowohl die typisch-kritischen Situationen als auch die ihnen zugehörigen Anforderungen möglichst vollständig abdecken sollen. Die Basis sind daher immer echte Geschäftsvorfälle. Werden in Übungen Partner gebraucht, z.B. als Mitarbeiter der Teilnehmer, dann werden deren Rollen von Allianz-Mitarbeitern übernommen, die möglichst auch im Alltag die gleiche Funktion innehaben. Da das Bildungswesen für die methodische Güte verantwortlich ist, muß es Aufwand und Kosten des Verfahrens zwar rechtfertigen, wird aber nicht von vornherein eingeschränkt.

Beobachtungs- und Bewertungsprozeß

Während der Durchführung des Seminars wird typischen Beurteilungsfehlern vorgebeugt durch

- eine systematische Zuteilung der Beobachter zu Teilnehmern und Übungen (die sogenannte "Beobachtermatrix") ,
- die Gliederung des Beurteilungsprozesses in Einzelschritte (Wahrnehmen, Zuordnen und Bewerten) und
- ein Training der Beobachter sowohl in dieser Art der Beobachtung als auch im Umgang mit den Hilfsmitteln.

Aus dem Beispiel einer "Beobachtermatrix" können Sie ersehen, daß jeder Beobachter jeden der Teilnehmer in mindestens einer der Übungen sehen kann, aber in nicht mehr als zwei Übungen. Am Ende der Übungen ist eine Beobachterkonferenz erforderlich, in der die Einzelbeobachtungen und -bewertungen zu einem Konsensurteil zusammengeführt werden. Wir glauben, daß ein solches Konsensurteil dem einzelnen Teilnehmer gerechter wird als die umfassende Beurteilung durch einen oder zwei Beobachter.

Während der einzelnen Übungen halten die Beobachter auf einem Beobachtungsblatt möglichst zahlreiche direkt wahrnehmbare Verhaltensweisen schriftlich fest, ohne daß diese Beobachtung durch Anforderungsdimensionen gesteuert wäre. Die Auswertung dieser Beobachtungen findet dann im Anschluß an die Übung im Beobachterraum mit Hilfe der "Auswertungsblätter" statt.

Der Beobachter ordnet alle notierten Wahrnehmungen, die nach seiner Ansicht zu den aufgelisteten Handlungsweisen der betreffenden Anforderungsdimensionen passen, dieser zu und führt sie dort nochmals auf. Erst wenn dieser Vorgang beendet ist, bewertet er seine Beobachtungen, indem er die Zeilen "Zusammenfassung Stärken" bzw. "Zusammenfassung Schwächen" ausfüllt.

Übung \ Beobachter	A	B	C	D	E	F	G	H
Postkorb	1,9	2	3,10	4	5,11	6	7,12	8
Gruppendiskussion	2	3,10	4	5,11	6	7,12	8	1,9
Präsentation							1	2
	3	4						
			5	6				
					7	8		
	10						9	
			11		12			
Führen einer MA-Gruppe	5	5			1	1	3	3
	4		7	7		2	2	4
		6	6	8	8		10	10
	11	11	12	12	9	9		
MA-Gespräch	7	7	1	1	3	3	5	5
	6	8	8	2	2	4	4	6
	12	12	9	9	10	10	11	11
GV-Gespräch		1	2	3				
					4	5	6	
	8	9						7
				10	11	12		

Abb. 1: Beobachter-Matrix

Erklärung: A - H : Beobachter MA = Mitarbeiter
1 - 12 : Kandidaten GV = Gebietsvertreter

Diese Vorgehensweise hat nach unserer Ansicht gegenüber Skalierungen von vorher festgelegten, meist hochabstrakten Anforderungen den Vorteil, daß die getroffenen Aussagen individueller und daher leichter nachvollziehbar sind. Die Entscheidung über Eignung oder "Noch-nicht-Eignung" ergibt sich folglich nicht als summierter Punktwert der Skalierungen, sondern ist eine aufgrund der festgestellten Stärken und Schwächen gefällte Konsensentscheidung der Beobachter. Bestandteil der Entscheidung sind detaillierte Vorschläge über individuelle Fördermaßnahmen.

Übung: Datum:		Beobachter:	
Zeit	Name	Zeit	Name

Abb. 2: Muster eines Beobachtungsblattes

Übung: Führen einer MA-Gruppe Datum:	Teilnehmer: Beobachter:
Führung/Organisation	
• hat genauen Überblick, verliert nicht die Linie • behält Ruhe, Übersicht und Kontrolle • optimiert den Einsatz aller MA durch gute Organisation • räumt Sondervollmachten ein, fördert Delegation • gibt klare, unmißverständliche, widerspruchsfreie Anweisungen • setzt erreichbare Ziele • kontrolliert und erkennt Nicht-Erledigtes • improvisiert Hilfe von innen und außen • organisiert Ersatzkräfte bzw. Systemänderung in den Abläufen • übernimmt selbst nicht zu viel, verliert nicht den Überblick	
Zusammenfassung Stärken:	
Zusammenfassung Schwächen:	

Abb. 3: Muster eines Auswertungsblattes

Feedback für die Teilnehmer

Noch während des Seminars erhält jeder Teilnehmer von einem Beobachter eine ehrliche und umfassende Rückmeldung, wie sein Verhalten beurteilt wurde (sogenanntes "Beratungsgespräch"). Dabei wird der gesamte Beurteilungsprozeß offengelegt und erläutert. Jedem Teilnehmer werden auch die möglichen Konsequenzen für seinen weiteren Berufsweg aufgezeigt. Im positivsten Falle ist das unter Umständen der sofortige Aufstieg und im negativsten Fall die Umsetzung der Fördermaßnahmen mit der Chance, erneut teilzunehmen an einem AC. Die Umsetzung der Förderungsmaßnahmen ist Aufgabe des direkten Vorgesetzten.

Zeitlicher Ablauf für die Teilnehmer

Wie sehen nun unsere Personalentwicklungs-Seminare im einzelnen aus? Teilnehmer an den Seminaren sind Mitarbeiter, die in ihrer momentanen Position überdurchschnittliche Leistungen erbringen und von denen ihr Vorgesetzter überzeugt ist, sie könnten eine erste oder höherwertige Führungsfunktion wahrnehmen. Der Vorschlag zur Teilnahme erfolgt durch den zuständigen Abteilungsleiter bzw. Direktor.

Als Vorbereitung auf ein solches PE-Seminar finden Gespräche mit dem Vorgesetzten statt, darüber hinaus werden alle Teilnehmer etwa vier Wochen vor der Durchführung des AC's vom Bildungswesen zu einer Informationsveranstaltung eingeladen. Dort werden Ziele und Ablauf des AC's ausführlich erläutert und Fragen der Teilnehmer beantwortet. Das AC selbst findet im Rahmen eines einwöchigen Seminars in einem auswärtigen Seminarhotel statt.

Die Abbildung zeigt einen typischen Seminarablauf für Teilnehmer der Zielebene Abteilungsleiter bzw. Geschäftsstellenleiter (zweite Führungsebene).

Die Teilnehmer reisen im Laufe eines Montag-Vormittags an. Nach dem gemeinsamen Mittagessen werden ihnen nochmals der Ablauf, die Ziele und die Anforderungen des Seminars vorgestellt. Dabei werden auch individuelle Erwartungen und Befürchtungen der Teilnehmer angesprochen.

Montag	Dienstag	Mittwoch	Donnerstag	Freitag
	Übung: Postkorb Übung: Feinpappenwerk Huber	Übung: Führen einer MA-Gruppe	Reflexion Feedback Verbesserungsvorschläge	Beratungsgespräche
Mittagessen				
Ablauf, Ziele, Anforderungen Erwartungen/ Befürchtungen Beobachter u. Teilnehmer machen sich bekannt	Übung: Vorgesetztengespräch Übung: Präsentation	Übung: Mitarbeitergespräch Übung: Vertretergespräch Übung: Bewerbergespräch	Gemeinsame Aktivität (Ausflug)	Ende des Seminars nach dem Mittagessen
Abendessen				

Abb. 4: PE-Seminar: Ablauf für die Teilnehmer eines Seminars für Abteilungs-/Geschäftsstellenleiter-Nachwuchs

Am Abend treffen sich alle Teilnehmer, Beobachter und Moderatoren zu einem lockeren Kennenlernen. Jeder wird aufgefordert, sich kurz vorzustellen und auch etwas zu den eigenen Hobbies, Vorlieben etc. zu sagen.

Dienstag und Mittwoch finden die Übungen statt, in der Regel sechs Übungen innerhalb von zwei Tagen: Eine Übung ist der sogenannte "Postkorb", also das Arbeiten unter Zeitdruck am Schreibtisch. In der nächsten Übung ("Gruppenleiterdiskussion") geht es darum, die Interessen der Gruppe gegenüber anderen Gruppen(leitern) möglichst wirkungsvoll zu vertreten, dabei aber auch das Gesamtinteresse des Unternehmens zu berücksichtigen. Bei der "Präsentation" sollen die Teilnehmer einem Auditorium eine Neuigkeit (technische oder organisatorische Erneuerung) vorstellen, die Vorzüge erklären und auf Bedenken und Fragen der Zuhörer eingehen. In der

Übung "Führen einer Mitarbeitergruppe" besprechen die Teilnehmer zusammen mit ihren Mitarbeitern ein Problem und versuchen, eine von allen getragene Problemlösung zu erarbeiten. Im "Mitarbeitergespräch" muß sich der Teilnehmer mit einem Mitarbeiter, der beispielsweise seine Arbeit nicht mehr ordnungsgemäß erledigt, unter vier Augen auseinandersetzen. Schließlich hat der Teilnehmer in einer weiteren Übung die Firmeninteressen nach außen hin gegenüber einem Generalvertreter zu vertreten.

In einer Reihe von Übungen haben die Teilnehmer - wie beschrieben - Gesprächspartner. Es handelt sich dabei um Mitarbeiter der Allianz, die im Alltag die gleiche Funktion wie in der Übung innehaben. Sie werden auf ihre Rolle ausführlich vorbereitet, damit eine gewisse Konstanz und Fairness gewährleistet ist, denn ihre Rollen bestehen nur aus einem Handlungsrahmen, der individuelles, situationsabhängiges Handeln zuläßt.

Zwischen den Übungen haben die Teilnehmer genügend Zeit zur Entspannung. Auch können sie anhand von vorbereiteten Reflexionsbögen und/oder anhand der auf Video aufgezeichneten Übungen ihre Leistungen selbst einschätzen und sich so auf das Beratungsgespräch vorbereiten.

Donnerstag werden die Teilnehmer gebeten, zum Ablauf des Seminares, zum Inhalt und zur Praxisnähe der Übungen kritisch Stellung zu nehmen und unter Umständen Verbesserungsvorschläge zu machen. Die Anregungen und Verbesserungsvorschläge werden nach Möglichkeit in spätere Seminare integriert. Außerdem wählen sich die Teilnehmer einen Beobachter, mit dem sie das "Beratungsgespräch" führen wollen. Am Nachmittag unternehmen die Teilnehmer einen Ausflug, um die Wartezeit bis zum Ende der Beobachterkonferenz zu überbrücken.

Am Freitag finden die Beratungsgespräche statt. Die Teilnehmer erhalten Einblick in sämtliche Unterlagen und Aufzeichnungen, die über sie im Laufe des Seminars angefertigt wurden. Diese sind ausschließlich Verhaltensbeobachtungen, die während der Übungen entstanden sind und deren Bewertungen hinsichtlich ihrer Bedeutung für den Führungsaspekt der in Frage kommenden Führungsfunktion. Der Beobachter erklärt und begründet aufgrund der Aufzeichnungen die Entscheidung über Eignung oder "Noch-Nicht-Eignung" zur Übernahme einer der angestrebten Positionen.

Der Teilnehmer erhält eine schriftliche Bestätigung über die Teilnahme am Seminar, auf der außer der Entscheidung die vorgeschlagenen Fördermaßnahmen aufgeführt sind. Eine Kopie dieser Bestätigung wird in die Personalakte übernommen.

Zeitlicher Ablauf für die Beobachter

Die Beobachter sind teilweise im Entwicklungsprozeß involviert. Sofern eigene Mitarbeiter am AC teilnehmen, sind sie für die Vorauswahl verantwortlich.

Der Seminarablauf für die Beobachter entspricht im wesentlichen dem der Teilnehmer. Ausnahmen bestehen am Montag und am Donnerstag.

Am Montag wird ein ganztägiges Beobachtertraining durchgeführt. Ziel dabei ist es, die Beobachter zu sensibilisieren für die Verantwortung, die sie während dieser Woche hinsichtlich der beruflichen Entwicklung der Teilnehmer haben und für den Prozeß der Beobachtung, d.h. die Unterscheidung zwischen wahrnehmbaren Verhaltensweisen (1. Auswertungsschritt) bzw. deren Interpretationen oder darauf aufbauenden Schlußfolgerungen und Bewertungen (3. Auswertungsschritt). Außerdem werden sie mit den Hilfsmitteln "Beobachtungsblatt" und "Auswertungsblatt" vertraut gemacht. Der Ablaufplan sieht dann wie folgt aus:

Montag	Dienstag	Mittwoch	Donnerstag	Freitag
Beobachter-training	Postkorb (Einzelarbeit) Gruppengespräch "Huber" (2 Gruppen parallel)	Führen einer MA-Gruppe (4 Runden nacheinander)	Restauswertung Beobachter-konferenz	Beratungs-gespräche
		Mittagessen		
Beobachter-training alle Teilnehmer machen sich miteinander bekannt	Vorgesetzten-gespräch (2 Runden nacheinander) Präsentation (Einzelarbeit)	MA-Gespräch (2 Runden) Vertreter-gespräch (3 Runden) Bewerbergespräch (2 Runden)	Beobachter-konferenz	gegenseitige Information über Gesprächsverlauf weiteres Vorgehen Seminar-Rückblick
		Abendessen		

Abb. 5: Ablaufplan für Beobachter

Am Donnerstag findet die Beobachterkonferenz statt. Sie dauert in der Regel von 10 Uhr bis in den späten Abend. Während dieser Konferenz werden pro Teilnehmer die festgestellten Stärken und Schwächen dahingehend überprüft, ob sie für den Teilnehmer charakteristisch sind, d.h. in mehreren Übungen beobachtet werden konnten oder nur vereinzelt aufgetreten sind. Aus diesen charakteristischen Stärken und Schwächen entsteht das individuelle Profil des Führungspotentials dieses Teilnehmers hinsichtlich der Zielfunktion. Auf seiner Basis wird dann per Konsens entschieden, ob ein Teilnehmer für die Zielfunktion geeignet ist. Dieses Urteil wird einstimmig gefällt, daher können die Teilnehmer sich "ihren" Beobachter für das Beratungsgespräch wählen. Außerdem werden aus den Stärken und Schwächen individuelle Fördermaßnahmen abgeleitet.

Jeder Beobachter führt am Freitag mit mindestens einem Teilnehmer ein Beratungsgespräch. Hier bewährt es sich, wenn der Beobachter nicht nur ein pauschales Urteil "guter Mann - schlechter Mann" getroffen hat, sondern das Ergebnis auf unterschiedlichen Abstraktionsebenen bis hin zu konkreten Verhaltensweisen nachvollziehen und dem Teilnehmer erklären kann. Es zeigt sich in diesen Gesprächen immer wieder, daß die Übereinstimmung der Beobachtungen mit den Selbsteinschätzungen der Teilnehmer außerordentlich hoch ist, daß aber auch manchmal Unterschiede in der Bewertung der Beobachtungen für die Übernahme der Zielfunktion bestehen.

Information des direkten Vorgesetzten

Der direkte Vorgesetzte eines Teilnehmers wird, sofern er nicht selbst Beobachter war, von dem Beobachter, der das Beratungsgespräch geführt hat, über das Ergebnis und die zu ergreifenden Fördermaßnahmen in der gleichen Ausführlichkeit informiert wie der Teilnehmer selbst. An dieses Gespräch schließt sich ein Gespräch zwischen dem Teilnehmer und seinem Vorgesetzten an, in dem die konkrete Umsetzung der Maßnahmen vereinbart wird.

Einsatzbereiche und Zahl der AC's

An solchen PE-Seminaren in der Allianz nehmen in der Regel

- bis zu 12 Teilnehmer,
- mindestens 8 Beobachter,
- bis zu 18 Rollenspieler und
- mindestens 6 erfahrene Moderatoren teil, die das AC steuern und die Beobachterkonferenz leiten.

In der Allianz werden Assessment Center sowohl als PE-Seminare als auch als Auswahlinstrument eingesetzt, und zwar in folgenden Situationen:

- Trainee-Auswahl
- PE-Seminar zum Allianz-Förderungs-Programm,

- PE-Seminar zum Übergang von der Sachbearbeiterebene zur Gruppenleiterebene im Innen- bzw. Organisationsbereichsleiterebene im Außendienst (1. Führungsebene) und
- PE-Seminar zum Übergang zur Abteilungsleiter- im Innen- bzw. Geschäftsstellenleiterebene im Außendienst (2. Führungsebene).

Für die Auswahl von Trainees wird das AC als reines Auswahlseminar von eineinhalb Tagen Dauer einmal jährlich eingesetzt (siehe auch Beitrag "Auswahl-AC´s für Trainees").

Für die Auswahl von jungen, guten Sachbearbeitern für ein Allianz-internes Förderungsprogramm führen wir ein- bis zweimal jährlich ein einwöchiges Auswahlseminar durch. Dabei erhalten diejenigen Teilnehmer, die nicht in das Förderprogramm aufgenommen werden, andere Fördermaßnahmen angeboten.

Als Personalentwicklungs-Instrument mit Betonung auf Mitarbeiterförderung sind die Assessment Center konzipiert, die beim Übergang von der Sachbearbeiter- zur ersten Führungsebene und beim Übergang von der ersten zur zweiten Führungsebene eingesetzt werden. In diesen Seminaren ist die Beurteilung des Führungspotentials für die Zielebene möglichst mit Empfehlungen von Fördermaßnahmen wie Führungs-Seminaren, Job Rotation, Job Enlargement usw. verbunden.

Insgesamt finden in der Allianz Versicherungs-AG pro Jahr 12 bis 20 Assessment Center statt.

Abschließende Bemerkungen

Sicherlich ist die Entwicklung und Durchführung solcher AC's mit einem hohen persönlichen und finanziellen Aufwand verbunden. Wir sind aber überzeugt, daß sich dieser Einsatz lohnt, ja erforderlich ist, um das Führungspotential guter Mitarbeiter systematisch einzuschätzen und darauf aufbauend eine gezielte Personalentwicklung zu betreiben. Für uns als Dienstleistungsunternehmen ist die Qualität unserer Mitarbeiter, vor allem die der Führungskräfte, langfristig ein entscheidender Faktor für das Wohlergehen.

Aufgrund dieser Überzeugung haben wir der "Linie" das Instrument des AC's angeboten. Durch die Art des Vorgehens dabei - die Einbeziehung der Linienvorgesetzten vom Beginn der Entwicklung bis zur Durchführung - ist das AC bei uns mittlerweile allgemein akzeptiert. Dies gelang, ohne daß jemandem der Einsatz der AC's vorgeschrieben wurde. Man kann davon ausgehen, daß heute - bis auf Ausnahmen - alle Mitarbeiter, die eine Führungsfunktion der ersten oder zweiten Ebene übernehmen, an einem solchen PE-Seminar teilgenommen und die daraus abgeleiteten Förderungsmaßnahmen erfolgreich absolviert haben.

Assessment Center bei der Schweizerischen Kreditanstalt (SKA)

Franz Indergand, Emil Looser

Angaben zur Firma

Schweizerische Kreditanstalt		**gegründet 1856, Hauptsitz Zürich**	
drittgrößte Schweizer Bank		**15.055 Mitarbeiter (per 1.1.89)**	
Sparten:			
Kommerz	**Finanz/ Investment-banking**	**Anlagen/ Passivgeld-beschaffung**	**Logistik**
weltweit tätige Universalbank:			
Geschäftsstellen in der Schweiz: 300		**Geschäftsstellen im Ausland: 70**	

AC für Direktionsnachwuchs (seit 1979)

- Gründe für die Durchführung

  Die Gründe für die Durchführung von Beurteilungsseminaren für angehende Direktionsmitglieder (MD) in der SKA sind:

  - Das von den Linienvorgesetzten beurteilte fachliche Potential sowie die am Arbeitsplatz beobachtbaren persönlichkeitsbezogenen Ausprägungen dürfen nicht die einzigen Beförderungskriterien für die weitere Karriere bilden.

- Die im AC beurteilten Dimensionen (Teamverhalten, Ausdrucksvermögen, Lenkungsverhalten, Durchsetzungsvermögen, Problemlösungs- und Entscheidungsverhalten sowie Planungs- und Organisationsverhalten) sind in der bisherigen Laufbahn der Kandidaten oft nicht oder nur wenig zuverlässig beobachtbar, da viele dieser Kandidaten bis zum Zeitpunkt des AC-Besuches in reinen Sachbearbeiterfunktionen tätig waren.

  AC-Resultate zeigen auch zukünftig zu erwartendes Verhalten in diesen Dimensionen.

- Beurteilungskriterien und -maßstäbe werden von verschiedenen Linienvorgesetzten immer wieder uneinheitlich wahrgenommen, so daß eine gewisse Verobjektivierung nötig ist. Allerdings sollen die Entscheidungen bei der Linie bleiben.

- Zielsetzungen

Zusätzlich zur periodischen Qualifikations- und Potentialbeurteilung, die durch die Linienvorgesetzten erfolgt, sollen der Geschäftsleitung und den MD-verantwortlichen Vorgesetzten zuverlässige und unabhängige Informationen über das Direktionspotential unserer Führungsnachwuchskräfte vorgelegt werden.

Diese Informationen werden in Form einer Stärken-/Schwächen-Beschreibung in bezug auf die beobachteten Dimensionen produziert.

Sie stellen eine wichtige Grundlage für Einsatz- und Nachfolgeentscheidungen dar. Im übrigen haben sie eine direkte Bedeutung für Beförderungsentscheidungen.

Zusätzlich zum Beurteilungsaspekt ist das AC auch als Entwicklungsinstrument zu betrachten. Aufgrund des Stärken-/Schwächenprofils sollen für alle AC-Absolventinnen/Absolventen individuelle Förderungsmaßnahmen geplant und durchgeführt werden.

- Adressatenkreis

  a) Mitarbeiterinnen/Mitarbeiter, die persönlich motiviert sind, in die Direktion aufzusteigen.

  b) Die Mitarbeiterin/der Mitarbeiter fungiert auf der sogenannten "Direktionsnachwuchsliste"
  (Die Direktionsnachwuchsliste enthält Mitarbeiterinnen und Mitarbeiter, von denen der MD-verantwortliche Vorgesetzte annimmt, daß diese aufgrund ihrer Persönlichkeit, ihrer Ausbildung, ihres Fachwissens sowie ihrer Erfahrung innerhalb der nächsten vier Jahre in die Direktion aufsteigen können, ungeachtet der jeweiligen Konstellation im eigenen Bereich. Die Liste wird jährlich neu durch den MD-Stab erhoben.)

  c) Mitarbeiter mit abgeschlossener SKA-Führungsausbildung (oder gleichwertiger Ausbildung).

  d) Mitarbeiter, für die eine Beförderung in die Direktion in den nächsten zwei Jahren zu erwarten ist.

  e) Mitarbeiter mit einer positiven Beurteilung in der AC-Vorabklärung, die durch den MD-Stab in Zusammenarbeit mit Linienvorgesetzten durchgeführt wird.

  Die Anmeldung für das AC erfolgt durch den MD-verantwortlichen Vorgesetzten.

- AC-Dimensionen

  Im AC werden folgende Dimensionen beurteilt und als Stärke-/Schwächenbeschreibung im AC-Schlußbericht festgehalten: Team-, Lenkungs-, Durchsetzungs-, Ausdrucksverhalten, Problemlösungs- und Entscheidungsverhalten, Planungs- und Organisationsverhalten, Persönlichkeitsformat.

- AC-Übungen (Matrix Übungen/Dimensionen siehe Anhang 1)

  - 2 führerlose Gruppendiskussionen
  - 1 Referat
  - 1 Postkorb
  - 1 schriftliche Problemanalyse-Fallstudie
  - 1 mündliche Problemanalyse-Fallstudie ("fact finding")
  - 2 Persönlichkeitsfragebögen (als interne Kontrollinstrumente)

- Rahmen

  - Dauer : 4 Tage (inkl. Feedbackgespräche)
  - Teilnehmer : 12
  - Beobachter : 4
  - Kursleiter : 3
  - Sekretariat : 1
  - Ort : Hotel

- Stellenwert der AC-Beurteilung

  Die einzelnen Beurteilungen werden zu einem Gesamturteil (sehr gute/gute/nicht zufriedenstellende Leistungen) zusammengefaßt.

  Bei nicht zufriedenstellenden Leistungen liegt das Schwergewicht auf individuellen Entwicklungsmaßnahmen, die geeignet sind, die gezeigten Schwächen zu beheben.

  Beförderungen in die Direktion sollen grundsätzlich nur dann erfolgen, wenn die Kandidaten/der Kandidat über ein überzeugendes Persönlichkeitsformat verfügt, überdurchschnittliche fachliche Leistungen erbringt und im AC gute Leistungen gezeigt hat.

Ausnahmen werden nur dann toleriert, wenn die im AC-Schlußbericht enthaltenen Schwächen erkennbar behoben sind. Ausnahmen können auch dort bewilligt werden, wo Spezialisten mit außerordentlichem Erfolg Aufgaben erfüllen, bei denen die AC-Dimensionen eine untergeordnete Rolle spielen.

Eine wiederholte Teilnahme am AC ist in der Regel nicht vorgesehen. Ausnahmen sind möglich , wenn z.B. offensichtliche und massive Abweichungen in der Beurteilung zwischen Linie und AC vorliegen, oder bei AC-Abbrüchen.

- Feedback

Jede AC-Absolventin/jeder AC-Absolvent erhält eine umfassende, offene Beurteilung. Sie ist die Grundlage für einzuleitende individuelle Entwicklungsmaßnahmen.

- Umgang mit AC-Beurteilungsdaten

Alle AC-Originaldaten werden zentral im MD-Stab unter Verschluß aufbewahrt. Der MD-Stab ist die einzige Auskunftsstelle über AC-Daten.

Alle Beurteilungsdaten haben vertraulichen Charakter.

Ergänzende Gespräche zwischen den AC-Beobachtern und den entsprechenden Linienchefs sind möglich. (Gesamtablauf siehe Grafik Anhang 2)

AC´s für Hochschulabsolventen

- Zielsetzungen

Mit dem AC für Hochschulabsolventen bietet die SKA diesen die Möglichkeit einer neutralen, individuellen Standortbestimmung/Potentialbeurteilung. Damit will sich die Bank bei den verschiedenen Hochschulen als fortschrittlicher Arbeitgeber weiter bekannt machen und die

Chance nutzen, gut qualifizierte und motivierte Akademiker mit hohem Entwicklungspotential zu gewinnen.

- Adressatenkreis

Studenten etwa ab dem 7. Semester und Hochschulabsolventen vorwiegend ökonomischer und juristischer Richtung.

- AC-Dimensionen

Team-, Durchsetzungs-, Ausdrucksverhalten, Arbeitstechnik, Problemlösungsfähigkeit, Persönlichkeitsformat.

- AC-Übungen

  - 1 strukturiertes Interview (zur Vorabklärung)
  - 2 führerlose Gruppendiskussionen
  - 2 Referate
  - 1 Postkorb
  - 1 schriftliche Problemanalyse-Fallstudie
  - 1 Konzentrationstest

- Rahmen

- Dauer	:	2 Tage (exkl. Vorabklärung und Feedbackgespräche)
- Teilnehmer	:	12
- Beobachter	:	4
- Kursleiter	:	3
- Sekretariat	:	1
- Ort	:	Hotel

- Feedback und Stellenwert der AC-Beurteilung

2 Wochen nach dem AC erhalten die Teilnehmer in einem individuellen ca. zweistündigen Gespräch ein detailliertes Feedback über die gezeigten Stärken und Schwächen. Als zusätzliche Dienstleistung wird

eine zunächst unverbindliche Beratung über die Laufbahnmöglichkeiten in der SKA angeboten.
Bei beiderseitigem Interesse an einer Anstellung werden die entsprechenden Kontakte zu den Instanzen des jeweiligen Einstiegsbereiches hergestellt.

Anhang 1

Matrix Übungen/Dimensionen eines Direktions-AC´s

Dimensionen \ Übungen	2 führerlose Gruppendiskussionen	mündliche Problemanalyse: Gespräch	Postkorb-Übung	Kurzreferat: Zeitfragen	Schriftl. Problemanalyse: Fallstudie	EDV-unterstützte Problemanalyse	2 Psychologische Fragebögen
Teamverhalten	x						x
Ausdrucksverhalten	x	x		x			
Lenkungsverhalten	x						x
Durchsetzungsvermögen	x						x
Problemlösungs-/ Entscheidungsverhalten		x	x		x		
Planungs-/ Organisationsverhalten			x			x	
Persönlichkeitsformat	x	x		x			x

Anhang 2

Gesamtablauf eines AC´s für Direktionsnachwuchs

Meldung Führungsnachwuchs	Linie
↓	
Nomination AC-Teilnehmer	Linie
↓	
Selektion AC-Teilnehmer	MD-Stab
↓	
AC-Vorausinterview	MD-Stab
↓	
AC-Seminar	Beobachter/ MD-Stab
↓	
Teilnehmer-Feedback	Beobachter
↓	
Orientierung Vorgesetzte	MD-Stab
↓ Förderungs-/ Entwicklungsplanung ↓ Einsatz-/ Nachfolge-/ Beförderungsentscheide	Linie/ MD-Stab

Die Auswahl von Nachwuchskräften für den höheren Dienst bei der Deutschen Bundespost (DBP)

Helmut Methner

Vorbemerkung

Der Auswahl von Nachwuchskräften für die Laufbahnen des höheren Dienstes bei der Deutschen Bundespost wird besondere Aufmerksamkeit gewidmet, weil ihnen bereits nach relativ kurzer Zeit Führungsverantwortung übertragen wird. Aus dieser Gruppe rekrutieren sich die Führungskräfte, die in leitenden Stellen des Unternehmens wichtige Unternehmensentscheidungen treffen oder große Organisationseinheiten leiten. Fehlentscheidungen bei der Einstellung lassen sich nur selten korrigieren.

Das Auswahlverfahren

Die Deutsche Bundespost führt mit allen Bewerbern* für den höheren Dienst ein dreistufiges Auswahlverfahren durch, in dessen Rahmen dem Assessment Center ein zentraler Stellenwert zukommt. Ziel des Auswahlverfahrens ist es, für Führungspositionen gut geeignete Nachwuchskräfte zu finden.

Den ersten Kontakt nehmen die Bewerber mit der für ihren Wohnsitz zuständigen Oberpostdirektion auf. Dort werden die Informations- und Vorstellungsgespräche geführt. Die Bewerbungen gehen dann von den Oberpostdirektionen an das für den höheren Dienst zuständige Referat in der Personalabteilung des Bundespostministeriums. Unter Berücksichtigung der Empfehlungen der Oberpostdirektionen entscheidet das Referat, welche Bewerber in die engere Wahl gezogen und zum Auswahlverfahren in die Akademie für Führungskräfte der DBP eingeladen werden.

---

*) Der leichteren Lesbarkeit wegen wurde auf die Ergänzung der Begriffe Bewerber bzw. Beobachter mit der weiblichen Form -in/-innen verzichtet; diese Begriffe beziehen sich immer auf Männer und Frauen.

Das Auswahlverfahren in der Akademie besteht aus einem eintägigen Assessment Center und einem abschließenden Rundgespräch, das die Auswahlkommission des Ministeriums mit den Bewerbern führt.

Nach Abschluß aller Assessment-Center-Verfahren und der Rundgespräche, die für eine Fachrichtung zu einem bestimmten Einstellungstermin durchgeführt werden, erfolgt die Entscheidung über die Einstellungszusagen durch die Auswahlkommission des Bundespostministeriums.

Die Anforderungen

Die Beamten des höheren Dienstes nehmen in allen Positionen Führungsaufgaben wahr und vertreten die DBP gegenüber Kunden, Auftraggebern, Behörden, Verbänden und den Medien. Da bei der Entscheidung über die Einstellung noch nicht feststeht, auf welchem Dienstposten der spätere Einsatz erfolgen wird, ist es nicht möglich, die spezifischen Anforderungen eines bestimmten Dienstpostens zugrunde zu legen. Die Nachwuchskräfte müssen deshalb die für die Bewältigung von Führungs- und Repräsentationsaufgaben generell wichtigsten Anforderungen erfüllen.

Diese Anforderungen umfassen die Bereiche

- Führung,
- Zusammenarbeit,
- Problemanalyse und Entscheidung,
- Ausdruck und Gestaltungsfähigkeit,
- geistige Beweglichkeit und Allgemeinbildung.

Im Assessment Center werden

- Fähigkeiten/Fertigkeiten,
- Einstellungen/Werthaltungen und
- Wissen/Kenntnisse

in den genannten Anforderungsbereichen erfaßt.

Das Assessment Center im Auswahlverfahren

Im Auswahlverfahren soll die Eignung von Bewerbern für den höheren Dienst bei der DBP ermittelt und damit eine Prognose über die Bewährung bei den künftigen Anforderungen abgegeben werden. Die Bewerber erhalten Aufgaben, die ihr Verhalten und ihre Leistungsfähigkeit für solche Führungsaufgaben den Beobachtern deutlich machen.

Für den Bewerber bietet das Assessment Center die Möglichkeit, Einblick in Aufgaben und die damit verbundenen Anforderungen zu nehmen und damit die eigene berufliche Entscheidung auf eine sichere Basis zu stellen.

Übungen im Assessment Center

- Postkorb

  Der Postkorb besteht aus 15 - 20 einzelnen Schriftstücken aus dem Posteingang eines Amtsvorstehers (Referatsleiters). Jedes Schriftstück enthält Informationen zu bestimmten Problemen. Der Bewerber soll sich in die Rolle der Führungskraft, die im Postkorb angesprochen ist, versetzen. Er analysiert die Probleme, setzt Prioritäten und gibt zu jedem Schriftstück Anordnungen, Aufträge oder Hinweise, was von wem zu tun ist.

- Gruppendiskussion (Postkorbdiskussion)

  In der Gruppendiskussion werden Problemkreise aus dem Postkorb diskutiert, wobei jeder Bewerber für 15 Minuten die Leitung der Diskussion für einen Themenkreis übernimmt. Hier wird das Ziel verfolgt, zu jedem Themenkreis Lösungsvorschläge kooperativ zu erarbeiten. An der Diskussion nehmen jeweils vier Bewerber teil.

- Interview

  Im Interview wird der Bewerber zu seinem beruflichen Werdegang befragt. Darüber hinaus werden Fragen gestellt, die die allgemeine Kenntnis- und Wissensbreite sowie die Einstellungen des Bewerbers verdeutlichen.

- Fall

  Aus dem Material des Postkorbes wird ein Problemkreis, der in der Gruppendiskussion nicht behandelt wurde, zum Problemfall erweitert. Dieser Fall hat ökonomische Implikationen. Der Bewerber soll die ihm zur Verfügung stehenden Informationen analysieren und Lösungsvorschläge in schriftlicher Form erarbeiten.

- Gruppendiskussion mit verteilten Rollen

  Kernproblem der Diskussion mit verteilten Rollen ist die Balance zwischen der Durchsetzung eigener Vorstellungen und der Erarbeitung einer von allen Beteiligten akzeptierten Lösung.

  Den unterschiedlichen Anforderungen der einzelnen Aufgaben entsprechend, wechseln die Beobachtungsschwerpunkte von Aufgabe zu Aufgabe.

Methoden der Verhaltensbeobachtung und Beurteilung

Um eine möglichst differenzierte Eignungsaussage zu erzielen, werden die Schritte der Verhaltensbeobachtung und Verhaltensbeschreibung einerseits und der Beurteilung und Prognose andererseits methodisch deutlich getrennt. Die Beurteiler machen während der mündlichen Übungen Aufzeichnungen über das Verhalten der von ihnen zu beobachtenden Bewerber (z.B. in der Gruppendiskussion pro Beobachter zwei Bewerber). Bei schriftlichen Arbeiten werden die Aktionen der Bewerber auf ihren wesentlichen Gehalt hin analysiert.

Im zweiten Schritt wird geprüft, ob und gegebenenfalls welchen Beitrag das festgestellte Verhalten im Hinblick auf die einzelnen Anforderungen leistet. Neben der thematischen Zuordnung erfolgt eine Bewertung des Verhaltens im zutreffenden Anforderungsmerkmal auf einer fünfstufigen Skala.

Das Prinzip der Mehrfachbeurteilung jedes Bewerbers wird dadurch realisiert, daß das Verhalten und die Leistungen bei den einzelnen Aufgaben eines Bewerbers von verschiedenen Beurteilern beobachtet und beurteilt werden.

In der Beobachterkonferenz, zu der die Beobachter nach der Auswertung der einzelnen Übungen zusammenkommen, werden die einzelnen Beurteilungen zusammengefaßt und zu Eignungsaussagen zu den bereits genannten Anforderungsbereichen verdichtet. Für jeden Bewerber wird ein Kurzgutachten erstellt, das die Beurteilung in den o.a. Merkmalsbereichen, eine verbale Erläuterung bzw. eine zusätzliche Erklärung und eine Empfehlungsaussage "Bewerber wird zur Einstellung empfohlen/nicht empfohlen" enthält.

Die Beobachter

Als Beobachter werden erfahrene Führungskräfte aus dem Ministerium, den Oberpostdirektionen und aus den Ämtern eingesetzt. Damit soll sichergestellt werden, daß die Beurteilung im Assessment Center auf der Basis der Anforderungen und Erfahrungen der Praxis erfolgt.

Die jeweiligen Beobachtergremien werden fachrichtungsübergreifend zusammengesetzt, um einseitig fachspezifische Sichtweisen zu vermeiden.

Vor dem ersten Einsatz absolvieren die Beobachter ein Training, in dem ihnen psychologische Grundlagen der Verhaltensbeobachtung und Beurteilung vermittelt werden und sie den Umgang mit dem Instrumentarium des Assessment Centers lernen. Darüber hinaus nehmen die Beobachter vor ihrem ersten Einsatz an einem Assessment Center hospitierend teil, um sich auf diese Weise gründlich einzuarbeiten.

Die Akzeptanz des Assessment Centers

Die Ergebnisse des Assessment Centers werden von Führungskräften, die die endgültige Entscheidung treffen, als sehr nützlich betrachtet. Das Assessment Center hat allgemein bei den Führungskräften eine hohe Akzeptanz gefunden.

Überprüfung und Entwicklung des Assessment Centers

Aus der Notwendigkeit heraus, den Nutzen des Assessment Centers zu prüfen und das Verfahren inhaltlich weiter zu entwickeln und zu verbessern, werden die Daten der Verfahren statistischen Kontrollen unterzogen. Dabei wird unter anderem geprüft, welche Zusammenhänge zwischen der Gesamtbeurteilung und den Urteilen in einzelnen Anforderungsmerkmalen bestehen, ob die vorgegebene Beurteilungsskala von den Beobachtern in der erwünschten Weise genutzt wird und in welchem Maße die Beobachter in ihren Beurteilungen übereinstimmen.

Wir haben das Datenmaterial aus etwa 50 AC-Durchläufen einer statistischen Prüfung unterzogen. Auf der Grundlage der Erkenntnisse daraus konnten Anfang 1988 einige Veränderungen am Verfahren vorgenommen werden.

Ausblick

Überlegungen, den Anforderungsbereich "Problemanalyse und Entscheidung" zuverlässiger und mit größerer Sicherheit beurteilen zu können, waren der Anlaß, den Einsatz einer komplexen Problemlösungsaufgabe in Form einer Computersimulation zu erproben. Im Rahmen einer Serie von mehreren AC's wurden die Bewerber gebeten, zusätzlich zu den normalen Aufgaben an einem Computersimulationsverfahren teilzunehmen. Die Teilnahme war freiwillig und hatte keinen Einfluß auf die Einstellungsentscheidung.

Nach einer allgemeinen Instruktion zur Aufgabe und einer Einführung in die Bedienung des Personalcomputers konnten sich die Bewerber in einer Übungsphase mit der Handhabung des Computers und der Arbeit mit dem Programm vertraut machen. Die Zeit für die Bearbeitung der Aufgabe war auf zwei Stunden festgelegt.

Zur Auswertung standen die AC-Ergebnisse, die Daten aus dem Simulations-Verfahren und die Daten aus einem Anschlußfragebogen über das Verfahren von 29 Bewerbern zur Verfügung.

Die Teilnehmer beschreiben ihre Arbeit am Computer als sehr anstrengend, trotzdem jedoch als motivierend und als für sich selbst nützlich. Die Bedienung wird überwiegend als leicht erlebt.

Die Teilnehmer haben Hinweise zu kritischer Selbstsicht erhalten, sie berichteten von der Wichtigkeit, den Überblick zu behalten, sich ausreichend zu informieren, vorausschauend zu planen, wirtschaftlich vorzugehen, Probleme systematisch anzugehen und den Zeitrahmen einzuhalten.

Verschiedene Variablen aus der Computersimulation zeigen mittlere Korrelationen mit den AC-Ergebnissen. Die Variablen des Faktors "Kosten - Gewinn" korrelieren mit dem Gesamtpunktwert im AC und mit der Einstellungsempfehlung zwischen $r = .32$ und $r = .61$.

Aus den ersten Erkenntnissen dieser Erprobung läßt sich ableiten, daß das Computersimulationsverfahren auch wesentliche Aspekte des AC's erfaßt, sowohl was die einzelnen Übungen betrifft, als auch den Gesamtwert. Es bleibt zu prüfen, welche Verbesserung die Kombination beider Verfahren bringt.

Auswahl von Bewerbern für die Offizierslaufbahn

Rolf Otte

Vorbemerkung

In der Bundeswehr regeln einerseits rechtliche Vorschriften die Voraussetzungen für die verschiedenen Laufbahnen, die Personalstruktur, den Personalergänzungsbedarf, die Einstellung/Übernahme und die Auswahlmethodik, andererseits aber auch u.a. die Rechte der Bewerber.
Durch diese Verfahrensregeln der Personalauswahl (Prüfmethodik) und zur Einstellung bzw. Übernahme soll die qualitative und quantitative Bedarfsdeckung im Rahmen der geplanten Personalstruktur erreicht werden. Die Entscheidung darüber, ob und in welcher Verwendung ein Bewerber aufgenommen bzw. abgelehnt wird, ist in der Regel eine Zuordnungsentscheidung. In diesem Sinne sind die personellen Entscheidungen über die Einstellung eines Offiziersanwärters im Vergleich zu denen in der gewerblichen Wirtschaft von besonderer Tragweite, da Offiziersanwärter schon nach relativ kurzer beruflicher Tätigkeit als Vorgesetzte von Soldaten und/oder als Verwalter von Material verantwortlich eingesetzt werden und das Dienstrecht auch bei Nichtbewährung nur im Ausnahmefall die Korrektur einer Einstellungsfehlentscheidung langfristig zuläßt.
Gerade der Offiziersberuf in seiner qualitativen Komplexität unterschiedlicher Verwendungen und Vielfalt militärischer Tätigkeitsfelder verlangt nicht nur eine Vielzahl qualifizierender, vom Bewerber zu erfüllender Anforderungen an Leistungsbereitschaft, Fähigkeiten und intrapersonellen Voraussetzungen, sondern er stellt auch in erhöhtem Maße Anforderungen an das Auswahlsystem (Selektion bzw. Plazierung) und an darauf abzustimmende Personalentwicklungsmaßnahmen während der Aus- und Weiterbildung als Soldat und später während des Studiums an der Universität der Bundeswehr.

Aber nicht nur aus diesen Gründen müssen die Auswahlmethodik und die damit verbundenen Plazierungsentscheidungen mit besonderer Sorgfalt durchgeführt werden.
Das hier vorgestellte Auswahlsystem ist gegenüber der bisherigen Prüfmethodik für Offiziersbewerber[1] in Inhalt und methodischen Grundsätzen wesentlich verändert und zur Einführung vorgeschlagen worden.
Ziel dieser methodischen Änderungen bei der Eignungsfeststellung ist es, das im Vergleich zu den vergangenen Jahren rückläufige Bewerberaufkommen hinsichtlich der qualitativen Bedarfsdeckung und der Verwendung der Bewerber noch intensiver auszuschöpfen.

Grundlagen der Prüfmethodik zur Auswahl von Offizieren

Wie schon erwähnt, muß diese Prüfmethodik als Auswahl- bzw. als Plazierungssystem die Grundforderung berücksichtigen, das Lern- und Entwicklungspotential der Bewerberpersönlichkeit in besonderer Weise in die Prognose über die zukünftige positive Bewährungswahrscheinlichkeit im Beruf des Offiziers einzubeziehen.

Personalauslesemaßnahmen allein nur auf die Beurteilung zu gründen, ob und in welchem Ausmaß die Persönlichkeits-, Fähigkeits- und Leistungsstrukturen zum Zeitpunkt der Eignungsfeststellung die Kriterien der definierten beruflichen Anforderungen erfüllen, ohne angemessen auch das sogenannte "Entwicklungspotential" zu berücksichtigen, führen zu nicht tolerierbaren personellen Fehlentscheidungen.
Eine Auswahlmethodik darf aus diesen Gründen nicht nur diagnostische Verfahren und Methoden zur Inventarisierung anthropogener Voraussetzungen beinhalten. Sie muß vielmehr die dynamischen Aspekte der Bewerberpersönlichkeit im Sinne der Lern- und Entwicklungsfähigkeit erfassen. So kann

---

[1] R. Otte: Die Methodik zur Prüfung von Offiziersbewerbern Bw
In: Schuler, H. & W. Stehle
Assessment Center als Methode der Personalentwicklung
Beiträge zur Organisationspsychologie 3, Stgt, 1987.

bei einer beruflichen Neuorientierung umfangreicher und intensiver beraten werden.
Dies setzt voraus, daß die direkt erfaßten eignungsdiagnostisch relevanten Informationen (z.B. Tests, Fragebögen, biographische Daten, Aufsätze...) und indirekt festgestellten Einschätzungen (beobachtetes und registriertes Verhalten, das durch Beurteiler bewertet wird) zu umfassenden Beschreibungen der "Stärken" und "Schwächen" im Sinne der Anforderungen führen, mit denen aber auch Aus- und Weiterbildungsmaßnahmen im Rahmen der Personalentwicklung zu begründen sind.
Wie in der Literatur vielfältig nachzulesen ist, führt ein solches Auswahl- bzw. Plazierungssystem nur dann zu empirisch belegbar zuverlässigen und validen Ergebnissen, wenn - den Grundsätzen des Assessment Centers (multi traits - multi methods - multi raters) entsprechend - folgende Bedingungen für die Beobachtung, Beurteilung und Bewertung individuellen Verfahrens erfüllt sind:

- anforderungsgerechte und operationalisierte Beschreibungsmerkmale,

- eindeutige Festlegung, in welchen Stationen welche Merkmale wie und womit beobachtet, beurteilt und bewertet werden,

- ein methodisches Verknüpfen der im AC beobachteten und registrierten direkten und indirekten Daten,

- die Anwendung sequentieller Modelle,

- intensive Schulung der Beobachter und

- formalisierte Entscheidungsregeln unabhängiger Kompetenzbeurteilungen.

Bevor das Auswahlverfahren für Offiziersbewerber vorgestellt wird, muß erwähnt werden, daß insbesondere "öffentlich-rechtliche" AC's, d.h. z.B. Auswahl- und Plazierungssysteme öffentlicher Verwaltungen, der juristischen Kontrolle hinsichtlich Inhalt, Zielsetzung des AC's und Datenfluß bzw. Datenhaltung unterliegen.

Im Unterschied zu "privaten" AC's in Industrie und Wirtschaft müssen bei "öffentlich-rechtlichen" Auswahlverfahren Rechtsvorschriften beachtet werden, die die Rechte des Bewerbers (z.B. die Zulassung der Prüfung, die Prüfungswiederholung, die Begründung von Eignungsbeurteilungen u.v.m.) sichern.

Daher sind für das AC zur Auswahl von Offiziersbewerbern nur solche diagnostischen Verfahren und Methoden angemessen, die Beurteilungen und Bewertungen der individuellen Verhaltensweisen verschiedener Bewerber aufgrund einer vergleichbaren Datenbasis rational begründen.

- Anforderungen an den Offizier

  Als allgemeine Rechtsnorm gilt, daß als Soldat auf Zeit oder als Berufssoldat in der Bundeswehr nur dienen kann, wer die entsprechende charakterliche, geistige und körperliche Eignung nachweist (vgl. § 37 SG).

  Analysen der entsprechenden Literatur über die berufliche Tätigkeit des Offiziers sowie idealtypische Forderungen an den Offizier als Persönlichkeit ergeben verschiedene Klassen von Verhaltensweisen und qualitative Beschreibungen, von denen einige begrifflich wie folgt dargestellt werden können:

  - Militärisches Führungsverhalten,
  - Verantwortungsbewußtsein gegenüber Untergebenen und Material,
  - Aufgeschlossenheit gegenüber gesellschaftlich-politischen Ereignissen und Zusammenhängen,
  - soziale Orientierung wie Kameradschaft,
  - aktive Handlungsorientierung, Entscheidungs-, Entschlußverhalten,
  - hohe Ausprägung im Improvisations- und Problemlöseverhalten, intellektuelle Beweglichkeit,

- Diszipliniertheit, Willensstärke und Verschwiegenheit.

Diese Anforderungen sind zugleich Inhalt und Ziel der Ausbildung zum Offizier. Sie sind aber durchaus auch anwendbar bei zivilen Führungskräften. Aber: die meisten Bewerber (ca. 60%) kommen direkt von der Schule und haben bisher noch keine beruflichen Erfahrungen sammeln können. Sie stehen, wie wir sagen, noch "vor dem Kasernentor".

Eine viel diskutierte Frage ist, ob sie dennoch in ihren Verhaltensäußerungen den Anforderungskriterien des Auswahlverfahrens genügen können, die eher als Ausbildungsziel überprüft werden müssen.

In den Vorschriften der "Inneren Führung" (BMVg) über die Anforderungen an das zukünftige militärische Führungspersonal wird für die erfolgreiche Ausbildung zum Offizier davon ausgegangen werden, daß u.a.

- Führungsqualifikationen lehr- und erlernbar sind,

- beim Bewerber ein Mindestmaß an Fähigkeiten vorhanden ist, die einen erfolgreichen Abschluß der Ausbildung gewährleisten,

- kooperative Einstellung, Kontaktbereitschaft, Einfühlungsvermögen und Anpassungsbereitschaft in der Gemeinschaft vom Bewerber erwartet werden können.

Neben den beschriebenen Anforderungen an die zukünftige Tätigkeit als Offizier muß der Bewerber in diesem Auswahlverfahren danach beurteilt werden, ob und inwieweit er ein Studium an einer Universität der Bundeswehr in den angebotenen Studienfachrichtungen mit Erfolg absolvieren könnte. Die Anforderungen an den beiden Universitäten der Bundeswehr sind durch die besonderen Studienbedingungen sowie fachspezifische Studienfachvoraussetzungen gekennzeichnet, die sich z.B. auf die verkürzte Studiendauer (Tri- statt Semester) beziehen und daher an die "Psychische Belastbarkeit", die "Durchhaltefähigkeit" und "Kognitive Leistungsfähigkeit" des einzelnen besondere Ansprüche stellen.

Zum Studium kommen die Bewerber aber erst nach ihrer militärischen Ausbildung zum Offizier, d.h. vom Auswahlverfahren bis zum Studienbeginn vergeht ein relativ langer Zeitraum, der die Prognose auf den erfolgreichen Abschluß erschwert.

Bei genauer Betrachtung liegen in diesem Auswahlsystem für Offiziersbewerber zwei unterschiedliche und sich nur in Teilbereichen inhaltlich kompatible Anforderungsbündel vor:

- die Anforderungen zur "Allgemeinen Offizierseignung" und

- die Anforderungen zum erfolgreichen Studienabschluß.

Hieraus ergeben sich immer dann Schwierigkeiten bei der Eignungsbeurteilung, wenn entgegengesetzte Bewährungswahrscheinlichkeiten bezüglich der beiden Anforderungsbereiche aufgrund der Erkenntnisse begründet werden können. In der Auswahlmethodik kann daher nur ein Teil der Anforderungen diagnostisch erfaßt, beurteilt und bewertet werden, nämlich derjenige, über den der Bewerber zum Zeitpunkt der Eignungsfeststellung aufgrund seiner Erfahrung verfügt. Daraus wird das Problem einer jeden Eignungsbeurteilung in einem Auswahlverfahren, d.h. auch in jedem AC deutlich: Die Wahrscheinlichkeit einer zukünftigen Bewährung in einer Tätigkeit wird für eine Person nicht erfaßt, sondern sie wird dieser Person zuerkannt!

- Die Eignungsmerkmale

Aus den Anforderungen wurden daher durch Experten-Ratings elf Merkmale zur Beobachtung, Beurteilung und Bewertung des Verhaltens abgeleitet.
Jedes Eignungsmerkmal wird zunächst global inhaltlich beschrieben und danach in zwei weiteren Ebenen bis hin zur Zuordnung von einzelnen Verhaltensweisen zu Bewertungsstufen konkretisiert. Unterschiedlichen Stationen sind auch verschiedene Eignungsmerkmale zugeordnet:

- Gewissenhaftigkeit,
- Führungsfähigkeit/Durchsetzungsverhalten,
- Soziale Kompetenz/Kooperatives Verhalten,
- Sprachliche Ausdrucksfähigkeit/Argumentationsverhalten,
- Urteilsfähigkeit/Entscheidungsverhalten,
- Psychische Belastbarkeit,
- Lern-/Leistungsbereitschaft,
- Denkfähigkeit/Kognitives Fähigkeits- und Leistungsniveau,
- Berufsvorstellungen,
- Planungs- und Organisationsverhalten,
- Körperliche Leistung und Belastbarkeit.

Diese Merkmale werden auf einer 7-stufigen Skala bewertet, wobei im Sinne der Eignung die ersten beiden Kategorien als positiver Pol die in dieser Richtung ausgeprägten Verhaltensweisen enthalten, während die 7. Kategorie als entgegengesetzter Pol negativ zu bewertendes Verhalten beschreibt.
Die 3. und 4. bzw. die 5. und 6. Kategorie umfaßt zwischen diesen Polen zu beurteilende Verhaltensweisen.
Aus den Bewertungen der ersten 10 Eignungsmerkmale wird ein Index für jeden Bewerber gebildet und eine Rangfolge aller Bewerber erstellt.
Im Anhang ist ein Beispiel für die inhaltliche Beschreibung des Merkmals "Führungsfähigkeit/Führungsverhalten" zu finden.
Die ersten fünf Eignungsmerkmale sind begrifflich in "Fähigkeits-" und "Verhaltens-"Komponenten getrennt (siehe auch Abschnitt "Kompetenzen").

Bei der inhaltlichen Beschreibung des einzelnen Eignungsmerkmals ist zu bedenken, daß nicht immer eine hohe Ausprägung auf dieser Dimension zu einer entsprechend positiven (oder negativen) Bewertung führt. So wird z.B. differenziert im Zusammenhang mit der Situation und den beobachteten Interaktionen abzuwägen sein, ob eine zu hohe Ausprägung auf "Durchsetzungsverhalten" eher einer egozentrischen Selbstdarstellung des Agierenden zuzuschreiben oder als situationsbezogenes Führungsverhalten angemessen war und damit eher positiv zu bewerten ist.

- Stationen des Auswahlverfahrens

Das Auswahlverfahren beinhaltet sowohl jene Stationen, in denen der Bewerber auf die Bewertung der von ihm direkt erzeugten Daten unmittelbaren Einfluß hat, als auch solche, in denen das Verhalten des Bewerbers durch Beurteiler eingeschätzt wird, d.h. die Skalierungen auf den Eignungsmerkmalen ergeben sich in diesem Falle durch die subjektiven Verhaltensbeobachtungen und Beurteilungen der Beobachter.

Der Bewerber muß folgende Stationen bis zur abschließenden Eignungsbeurteilung durchlaufen:

- Biographischer Fragebogen: Angaben über Elternhaus, schulische und eventuelle berufliche Ausbildung, persönliche Interessen u.s.w.,

- Batterie von kognitiven Fähigkeits- und Leistungstests, deren Scores in empirisch begründeten Modellen verarbeitet werden,

- Begriffs-/Problemaufsatz,

- Selbstbeschreibungsskalen,

- Psychodiagnostisches Interview unter Einschluß der aus den ersten vier Punkten gezogenen Daten, Erstellung der Studienempfehlung,

- Kurzvortrag,

- Rundgespräch,

- Planspiel,

- Station zur Überprüfung der körperlichen Leistung und Belastbarkeit (Sportliches Screening),

- Studieninformation und

- Entscheidungskommission.

Eine weitere Erkenntnisquelle liegt in den Bewerbungsunterlagen, die insbesondere für das "psychodiagnostische Interview" von Bedeutung sind.
Arbeitsanweisungen regeln, welche Informationen auf welcher Station als Grundlage zur Beurteilung und Bewertung einzelner Merkmale erhoben werden.

- Kompetenzen

In den Auswahlverfahren entscheiden Ärzte über die körperliche Eignung, d.h. über den Grad der Tauglichkeit, der eventuelle Verwendungsausschlüsse beinhaltet.
Danach absolvieren die Bewerber auf der Station "Sport" bestimmte Übungen, in denen die allgemeine Ausdauerleistung, die Arm- und Beinkraft sowie die Schnelligkeit im Sinne einer allgemeinen körperlichen Belastbarkeit und Leistungsfähigkeit durch Offiziere beurteilt werden.
Offiziere repräsentieren in diesem Auswahlverfahren die "berufspraktische Kompetenz". Aufgabe ist es, ihre berufliche Erfahrung aus ihren militärischen Verwendungen in die Beurteilung eines Bewerberverhaltens einzubringen. Dies gilt insbesondere für das beobachtete Bewerberverhalten in den Gruppensituationsversuchen.
Auf diesen Stationen beobachten und beurteilen sie das Verhalten der Bewerber bezüglich der Anforderungen. Sie bewerten allerdings nur die ersten fünf Merkmale sowie das 9. bis vorletzte Merkmal.

Diplompsychologen repräsentieren die "fachwissenschaftliche Kompetenz", führen die Station "Psychodiagnostisches Interview" vor dem Hintergrund der entsprechenden Daten des Bewerbers durch und legen in Absprache mit den Studieninformatoren die Studieneignung fest.

Ziel des "Psychodiagnostischen Interviews" ist es, die intrapersonellen Voraussetzungen des Bewerbers hinsichtlich der Anforderungen zu beurteilen.
Von den Diplompsychologen werden die ersten fünf Merkmale sowie eigenverantwortlich und selbständig die Merkmale 6 bis 8 beurteilt und bewertet.
In der abschließenden Entscheidungskommission werden von beiden Kompetenzen die einzelnen Erkenntnisse für jeden Bewerber erörtert und dessen Eignungsbeurteilung vorgenommen.

Spezielle Modelle zur Plazierung der Bewerber

In jedem zum Assessment Center analogen Auswahlverfahren fallen auf den einzelnen Stationen viele Daten an, deren Erkenntniswert für die Eignungsfeststellung und die Beurteilung der Bewährungswahrscheinlichkeit durch eine sequentielle Datenaufbereitung verbessert wird.

- Vorläufiges Plazierungsmodell

  Das Auswahlverfahren für Offiziersbewerber ist u.a. so organisiert, daß die Bewerber zunächst die Station "Fähigkeits- und Leistungstests" absolvieren.

  Diese Testdaten werden aufgrund empirisch geprüfter Relationen zusammengefaßt und in einem zweistufigen sequentiell angeordneten Matrizenmodell verarbeitet.
  Bewerber, die nicht die Mindestanforderungen erfüllen, werden entweder ausgeschlossen oder nach kurzer Rücksprache doch noch zum nächsten Auswahlverfahren zugelassen.

- Eignungsreihenfolge

  Da mehr Bewerber für positiv befunden werden als Dienstposten für die Einstellung vorhanden sind, wird der Gesamtindex der Merkmalsbewertungen 1 bis 10 unter Berücksichtigung der Studienempfehlung zur Klassifizierung der Bewerber in eine Reihenfolge herangezogen. Nach dieser Reihenfolge erfolgt die Einstellung.

Erfolgs- und Bewährungskontrollen

Die Güte jedes Auswahlverfahrens ist durch sachimmanente empirische Erfolgs- und Bewährungskontrollen zu überprüfen, um es den sich ändernden Anforderungen gegebenenfalls anzupassen. Solche Kontrollen beziehen sich nicht nur auf die zugrundeliegenden Normierungen, sondern auch auf die Inhalte z.B. von Gruppensituationsversuchen.

Einführung neuer Technologien in das Auswahlverfahren

Mit leistungsfähigen PC's können insbesondere zur Erfassung kognitiver Fähigkeiten und Leistungen entsprechende Aufgaben adaptiv und ökonomisch vorgegeben werden.
Im Bereich der Auswahlverfahren der Bundeswehr wird das computeradaptive Testen, d.h. die Vorgabe der Aufgaben sowie die Auswertung der Antwortvektoren nach probabilistischen Testkriterien sowie die sich unmittelbar anschließende Datenanalyse eingeführt. Darüber hinaus werden weitere Untersuchungen zur empirischen Analyse komplexer und sequentieller Entscheidungsprozesse im Bereich der computergestützten Gruppensituationsversuche durchgeführt.

Definition "Führungsfähigkeit/Führungsverhalten"

Zur Handlungsorientierung, kontrollierend, steuernd und zielorientiert auf das Verhalten anderer Einfluß nehmen und den Einfluß je nach den Erfordernissen aufrechterhalten.

Grundlegende Aspekte

Sach-, Aufgaben-, Effizienzorientierung

- Bereitschaft, initiativ, flexibel und rational zu handeln
- aufgabenorientierte Sach- und Selbststeuerung
- Beeinflußung von Lösungsstrukturen bei der Aufgabenbewältigung durch klare, prägnante Hinweise

Orientierung an sozialen Bezügen zu anderen

- Motivation und Unterstützung anderer im Sinne des Auftrags oder zur Aufgabenerfüllung
- Bereitschaft, andere als eigenständige Persönlichkeit mit ihren Meinungen, Einstellungen und Haltungen ernstzunehmen

Anmerkung

Zur Beurteilung der Führungsfähigkeit sind auf der Prüfstation "Psychodiagnostisches Interview" Konstrukte wie "Gerechtigkeitsempfinden", "Moralisches Verhalten", "Ich-Stärke", "Durchsetzungsfähigkeit" zu hinterfragen.

Bewertungsstufen

1,2	zeigt o.a. Verhaltensweisen zum Teil im Vergleich zur Bewerbergruppe schon in ausgeprägter bzw. überdurchschnittlicher Form; kann dies durch entsprechende bisherige Erfahrung belegen; erfaßt Aufträge richtig und vollständig; berücksichtigt alle wesentlichen Faktoren bei der Auftragserfüllung; bereitet eigenes Handeln sorgfältig vor; sieht sein Handeln im Gesamtzusammenhang; handelt nach Abwägung; sieht Fehler und korrigiert sie eigenständig; erreicht bei den anderen im Gruppensituationsversuch allgemeine Akzeptanz; zeigt Kontakt-, Kooperations- und Kompromißbereitschaft; geht auf die Argumente anderer ein; verhält sich offen; relativiert eigenen Standpunkt; bleibt beharrlich in der Aufgabenerfüllung; schätzt Fähigkeiten und Leistungen anderer im grossen und ganzen richtig ein.
3,4	entspricht den Inhalten der Bewertungen 1 und 2 mit Einschränkungen und Schwächen, die schnell durch Ausbildung in der Truppe behoben werden können: Hält sich bei Leistungsaufgaben mit sozialen Bezügen deutlich zurück, ist aber leistungs- und sachorientiert; durchschnittliches Selbstvertrauen; macht in der Gruppe mit; hat Schwierigkeiten in der mündlichen Formulierung(Berücksichtigung des Alters); kann sich noch nicht bei anderen durchsetzen, erinnert aber an die Zielsetzung; geht in der persönlichen Arbeitsorganisation strukturiert vor, usw.
5,6	traut sich die Führung anderer nicht zu; reagiert hilflos; findet bei anderen nur geringe Resonanz und Akzeptanz; eher Außenseiter; macht aber noch mit (nicht Führer, sondern Geführter); zeigt Schwächen in der Struktur der Aufgabenbewältigung; verliert sich in Details; verliert den Überblick; ist nach Anleitung aber in der Lage, Aufgaben zu bewältigen; handelt nicht vorausschauend, sondern situationsbezogen; folgt spontanen Eingebungen im Sinne des Auftrages; gibt sich Mühe.
7	interessiert sich nur für sich; zieht seine persönlichen Belange der Aufgabenbewältigung vor; handelt orientierungslos; verhält sich schwankend, unentschlossen und zaghaft (aber nicht im Sinne mangelnder "Psychischer Belastbarkeit"); zeigt Mangel an Flexibilität; kann sein Verhalten nicht auf neue Situationen einstellen.

Positiv zu bewertendes Verhalten

- Initiative ergreifen und strukturiert handeln,
- für sich und andere Ziele setzen und verdeutlichen,
- aufgrund eigener Vorstellungen wirksam auf ein Ziel hinarbeiten,
- eigene Vorstellungen begründen,
- vielfältige Argumente haben,
- Gegenargumenten nicht vorschnell nachgeben,
- sich sachlich und bestimmt verhalten,
- sich zuversichtlich und selbstsicher verhalten,
- in Konfliktsituationen Übersicht und Kontrolle behalten,
- an andere realistische Anforderungen stellen,
- anderen Prozesse des Wägens und Wagens verdeutlichen.

Negativ zu bewertendes Verhalten

- keine Zielorientierung finden, leicht den Überblick verlieren,
- sich durch andere in der eigenen Zielsetzung unangemessen beeinflußen lassen,
- anderen seine Zielvorstellung nicht verdeutlichen,
- notwendige sachliche Auseinandersetzungen vermeiden,
- defensiv im Hintergrund bleiben,
- bei auftretenden Schwierigkeiten nicht handeln,
- sich wider besseres Wissen durchsetzen,
- eigenwillig und selbstgefällig handeln.

Assessment Center für Führungskräfte in der Kaufhof AG

Hans Werner Schulz

Bedarfslage des Unternehmens

Die Kaufhof AG entwickelt sich von einem Warenhaus- zu einem Handels- und Dienstleistungskonzern. Diese Strategie gilt seit vielen Jahren. Sie bestimmte auch die Forcierung der Personalentwicklung, speziell für das mittlere und obere Management. Das vorhandene Führungskräfte-Potential mußte erfaßt und eingeschätzt werden, um den Bedarf für die Führungskräftebeschaffung und -entwicklung ermitteln zu können.

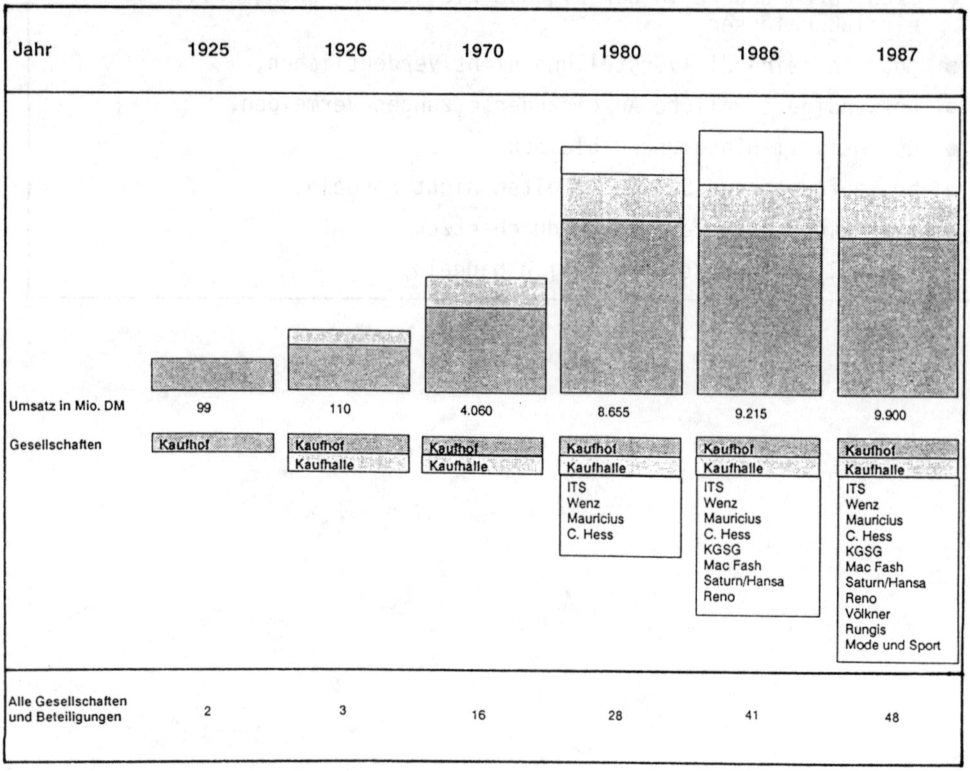

Abb. 1: Grafische Darstellung der Umsatzentwicklung des Kaufhof-Konzerns

Das Bildungssystem

Die Aus-, Fort- und Weiterbildung sind integrierte Bestandteile des Bildungssystems und somit Elemente der Personalentwicklung. Dadurch deckt der Konzern seinen Führungskräftebedarf quantitativ und qualitativ auf allen Führungsebenen.
Die AC's werden auf der mittleren und der oberen Führungsebene als Potentialeinschätzungsverfahren eingesetzt.

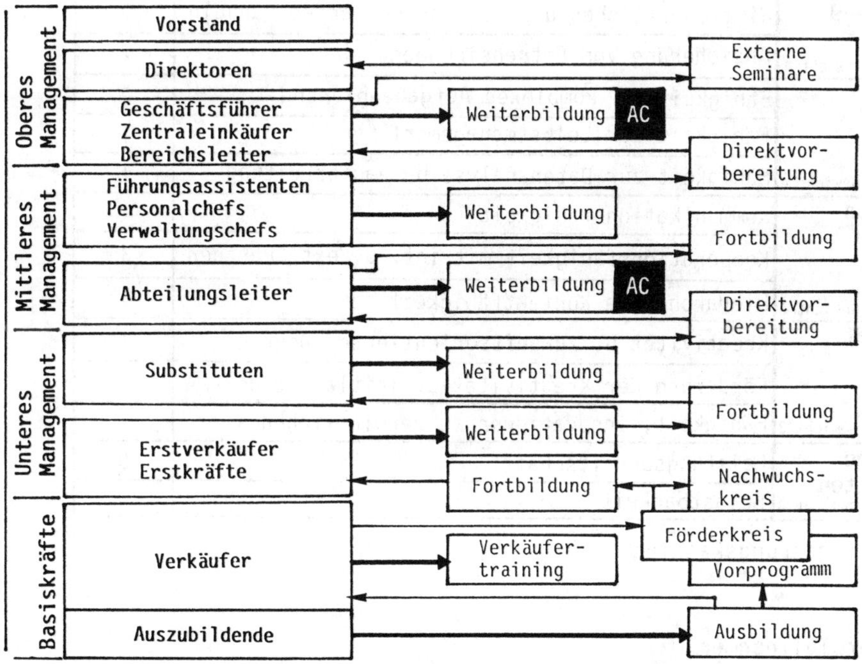

Abb. 2: Das Bildungssystem der unterschiedlichen Hierarchiestufen beim Kaufhof

Das AC für den Firmenleitungskreis als Beispiel

Die Anforderungsmerkmale für den zukünftigen Handels-Manager wurden mit den Direktoren und den Vorstandsmitgliedern erarbeitet und in der Gewichtung festgelegt.

Es ist derselbe Personenkreis, der als AC-Beobachter zum Einsatz kommt. Dies ist eine unverzichtbare Voraussetzung für die Akzeptanz des Verfahrens. Eine weitere Voraussetzung ist eine möglichst konfliktarme Integration des AC's in das bestehende oder zu entwickelnde Personalentwicklungssystem eines Unternehmens.

Hauptmerkmal	**Einzelmerkmale**	**Gewicht**
Führung Gewicht 5	Leistungs- u. Motivationsfähigkeit	4
	Persönliche Überzeugungskraft	3
	Aufsichts- u. Kontrollfunktion	2
Entscheidung Gewicht 4	Wirtschaftliches u. kostenorientiertes Handeln	3
	Absicherung von Entscheidungen	2
Planung Gewicht 4	Fähigkeit zur komplexen Aufgabenplanung	2
	Fähigkeit zum Selbstmanagement	1
	Fähigkeit zur Datenanalyse u. -aufbereitung	1
Kooperation Gewicht 3	Kommunikationsfähigkeit	4
	Kooperationsfähigkeit mit int. u. ext. Partner	3
	Hierarchische Kontaktfähigkeit	3
Kreativität Gewicht 3	Kreativität u. zukunftsorientiertes Denken	1
	Förderung der Kreativität u. Initiative der MA	1
	Fähigkeit, Innovationen zu verwirklichen	1
Persönliche Eigenschaften Gewicht 3	Leistungsbereitschaft	5
	Belastbarkeit	3

Abb. 3: Anforderungskatalog

Auswahl der Teilnehmer

In der mittleren Führungsebene werden die Teilnehmer von direkten Vorgesetzten in Ergänzung zur Leistungsbeurteilung vorgeschlagen. Sie können sich aber auch selbst melden oder von anderen Führungskräften vorgeschlagen werden.

Beim Firmenleitungskreis nehmen alle Führungskräfte der 3. Führungsebene bis zum 50. Lebensjahr an einem Firmenleitungs-AC teil. Die Reihenfolge der Nominierung wird von den Ressortchefs beeinflußt.

Entwicklung des AC's

Die Übungen orientieren sich an den Aufgaben, die sich auch in der täglichen Praxis der Manager in vergleichbaren Positionen ergeben. Sie bestehen aus schriftlichen und mündlichen Aufgaben, die letzteren insbesondere aus Gruppendiskussionen, Dialogübungen und Präsentationen. Jede Übung enthält zwischen ein bis vier Verhaltenskriterien, die beobachtbar sind und bewertet werden.

Anforderungen \ Übungen	Postkorb	Kreditbank	Diversifikationsübung	Kundenorientierung	Kundenorient. Gespräch	Staff	Vorgesetztenwechsel	Szenario	Führungsnachwuchs	Personaleinsatz	Standortwahl	Nachwuchsförderung	MA-Gespräch
Leitung/Motivierung	x						x						x
Persönl. Überzeugungsf.					x							x	x
Aufsicht	x						x						
Wirtschaftl. Denken			x								x		
Absichern von Entscheid.		x	x								x		
Planung/Organisation				x						x	x		
Selbstmanagement	x									x			
Datenanalyse		x						x			x		
Kommunikation									x			x	x
Kooperation		x							x			x	
Hierarch. Kontaktfähigk.	x		x			x							
Kreativität			x	x				x					
Fördern v. Kreativität					x				x				x
Innovationen					x			x					
Leistungsmotivation		x		x		x							
Belastbarkeit								x		x		x	

Abb. 4: Matrix (Anforderungen/Übungen) zum AC

Durchführung des AC's

Jedes AC hat 12 Teilnehmer, 6 Beobachter, 2 Berater (Dipl.-Psychologen) und einen Leiter als Organisator und Moderator.
Eine Information der Teilnehmer erfolgt ca. 4 Wochen vor der Durchführung im Rahmen einer Info-Veranstaltung. Dadurch haben alle den gleichen Informationsstand. Über eine Nichtteilnahme, die grundsätzlich möglich ist, muß spätestens dann entschieden werden. Das AC findet in einem Konferenz-Hotel statt. Die Beobachtereinweisung erfolgt am 1. Tag. Am Abend des 1. Tages werden die AC-Teilnehmer empfangen und über den Ablauf noch einmal ausführlich informiert. Nach einer Vorstellungsrunde, an der alle teilnehmen, beginnt das AC mit den Übungen. Es endet am 3. Tag abends.
Die Bewertung der Beobachtungen und Ergebnisse erfolgt nach jeder Übung durch die Beobachter unter Assistenz der Berater. Am Abend des 3. Tages erfolgt die Gesamtauswertung, eine Plausibilitätskontrolle und die Verteilung der Aufgaben für die Einzelgespräche am folgenden Vormittag.
In einem Plenumsgespräch und in Einzelgesprächen erhalten die Teilnehmer ein unmittelbares Feedback. Damit wird die Basis für alle daraus resultierenden Personalentwicklungsmaßnahmen geschaffen.
Ein schriftliches Gutachten erhalten die Teilnehmer ca. 4 - 6 Wochen nach dem AC ausgehändigt. Gegebenenfalls finden dabei Gespräche mit dem Vorgesetzten und dem Teilnehmer der AC-Veranstaltungen statt.
Ein Exemplar des Gutachtens wird der Personalakte beigefügt.

Das Management-Potential-Portfolio

Nach den Ergebnissen des AC´s lassen sich die Führungskräfte hinsichtlich zweier Hauptdimensionen in ein Management-Potential-Portfolio einordnen. Es sind die Dimensionen Hierarchiepotential und Vielseitigkeitspotential. Der Zweck ist naheliegend: Das Portfolio erleichtert die Vorauswahl bei individuellen Personalentwicklungsmaßnahmen, die stets mit den zuständigen Vorgesetzten abgestimmt werden. (Graphische Darstellung siehe auch Beitrag "Stellenwert des AC´s im Rahmen einer systematischen Führungskräfteplanung und -entwicklung")

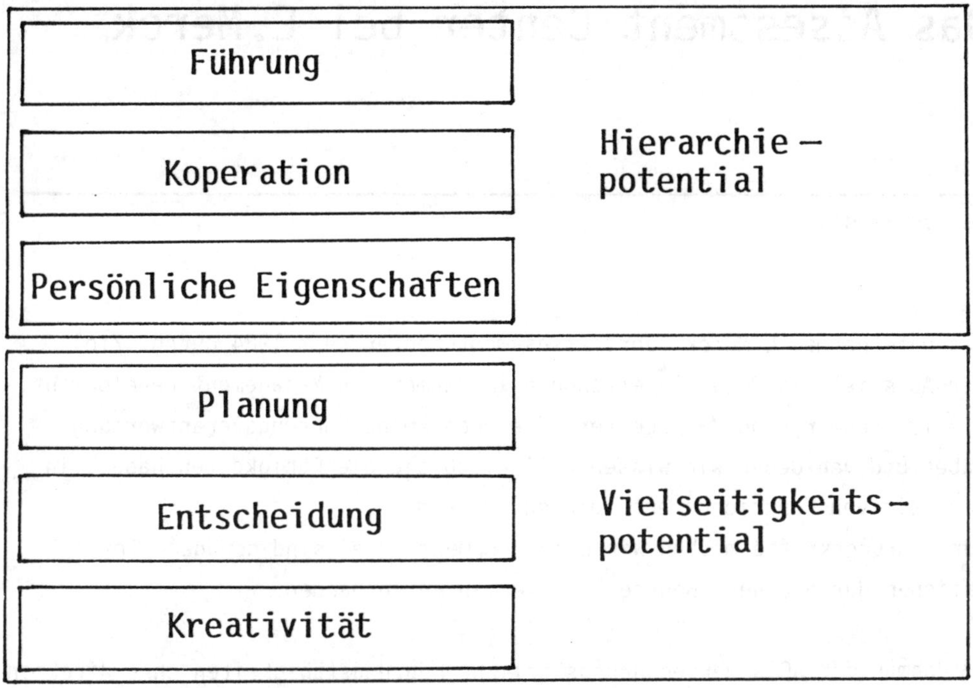

Abb. 5: Die Hauptdimensionen des Management-Potential-Portfolios

Das Assessment Center bei E.Merck

Heider Haydam

Das Unternehmen E.Merck führt Assessment Center seit 1984 durch. Ziel der AC´s ist die Potentialerkennung im Rahmen von Management Development. Die Teilnehmer sind Mitarbeiter, die noch keine Führungsverantwortung haben und von denen wir wissen wollen, ob sie die Fähigkeiten haben, in dispositiven Funktionen erfolgreich zu sein.
Für Führungskräfte machen wir keine AC mehr. Hier sind genügend Informationen durch andere Beurteilungsverfahren vorhanden.

Im Rahmen der AC´s werden grundsätzliche Führungsfähigkeiten ohne direkten Stellenbezug überprüft. Die Kandidaten für ein AC werden von den einzelnen Sparten - wir sind eine Spartenorganisation - nominiert. Wir erhalten jeweils Listen mit Namen von Personen zugeschickt, mit denen AC's durchgeführt werden sollen.
Der Ablauf eines AC´s ist etwa folgender: Wir beginnen mit einem Informationsabend, auf dem wir Fragen der AC-Teilnehmer beantworten. Dabei gehen wir so weit, die Kriterien, nach denen wir beurteilen, offenzulegen. Da wir auch das Ablaufschema aushändigen, weiß jeder Teilnehmer genau, was passiert und wer ihn in welcher Situation beobachten wird. Wir wollen dadurch vermeiden, daß die Teilnehmer das Gefühl bekommen, es werde hinter den Kulissen "getrickst".

Mit den Beobachtern veranstalten wir, sofern das Verfahren für sie noch neu ist, ein Zwei-Tage-Training. Die Beobachtergruppe setzt sich aus vier Linien-Vorgesetzten und zwei Mitarbeitern der Servicebereiche Personal, Entwicklung oder Weiterbildung zusammen. Die Linien-Vorgesetzten sind

relativ hochrangig. Zu ihnen gehören Leiter der Einheiten, der Sparten und der Divisionen. Wir haben diesen Personenkreis nicht gewählt, weil wir glauben, daß sie besser beurteilen können, sondern weil wir auf die Transfereffekte angewiesen sind: Wenn die Linie Assessment Centern positiv gegenübersteht, haben sie bei uns im Betrieb eine Zukunft.
Bei der Auswahl der Beobachter halten wir die üblichen "Spielregeln" ein: hierarchische Abstände, nicht der direkte Vorgesetzte usw.

Ein AC dauert bei E. Merck zwei Tage. Anschließend findet eine Auswertungssitzung der Beobachter statt, die zwischen neun und vierzehn Stunden dauert. Das hängt vor allem davon ab, wie schnell es der Gruppe gelingt, eine gemeinsame Entscheidung zu fällen.

Steuerung sozialer Prozesse	kooperieren/ integrieren können	0 1 2 3 4 5 6
	Führung/Verantwortung übernehmen	0 1 2 3 4 5 6
Problem lösen	Selbstorganisation	0 1 2 3 4 5 6
	analytisch - logisch vorgehen	0 1 2 3 4 5 6
	einfallsreich/ flexibel vorgehen	0 1 2 3 4 5 6
	entscheiden/ umsetzen	0 1 2 3 4 5 6
Auftreten	adäquate Präsentation	0 1 2 3 4 5 6

Abb. 1: Muster eines Beurteilungsbogens bei E. Merck

Die Kriterien bei der Beurteilung von AC-Teilnehmern lassen sich in drei Komplexe einteilen:

- Steuerung sozialer Prozesse
- Problemlösen
- Auftreten und Präsentation

Für den ersten Komplex "Steuerung sozialer Prozesse" beobachten wir, wie kooperativ und integrationsfähig der AC-Teilnehmer ist.
Unter dem zweiten Komplex "Problemlösen" verstehen wir Selbstorganisation und Arbeitsstil des Teilnehmers.
Beim dritten Komplex "Auftreten und Präsentation" schließlich geht es nicht um "rednerische Begabung", sondern um adressatengerechte Vermittlung von Informationen.

Wir halten die Kriterien für die eigentlich relevanten und für unsere Zwecke als völlig ausreichend. Sie sind mit den Linienvorgesetzten erarbeitet worden.

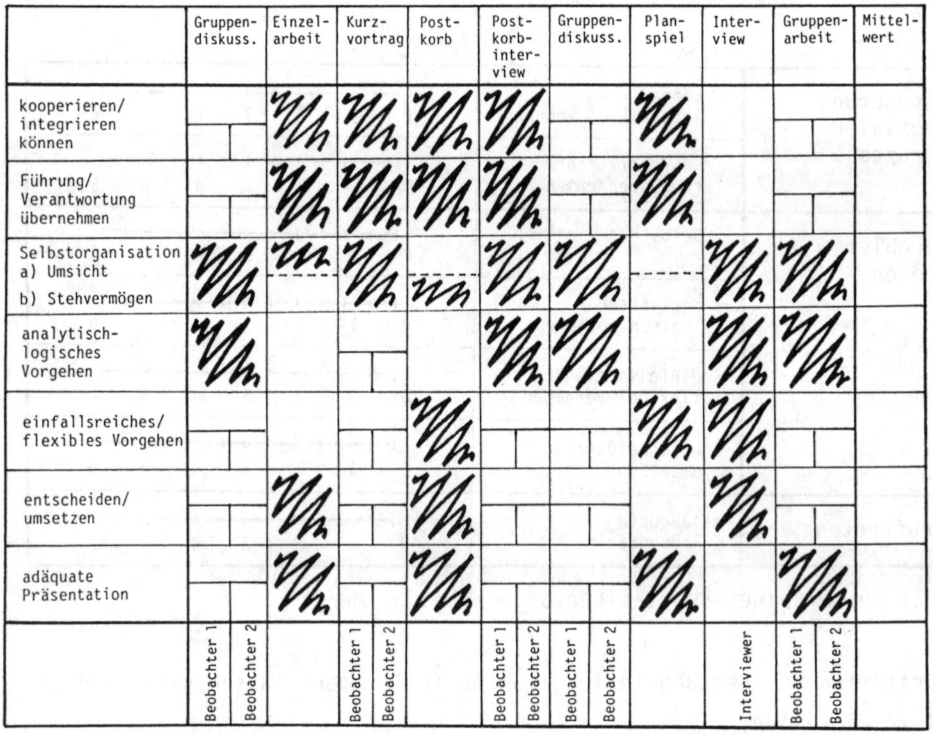

Abb. 2: Muster einer Gesamtauswertung (Wenn Eigenschaften bei einer Übung nicht beobachtbar sind, ist das entsprechende Feld durchgekreuzt.)

Ein zweitägiges AC besteht bei E. Merck aus folgenden Elementen:

- Eine Gruppendiskussion ohne Rollenvorgaben als Anwärmübung zum besseren Einstieg.
- Eine Phase der Einzelarbeit, bei der logisch-analytisches Denken, Einfallsreichtum und Flexibilität der Vorgehensweise geprüft wird.
- Ein Kurzvortrag, d.h. der Teilnehmer erhält ein Problem, muß in einem bestimmten Zeitrahmen eine Lösung erarbeiten und präsentiert anschließend sein Ergebnis.
- Eine Postkorbübung.
- Ein Postkorb-Interview, in dem die Vorgänge des Postkorbs noch einmal mit dem Teilnehmer durchgegangen werden.
- Eine Gruppendiskussion mit Rollenvorgaben.
- Ein Planspiel, bei dem der Umgang mit Komplexität von Problemen beobachtet werden kann. Die Teilnehmer arbeiten im Dialog mit einem PC. Die Folgen ihrer Entscheidungen werden ihnen jeweils zurückgemeldet und bilden die Grundlage für die folgende Spielrunde. Das Planspiel dauert ungefähr 1 1/4 Stunden.
- Ein Interview, bei dem die beruflichen Zukunftsvorstellungen des AC-Teilnehmers erfragt werden. Dazu erhalten die Teilnehmer am Vorabend die Aufgabe, ihre beruflichen Zukunftsvorstellungen in der Organisation E. Merck zu formulieren. Diese schriftliche Ausarbeitung erhält der Beobachter, der das Interview mit dem Teilnehmer durchführen wird. Sie dient als Ausgangsbasis des Gesprächs. Wir haben nämlich die Erfahrung gemacht, daß die Interviews von seiten der Teilnehmer etwas zurückhaltend geführt wurden. Über die schriftliche Vorbereitung versuchen wir, die Teilnehmer zu klareren, eindeutigeren Aussagen zu bringen.
- Eine Gruppenarbeit "Turmbau": Eine Gruppe von vier Teilnehmern hat die Aufgabe, mit Bauklötzen einen Turm zu bauen, der bestimmte Anforderungen möglichst gut erfüllen soll. Die Beobachtung der Teilnehmer bei dieser Übung ist viel interessanter als wir anfangs gedacht haben, da sehr viel Interaktion zwischen den Gruppenmitgliedern abläuft.

Die Türme werden später im Rahmen der Abschlußbesprechung präsentiert und "prämiert", was immer für viel Spaß sorgt und das Klima merklich entspannt.

TEILNAHME AM FÖRDERSEMINAR

Herr/Frau ..../........... hat am ....
an einem internen Förderseminar (Assessment Center) teilgenommen. Die Beobachter des Verfahrens kamen dabei zu folgendem Konsens:
ERGEBNIS:

PERSPEKTIVEN:

ENTWICKLUNGSMASSNAHMEN:

Obenstehendes Resümeé wurde dem Teilnehmer/der Teilnehmerin des Förderseminars in einem Abschlußgespräch am .... mitgeteilt. Gesprächspartner waren ..../.......... und ..../.........

(Unterschrift) (Unterschrift)

Abb. 3: Ergebnisbogen für die Personalakte

Ganz wichtig sind bei einem AC die Rückmeldegespräche. In der Auswertungssitzung werden von den Beobachtern drei Aspekte beleuchtet:

- das Ergebnis: Wie hat der Teilnehmer abgeschnitten? Wie wird er als Person gesehen?
- die Beschreibung der Person in relevanten Auszügen: Welche Perspektive trauen wir ihm nach unserem jetzigen Kenntnisstand zu? Das ist völlig unabhängig davon, ob die entsprechende Stelle im nächsten halben oder dreiviertel Jahr überhaupt vorhanden ist.
- die Entwicklungsmaßnahmen.

Diese Punkte werden mit dem jeweils höchsten Linien-Vorgesetzten, der am AC als Beobachter teilgenommen hat, einem Mitarbeiter von der Führungskräfte-Entwicklung und dem Teilnehmer besprochen. Die schriftlich festgehaltenen Ergebnisse werden der Personalakte beigefügt.

Hierarchiepotential ↑

A3 Sofort für Aufgaben in nächsthöherer Hierarchiestufe - im jetzigen Aufgabenfeld - einsetzbar. Zum gegenwärtigen Zeitpunkt kein Potential für anderweitige Verwendung erkennbar.	A2 Sofort für Aufgaben in nächsthöherer Hierarchiestufe - im jetzigen Aufgabenfeld - einsetzbar. Zusätzlich Potential zur Verwendung in anderen Bereichen; dazu Entwicklungsmaßnahmen notwendig.	A1 Potential zur Übernahme in nächsthöherer Hierarchiestufe ohne Einschränkung vorhanden. Daneben in besonderem Maße geeignet, neue Aufgabengebiete auszufüllen.
B3 Potential für nächsthöhere Managementebene innerhalb des Aufgabengebietes vorhanden. Entwicklung nötig. Potential für anderweitige Verwendung zum gegenwärtigen Zeitpunkt nicht erkennbar.	B2 Potential vorhanden sowohl für eine Verwendung in einer höheren Hierarchiestufe als auch für neue Aufgabenfelder. In beiden Fällen Entwicklungsmaßnahmen notwendig.	B1 Sofort einsetzbar in einem neuen Aufgabenfeld in der gleichen Hierarchiestufe. Außerdem Potential für höhere Hierarchiestufe vorhanden; dazu jedoch Entwicklungsmaßnahmen notwendig.
C3 Potential für die nächste Hierarchiestufe oder zur Verwendung außerhalb des derzeitigen Aufgabenfeldes zum gegenwärtigen Zeitpunkt nicht erkennbar.	C2 Potential für Verwendung in neuen Aufgabengebieten auf der gleichen Hierarchiestufe vorhanden; dazu Entwicklung nötig. Für Einsatz auf höherer Hierarchiestufe zum gegenwärtigen Zeitpunkt kein Potential erkennbar.	C1 Innerhalb der Hierarchiestufe sofort in neuen Aufgabengebieten einsetzbar. Potential für Führungsaufgaben auf höherer Hierarchieebene zum gegenwärtigen Zeitpunkt nicht erkennbar.

Vielseitigkeitspotential →

Abb. 4: Potentialeinschätzung des Kandidaten

Wir versuchen außerdem, das Ergebnis zu verdichten und so besser für eine gezielte Personalplanung nutzbar zu machen. Wir benutzen dazu ein Neun-Felder-Schema: Die Einstufungsmöglichkeiten bewegen sich in dem Rahmen "Potential für die nächste Hierarchiestufe oder zum Einsatz außerhalb des derzeitigen Aufgabenfeldes nicht erkennbar" (C3) und "Potential sowohl horizontal als auch vertikal vorhanden" (A1). In diesem Rahmen gibt es dann sieben verschiedene Zwischenstufen.

Bei den Rückmeldegesprächen haben wir zwei wichtige Erfahrungen gemacht: Natürlich gibt es bei den Rückmeldegesprächen sogenannte "Verlierer". Daß es bei AC´s nur Gewinner gäbe, ist reine "Verbalakrobatik". Wir haben allerdings festgestellt, daß nur die sich als "Verlierer" fühlen, deren subjektive Erwartungen deutlich zu hoch waren. Dann passiert es, daß Erwartungen und rückgemeldete Ergebnisse deutlich auseinander klaffen.

Wir haben außerdem noch ganz branchenspezifische Probleme. Im Forschungs- und Entwicklungsbereich gibt es viele Mitarbeiter - vor allem Chemiker und Mikrobiologen -, die studiert haben und promoviert sind. Sie standen immer auf der "Gewinner-Seite". Nun wollen sie auch wie die anderen Karriere machen. Als Spezialist in der Forschung und Entwicklung kann man aber nur zum Abteilungsleiter aufsteigen. Ein Abteilungsleiter bei uns betreibt Forschungsmanagement und das ist hauptsächlich Verwaltungsarbeit ("Schreibtischkram").

Im Interview zeigt sich jedoch, daß die Teilnehmer eigentlich ihre alten Forschungsaufgaben behalten möchten und sich nur mehr Freiräume, Kompetenz, Möglichkeiten zu Kongreßbesuchen und Veröffentlichungen wünschen. Wir brauchen also eigentlich so etwas wie "Parallel-Laufbahnen".

Unsere zweite wichtige Erfahrung betrifft die Auswahl der Teilnehmer für ein AC. Wie gut ein AC läuft, hängt zum großen Teil von der Qualität der Teilnehmer ab. Im Moment haben wir jedoch auf die Auswahl der Teilnehmer keinen Einfluß. Sie werden uns von den einzelnen Sparten gemeldet. So streben wir an, den Zugang zu den AC im Rahmen eines Systems auf eine breitere Basis zu stellen. Unser Ziel ist es, in allen Sparten und Bereichen gleiche Bedingungen zu schaffen und die Rolle des Vorgesetzten bei der Förderung von Mitarbeitern zu stärken.

Wir haben angefangen, Personalentwickungsgespräche auf zwei Ebenen zu führen. Auf unterster Ebene bekommen die Vorgesetzten Fragebögen, mit deren Hilfe sie eine Potentialeinschätzung ihrer Mitarbeiter angeben. Es geht hier also um die Entwicklungsmöglichkeiten von Spezialisten und

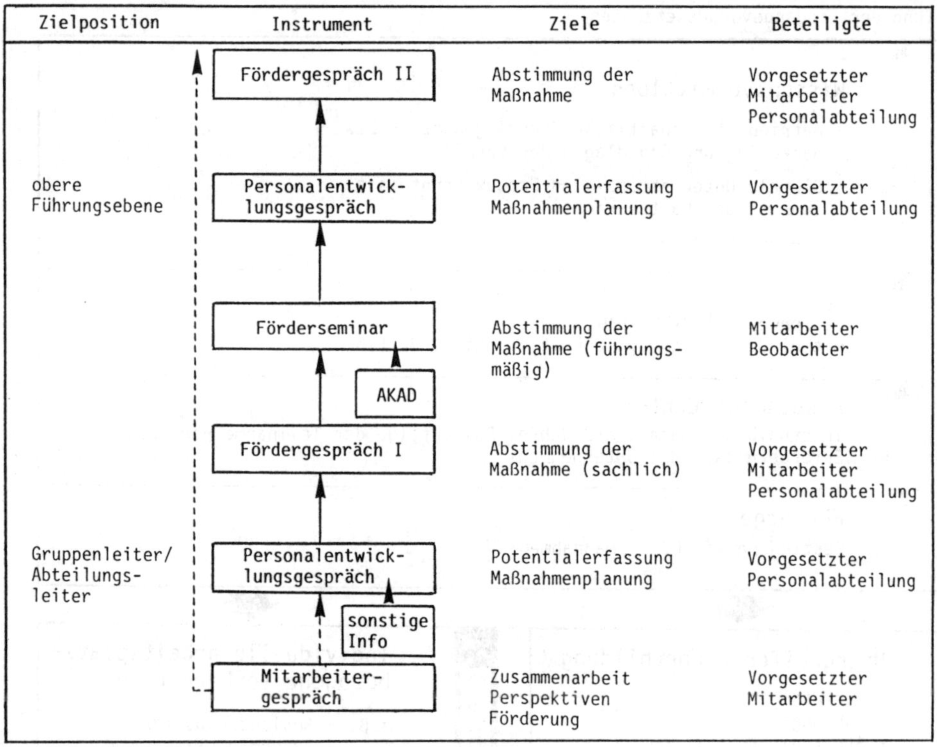

Abb. 5: System der Personalentwicklung bei E. Merck

"Nicht-Führungskräften". Auf der nächst höheren Ebene treffen sich zweimal jährlich Vorgesetzte und Abteilungsleiter, um über Mitarbeiter zu beraten. Hier soll auch die Entscheidung fallen, bestimmte Mitarbeiter für ein AC anzumelden.

Eine weitere Strategie, die wir verfolgen, ist speziell für Naturwissenschaftler gedacht. Sie haben die Möglichkeit, über ein akademisches Fernlehrinstitut (AKAD) eine Ausbildung in Betriebswirtschaftslehre und Marketing zu machen und so die nötigen Qualifikationen für einen beruflichen Aufstieg zu erlangen. Die Ausbildung dauert ein halbes Jahr, ist sehr arbeitsintensiv und wird in der Regel mit einer Prüfung abgeschlossen. Das Unternehmen hilft bei der Organisation und trägt die Kosten.

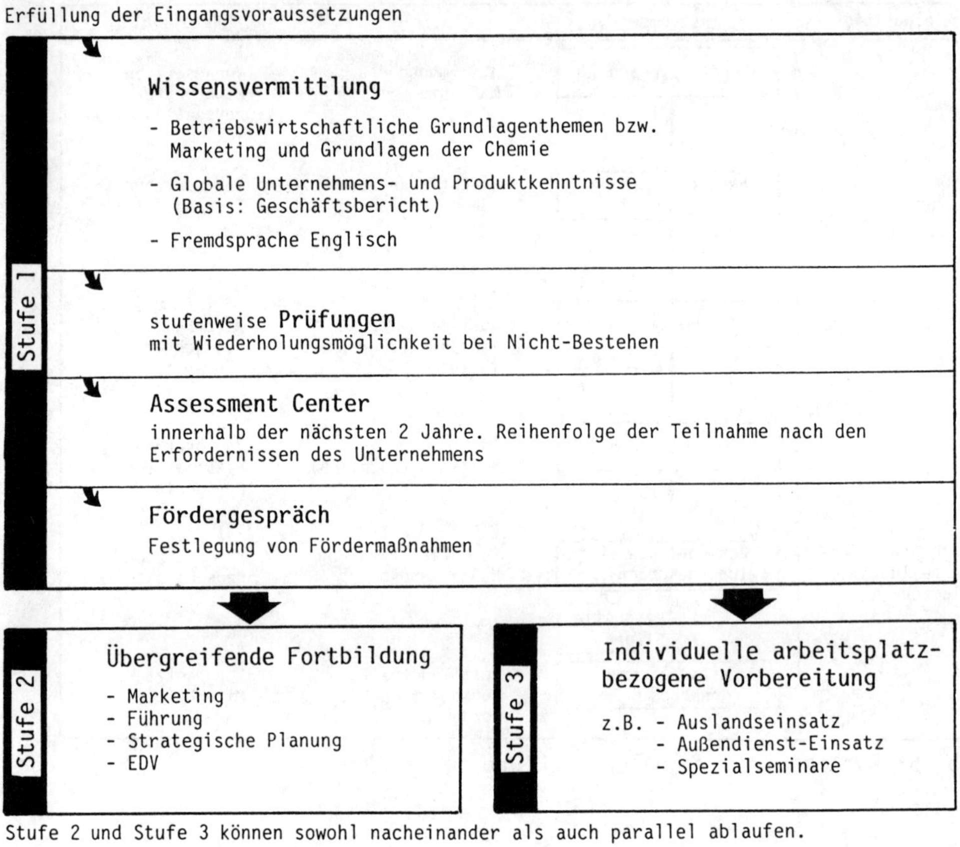

Abb. 6: Ablauf des Förderprogramms

Dahinter steht die Überlegung, daß Kenntnisse der Mitarbeiter in Betriebswirtschaftslehre und Marketing für ein Unternehmen heute "überlebenswichtig" sind. Ein Mikrobiologe, der z. B. im Vertrieb von Pigmenten arbeiten will, muß etwas vom Markt verstehen: Er muß vorbereitet sein und kann nicht erst während der Arbeit seine Erfahrungen machen.

Wer an dem Fernlehrgang teilnimmt und ihn mit Erfolg beendet, hat ein formales Anrecht auf die Teilnahme am AC. Diese Vereinbarung soll u.a. die Attraktivität der Weiterbildung erhöhen. Absicht ist es, die Eigeninitiative der Mitarbeiter zu stärken. Es bedeutet auf der anderen Seite jedoch auch "Entwicklung am Vorgesetzten vorbei". Dieser weiß unter Umständen gar nichts vom Fernlehrgang seines Mitarbeiters.

Beide Gruppen, die von den Vorgesetzten ausgewählten Kandidaten und die durch Fernlehrgang qualifizierten Kandidaten konkurrieren im selben AC.

Das Assessment Center bei Bayer AG

Susanne Leyer

Im Rahmen der Personalentwicklungsplanung hat die Anwendung der Assessment Center-Methode als ein Hilfsmittel zur Feststellung des Führungspotentials von Nachwuchskräften seit Ende 1982 Eingang in die Führungskräfteentwicklung der Bayer AG gefunden. Im Bereich Pharma, der mit der Einführung von Assessment Centern im Konzern begonnen hat, gaben drei Fragen den Anstoß, die Methode als zusätzliches Hilfsmittel der Personalbeurteilung zu institutionalisieren:

- Wie kann aus dem großen Pool von qualifizierten Spezialisten/Funktionalisten Management-Potential gewonnen werden?

- Wie kann man die ressortübergreifende Entwicklung von Potential initiieren bzw. intensivieren?

- In welcher Weise können dem Management die Kandidaten präsentiert werden?

Zielsetzungen

Ziele, die mit dem Assessment Center verbunden werden, sind:

- systematischere Erfassung von Führungsnachwuchs,

- besseres Erkennen des Potentials für geschäftsbereichs- bzw. ressortübergreifenden Einsatz und

- gezieltere Förderung des Führungsnachwuchses.

Anforderungen

Gemäß dieser Zielsetzungen wurde mit den Sparten- und Ressortleitern ein Anforderungsprofil für den "General-Manager" erarbeitet und operational definiert. Die zu Beginn erstellten Anforderungen erfuhren im Laufe der Jahre leichte Veränderungen, insbesondere nachdem weitere Zentralbereiche und Sektoren sich des Verfahrens bedienten und konzernweit einheitliche Anforderungen zugrunde gelegt wurden. Letztendlich kristallisierten sich sechs Anforderungen in den drei Verhaltensdimensionen Problemlösefähigkeit, soziale Intelligenz und Führungsverhalten heraus.

Übungen

Aus den Anforderungen wurden unternehmensbereichsspezifische, praxisnahe Übungen abgeleitet, die Führungs- und Managementsituationen simulieren. Die Vielfalt der Methoden ermöglicht es, ein sehr breites Fähigkeitsspektrum zu erfassen.

Einige Beispiele:

- Postkorb

  15 Briefe müssen in einer Stunde bearbeitet werden. Hierbei ist wichtig, Entscheidungen zu treffen, zu delegieren und Arbeitsabläufe richtig einzuschätzen.

- Fallbeispiele

  Eine Problemlösung muß in kurzer Zeit eigenständig gelöst werden. (z.B. "Bayerkreuz auf einer Tablette")

- Gruppendiskussion

  Die Gruppenmitglieder müssen gemeinsam eine Fragestellung lösen. Wichtige Elemente sind dabei Kontaktverhalten und Durchsetzung. (z.B. "Die Firma Calmomed")

- Präsentation

  Aus Präsentationen, sei es über die eigene Tätigkeit, sei es über einen problematischen Zwischenfall, läßt sich besonders gut die persönliche Stabilität/Belastbarkeit ablesen.
  (z.B. "Argumentation Adalat")

Ablauf

Im allgemeinen dauern die Assessment Center bei Bayer 2 1/2 Tage, dabei dienen 2 Tage der Bearbeitung der Übungen durch die Kandidaten bzw. der Beobachtung und Beurteilung der Beobachter. Am dritten Tag werden die Abschlußberichte formuliert und die Feedbackgespräche geführt.

Teilnehmer

Als Kandidaten nehmen am Assessment Center jeweils sechs Leitende Mitarbeiter im Alter zwischen 30 und 40 Jahren aus allen Ressorts (Vertrieb, Forschung, Produktion usw.) teil, deren Vorbeurteilung durch die Vorgesetzen ein besonderes Leistungsvermögen für Aufgaben mit höherem Anforderungsniveau erkennen läßt. Positiv wirkt sich auf die Gesamtleistung der Gruppe aus, wenn sie homogen bezüglich Alter und Hierarchieebene zusammengesetzt ist und heterogen bezogen auf Vorbildung und Ressortzugehörigkeit.

Beobachter sind Obere Führungskräfte des Unternehmensbereiches, die zwei bis drei Ebenen über den Kandidaten angesiedelt sind. In Abhängigkeit von der Erfahrung der Beobachter nehmen jeweils drei bis sechs Beobachter am Assessment Center teil. Erfahrene Beobachter beobachten während der Veranstaltung zwei Kandidaten; Beobachter, die zum ersten Mal teilnehmen, beobachten nur einen Kandidaten.

Die Aufgaben der Beobachter sind folgende:

- Beobachten bzw. bewerten der Leistung

- Abschätzen der Wahrscheinlichkeit des Erfolges als Manager

- Führen des Feedbackgespräches.

Da die Beobachter in den einzelnen Übungen stets die zu beobachtenden Kandidaten wechseln, stellt das Ergebnis zum Schluß ein von allen Beobachtern gemeinsam getragenes Leistungsprofil des Kandidaten dar.

Während der gesamten Veranstaltung werden die Beobachtungsdaten miteinander verglichen, diskutiert und gegebenenfalls korrigiert. Liegt nach zwei Tagen das Ergebnis der einzelnen Kandidaten fest, werden Förderungsmaßnahmen herausgearbeitet und mögliche Einsatzbereiche diskutiert.

Beobachterschulung

Vor Beginn des Assessment Centers findet eine Beobachterschulung statt, in der die Beobachter mit allen Übungen vertraut gemacht werden und in der sie Hinweise zur Verhaltensbeobachtung, Auswertung und Beurteilung bekommen. Außerdem werden die Beobachtungs- und Beurteilungsdimensionen diskutiert, um subjektive Interpretationen und Urteile so weit wie möglich auszuschließen.

Ergebnisse

Die Ergebnisse des Assessment Centers werden in einem Abschlußbericht festgehalten und dem Kandidaten durch einen Beobachter mitgeteilt und erläutert. Da sich die Ergebnisse im AC am Anforderungsprofil "General-Manager" ausrichten, treten mitunter erhebliche Diskrepanzen zu der Vorbeurteilung am Arbeitsplatz auf. Deshalb sind die Informationen aus dem AC eine wichtige Zusatzinformation, insbesondere bei Mitarbeitern, die mit Aufgaben, die über den bisherigen Arbeitsbereich hinausgehen, betraut werden sollen. Die Leistungsschwerpunkte der zukünftigen Führungskräfte können jetzt gezielt ausgebaut und aufgetretene Schwächen durch geeignete Maßnahmen, wie Seminare, Job-Rotation, Training-on-the-Job, Übernahme von Projekten oder Delegation ins Ausland, minimiert werden. Wichtig ist, um den positiven Effekt des AC's aufrechtzuerhalten, daß die im Feedbackgespräch festgelegten Maßnahmen wirklich geplant, realisiert und kontrolliert werden und damit dem Kandidaten die Verbesserung des Leistungspotentials ermöglicht und die Übernahme verantwortungsvollerer Aufgaben erleichtert wird.

Konstruktion eines Assessment Centers Anforderungen, Übungen

Ernst-August Bolte, Peter Jung

Gründe für funktionsspezifische Assessment Center

Unter einem AC verstehen wir hier einen "Simulator", d.h. ein funktionsspezifisch entwickeltes System von Anforderungssituationen, in denen die Struktur der Realität in aufeinander abgestimmten Übungen simuliert wird. Anforderungen wie Übungen werden also spezifisch entwickelt. Diese Art der AC's setzen wir bewußt von "Standard-AC's" ab, die den Anspruch erheben, ihre Anforderungen und Übungen seien für eine Reihe verschiedenartiger Funktionen gültig. Diese AC's "von der Stange" genügen unseres Erachtens in vielerlei Hinsicht nicht den Anforderungen an ein zeitgemäßes Diagnose-Instrument im Rahmen einer unternehmensinternen Personalentwicklung:

- Gültigkeit von "Standard-AC's"

  Standard-AC's gehen von dem gleichen Grundgedanken aus wie Tests: sie wollen generelle Dispositionen erfassen, in ihrem Falle Führungsdispositionen. Aufgrund dieses Ansatzes werden von vorne herein alle individuellen Ausprägungen wie auch alle situationsspezifischen (= unternehmensspezifischen) Merkmale ausgeschaltet. Das Standard-AC bleibt sozusagen im Vorfeld der Erfassung genereller Leistungsdispositionen stecken und fragt nicht nach differenzierten Möglichkeiten der Mitarbeiter, situationsangemessen im jeweiligen Unternehmensumfeld zu agieren - eine Anforderung, an der Mitarbeiter in der Praxis sehr wohl gemessen werden. Eine weitere Verbesserung der Gültigkeit dieser AC's erscheint vor dem Hintergrund der jahrzehntelangen Bemühungen im Testbereich kaum möglich. Sie werden daher wohl nicht über Gültigkeitskoeffizienten von + 0.40 hinauskommen, denn dies scheint die Obergrenze für die verschienenen Arten von Tests zu sein (vgl. Reilly & Chao, 1982).

- Situationsinvarianz von "Standard-AC's"

Das eignungsdiagnostische Konzept, das sowohl den Testbatterien als auch den "Standard-AC's" zugrunde liegt, geht von der Durchgängigkeit bzw. Konstanz der Leistungsdispositionen aus.

Dieser Schluß drängt sich auf, wenn ein einziger Satz an Anforderungen und Übungen eine gültige Prognose des Führungserfolges für unterschiedliche Führungsstufen erlauben soll. Damit wird angenommen, Menschen verhielten sich entsprechend ihrer Fähigkeiten in allen Situationen bzw. Situationsklassen gleich, unabhängig von der jeweiligen Ausgangslage, den ihnen zur Verfügung stehenden Ressourcen, ihren Einfluß- bzw. Machtmöglichkeiten, ihren Partnern oder anderer situativer Komponenten. In einem solchen Ansatz wird die Situationsabhängigkeit von Leistungsdispositionen erheblich unterschätzt.

Dies geschieht im Gegensatz zu Ergebnissen sozialpsychologischer Forschungen, die zeigten, daß eine hinreichende Erklärung menschlichen Handelns beides umfassen muß: sowohl die Persönlichkeit des aktiv Handelnden als auch den sozialen Kontext, innerhalb dessen die Handlung geschieht und der diese beeinflußt (vgl. z.B. Brenner, 1980; Endler, 1973, 1975; Magnusson & Ekehammer, 1978). Dies bedeutet, die Erfassung der individuellen Wahrnehmung und Strukturierung einer Situation bietet bei der Erklärung von Handlungen die besten Möglichkeiten.

Wir glauben, es ist geradezu ein Kennzeichen des Menschen, daß er Situationen erfaßt, reflektiert, sein Handeln zielgerichtet plant und versucht, sich möglichst gut (= angemessen) auf gegebene Situationen einzustellen. Ziel eines AC's sollte es daher sein, diese individuellen Situationsbewältigungen zu erfassen und bewertbar zu machen.

- Undifferenziertheit von "Standard-AC's"

  Um gute, d.h. differenzierte, Prognosen über die individuelle Situationsbewältigung in einer bestimmten höherwertigen Funktion machen zu können, müssen deren Anforderungen an die Stelleninhaber differenziert erarbeitet werden. Für die Übungen, die in einem solchen AC verwendet werden, gelten aufgrund von Forschungsergebnissen (vgl. Jung, 1988) eine Reihe von Vorbedingungen:

  - die Situationen der späteren Funktion müssen simuliert werden,
  - die im AC vorgegebenen Situationen (= Übungen) sollten repräsentativ sein für die Situationen, die in der späteren Zielfunktion zu bewältigen sind,
  - sie sollten - auch physikalisch - möglichst weitgehend simuliert werden,
  - die Teilnehmer müssen die Situation wie auch ihre Rolle und die ihnen vorgegebenen Ziele erfahren und verstehen und
  - sie müssen einen Handlungsspielraum haben, um sich aufgrund eigener Entscheidungen selbst "spielen" zu können.

- Akzeptanz von "Standard-AC's"

  Die Erfahrung hat gezeigt, daß übliche Diagnose-Instrumente wie etwa Tests bei den Entscheidern (Führungskräften der Linie) umso weniger auf Dauer akzeptiert werden, je weniger ihr systematischer Zusammenhang mit dem zu prognostizierenden Handeln in der Zielfunktion erkennbar ist. Diese Erfahrung läßt sich auch auf Standard-AC's übertragen.

  Bei mangelndem oder fehlendem Bezug der Diagnose-Instrumente (Tests, Übungen usw.) zur Zielfunktion sinken auch bei den Kandidaten in der Regel die Akzeptanz wie die Motivation. Letzteres ist vor allem dann eine Gefahr, wenn es sich um Mitarbeiter des Unternehmens handelt. Insgesamt kann so leicht der Eindruck von "Psychospielen" oder gar "Psychotricks" entstehen.

Die Akzeptanz des Verfahrens sowohl bei den Entscheidern wie auch bei den Teilnehmern beeinflußt erheblich das Maß der sozialen Validität des Diagnose-Instrumentes.

Aus den vorab genannten Gründen ergibt sich, daß ein gültiges und von allen Beteiligten akzeptiertes Verfahren die funktionsspezifische Gestaltung voraussetzt. Die Entwicklung eines solchen Instrumentes beschreiben wir im folgenden.

Konstruktion eines "Simulators"

1. Schritt:
Absprachen mit dem "Auftraggeber"

Wer ein Assessment Center haben will, muß bereit sein, nicht nur bei der Anwendung, sondern auch schon bei der Erstellung mitzuwirken. Anders ist eine funktionsspezifische Gestaltung nicht möglich. Außerdem wird bei der Realisierung der im AC besprochenen Maßnahmen die Mitwirkung der oberen Führungsebenen - zumindest aber das Wohlwollen - der betroffenen Bereiche notwendig. Deshalb müssen folgende Fragen mit den Führungskräften des Unternehmensbereiches, der ein AC haben will, vorher besprochen werden:

a) Ist das AC die richtige Lösung für die in Frage stehenden Probleme? Werden damit z.B. nicht unrealistische Hoffnungen geweckt? Will man vielleicht ein AC, weil es "in" ist?

b) Sind Zielsetzung, Funktionsweise und Leistungsfähigkeit eines AC's dem Auftraggeber bekannt? (Was ist möglich, was nicht?)

c) Wird der für die Entwicklung und Durchführung eines AC's erforderliche Aufwand an Einsatz von Beobachtern sowie Kosten für vertretbar gehalten und erbracht werden können?

d) Ist das Unternehmen in der Lage, die Ergebnisse eines AC's (= die auf Basis der Diagnose erarbeiteten individuellen Fördermaßnahmen) umzusetzen?

e) Welche Vorstellungen bestehen darüber, wer am Entwicklungsprozeß und an der Durchführung des AC's mitwirken soll (Führungskräfte der Linie und Stäbe, Beobachter, Moderatoren, Ansprechpartner in der Zielfunktion, Rollenspielpartner im AC)?

f) Sind die Rollen und Aufgaben der Beteiligten aus der Linie wie aus dem Bildungswesen nach Zeitaufwand, Umfang, Bedeutung wie auch zeitlichem Ablaufplan bekannt und akzeptiert?

g) Sind genügend qualifizierte Kandidaten für die vorgesehene Zielfunktion vorhanden?

h) Wird es in der Organisation mittelfristig (d.h. in den nächsten 3-5 Jahren) genügend neu zu besetzende Stellen in der Zielfunktion geben?

i) Ist vor einer Ernennung der Kandidaten genügend Zeit vorhanden, um eventuelle Fördermaßnahmen umzusetzen?

j) Schließlich: Wie soll die Vorauswahl gestaltet werden? Wer soll zugelassen werden, wer nicht? Können sich Interessenten selbst nominieren?

Die folgenden Schritte 2, 3 und zum Teil auch 4 werden zusammen mit den späteren Beobachtern (N = 8-10) in einem gemeinsamen Workshop erarbeitet; dieser dauert erfahrungsgemäß 4-5 Stunden.

2. Schritt:
Festlegen der Zielfunktion(en)

Diese Aufgabe scheint ein Allgemeinplatz zu sein, wenn der potentielle Auftraggeber Interesse an einem AC bekundet. Trotzdem muß eine solche Festlegung erfolgen, denn Potential oder Stärken und Schwächen eines Kandidaten werden nicht absolut oder schlechthin festgestellt, sondern in bezug auf die Anforderungen einer spezifischen Zielfunktion. Wenn im folgenden Schritt die Anforderungssituationen zusammengetragen werden (die dann simuliert werden sollen), so muß bei allen Beteiligten Konsens über die ins Auge gefaßte Zielfunktion herrschen.

Grundsätzlich ist es möglich, an dieser Stelle sich auf mehrere Zielfunktionen zu einigen, wenn diese große Ähnlichkeiten aufweisen, d.h. durch viele gemeinsame Anforderungssituationen gekennzeichnet sind.

Praktisch bedeutet das allerdings, daß sich das AC dann um die nicht gemeinsamen Situationen - sprich Übungen - erweitert. Damit sind natürlich dem Simulieren mehrerer Funktionen schon vor der Dauer des AC's gewisse Grenzen gesetzt.

3. Schritt:
Erheben der typisch-kritischen Situationen der vereinbarten Zielfunktion

Gesucht werden hierbei Situationen, die in der Zielfunktion immer wieder vorkommen - also typisch sind - und gleichzeitig für den Erfolg in der Funktion von ausschlaggebender Bedeutung sind - also kritisch sind.

Ihre Erhebung geschieht meistens mit Hilfe der Zuruffrage aus der Moderationsmethode, wobei die Beobachter ein "brainstorming" veranstalten, d.h. sie nennen solche Situationen spontan. Aufgabe der Moderatoren dieser Sitzung ist es, die genannten Situationen auf Karten mitzuschreiben und umgehend an Moderationstafeln zu hängen, damit sie für den weiteren Prozeß anregend wirken können.

Häufig enthalten die Nennungen eine Vermischung aus Situationen (z.B. "Beurteilungsgespräche") und Anforderungen (z.B. "Gesprächsverhalten", "Standfestigkeit", "Argumentationsfähigkeit" usw.). In solchen Fällen müssen die Moderatoren hinterfragen, in welchen konkreten Situationen ein Funktionsinhaber diesen Anforderungen genügen muß.

Oft ist es hilfreich, am Beginn dieser Abfrage den Beobachtern Beispiele für derartige Situationen zu nennen, die aus einer anderen Funktionsebene stammen. Gleiches gilt, wenn häufiger Anforderungen genannt werden. Dies erleichtert den Beteiligten in der Regel ihre Aufgabe, vor allem das Formulieren derartiger Situationen.

Erfahrungsgemäß stellen die Beobachter auf diese Weise 10-20 Situationen zusammen. Da man im allgemeinen nicht alle Situationen simulieren will (aus Zumutbarkeits- und ökonomischen Gründen), werden die Situationen nach Prioritäten geordnet. Dies geschieht durch "Punkten" meist nach zwei Kriterien mit folgenden Sortierfragen:

- Welches sind die für den Erfolg in der Funktion ausschlaggebendsten Situationen?

- Welche dieser Situationen gewinnen in Zukunft an Bedeutung für die erfolgreiche Wahrnehmung der Funktion?

4. Schritt:
Beschreiben der Anforderungen

Hierbei ist eine besonders sorgfältige Erarbeitung geboten, denn diese Beschreibungen stellen die "Meßlatte" dar, mit denen das in den Übungen beobachtete Verhalten verglichen wird; aufgrund dieses Vergleiches wird dann entschieden, wie angemessen es für eine erfolgreiche Wahrnehmung der Zielfunktion ist.

Ein einfaches "brainstorming" wie bei der Erhebung der typisch-kritischen Situationen scheint uns hier nicht auszureichen.

Wir verwenden ein Verfahren, das differenzierte Verhaltensbeschreibungen ermöglicht: Im Prinzip vergleichen dabei die Beobachter im Rahmen eines bestimmten Abfragemusters "gute" mit "schwachen" Funktionsinhabern in jeder der im Schritt 3 erhobenen Situationen - und beschreiben den Unterschied im Verhalten.

Im einzelnen funktioniert das Verfahren folgendermaßen (Jung, 1985):
Die Grundlage bildet ein Fragebogen, der die erarbeiteten typisch-kritischen Situationen mit (den Beobachtern bekannten) realen Stelleninhabern der Zielfunktion kombiniert, die definierte Qualitätsabstufungen in der Wahrnehmung ihrer Aufgabe aufweisen.

Im Rahmen des Workshops wird den Beobachtern dieser Fragebogen kurz erläutert. Die beim Ausfüllen zu benutzenden realen Personen sollen Qualitätsabstufungen hinsichtlich ihrer fachlichen Kompetenz und ihres Interaktionsverhaltens aufweisen. Daher ist es erforderlich, im Rahmen des Workshops zuerst gemeinsam Grobdefinitionen zu bilden, was unter diesen beiden Aspekten verstanden werden soll. Sie bilden das spätere "Raster" bei der Suche nach den Funktionsinhabern, die der jeweilige Beobachter gut kennt/kannte.

Durch systematische Vergleiche, wie diese Personen in den vorgegebenen Situationen handeln, ergibt sich eine Liste von Verhaltensweisen für Funktionsinhaber der Zielfunktion, die von angemessenem bis zu unangemessenem Umgehen mit der Situation reichen. Diese Handlungsweisen stellen gleichzeitig die wichtigsten Komponenten des Beurteilungssystems der Beobachter für die jeweilige Situation dar.

Der für diese Erhebung verwendete Fragebogen besteht aus drei Teilen: der Instruktion, der Personenliste und den Antwortblättern.

Die Instruktion erläutert anhand von Beispielen den Umgang mit dem Fragebogen.

Die Personenliste enthält die Grobdefinitionen der fachlichen und sozialen Kompetenz sowie die Felder, in denen die vier dem Beobachter bekannten Personen einzutragen sind, deren Handeln in den verschiedenen Situationen er miteinander vergleichen soll.
Diese Personenliste bleibt nach getaner Arbeit beim jeweiligen Beobachter und wird für die Auswertung nicht benötigt. Es erfährt also niemand, welche Personen der Beobachter miteinander verglichen hat.

Die Antwortblätter führen die Situationsklassen und die geforderten systematischen Vergleiche der Handlungsweisen zwischen den vier Personen auf und haben Platz genug, deren Handlungsweisen einzutragen.

Die von den Beobachtern im Rahmen dieser Vergleiche genannten Handlungsweisen werden von den Moderatoren pro Situation gesichtet und danach geordnet, welche Bewältigungsfaktoren darin wirksam sind, um diese Situation zu meistern (z.B. partnerakzeptierende, kompromißbereite Haltung). Dabei geschieht es häufig, daß Bewältigungsfaktoren in mehreren Situationen vorhanden sind.

Diese Zwischenauswertung geht den Beobachtern wieder zu mit der Bitte, sie in mehrfacher Hinsicht zu prüfen:

- Gibt es redundante Nennungen von Handlungsweisen und/oder Bewältigungsfaktoren.
- Ist die Zuordnung der Handlungsweisen zu Bewältigungsfaktoren eindeutig?
- Sind außer den herausgearbeiteten Bewältigungsfaktoren noch weitere erforderlich, um die jeweilige Situation zu meistern?
- Welche dieser Bewältigungsfaktoren werden in der Zukunft an Bedeutung gewinnen, um die Situationen zu meistern?

Ideal ist es, wenn zur Klärung dieser Fragen statt der Zusendung des schriftlichen Zwischenberichtes die Möglichkeit besteht, zusammen mit den Beobachtern einen Workshop zu veranstalten (Dauer etwa 2-3 Stunden).

In diesem Stadium wird mit den Bewältigungsfaktoren gearbeitet, da sie die Beobachter eher zum Nachdenken anregen. Die zugehörigen Anforderungsdimensionen (z.B. faire, offene Gesprächsführung) sind von höherem Abstraktionsgrad und werden eher unreflektiert von der Gruppe akzeptiert, da sie ein hohes Maß sozialer Erwünschtheit beinhalten.

Nach dieser Klärung erfolgt ein weiterer Verdichtungsschritt: die Bewältigungsfaktoren, die zur Meisterung der Situationen erforderlich sind, werden zu Anforderungsdimensionen zusammengefaßt (z.B. partnerakzeptierende, kompromißbereite Haltung + überzeugende, faire Gesprächsführung + Wertschätzung des Gesprächspartners = offene, faire Gesprächsführung). Hierbei bleibt die einzelne Situation unberücksichtigt, d.h. eine Anforderungsdimension kann in mehreren Situationen wirksam sein.

Bei der weiteren Entwicklung der den Übungen zugeordneten Auswertungsblätter tauchen nur noch diese Anforderungsdimensionen (als Überschriften) und die ihnen zugehörigen Verhaltensweisen auf, die Bewältigungsfaktoren werden nicht weiterverwendet. Im Rahmen der Auswertung der Beobachtungen aus den Übungen sind die von den Beobachtern in den Fragebögen genannten Verhaltensweisen das entscheidende Moment, die Anforderungsdimensionen bilden nur deren Überschriften. Als solche gestatten sie es aber, sich in der Beobachterkonferenz wie auch im Beratungsgespräch schneller und trotzdem eindeutig definiert zu verständigen.

Insgesamt gesehen hat dieses Verfahren der Erhebung von Anforderungskategorien nach unserer Ansicht folgende Vorteile:

- Es ist geeignet, die im Alltag von den Beobachtern verwendeten Beurteilungskategorien zu erfassen;
- mit ihm werden weitgehend konkret beobachtbare Handlungsweisen erhoben;

- diese Handlungsweisen werden von den Beobachtern als relevant erachtet, um eine spezifische Situation zu meistern und die genannten Handlungsweisen basieren auf dem beobachteten und erinnerten Handeln realer Personen in dieser Situation.

5. Schritt:
Entwerfen des Übungs-Designs

Hier wird festgelegt, welche Situation in welcher Übung simuliert wird. Dazu überprüfen wir zunächst, ob ähnliche Situationen zu Situationsklassen zusammengefaßt werden können. Entscheidend ist die Gleichheit - oder zumindest große Ähnlichkeit - der Anforderungen. Ob z.B. die Situationen "Beurteilungsgespräch" und "Kritikgespräch" zusammengefaßt (und später in einer Übung simuliert) werden können, hängt davon ab, ob sich bei der Anforderungserhebung der gleiche Satz von Bewältigungsfaktoren für beide Situationen ergeben hat.

Zweitens prüfen wir, ob mehrere Situationen - quasi hintereinander - in einer Übung simuliert werden können. So haben wir z.B. einmal eine Übung "Führen einer Mitarbeitergruppe" entwickelt, bei der der Kandidat mit seinen 4 Mitarbeitern in vorgegebener Zeit eine Reihe von Arbeiten erledigen sollte. In dieser Übung ließen sich die Situationen "Delegieren einer Aufgabe", "Überwachen einer Tätigkeit", "Helfen, wenn ein Mitarbeiter nicht weiter weiß", "Rücksprachen erledigen" simulieren.

Letztlich überlegen wir uns ein Umfeld, einen Gesamtkontext, in dem alle Übungen stattfinden sollen. Z.B. eine spartenübergreifende Service-Abteilung in einer Versicherung könnte ein solcher Gesamtkontext sein, in dem alles vorkommen kann, was simuliert werden soll. Dieses Vorgehen reduziert den Instruktionsaufwand, weil von Übung zu Übung von den gleichen Rahmenbedingungen ausgegangen werden kann. Zum anderen erlebt der Kandidat die Funktion mit dem Umfeld als ganzheitliches Gebilde, was ja in der Realität auch so ist.

6. Schritt:
Material für die Übungen sammeln

Die Beobachter überlegen Vorkommnisse und Fälle für jede Situation, konkretisieren also - wenn nötig - die Situation.
Anschließend tragen sie entsprechende Unterlagen aus der Praxis zusammen, die in den jeweiligen Situationen entstehen: Briefe, Aktennotizen, Telefonnotizen, Expertisen, Telexe, Verträge, Berichte, Akquisitionsunterlagen, Anfragen, Beschwerden usw.
Dabei ist es sehr hilfreich, Inhaber der Zielfunktion um Mithilfe zu bitten. Diese sollen sich darüber hinaus an bestimmte Vorkommnisse, die sie in der letzten Zeit möglicherweise erlebt haben, erinnern oder darauf in den folgenden Wochen gezielt achten und ggf. notieren.

Auf diese Weise erhält man charakteristische Geschäftsvorfälle oder Beschreibungen von Vorkommnissen mit den dazugehörigen Unterlagen. Es sollten für jede Situation mehrere Vorfälle zur Verfügung stehen, damit man jeweils denjenigen Fall auswählen kann, der den Kandidaten richtig (= genau im Sinne der Anforderungserhebung zu dieser Situation) fordert. Außerdem muß man hier darauf achten, daß die ausgewählten Fälle ein möglichst breites Handlungsspektrum und im Prinzip mehrere Lösungsmöglichkeiten bieten bzw. zulassen.

Manchmal ist es notwendig, die fachlichen Besonderheiten eines Falles zu vereinfachen oder seine Komplexität etwas zu reduzieren, damit der Instruktions- und Materialaufwand für diesen Fall vertretbar bleibt. Wichtig ist dabei natürlich, daß die Anforderungscharakteristik erhalten bleibt.

Es ist einsichtig, daß diese Aufgabe in enger Zusammenarbeit zwischen Fachabteilung und Mitarbeitern der Personalentwicklung geschehen muß.

7. Schritt:
Übungen entwickeln

Auf der Basis des im 6. Schritt gewonnenen Materials werden die Übungen geschrieben.

Wir beginnen meist mit der Schilderung der "Allgemeinen Ausgangslage", also mit den Informationen, die zum Umfeld gehören, in das alle Übungen hineinversetzt werden. Der Kandidat erhält hiermit Informationen über über das Unternehmen: Betätigungsfelder, wirtschaftliche Lage, Parameter zur Größenordnung usw. Natürlich gehen wir dabei vom tatsächlichen Unternehmen aus, bauen aber bewußt Verfremdungselemente ein, damit eventuelle Blockierungen vermieden werden, die aufgrund konkreter Erlebnisse eines Kandidaten entstehen können (etwa nach dem Muster: "Sowas entscheidet doch bei uns immer nur der Vorstand").

Das Organigramm rund um den Kandidaten wird beschrieben, damit er Vorgesetzte, Kollegen und Mitarbeiter kennenlernt. Auch soll ihm das helfen, seine Funktion im Zusammenwirken mit anderen Stellen des Unternehmens einzuschätzen. Schließlich wird noch die Funktion des Kandidaten selbst geschildert mit Zielsetzung, Aufgaben, Kompetenzen und Verantwortlichkeiten.

Die "Allgemeine Ausgangslage" bildet den Hintergrund für alle Übungen eines AC's; deshalb nimmt der Kandidat sie vor der ersten Übung oder im Zusammenhang mit dieser zur Kenntnis. Von Übung zu Übung ergänzt sich die "Allgemeine Ausgangslage" um eben die Ereignisse der Übung. D.h. ein Kandidat agiert z.B. in der fünften Übung vor dem Hintergrund der "Allgemeinen Ausgangslage" und den Ereignissen der vorausgegangenen vier Übungen.

Zur Beschreibung der einzelnen übungen: Zunächst stellen wir den Situationshintergrund dar. Dazu gehören die genaue Beschreibung des Umfeldes (räumliche und zeitliche Situation, aktuelle Ereignisse); des weiteren Informationen über den Anlaß zu der Situation der Übung (Wie kam es zu der

Situation?). Jede Situation hat Vorläufer, hat eine Vorgeschichte von Ereignissen und Beziehungen. Diese muß der Kandidat kennen, damit er in der Übung Anknüpfungspunkte findet, das Gespräch aufzunehmen und fortzuführen. Darüber hinaus muß er sich ein Bild von den handelnden Personen machen können. Die Mitwirkenden werden charakterisiert, aber weniger durch gutachterähnliche Psychogramme, sondern durch Schilderung einiger typischer Ereignisse ("Neulich kamen Sie dazu, als Ihr Mitarbeiter gerade einem Kunden sagte: "...). Schließlich wird der Kandidat in den letzten Sätzen der Übungsinstruktion auf die aktuelle, gleich - in wenigen Minuten - stattfindende Situation hingeführt ("Sie sind mit Herrn X verabredet, er betritt in wenigen Minuten Ihr Büro und will mit Ihnen über ... sprechen".).

Die bisher erwähnten Übungsinstruktionen sollen den Kandidaten handlungsfähig machen; außerdem bekommt er noch wichtige Meta-Informationen zur Übung:

- Was ist der Sinn der Übung; worauf achten die Beobachter; was sind die Anforderungen?

- Die genaue Aufgabenstellung (Sie geht aus der bisherigen Instruktion hervor, wird aber noch einmal - etwas reflektiert - formuliert: "Ihre Aufgabe steht also darin, ...").

- Informationen zu Vorbereitungszeit, Durchführungszeit, Material, Hilfsmittel, Organisation.

- Hinweise auf seine Rollenspielpartner ("Dummies"), die auf keinen Fall andere Kandidaten sind (Es sollen nicht Teilnehmer sozusagen "gegeneinander antreten").

Außer den Kandidaten erhalten natürlich auch die "Dummies" ihre Instruktionen: Schilderungen des gleichen Sachverhaltes, aber natürlich aus anderem Blickwinkel, durch die Brille einer anderen persönlichen Wahrnehmung.

Nun noch ein paar Hinweise für die Schreiber von Übungen und Instruktionen:

- Die Texte sollen leicht verständlich sein, und wirklich eingängig formuliert werden. Es sollen ja schließlich nicht Scharfsinn und Auffassungsgabe beim Lesen von Informationen beobachtet werden.

- Die Texte sollen dem Kandidaten die Identifikation ermöglichen bzw. erleichtern, z.B. durch die direkte Ansprache des Lesers, durch suggestives "Hineinziehen" in Ereignisse ("Sie erinnern sich noch sehr gut an die Besprechung, bei der Herr X laut gegen ... protestiert hat").

- Die Texte sollen motivierend sein; das Lesen soll Spaß machen. Man kann sich z.B. bei der Namensgebung der Beteiligten etwas einfallen lassen und einen sparsamen Vorgesetzten in einer Bank Dagobert Oberzins nennen. Das löst Schmunzeln aus und entspannt möglicherweise.

- Jeder Übung sollte eine gut überlegte Dramaturgie zugrunde liegen, damit der Spannungsbogen wirklich bis zum geplanten Ende reicht und der "Dampf" nicht schon vorzeitig raus ist. Dazu sollten die Argumente bei den Beteiligten zahlreich und vielschichtig sein. Interessenkonflikte sollten deutlich angelegt sein.

- Schließlich sollte bei jeder Übung ein breites Handlungsspektrum möglich sein und nicht nur das Erreichen oder Nichterreichen einer bestimmten Lösung in Frage stehen.

8. Schritt:
Übungen überprüfen

Sind die für das AC vorgesehenen Übungen ausformuliert und geschrieben, werden sie den Beobachtern zur Überprüfung zugesandt oder in einem Gespräch mit ein bis zwei Beobachtern überprüft. Diese Beobachter sollten die in den Übungen verarbeiteten fachlichen Hintergründe gut kennen.

In diesem Gespräch sollen

- Realitätsnähe
- fachliche Richtigkeit
- Schwierigkeitsgrad und
- Beobachtbarkeit der Anforderungen

in den einzelnen Übungen nochmals abgeklärt werden.

Ergeben sich in diesem Gespräch ernsthafte Bedenken, vor allem hinsichtlich des ersten und des letzten Aspektes, dann empfiehlt sich ein "Probelauf". Damit ist gemeint, die Übung wird mit Funktionsinhabern oder anderen Mitarbeitern durchgespielt, wobei ein bis zwei Beobachter das Handeln des "Kandidaten" aufnehmen und später auswerten. Aufgrund dieser Ergebnisse können dann letzte Änderungen vorgenommen werden.

9. Schritt:
Logistik und Organisation überlegen

Bei der Logistik geht es vor allem darum, die Versorgung der Beteiligten am AC mit Unterlagen, Material und Informationen - jeweils zum richtigen Zeitpunkt - zu planen. Einige wichtige Fragen sind:

- Wieviele Ordner mit allen Unterlagen des AC's für die Beobachter und Moderatoren müssen zu welchem Zeitpunkt zusammengestellt sein und unter Umständen verschickt werden?

- Wieviele Unterlagen pro Übung werden für die Kandidaten während des AC's benötigt?

- Wieviele Unterlagen pro Übung werden während des AC's für die Rollenspielpartner ("Dummies") benötigt?

- Wieviele Beobachtungsbögen und Auswertungsblätter müssen pro Übung für die Beobachter vorbereitet sein?

- Welche weiteren Materialien und Hilfsmittel werden außerdem während des AC's gebraucht? (Schreibmaschinen, Büromaterial, Videoanlagen und Fernseher, Moderationswände und -material, Overhead-Projektoren usw.)

Im Rahmen der organisatorischen Vorbereitung müssen Fragen geklärt werden wie:

- Welche äußeren Bedingungen (besonders Räume) sind für die Durchführung des AC's erforderlich?

- Wieviel Vorbereitungszeit und Durchführungszeit ist bei den einzelnen Übungen vorzusehen?

- Wieviel Auswertungszeit brauchen die Beobachter vermutlich bei den einzelnen Übungen?

- In welcher Reihenfolge (Dramaturgie des AC's) sollen die Übungen stattfinden?

- In wievielen Durchgängen müssen die einzelnen übungen durchgeführt werden, und sind Paralleldurchgänge vorzusehen?

- Wie sollen die Rollenspielpartner ("Dummies") für ihre Aufgabe vorbereitet und eventuell trainiert werden?

- Zu welchem Zeitpunkt und wie lange soll das Beobachtertraining stattfinden?

- Wie sieht der gesamte zeitliche Ablauf des AC's aus? (getrennt für Beobachter, Kandidaten, "Dummies" und Moderatoren)

- Wann sieht welcher Beobachter welchen Kandidaten in welcher Übung; gibt es Mehrfachbeobachtungen eines Kandidaten durch einen Beobachter und sind Doppelbeobachtungen vorgesehen (zwei Beobachter sehen unabhängig voneinander einen Kandidaten in einer Übung)?

- Wieviele Kandidaten sollen an dem AC teilnehmen, und wie groß muß demnach die Mindestzahl an Beobachtern und Moderatoren sein?

Voraussetzungen für den erfolgreichen Einsatz eines Assessment Centers

Hans-Werner Schulz

Die Möglichkeiten für den Einsatz von Assessment Centern

Zunächst einmal sollte man sich über die vielfältigen Anwendungsmöglichkeiten, die ein Assessment Center (AC) bietet, gründlich informieren. Erst dann kann man entscheiden, ob und welcher Bedarf für ein AC besteht.

Ein AC wird für die Personalauswahl externer Bewerber häufig eingesetzt. Dies ist vergleichsweise unproblematisch, weil die "Verlierer" gar nicht erst in den Betrieb kommen und daher auch das Betriebsklima nicht negativ beeinflussen können.

Als Auswahlverfahren für interne Bewerber hinterläßt das AC - wie andere Auswahlverfahren auch - "Gewinner" und "Verlierer". Im Gegensatz zu den anderen Verfahren legt das AC die Gründe für die jeweilige Entscheidung offen. Sie werden mit den Teilnehmern eingehend besprochen, was bei anderen Verfahren durchaus nicht immer so ist.

Eine weitere Möglichkeit für "fortgeschrittene" AC-Anwender ist die Potentialeinschätzung von Mitarbeitern. Sie hat in den letzten Jahren an Bedeutung gewonnen.

Das AC gestattet darüber hinaus Potentialanalysen von Zielgruppen. Es deckt dabei Stärken und Schwächen des Managements und ganzer Organisationen auf. Dahinter steht der Gedanke, daß das Verhalten der Führungskräfte ein Produkt des betrieblichen Umfeldes und der besonderen Anforderung der Aufgabenstellung ist. Aus den AC-Ergebnissen kann man den

Weiterbildungsbedarf dieser Zielgruppen ermitteln. Besondere Bedeutung kommt dem AC jedoch für die individuelle Karriere- bzw. Laufbahnplanung zu. In den Unternehmen, in denen konsequente Personalentwicklung erfolgt, wird das AC in der Regel voll akzeptiert und ist bei gekonnter Anwendung auch nicht umstritten.

Die Mitwirkung des Managements bei der Einführung des AC's

Wenn ein AC erfolgreich eingesetzt werden soll, darf es nicht nur vom Management gewollt werden - das Management muß vor allem aktiv beteiligt sein. Dies gilt für das Auswahlverfahren genauso wie für das Potentialeinschätzungsverfahren. Beim Auswahlverfahren für externe Bewerber ist die Mitarbeit des Managements in der Regel leichter zu erreichen, weil der Wunsch, Fehlentscheidungen zu vermeiden, groß ist. Schwieriger ist es, das Management für eine Beteiligung an der Potentialeinschätzung und die darauf aufbauenden Personalentwicklungsmaßnahmen zu gewinnen, was zudem ein vergleichsweise größeres Engagement erfordert.

Bereits an der Entwicklung des Anforderungsprofils ist das Management direkt beteiligt. Die Anforderungen von Stellen werden von den Stelleninhabern und deren Vorgesetzten in Workshops ermittelt. Ebenso sollte an der Festlegung der in einem AC zu messenden Dimensionen und deren Gewichtung das Management maßgeblich beteiligt sein. Dies ist vor allem deshalb erforderlich, weil das gewichtete Anforderungsprofil schließlich bei der Ergebnisermittlung von zentraler Bedeutung ist.

Die Lieferung von Arbeitsproben und Aufgabensimulationen für die AC-Übungen schließlich ist eine weitere Aufgabe des Managements. Wenn die Führungskräfte eines Unternehmens nicht selber tätig werden wollen, so sollten sie mindestens in diesen Beschaffungsprozeß integriert sein, d. h. die Verantwortung für die Beschaffung des Übungsmaterials mittragen oder ganz übernehmen.

Die Auswahl der Beobachter ist ebenfalls wichtig. Bei den ersten AC's sollten "angesehene" Führungskräfte als Beobachter gewonnen und eingesetzt werden. Es müßten auch Personalverantwortliche, die Entscheidungskompetenz der Teilnehmergruppe gegenüber haben, beteiligt sein. Dabei muß allerdings beachtet werden, daß keine direkten Vorgesetzten der Teilnehmer zum Einsatz kommen. Wenn geplant ist, daß alle Vorgesetzten derartige Beobachtungsaufgaben bei einem AC einmal übernehmen, kann es schwierig werden, Teilnehmer- und Beobachtergruppen so zusammenzustellen, daß diese Bedingung erfüllt ist.

Die Beobachtereinweisung ist die nächste wichtige Aufgabe für die Personalentwickler. Das beste Verfahren ist, alle Übungen mit den zukünftigen Beobachtern einmal durchzuspielen. Dabei übernehmen sie wechselweise die Rollen der Teilnehmer und der Beobachter, wodurch das Verfahren transparent wird. Das Auswertungsverfahren wird auch durchgespielt, damit die zukünftigen Beobachter erkennen können, wie ein Ergebnismosaik entsteht und zu einem Ergebnisprofil zusammenführt.

Da sich AC-Übungen weiterentwickeln und ausgewechselt werden, wird vor jedem AC eine Beobachter-Einweisung durchgeführt. Sie baut auf der oben geschilderte Grundeinweisung auf und aktualisiert den Wissensstand der Beobachter. Eine Wiederholung der wichtigsten Beobachtungsregeln gehört immer dazu, denn erfahrungsgemäß wird man Linienvorgesetzte selten häufiger als einmal im Jahr zu Beobachteraufgaben heranziehen können.

Auch die Einzelgespräche, die die Beobachter am Ende der Veranstaltung mit den Teilnehmern führen, setzen eine gründliche Einweisung voraus. Bei diesen Gesprächen muß der Beobachter seine eigene Bewertung und die Bewertung seiner Kollegen dem Teilnehmer darlegen und erläutern. Für manchen Vorgesetzten ist das ein interessanter und wichtiger Lernprozeß. Viele der von ihnen dabei gewonnenen Erkenntnisse und Erfahrungen lassen sich unmittelbar in der eigenen Führungspraxis anwenden.

Nicht zuletzt aber wirkt das Management bei der nach einer Potentialeinschätzung erforderlichen Vereinbarung von Personalentwicklungsmaßnahmen mit und ist dann mitverantwortlich für deren Realisierung.

Integration des AC´s in bestehende Personalentwicklungskonzepte

Das AC ist ein Instrument der Personalentwicklung. Ohne ein klares Personalentwicklungskonzept sollte es nicht eingesetzt werden. Das gilt ganz besonders für eine Verwendung zur Potentialeinschätzung. Diese verlangt in der Regel weiterführende Personalentwicklungsmaßnahmen für den einzelnen Teilnehmer. Sie können der Qualifikationsanpassung an steigende Anforderungen in der Position dienen oder auf andere Positionen vorbereiten.

Einzelne Maßnahmen gibt es in vielen Unternehmen, sie sind jedoch selten in ein Gesamtkonzept integriert. Ein Gesamtkonzept umfaßt die Berufsausbildung, die Aufstiegsfortbildung und die Weiterbildung in der Position. Die Personalentwicklung benötigt also auch ein gut entwickeltes betriebliches Bildungssystem.

Die Auswertung der Assessment-Center-Ergebnisse kann nach verschiedenen Zielsetzungen erfolgen. Die wichtigsten sind:

- Das Einzelergebnis und die Empfehlung des Gutachtens für die weitere individuelle Entwicklung.

- Die Analyse einzelner Zielgruppen. Die hierbei festgestellten Ausprägungen bei einzelnen Merkmalen werden mit den bestehenden Sollvorstellungen verglichen. Starke Abweichungen bei einzelnen Zielgruppen werden auf ihre Ursachen untersucht. Daraus resultierende Erkenntnisse werden mit den verantwortlichen Führungskräften besprochen und zur Grundlage von anpassenden Maßnahmen gemacht.

- Aus der Summe der individuell empfohlenen Weiterbildungsmaßnahmen ergeben sich nicht selten Schwerpunkte. Diese müssen bei den Weiterbildungsmaßnahmen angemessen berücksichtigt werden.

- Wenn der mittelfristig geplante Führungskräftebedarf mit dem ermittelten eigenen Kräftepotential qualitativ und quantitativ nicht gedeckt werden kann, müssen Beschaffungsmaßnahmen für Führungs- oder Führungsnachwuchskräfte geplant und durchgeführt werden.

Das AC-Gutachten hat für den Teilnehmer eine besondere Bedeutung. Nicht selten erhält er erstmals in seiner beruflichen Laufbahn einen derartig dokumentierten Verhaltensspiegel. Die Aushändigung eines Exemplares an den Teilnehmer und die Ablage eines zweiten Exemplares in seiner Personalakte unterstreicht die Fairness des Verfahrens. Das Gutachten ist meistens konkreter als ein Zeugnis und ergänzt die Leistungsbeurteilung in sinnvoller Weise.

Für das Management ist das AC-Gutachten eine Entscheidungshilfe. Sie ist besonders dann relevant, wenn man die Ergebnisse eins AC's auf ein Management-Potential-Portfolio (MPP) überträgt, das auf der Aufstiegs- und Vielseitigkeitsdimension gegliedert ist und eine ausreichende Differenzierung zuläßt. Ein MPP erleichtert die Vorauswahl einer Gruppe von Kandidaten.

Nachdem die engere Auswahl von Kandidaten getroffen worden ist, kann das AC-Gutachten neben anderen Leistungsnachweisen wieder herangezogen werden.

Was ist unter vielfältigen Einsatzmöglichkeiten im Sinne von Personalentwicklungsmaßnahmen zu verstehen? Einsatzmöglichkeiten, wie man sie heute in jedem größeren Unternehmen kennt, sind:

- Projektarbeit:
  Übernahme von zusätzlichen Aufgaben, z.B. Entwicklung von Lösungen für akute Probleme.

- Mitarbeit im Projekt-Team:
  Temporäres Mitglied eines Teams, das Vorschläge zur Lösung eines Problems und Entscheidungsvorlagen erarbeitet.

- Projektleitung:
  Übernahme der Leitung eines Projekt-Teams mit der Verantwortung für dessen Arbeitsergebnisse.

- Job-Rotation:
  Versetzung in eine andere Position - in der Regel auf gleicher Führungsebene.

- Job-Enlargement:
  Das bestehende Aufgabengebiet wird erweitert - Teile des alten Aufgabengebietes werden abgegeben.

- Job-Enrichment:
  Das bestehende Aufgabengebiet wird vertieft.

- Vertretungseinsätze:
  Urlaubs- und Krankheitsvertretungen.

- Sondereinsätze:
  Übernahme von anderen Aufgabengebieten für einen befristeten Zeitraum.

- Trainer- und Referenteneinsatz:
  Übernahme von Trainingsaufgaben im Rahmen von Workshops und Seminaren, Einsatz als Referent intern und extern.

Zur Vorbereitung und Ergänzung derartiger Aufgaben gehören Trainingsmaßnahmen. Der in den AC's bei den Teilnehmern am häufigsten festgestellte Bedarf liegt im Verhaltensbereich.

Die Teilnehmer eines AC's

Die Teilnahme eines Kandidaten an einem AC wird überwiegend durch dessen Vorgesetzten empfohlen. Bei bestehenden Beurteilungsverfahren werden die Empfehlungen meistens mit den Beurteilungen vorgelegt. Grundsätzlich sollten sich Interessierte auch selber zur Teilnahme an einem AC melden können. Das gilt besonders für AC's, die als Auswahlverfahren für interne Bewerber eingesetzt werden.

Bei der Auswahl der Teilnehmer ist es wichtig, daß möglichst homogene Gruppen zusammengestellt werden. Die Teilnehmer sollten gleiche oder ähnliche Voraussetzungen mitbringen. Direkte berufliche Konkurrenten sollten in einem AC möglichst nicht aufeinander treffen. Manchmal verlangt die Unternehmensstrategie jedoch, daß ganze Zielgruppen an einem AC teilnehmen, um das vorhandene Führungskräftepotential insgesamt zu erfassen und anhand des zukünftigen quantitativen und qualitativen Bedarfs einzuschätzen.

Grundsätzlich sollte die Teilnahme an einem AC freiwillig sein. Läßt man sich die Teilnahmeverweigerung eines Kandidaten begründen, erhält man wertvolle Hinweise zum Grad der Akzeptanz von AC's im Unternehmen.

Auch bei sorgfältiger Auswahl der Teilnehmer und bei korrekter Durchführung eines AC's kann es bei der Rückmeldung der Ergebnisse zu Überraschungen bei den Teilnehmern kommen. Die Ursache dafür ist meist eine große Diskrepanz zwischen Selbstbild und Fremdbild. Erkennbar wird dies häufig schon während der Übungen. In solchen Fällen ist eine Nachsorge von besonderer Bedeutung. In sie sollte auch der Vorgesetzte des Teilnehmers eingebunden werden.

Entwicklung und Durchführung eines AC's

Die Entwicklung eines AC's beginnt üblicherweise mit einem Workshop. Hier wird mit Führungskräften, die sich in der jeweiligen Position befinden, das Anforderungsprofil entwickelt. Dieser erste Entwurf wird von den Vorgesetzten ergänzt und gewichtet. Da jede Personalentwicklung mittel- bis langfristig angelegt sein sollte, sind beim Anforderungsprofil auch einschätzbare zukünftige Anforderungen zu berücksichtigen. Hier muß der Personalentwickler Hilfestellung geben.

Da nur Verhalten beobachtbar ist, erfolgt nach der Entwicklung des Anforderungsprofils die Zuordnung entsprechender Verhaltenskategorien. Diese Arbeit leisten die als Experten und Berater tätigen Psychologen und der Moderator. Von der Basis der Verhaltenskategorien aus lassen sich AC-Übungen entwickeln, bei denen die relevanten Verhaltensweisen auch wirklich beobachtet werden können.

Bei den AC-Übungen kann man auf Standardübungen zurückgreifen, die nur angepaßt werden müssen. Zusätzlich sollten aber stets auch neue Übungen aus kritischen Fällen der betrieblichen Praxis des Unternehmens entwickelt werden. So entsteht ein zielgruppengerechtes AC, das keine schlichte Konfektionsware ist. Um die Praxis eines Managers möglichst gut zu simulieren, kombiniert man verschiedene Übungsarten, die jeweils unterschiedliche Situationen repräsentieren. Einzelübungen mündlicher und schriftlicher Art - oft in einer Übung kombiniert - sollten ebenso vorkommen wie Gruppenübungen. Bei den Gruppenübungen dominiert die Gruppendiskussion. Pro- und Contra-Themen bieten sich hierfür in vielfältiger Weise an. Bei fast allen Übungen geht es mehr um das "Wie" und weniger um das Ergebnis, da es in der Managementpraxis bekanntlich keine völlig falschen oder völlig richtigen Entscheidungen gibt.

Die Durchführung eines AC's ist in erster Linie eine Organisationsaufgabe. Mit jedem AC werden weitere Erfahrungen gesammelt, die bei der Planung der folgenden AC's berücksichtigt werden sollten.

Der Ablaufplan muß sicherstellen, daß mündliche und schriftliche Übungen wechseln und für die Teilnehmer stets eine ausreichende Vorbereitungszeit bleibt. Lange Pausen zwischen den Übungen sind zu vermeiden. Die Beobachter, die auch Teile der Auswertung übernehmen müssen, sind phasenweise stärker beschäftigt als die Teilnehmer. Dies ist vor allem durch die Auswertung der schriftlichen Übungen bedingt.
Manchmal sind während eines AC-Ablaufs zeitliche Anpassungen an Zeitüberschreitungen erforderlich. Wenn man Zeitpuffer einplant, ist das jedoch unproblematisch.

Die Leitung eines AC´s sollte in einer Hand liegen. Diese Aufgabe hat in der Regel der verantwortliche Personalentwickler. Als Moderator kann er die Atmosphäre entscheidend beeinflussen. Obwohl beim AC ein Wettbewerb zwischen den Kandidaten stattfindet, sollte das Klima möglichst offen, fair und locker sein. So ein Klima herzustellen, ist keine leichte Aufgabe für den Moderator, denn die Kandidaten sind erfahrene Manager, die gelernt haben, daß in der Realität häufig nicht offen und fair "gespielt" wird, und die Beobachter vergessen manchmal, daß sie in dieser Situation keine Vorgesetzten sind.

Folgender Ablaufplan für ein AC hat sich bewährt: Mit der gegenseitigen Vorstellung aller Beteiligten wird meist um 18.00 Uhr des ersten Tages begonnen. An den folgenden zwei Tagen durchlaufen die Kandidaten zehn bis fünfzehn Übungen. Am dritten Tag gegen 18.00 Uhr ist der Übungsteil absolviert, und die Endauswertung beginnt. Für die Kandidaten ist dieser Abend frei. Nach den zum Teil extrem hohen Belastungen während der Übungen können sie etwas Entspannung gut gebrauchen. Die Beobachter tauschen an diesem Abend ihre Beobachterergebnisse aus und bereiten die Einzelgespräche vor. Der vierte Tag beginnt mit einer Plenumsdiskussion mit allen Beteiligten unter der Leitung des Moderators. Hierbei werden alle allgemeinen Fragen behandelt und gewünschte Erläuterungen gegeben. Damit erfolgt zugleich die Einstimmung auf die folgenden Einzelgespräche. Jeder Beobachter führt normalerweise zwei Einzelgespräche. In Sonderfällen werden auch Einzelgespräche vom Moderator oder von den Psychologen geführt.

Nach der Verabschiedung der Kandidaten im Plenum findet noch eine Beobachterbesprechung statt, in der jeder über seine Einzelgespräche berichtet und gegebenenfalls noch Stellungnahmen der Teilnehmer liefert, die bei der Abfassung der Gutachten zu berücksichtigen sind.

Zwei bis vier Wochen nach dem AC werden die Gutachten an die Teilnehmer ausgehändigt, und die Besprechung mit dem Vorgesetzten findet statt. Dieses Gespräch profitiert davon, daß einige Erkenntnisse und Erfahrungen in der Zwischenzeit "sacken" konnten und nun aus der Distanz gesehen wieder anders bewertet werden. Die aus dem Gespräch resultierenden

Empfehlungen des Vorgesetzten werden von der Personalentwicklung zu Maßnahmen umgearbeitet und realisiert. Ein AC liefert also auch für die Personalentwickler neue Impulse.

Welche Probleme gefährden ein Assessment Center?

Reinhard Leiter, Hagen Seibt, Irene Wolff

Einleitung

Bei diesem Thema stellt sich für uns als erstes die Frage: Was bedeutet der Begriff Ethik?
Unter Ethik verstehen wir die Summe der Normen und Maximen der Lebensführung, die sich aus der Verantwortung gegenüber anderen ableiten. Bezogen auf das Assessment Center sollten diese Grundsätze nicht verletzt werden.

Problem 1: Die sozialklimatischen Aspekte

Da die Teilnahme an einem Auswahlverfahren für die Kandidaten alles andere als ein "Honigschlecken" ist, sollten die sozialklimatischen Aspekte bei der Durchführung von vornherein als besonders wichtig berücksichtigt werden.
Zum Beispiel wäre es bei Bewerbern wie den Hochschulabsolventen, die gerade ihr Examen abgelegt haben, inhuman, sie einem "Intelligenztest" zu unterziehen. In solchen Fällen sollten andere Möglichkeiten zur Feststellung der Qualifikation in Erwägung gezogen werden.

Um ein angenehmes soziales Klima im Assessment Center herzustellen, ist es notwendig, Unbehagen der Teilnehmer an der Auswahlsituation sofort abzubauen. Unbehagen wird zum Beispiel bei einer Aufgabenstellung ohne Zielvorgabe und entsprechende Erklärung, was mit dieser Aufgabe erreicht werden soll, ausgelöst.
Außerdem muß die "Soziale Validität" - damit ist die Akzeptanz des Verfahrens bei den Bewerbern gemeint - neben der inhaltlichen und methodischen

Validität als eignungsdiagnostische Grundlage des Auswahlprozesses gewährleistet sein.

Was tun wir für die Akzeptanz des Verfahrens bei den Bewerbern?

Das Gedankengut der Humanistischen Psychologie nimmt heutzutage vermehrt Einfluß auf Unternehmen in der Wirtschaft. So arbeitet die Allianz Versicherungs-AG im Bereich der Fort- und Weiterbildung bereits intensiv mit Selbsterfahrungsmethoden und Unterstützung von therapeutisch geschulten Trainern in Kommunikationstrainings für unterschiedlichste Zielgruppen der Mitarbeiter. Ziel dieser Seminare ist es, Vertrauen der Mitarbeiter untereinander und zur Unternehmensleitung aufzubauen. Damit wird es sozial nicht zulässig, in anderen Bereichen, wie zum Beispiel dem Auswahlverfahren, Methoden einzusetzen, die dieses Vertrauen nicht in den Mittelpunkt stellen.

In unseren Auswahlverfahren werden z.B. als Konsequenz die Gütekriterien aus der traditionellen Testtheorie erweitert. Zu den klassischen Gütekriterien zählt man:

- Objektivität

  Objektiv ist ein Verfahren dann, wenn seine Durchführung und seine Auswertung vom Anwender unabhängig sind. Beim AC zeigt sich der Grad der Objektivität in der Übereinstimmung der Beobachter.

- Zuverlässigkeit (Reliabilität)

  Zuverlässig ist ein Instrument, wenn mit den gleichen Personen unter den gleichen äußeren Umständen die gleichen Resultate erzielt werden.

- Gültigkeit (Validität)

  Gültig ist ein Verfahren dann, wenn es das erfaßt, was es zu erfassen vorgibt. Die Gültigkeit des AC's ist durch die Qualität der Simulation von arbeitstypischen Situationen gewährleistet.

Darüber hinaus sind Ökonomie, Nützlichkeit und soziale Validität Maßstäbe für das AC, an denen dieses Auswahlverfahren jederzeit gemessen werden sollte.

Wir erweitern jetzt um:

- Soziale Validität als Gütekriterium

  Es gibt bisher - neben dem AC - kaum Verfahren, die darauf abzielen soziale Kompetenz und Interaktionsverhalten in aktuellen Situationen zu erfassen. Dies ist u.a. Folge der strikten Ausrichtung an den klassischen Gütekriterien. Testtheoretiker betrachten das AC deshalb als "unsauberes" Verfahren, weil es den traditionellen Maßstäben der Testentwicklung und Testüberprüfung nicht in dem Maße Rechnung trägt, wie dies z.B. Fragebögen tun.
  Die soziale Validität sehen wir unter drei Aspekten:

  - Transparenz

    Die Transparenz der Situation wird durch ausführliche Informationen hergestellt. D.h. zu Beginn des AC´s werden alle Übungen mit ihren Zielen und den in ihnen zu beobachtenden Anforderungen vorgestellt. Vor jeder Übung werden die Teilnehmer noch einmal ausführlich über Dauer, Ablauf und Ziele, die die Übung verfolgt, informiert. Die Teilnehmer erfahren auch, wer ihre Beobachter und Partner sind.

    Die Bewertung der Teilnehmer im AC wird dadurch transparent, daß im Anschluß an das AC ein ausführliches Gespräch über die Stärken und Schwächen mit den jeweiligen Kandidaten erfolgt. Die Bewertung erfolgt dabei nicht in Form von Skalierungen, sondern in Form von Verhaltensbeschreibungen. Die Teilnehmer erhalten außerdem die Möglichkeit zur Selbsteinschätzung. Die Erfahrungen zeigen, daß Selbsteinschätzung und Fremdeinschätzung in den meisten Fällen übereinstimmen.

  - Partizipation

    Die Einbeziehung von Führungskräften bei der Entwicklung und Durchführung von AC's ist ein zweiter Aspekt der sozialen Validität. Er findet Berücksichtigung darin, daß die späteren Beobachter bereits an der Entwicklung der Übungen beteiligt werden und dann natürlich an der Durchführung des AC's und an dessen Auswertung.

- Kommunikation

  In der Auswahlsituation sollte miteinander kommuniziert werden, d.h. zum Beispiel bei externen Bewerbern nicht nur Informationen über sie einzuholen, sondern in gleichem Maße die Kandidaten über das Unternehmen zu informieren. Wir meinen, daß diese Offenheit die Fluktuationsrate während der Probezeit reduziert.

Problem 2: Inhaltliche Qualität des AC's

Aufbau der Übungen

Wie schon gesagt, fordern wir, daß alle Übungen nach der gleichen Konstruktionsphilosophie aufgebaut werden; sie simulieren typisch-kritische Situationen der Zielfunktion, d.h. solche Situationen, die immer wieder auftreten und die für den Erfolg in der Funktion von ausschlaggebender Bedeutung sind. Dazu ein Beispiel:

- Abwicklung von Hagel- und Sturm-Schadenfällen

  Ein Abteilungsleiter muß zusammen mit seinen Gruppenleitern solche Situationen in kürzester Zeit in den Griff bekommen, damit der Kunde nicht zu lange auf seine Entschädigung wartet und durch die lange Bearbeitungszeit mit seiner Versicherung unzufrieden wird.

  Den zu Beurteilenden wird eine "real life"-Situation geboten, d.h. es stehen echte Gruppenleiter in Funktion in dieser Übung als Partner zur Verfügung. Das Problem wird so wirklichkeitsnah wie möglich dargestellt. Der Teilnehmer hat etwa eine Stunde zur Lösung zur Verfügung.

Oder es geht um die simulierte Verhandlung zwischen einem "Abteilungsleiter" und Vertretern/Maklern. Dann werden für diese Übung wirkliche Vertreter und Makler herangezogen. Bei der Durchführung von "kritischen

Mitarbeitergesprächen" treten kritikbereite Mitarbeiter aus dem Betrieb als Verhandlungspartner auf. Wir simulieren die Situation so realitätsnah wie möglich.

- Übungstypen

  Wir schlagen vor, verschiedene Übungstypen in ein AC einzubinden. Die häufigsten Übungen sind:

  - Postkorb
  - Präsentation
  - Gruppendiskussion
  - Mitarbeitergespräche in Verhandlungsführung
  - Beratungsgespräche
  - Kritikgespräche
  - Führen einer Mitarbeitergruppe
  - Simulation von vernetztem Denken

  Die Linie sollte in die Entwicklung der Übungen einbezogen werden. Unsere Erfahrung zeigt: Je mehr die angebotenen Übungen die Unternehmenspraxis widerspiegeln, desto mehr Akzeptanz und Erfolg versprechen sie.
  Selbst wenn die Problemstruktur klar ist, sollte die Übung noch einmal von Fachleuten auf Art und Richtigkeit, vor allen Dingen auf Vokabular, Termini und Gepflogenheiten in der Firma, z.B. Sprachgebrauch zwischen den Firmen, geprüft werden. So hat man die größte Sicherheit, daß die Übung sachlich richtig ist und von den Teilnehmern akzeptiert wird.

  Die Übungen müssen Verhaltensbeobachtungen zulassen. Das Ausfüllen eines Persönlichkeitsfragebogens läßt kaum eine Verhaltensbeobachtung zu. Darum entwickeln wir einzelne Übungen, in denen konkretes Verhalten beobachtet werden kann, Einzelübungen oder auch Gruppenübungen.

  Für bestimmte Funktionen sind oftmals sehr unterschiedliche Situationen typisch. Daher sollten nicht, wie es in vielen Unternehmen praktiziert wird, nur Gruppenübungen durchgeführt werden. Das Leben einer Führungskraft besteht nicht nur aus Gruppensituationen, sondern auch aus Zweier- und Einzelsituationen, z.B. bei Präsentationen oder bei der Durchführung von Kundengesprächen.

Weil in den einzelnen Übungen auch Verzerrungen oder Beschränkungen in Bezug auf Realitätsnähe enthalten sind, ist das Methodenmix eine Chance, derartige Fehler "besser in den Griff zu bekommen". Dabei ist es nach unserer Erfahrung richtig, daß jede Übung innerhalb eines AC's speziell auf die Bedürfnisse und die Branche zugeschnitten wird. Nur so erreicht man eine realistische Praxissimulation und erhält für das jeweilige Unternehmen aussagekräftige Beobachtungskriterien.

Problem 3: Die Entwickler, Durchführer, Moderatoren

Die Leitung eines AC's liegt in der Hand eines Psychologen, der diese Tätigkeit hauptberuflich ausübt und fundierte Methoden- und Diagnostikkenntnisse sowie eine Ausbildung in einer Disziplin der Humanistischen Psychologie besitzt.

Er ist zuständig für den Ablauf und die Koordination. Er schult die Beobachter für ihre Aufgaben, steuert und berät sie und weist auf Fehler hin, die beim Beobachten und Notieren gemacht werden können. Er leitet auch die Beobachterkonferenz.

Für die Organisation und Betreuung der Teilnehmer stehen ausgebildete Trainer und Moderatoren zur Verfügung. Sie bereiten die Übungen vor und sorgen für deren reibungslosen Ablauf. Bei einem AC mit 12 Teilnehmern werden 8 Beobachter und bis zu 25 Rollenspieler (sogenannte "Dummies") eingesetzt. Diese vielen Mitwirkenden müssen organisiert werden. Ein spezieller Teilnehmerbetreuer, ebenfalls geschult in einer Methode der Humanistischen Psychologie, ist ausschließlich für die Teilnehmer zuständig und bietet Möglichkeiten für effektive Entspannung und Erholung. Diese Betreuung ist besonders für jüngere Teilnehmer wichtig, die meist unter enormer Anspannung stehen.

Problem 4: Die Qualität der Beobachter

Im Mittelpunkt eines AC's stehen die Teilnehmer. Bei einem Assessment Center zur Personalentwicklung oder zur internen Personalauswahl sind dies hochqualifizierte Kollegen und Mitarbeiter und somit bestes Potential des Unternehmens.

Die Beobachter sollten unterschiedlich alt sein und verschiedenen Geschlechtern angehören. Erfahrene Beobachter sollten mit unerfahrenen zusammenarbeiten, alle sollten im Beobachten und Bewerten geschult sein. Die Schulung der Beobachter sollte mindestens einen Tag dauern. Es muß dabei sichergestellt werden, daß bei den Beobachtern die richtige Einstellung für ihre Aufgabe entsteht, das Bewußtsein für mögliche Fehlerquellen und die Bereitschaft zur Konsensentscheidung in der Beobachterkonferenz.

Kein Beobachter sollte direkter Vorgesetzter eines Teilnehmers sein. Als Beobachter sind Führungskräfte aus dem Linienmanagement gefragt. Das Personalwesen sollte unter den Beobachtern nicht dominieren. Bei der Allianz gehören von den acht Beobachtern sieben der Linie und einer dem Personalwesen an. Es hilft auch sehr, Beobachter dabei zu haben, die selbst ein AC als Teilnehmer erlebt haben. Vertreter des Betriebsrates können ebenfalls hinzugezogen werden. Grundsätzlich gilt es, den Betriebsrat so früh wie möglich einzuschalten, da hier Fragen der Mitbestimmung tangiert werden. Den Beobachtern kommt auch bei der Konstruktion des AC´s eine Hauptrolle zu. Darum ist es wichtig, mit den Beobachtern eine gründliche Analyse der kritischen Situationen, in denen die Probanden in Zukunft tätig sein werden, vorzunehmen: Inwieweit kommen Situationen wie z.B. Hagelschlag-Schadensregulierungen im Alltag tatsächlich vor? In welchem Umfang kann diese Situation simuliert werden? Es darf aber auch kein zu großer Fachbezug in den Übungen sein, damit Fachwissen nicht zu sehr im Vordergrund steht.

In diesem Zusammenhang stellt sich die Frage, wie weit die Fachkompetenz der Beobachter von Bedeutung ist. Wenn ein starker sachlicher Bezug zum

Alltagsgeschäft vorhanden ist und, wenn eine fachkompetente Person als Beobachter fungiert, ist es notwendig, die Übung mit dem Beobachter genau durchzusprechen und ihn daran zu erinnern, daß es nicht in erster Linie auf fachlich einwandfreies Vorgehen ankommt.

Problem 5: Die Vorauswahl der Teilnehmer

Die Auswahl der Teilnehmer ist unter dem Gesichtspunkt der Personalentwicklung und nicht unter dem Motto der "Kopf-ab"-Strategie durchzuführen. So ist es ein schöner Erfolg, wenn sich alle 12 Teilnehmer eines AC's in den sich anschließenden zwei Jahren beruflich weiterentwickeln.

Es muß alles dafür getan werden, daß die Teilnehmer in die Lage versetzt werden, ein AC einigermaßen erfolgreich zu bestehen. Das setzt allerdings voraus, daß z.B. innerbetrieblich ein qualifiziertes Beurteilungssystem vorhanden ist und angewandt wird.

Wenn Verhaltenskomponenten im AC beobachtet werden, ist oft festzustellen, daß Teilnehmer "zusammenbrechen", weil sie während ihrer ganzen Zeit im Unternehmen nie ein negatives Feedback über ihr Verhalten bekommen haben. Das macht deutlich, daß permanente, qualifizierte Feedbackgespräche zwischen Mitarbeiter und Vorgesetztem noch wichtiger sind als ein Beurteilungssystem.

Es gibt eine Vielzahl von Möglichkeiten der Vorbereitung auf das AC. Neben der Teilnahme an verhaltensorientierten Seminaren gibt es Vorbereitungsmaßnahmen in den Abteilungen, z.B. Job-Enlargement, Job-Enrichment, Mitarbeit in Projekten oder in einer Ausbildungsgruppe, Stellvertretung, Referententätigkeit, Großkundenbesuche und Übernahme einer Patenschaft bei der Einarbeitung von neuen Mitarbeitern.

Dabei sind Eigeninteresse und Selbstverantwortung für das eigene Fortkommen unabdingbar. Ein Mitarbeiter der Allianz kann sich jederzeit mit den Regeln und Bedingungen vertraut machen, nach denen Personalentwicklung im Unternehmen erfolgt. Diese Regeln nennen ausdrücklich soziale Kompetenz als eine Grundanforderung für berufliches Fortkommen. Der Mitarbeiter, der nichts für die Entwicklung seiner sozialen Kompetenz tut und nicht von internen oder externen Seminaren Gebrauch macht, trägt selbst die Verantwortung dafür.

Problem 6: Das Ambiente

Uns war es immer wichtig, daß der äußere Rahmen für die Durchführung eines AC's stimmt. Das Seminar wird deshalb grundsätzlich außerhalb der Firma in einem Seminarhotel oder Schulungszentrum mit genügend Räumlichkeiten, einem flexiblen Service und einer "leichten" Küche durchgeführt. Der Veranstaltungsort muß ruhig gelegen sein und auch Möglichkeiten zur Freizeitgestaltung, z.B. Radfahren, Schwimmen, Joggen oder Wandern, bieten. Die Schaffung einer persönlichen Atmosphäre muß möglich und eine komplette Seminarausstattung vorhanden sein.

Gute Bedingungen bieten oft einfache Häuser, in denen die AC-Teilnehmer die einzigen Gäste sind. Das fördert den Zusammenhalt der Gruppe.

Problem 7: Der Beobachtungs- und Auswertungsvorgang

Alle Übungen eines AC's müssen so gestaltet sein, daß das Verhaltensspektrum, das später in der Praxis relevant wird, auch in den Übungen beobachtbar ist. Die Wahrnehmungen müssen von den Anforderungskriterien geleitet werden.

Wahrnehmung und Bewertung müssen in der Beobachtungsphase strikt getrennt werden. Das ist zwar das größte Problem für die Beobachter, aber diese Trennung zu üben, ist gleichzeitig auch das beste Verhaltenstraining, das man ihnen anbieten kann. Das Trennen von Wahrnehmen und Bewerten ist deshalb so schwer, weil der Mensch nicht neutral, nicht objektiv wahrnehmen kann. Die Wahrnehmung ist immer selektiv und unterliegt verschiedenen Einflüssen.

Jeder Teilnehmer wird in jeder Übung beobachtet. Jeder Beobachter sieht jeden Teilnehmer in mindestens einer Übung. Die Protokollierung der Beobachtungen findet während der Übungen chronologisch statt. Es wird mit Beoachtungsblättern, die wenig Kriterien aufweisen, gearbeitet. Im Anschluß an die Übungen erhält der Beobachter Zeit, seine Protokolle zu ergänzen und die Beobachtungen den Anforderungskategorien zuzuordnen.

Vor Ablauf der Übungen sollte möglichst kein Austausch zwischen den Beobachtern stattfinden. Erst am Schluß, in der Beobachterkonferenz, werden alle Informationen zusammengetragen, bewertet und zu einem Gesamturteil verdichtet.

Das Ziel ist ein Konsensurteil, das eine Einigung der Beobachter über die Kandidaten voraussetzt. Die Beobachter sind gezwungen, bei abweichenden Meinungen diese anhand von protokollierten Beobachtungen zu begründen. Beobachtungen, die außerhalb der Übungen gemacht wurden, dürfen in die Beobachterkonferenz nicht einfließen, weil sie nicht "zur Sache" gehören.

Problem 8: Die Nachsorge

Für die Akzeptanz ist ein zusammenfassendes Feedbackgespräch im Anschluß an das AC besonders wichtig. Eigentlich sollte diese Aufgabe dem fachlichen Vorgesetzten zufallen, denn es ist ein Problem, wenn man in die Fürsorgepflicht der Vorgesetzten eingreift und vielleicht damit provoziert, daß sich der Vorgesetzte von der Pflicht der Feedbackgespräche frei macht.

Ein Unternehmen wie Henkel bezieht beispielsweise bei den Feedbackgesprächen die Beobachter ganz stark mit ein. Die Beobachter sollen dabei auch lernen, ein umfassendes Feedbackgespräch zu führen.

In der Allianz Versicherungs-AG gibt es zusätzlich zum Gespräch zwischen dem Kandidaten und einem Beobachter im Anschluß an das AC noch ein gemeinsames Gespräch mit dem Vorgesetzten des Teilnehmers.

In der Beobachterkonferenz werden die Maßnahmen für den einzelnen Kandidaten und ein Entwicklungskonzept gemeinsam erarbeitet. Man stellt fest, wo seine Stärken und Schwächen liegen und gibt, falls gewünscht, Empfehlungen, wie die Schwächen bearbeitet werden können. Die Maßnahmen werden in der Beobachterkonferenz per Konsens verabschiedet und anschließend mit dem Kandidaten diskutiert.

Bei Henkel wird es so gehandhabt, daß die Kandidaten auf ihre Stärken und Schwächen hingewiesen werden, die Beseitigung von Schwächen aber in der Hand der Kandidaten liegt. Möglichkeiten dafür bietet das Unternehmen allerdings an. Dahinter steht die Philosophie, der Kandidat sollte seinen Entwicklungsprozeß eigenverantwortlich planen. Ansonsten besteht die Gefahr, daß, je stärker das Unternehmen an der Erstellung eines Ausbildungsplans beteiligt ist, der Mitarbeiter die Verantwortung für sein Fortkommen, seine Entwicklung wieder an das Unternehmen zurückgibt.

Problem 9: Der direkte Vorgesetzte

Der Vorgesetzte des Kandidaten hat die Aufgabe, Coach seiner Mitarbeiter zu sein und ist damit der Personalentwickler vor Ort.

Mitarbeiterförderung ist zentraler Teil der Beurteilung von Führungskräften. Ein Kriterium für diese Beurteilung ist die Frage nach der Anzahl der von ihm in den letzten Jahren geförderten Mitarbeiter. Der Vorgesetzte muß entwicklungsfähige Mitarbeiter in seinem Bereich fördern, beraten und diese begründet für abteilungsübergreifende Förderungsmaßnahmen vorschlagen. Er sollte damit im eigenen Bereich anfangen.

Die Reife der Mitarbeiter für eine Förderung muß richtig eingeschätzt werden. Dies ist ein wichtiger und gleichzeitig sehr heikler Punkt, damit es nicht dazu kommt, daß die eigenen guten Leute frühzeitig im AC "verheizt" werden: Es sind zwar Wiederholungen von Teilnahmen am Assessment Center zugelassen, aber trotzdem bleibt am Kandidaten ein Makel haften.

Die Verantwortung für den Mitarbeiter zwingt den Vorgesetzten manchmal auch, diesen in seinem Wunsch nach Fortkommen zu bremsen.

Die Entsendung eines Mitarbeiters zu einem AC stimmt der Vorgesetzte mit der Personalabteilung und dem Mitarbeiter selbst ab. Im Anschluß an ein AC ist es die Pflicht des Vorgesetzten, mit dem Mitarbeiter und einem ausgewählten Beobachter die Ergebnisse zu besprechen und die vorgeschlagenen Maßnahmen in Absprache mit dem Mitarbeiter und der Personalabteilung umzusetzen. Die Umsetzung kann eventuell mit dem neuen Vorgesetzten in Patenschaft überwacht werden. Die indirekte Fürsorgepflicht des ehemaligen Vorgesetzten bleibt dadurch bestehen.

Weitere kritische Punkte

AC's fallen unter das Beratungs- und Mitbestimmungsrecht des Betriebsrates. Deshalb ist es von Vorteil, den Betriebsrat frühzeitig in die Entwicklung und anschließend in die Durchführung des AC's als zusätzlichen Beobachter miteinzubeziehen.

Zu beachten sind dabei § 96 Betr.VG (Beratungsrecht bezüglich der Förderung von Arbeitnehmern) und § 98 Betr.VG (Mitbestimmungsrecht bei der Durchführung von betrieblichen Bildungsmaßnahmen).

Häufig wird von den Teilnehmern eines AC's die Frage nach der Erfassung von Ergebnissen in der Personalakte gestellt. Bei der Allianz Versicherungs-AG wird maximal das den Teilnehmern bekannte Gutachten beigefügt. Es hat aber nur eine zeitlich begrenzte Gültigkeit. Alle übrigen Unterlagen bleiben verschlossen beim verantwortlichen Personalentwickler. Von einer elektronischen Speicherung der Daten raten wir aufgrund der § 87.1.6.Btr.VG-Problematik ab.

In vielen Unternehmen existieren unbemerkte Ressourcen an entwicklungsfähigen Mitarbeitern. Dieses zum Teil erhebliche Potential gilt es gezielt aufzuspüren und individuell entsprechend der vorhandenen Stärken zu fördern. Dazu leistet das Assessment Center als Instrument der Personalentwicklung einen nachweisbaren Beitrag.

Letztlich gilt in jeder Organisation: Größe kommt zu Größe. Qualität zu Qualität. Qualitative Personalarbeit verlangt nach qualifizierten Methoden. Das derzeitig einzige Verfahren, das dieser Maxime gerecht wird, ist das Assessment Center.

Literaturhinweise

ARBEITSKREIS ASSESSMENT CENTER in:
Dokumentation zum zweiten AC-Kongreß 1984, Windmühle GmbH 1984

MAIER, W. in:
Die Praxis der Berufseignungsdiagnostik in der Erfahrung jugendlicher Auszubildender, Zeitschrift für Arbeits- und Organisationspsychologie 2/87, S. 78-79.

GOTTSCHALL, D.:
Schrapnell im Wald, in: Karriere + Wissen 6/88.

SCHULER, H., FUNKE, U.:
Tests sollen keine Tortur sein, in: Psychologie Heute 9/87.

SCHULER, H., FUNKE, U.:
Vortrag zur Berufseignungsdiagnostik, Fassung 1/88.

SCHULER, H.:
Vortrag zur Leistungsbeurteilung, Fassung 1/88.

SCHULER, H., FRUHNER, R.:
Vortrag zu bewerbungseignungsdiagnostischen Verfahren zur Personalauswahl von potentiellen Stellenbewerbern, Fassung 3/87

SCHULER, H., STEHLE, W.:
Assessment Center als Methode der Personalentwicklung, in: Beiträge zur Organisationspsychologie Band 3, Verlag für angewandte Psychologie Stuttgart 1987.

SCHULER, H., STEHLE, W.:
Neuere Entwicklungen des Assessment Center-Ansatzes beurteilt unter dem Aspekt der sozialen Validität, in: Psychologie und Praxis 1/83.

JOCHMANN, W.:
Keine Garantie, aber größere Sicherheit bei personellen Fehlentscheidungen, in: Karriere 12/87.

DERSCHKA, P.:
Die Beurteilung von Mitarbeitern in Freihandstil, in: Kongreß & Seminar 9/82.

GOTTSCHALL, D.:
Auslese von Führungskräften, in: Management Wissen 11/86.

JESERICH, W.:
Mitarbeiter auswählen und fördern - Assessment Center-Verfahren, Hanser Verlag München Wien 1981.

LEITER, R.:
Der Weiterbildungsbedarf im Unternehmen, Methoden der Ermittlung, Hanser Verlag München Wien 1982

Beobachtungs-und Beurteilungsprozesse im Assessment Center

Rainer Neubauer, Dieter Volkmann

Einige Vorbemerkungen zum Problemfeld

Diskutiert man Beobachtungs- und Beurteilungsprozesse im Assessment Center, so stellt zumindest der praxiserfahrene AC-Anwender bald fest, daß konkretere Fragestellungen nur auf dem unmittelbaren Hintergrund einer spezifischen AC-Anwendung sinnvoll besprochen und geklärt werden können. Das heißt, daß die hinter dem Begriff "AC" und dem prinzipiellen Methodengerüst Assessment Center-Technik oft vermutete Einheitlichkeit des Vorgehens eine Illusion ist. Diese Behauptung trifft im übrigen nicht nur auf solche Verfahren zu, die fälschlicherweise unter dem Begriff "AC" auf einer Modewelle segeln, sondern auch für die Anwendungen, die sich an den methodischen Rahmen halten (mehrere Beobachter, mehrere anforderungsorientierte Situationen, verhaltensorientierte Beobachtung etc.).

Rainer Neubauer geht im ersten Teil dieses Beitrages auf Sichtweisen und empirische Ergebnisse zur Beobachtungs- und Beurteilungsthematik ein, die sich aus der Erfahrung mit vielen verschiedenen AC's ergeben, und versucht hieraus allgemeine Hinweise und Vorschläge für den Praktiker abzuleiten.

Dieter Volkmann stellt das konkrete Vorgehen bei der Allianz vor. Wir möchten jedoch darauf hinweisen, daß sich die Vorzüge dieses Vorgehens bei der Allianz nur einstellen können, wenn man auch der dort gewählten Konstruktionsform folgt. Volkmann muß deshalb auch Teile der Gesamtphilosophie, der Anforderungs- und Übungskonstruktion schildern, ohne die dieser Ablauf von Beobachtungs- und Beurteilungsprozessen nur schwer herstellbar ist.

A. Probleme der Beobachtungs- und Beurteilungsprozesse im Assessment Center - nur im Assessment Center?

Es gibt wahrscheinlich kein Instrument, in dem Ablauf und Wirkung von Beobachtungs- und Beurteilungsprozessen so gut studierbar wären, wie in praxisüblichen AC´s. Wir behaupten damit nicht, daß das AC die besten Eignungsprognosen, die "wahrsten" Einblicke in die Betrachteten liefert, sondern lediglich, daß es den besten Einblick in den Ablauf von Beobachtungs- und Beurteilungsprozessen im normalen Alltag gestattet. Wie läßt sich diese Behauptung begründen?

- Im Alltag tätige Führungskräfte beurteilen auch im AC. Ihre Alltagstheorien werden hier umgesetzt.

- Sie sehen Personen in verschiedenen, nicht allzu alltagsfernen Situationen und machen sich ein Bild von mehr oder weniger geeignetem Verhalten auf ihrer eigenen, subjektiven Urteilsbasis.

- Sie urteilen auf Beurteilungsdimensionen, die zum Teil in ihren Eignungstheorien eine Rolle spielen, die aber auch für sie selbst zum Teil unverständlich, irrelevant oder weniger wichtig sein können.

- Sie entscheiden, welche Situationen, Verhaltensbeobachtungen ihnen relevante und welche vernachlässigbare Informationen liefern.

- Sie tun dies in einem methodischen Rahmen (im Unterschied zum Alltag), der ihre Urteilsbildung zumindest zum Teil nachvollziehbar macht.

- Die AC-Teilnehmer lassen ihre Theorien darüber wirksam werden, welche Situationen, Merkmale und Verhaltensweisen die Beobachter zu einem für sie günstigen Urteil bringen könnten.

Kurz gesagt ist ein AC von allen künstlich hergestellten Versuchsanordnungen zur Erforschung von Beobachtungs- und Beurteilungsprozessen eine der natürlichsten. Kritiker der Assessment Center-Technik allerdings halten die Betrachtung von AC's als Erkenntnisquelle zu Beobachtungs- und Beurteilungsprozessen für weitgehend überflüssig, denn sie haben den Hauptfeind dieser Prozesse längst eindeutig identifiziert: Der Mensch als solcher ist ein subjektiver Wirklichkeitsverschmutzer!

Das subjektiv schmutzende Subjekt muß entweder als Urteiler aus dem Verkehr gezogen werden (statt dessen wissenschaftliche, objektive Tests) oder zu einem objektiv Erkennenden umerzogen werden (Anstalt hierfür wäre das Beobachtertraining).

Das Bild vom subjektiven Wirklichkeitsverschmutzer teile ich, nicht jedoch die Vorstellung von der Wirklichkeit, die anhand der Konsequenzen deutlich wird. Um die Probleme im Rahmen der Beobachtungs- und Beurteilungsprozesse beschreiben und bearbeiten zu können, muß man sich zunächst mit der Wirklichkeitsvorstellung befassen, die man der Eignungsfrage zugrunde legen möchte. Diese Wirklichkeitsvorstellung erweist sich dann als die grundlegende Weiche, an der sich entscheidet, welche Funktion ein AC haben soll und welche Eingriffe und Strukturierungen in den Beobachtungs- und Beurteilungsprozeß entsprechend sinnvoll sind.

- Wie wirklich ist die Wirklichkeit?

  Diese bei Watzlawick (1976) entlehnte Grundfrage erlaubt uns die Abklärung einiger grundsätzlicher Positionen.

  Das traditionelle Bild von der Wirklichkeit sieht, etwas salopp formuliert, so aus, daß es jenseits subjektiver Verzerrungen eine objektive, "wahre" Wirklichkeit gibt, in der die "wahren" Ursache-Wirkungs-Zyklen ablaufen, anhand derer sich die Wirklichkeit weiterentwickelt. Gelingt es, subjektive Wahrnehmungsverzerrungen auszuschalten, kommt man an die eigentlich gültige Wahrheit der Wirklichkeit heran. Mit dieser Wirklichkeitssicht arbeiten die Naturwissenschaften seit langem sehr erfolgreich und an diesem Erfolg ändern auch Entdeckungen wenig, die den Einfluß des Betrachters auf naturwissenschaftliche Ergebnisse dokumentieren. Meines Erachtens liegt der Erkenntnisfortschritt in der Naturwissenschaft jedoch vor allem darin begründet, daß die Naturwissenschaften eher selten Wirklichkeiten als unzulässig definieren und ihre Hypothesen als eigentlich richtig einschätzen, wenn ihre Hypothesen experimentell widerlegt werden.

Es lag nahe, das naturwissenschaftliche Bild von der objektiven Wirklichkeit auch auf andere Wissenschaften (und solche, die es werden wollen) zu übertragen. Bei dieser Übertragung nun passierten entscheidende Fehler. Aus der beobachtbaren Tatsache, daß wissenschaftliche Beobachter sich experimentell nachweisbar irren können, wurde die Schlußfolgerung abgeleitet, daß auch das subjektiv beeinflußte menschliche Handeln nichts mit der wirklichen Wirklichkeit zu tun hat. Um diese Aussage etwas aus ihrem abstrakten Reich zu holen, wollen wir sie auf konkrete Bezüge im AC übersetzen.

Die einfache (meiner Meinung nach fehlerhafte) Übertragung naturwissenschaftlicher Prinzipien in ein AC äußert sich in Bekenntnissen wie:

- Es gibt eine objektive Eignung, die jenseits subjektiver Verzerrungen liegt.

- Diese objektive Eignung ist mit Hilfe naturwissenschaftlicher, objektiver Verfahren meßbar.

- Der objektiven Eignung ist man dann am nächsten, wenn viele Beobachter mit den gleichen Meßinstrumenten zu gleichen Beschreibungen und Urteilen kommen.

Seit fast 100 Jahren quält sich nun die Eignungsdiagnostik mit diesem Glaubensbekenntnis herum und findet auch unter den Laien starke

Befürworter für ihre Grundeinstellung, weil sie zunächst einmal verspricht, daß mit ihr Irrtum, Bösartigkeit und Ungerechtigkeit gegenüber Beurteilten vermeidbar seien. Ethisch gesehen stehe auch ich voll hinter der in der Objektivitätsthese stehenden Sehnsucht nach mehr Wahrheitsliebe und Gerechtigkeitssinn.

Leider war die Jagd nach dem Phantom der eigentlichen Eignung jenseits subjektiver Verzerrungen erfolglos. Die mit Eignungsprognosen erzielbaren Validitäten werden umso marginaler, je "objektiver" die eingesetzten Verfahren sind. Versuche, die Subjektivität menschlicher Beobachter zugunsten einer objektiven Betrachtungsweise auszuschalten, scheitern umso kläglicher, je exakter, genauer und stabiler die eingesetzte Methodik ist.

Anstatt angesichts dieses permanenten Mißerfolgs die zugrundeliegende Wirklichkeitsauffassung kritisch zu hinterfragen (was jeder Naturwissenschaftler übrigens getan hätte), wurde die Notwendigkeit der Erhebung "objektiver Eignung" immer weiter in den Vordergrund gestellt. Gleichzeitig brauchte man eine Ursache für den Mißerfolg der Objektivitätsbemühungen. Man fand sie im "subjektiven Beurteiler", dessen "Fehler" man in Bergen wissenschaftlicher Literatur analysierte und brandmarkte.

Worin könnte nun der Fehler in der Übertragung naturwissenschaftlicher Prinzipien auf unser Feld liegen?

Der Wirklichkeitsbereich, den wir betrachten müssen, hat als wesentliches Einflußelement seiner Entstehung und Weiterentwicklung individuelle Subjektivitäten und deren Interaktionen als naturwissenschaftlich nachweisbare Elemente. Zu deutsch: Der Wirklichkeit in unserem Feld ist es weitgehend egal, ob sie sich "nur" aus subjektivem Irrtum heraus oder "objektiv richtig" so entwickelt, wie wir sie beobachten können. Die Wirklichkeit, mit der wir es zu tun haben, läßt sich also nicht zerteilen in eine eigentliche, wahre und eine irrige, subjektive.

Dazu ein konkretes Beispiel:

> Ein Bewerber wird nach einem Bewerbergespräch von einer Führungskraft abgelehnt. In den Unterlagen steht, daß der junge Mann an mangelnder Interessenbreite, schwacher Kontaktfähigkeit und ähnlichem leidet. Die Führungskraft erschloß dies aus dem Umstand, daß der junge Mann den Tabellenstand des FC Bayern München nicht kannte, Türk Gücü in einem türkischen Lokal gegessen haben wollte und Morlock für eine Gestalt aus der Weltliteratur hielt; nach freundlicher Ablehnung, sich das firmeneigene Sportgelände anzusehen, war das Bild bei der Führungskraft für eine Ablehnung hinreichend stabil.

Die erfolgte Ablehnung des jungen Mannes gehört eindeutig in die Wirklichkeit, um die es uns geht. Ebenso gehört die individuelle Sichtweise, die zu dieser Ablehnung führte, eindeutig in unsere Wirklichkeit; sie hat sie wesentlich beeinflußt. Die Vermutung, daß die Führungskraft nur Fußball im Kopf hat und daran "ungerechterweise" ihre Eignungsbeurteilung knüpft, ändert an diesem Verlauf der Wirklichkeit zum jetzigen Zeitpunkt absolut nichts. Nun können Sie einwenden, eine Auswahl mit objektiven Verfahren hätte ein anderes Ergebnis erbracht. Das mag stimmen (wir wissen nichts über den jungen Mann). Wir können uns aber eine Weiterentwicklung der Wirklichkeit vorstellen. Der eingestellte Bewerber wird der Fußball-Führungskraft unterstellt. Jetzt ist die Führungskraft nach dem klassischen Eignungsparadigma auf der Kriteriumsseite. Sie sagt also nicht mehr voraus, sondern validiert unsere Auswahl. Dabei muß sie feststellen, daß wir gänzlich uninteressierte, kontaktarme Leute einstellen. (Unter Umständen fragt sie uns gänzlich zu Recht, wie jemand Restaurantausstattungen an Vereine verkaufen soll, wenn er mit der dort vorherrschenden Interessenwelt so gar nichts anfangen kann.) In die uns interessierende Wirklichkeit gehört nach meiner Meinung auch, wie das subjektive Bild der Führungskraft mit dem subjektiven Bild des Neulings interagieren wird. Welche Verhaltensweisen auf beiden Seiten werden verstärkt, welche werden verschwinden; d.h. welche Form von eignungsrelevantem Verhalten wird sich entwickeln in der Interaktion zweier subjektiver Wahrnehmungen.

Unsere Grundthese lautet also: Die objektive Wirklichkeit, mit der wir es zu tun haben, entsteht auch aus dem Zusammenspiel aller beteiligter subjektiver Sichtweisen. Diese Sichtweisen sind wirksam, egal ob wir das für "objektiv", "effizient", "gerecht" und "wahr" halten. Hätten wir das Problem der Subjektivität nur auf der Vorhersageseite (z.B. subjektive Urteile im AC), so wäre der traditionelle Weg zu mehr Objektivität eventuell gangbar. Da jedoch die von uns zu betrachtende Wirklichkeit insgesamt von Subjektivitäten als Einflußgrößen durchzogen ist, können wir das Problem nicht durch mehr Objektivität in der Diagnostik ausschalten; der traditionelle Weg muß also scheitern, da er wesentliche Einflußfaktoren außer acht läßt oder als "irreal" betrachtet.

Ich versuche, die Effekte impliziter Eignungstheorien im AC anhand dreier Theoriegruppen (Entwicklungstheorien, Beobachtertheorien und Teilnehmertheorien) darzustellen, indem ich AC-Daten als Spiegel des realen Beobachtungs- und Beurteilungsgeschehens interpretiere. Bei diesem Versuch sollte der Nachweis gelingen, daß die Sehnsucht nach Objektivität nichts anderes als eine der so gefürchteten Subjektivitäten ist, mit der Personen an die Beobachtungsprozesse herangehen.

- Das Urdilemma der Beobachtung und Beurteilung

In Bild 1 wird das Urdilemma dargestellt, das aus dem berechtigten Wunsch entstand, nachweisbare Wahrnehmungsverzerrungen, Vorurteile und schnelle Urteile "aus dem Bauch heraus" zu reduzieren.

Gegenübergestellt werden die früher üblichen wertenden Globalaussagen mit den beliebter werdenden objektiveren Vorgehensweisen, die allzu oft in ausgefeilte Zahlensysteme münden. Sucht man einen Ausweg aus dem in Abb. 1 dargestellten Dilemma, so sollte einem zunächst klar sein, daß die im AC wirkenden Theorien durchaus verschiedene Hintergründe und Zielrichtungen haben. In Abb. 2 wird versucht, einige der möglichen Hintergründe dieser Theorieunterschiede zwischen

Wertende Globalaussagen	Pseudogenaue Zahlenakrobatik
Keine aussagefähige Teilnehmerbeschreibung	Zahlen täuschen Exaktheit vor
Ganz offen für Vorurteile	System dominiert Beobachtererfahrungen
Beobachter sind unreflektierte Täter	Beobachter sind Vollzugsgehilfen
Kein direkter Austausch von Kennzeichen des AC-Teilnehmers, sondern von abstrakten Bewertungen	Kein direkter Austausch von Kennzeichen des AC-Teilnehmers, sondern von abstrakten Zahlen
Verlust der realen Beobachtungen	Verlust der realen Beobachtungen

Abb. 1: Beobachtungs- und Beurteilungsprozesse im AC

AC-Entwicklern, Beobachtern und Teilnehmern aufzuzeigen. Die Beurteilungsergebnisse entstammen dem Zusammenspiel aller drei Theoriearten. In dieses Zusammenspiel läßt sich allerdings nur dann mehr Klarheit bringen, wenn man zunächst anhand empirischer Ergebnisse abzuklären sucht, wie der Beobachtungs- und Beurteilungsprozeß im AC abläuft.

Konstrukteure	Beobachter	Teilnehmer
Sehnsüchte nach trennscharfen Merkmalen und Urteilen	Sehnsucht nach garantiert richtigen Entscheidungen	Nur nicht negativ auffallen
Sehnsucht nach Gerechtigkeit und Objektivität	Angst vor Schauspielern unter Teilnehmern	Hochrechnung über wirkliche Anforderungen
Überzeugung, daß Beobachter subjektiv und vorurteilsgeladen sind	Überzeugung, daß von mehreren Sichtweisen nur eine richtig ist	Hochrechnung über Erfolgsstrategien
Überzeugung, AC darf nichts kosten	Überzeugung, daß gleiches Urteil gleiche Sicht heißt	
Der Beobachtungs- und Beurteilungsprozeß unterliegt dem Zusammenspiel aller Beteiligten.		

Abb. 2: Drei Größen, die direkt auf das Beurteilungsgeschehen wirken

- Einige Fakten zu Beurteilungsergebnissen

In den Vorstellungen der AC-Entwickler sollen Anforderungsmerkmale in verschiedenen Situationen (Übungen) von verschiedenen Beobachtern beurteilt werden. Im Vordergrund dieses Ablaufes steht also das Merkmal. Es wird gedacht als ein stabiles Verhaltenskennzeichen der Person und gleichzeitig als eine Anforderung, die in gleicher Weise in verschiedenen Situationen wirksam wird. Bei diesem Merkmalsverständnis ist es nur natürlich zu erwarten, daß in den Beurteilungen eines Merkmals über verschiedene Übungen hinweg relativ hohe Zusammenhänge auftreten müssen. Im Gegensatz dazu soll eine Situation verschiedene, voneinander unabhängige Merkmale erfassen. Innerhalb einer Übung sollten zwischen den verschiedenen Merkmalsbeurteilungen keine besonders hohen Zusammenhänge auftreten.
Tabelle 1 stellt nun die Zusammenhänge dar, wie sie sich empirisch zeigen. Die Zusammenhänge (Interkorrelationen) sind in aller Regel zwischen den verschiedenen Merkmalen einer Übung wesentlich höher als zwischen den Beurteilungen eines Merkmales in verschiedenen Übungen.

Interkorrelation zwischen verschiedenen Merkmalen innerhalb einer Übung	
Postkorb	0.46 - 0.79
Diskussion	0.38 - 0.77
Fall	0.52 - 0.80
Interview	0.58 - 0.74
Interkorrelation zwischen gleichen Merkmalen in verschiedenen Übungen	
Eigeninitiative	0.10 - 0.27
Selbstbewußtsein	0.14 - 0.52
Kooperation	0.20
Entscheidungsfreude	0.14
Konstrukteure wollen Merkmalszusammenhänge als Urteilsgrundlage. Beobachter beurteilen Verhalten in einer Übung als Ganzheit.	

Tabelle 1: Ähnlichkeiten zwischen Urteilen werden von Übungen gestiftet

Dieses Ergebnis besagt nach unserer Interpretation folgendes:

- Die Beobachter beurteilen das Verhalten in einer Übung ganzheitlich.

- Die einzelnen Merkmale spielen innerhalb der Übung eine untergeordnete Rolle.

- Auf keinen Fall ergibt sich für die Beobachter ein übergeordneter, von der Aufgabensituation unabhängiger Sinn eines Beurteilungsmerkmals.

Diese Ergebnisse sind in jedem AC zu finden. Leider wird der Tatbestand aber meist verschwiegen, als sei er ein Verstoß gegen die guten Sitten. In der Fachsprache hat man dafür den Begriff "Methodenfehler" geprägt (d.h. die Meßmethode dominiert das eigentlich zu Messende).

Wertet man das Ergebnis jedoch auf dem Hintergrund der Wirklichkeit, so erscheint es höchst sinnvoll. Da Verhalten Mittelcharakter hat, ist es meist nicht von sich aus (situationsunabhängig) gut oder schlecht. Verlangt z.B. die Situation sorgfältiges Analysieren, ist das Verhalten "schnelles Entscheiden" vor der Analyse ineffizient. Verlangt die Situation rasches Festlegen auf einige Hypothesen, so ist "gründliches Analysieren" nicht unbedingt der Weg zur effizienten Problemlösung etc.
Die Forderung nach anforderungsbezogener Eignungsbeurteilung verlangt von uns geradezu die Berücksichtigung der jeweiligen Tätigkeitssituation. Deshalb ist in diesem "Methodenfehler-Ergebnis" kein Methodenfehler zu entdecken. Der Methodenfehler liegt meines Erachtens auf der Seite derer, die diese Fehlerart erfunden haben.

Für die Konstruktion von AC's hat dieses Ergebnis allerdings ziemlich weitreichende Konsequenzen. Die Übungsentwicklung ist für die Beurteilungsergebnisse mindestens genauso entscheidend, wie die

Definition und Skalierung der Merkmale, denn die Übung stellt den Beobachtungsrahmen dar, den der Beobachter ganzheitlich in den Vordergrund stellt.

Damit kommen wir zu einer zweiten Betrachtung von AC-Ergebnissen. Es stellt sich die Frage, welche Übungen welchen Einfluß auf das Gesamtergebnis im AC haben. Tabelle 2 weist Zusammenhänge zwischen den Ergebnissen in Einzelübungen und dem Gesamtergebnis her. Dabei wird speziell zwischen mündlichen und schriftlichen Übungen unterschieden. Theoretisch sollte der Einfluß beider Übungsarten auf das Endergebnis vergleichbar groß sein. De facto zeigt sich jedoch, daß die Beobachter Ergebnisse mündlicher Übungen deutlich stärker für ihre Endbeurteilung gewichten als schriftliche Übungen.

Zusammenhang Übungen - Gesamtergebnis	
Ergebnis 1. AC (ca. 130 Personen) mündliche Übungen: 0.68 - 0.79 schriftliche Übungen: 0.37 - 0.52	Ergebnis 3. AC (ca. 85 Personen) mündliche Übungen: 0.32 - 0.63 schriftliche Übungen: 0.32 - 0.50
Ergebnis 2. AC (ca. 400 Personen) mündliche Übungen: 0.50 - 0.65 schriftliche Übungen: 0.24 - 0.42	Ergebnis 4. AC (ca. 45 Personen) mündliche Übungen: 0.36 - 0.61 schriftliche Übungen: 0.22 - 0.45
Die Konstrukteure wollen ungefähr gleichen Einfluß aller Übungen auf das Gesamtergebnis. Die Beobachter gewichten mündliche Übungen höher. Deshalb wirken mündliche Übungen stärker auf des Endergebnis als schriftliche. Viele AC´s haben zu viele mündliche Übungen.	
Gefahr: Selektion zugunsten aktiver Verbalkünstler	

Tabelle 2: Zusammenhänge zwischen den Ergebnissen in Einzelübungen und dem Gesamtergebnis angegeben in Korrelationskoeffizienten

Auch dieses Ergebnis kann man wieder den "unfähigen" Beobachtern zur Last legen, die die eigentliche Wichtigkeit von Anforderungssituationen falsch einstufen. Wir wollen zunächst jedoch als Fakt vorschlagen:

- Beobachter werden durch Eindrücke aus mündlichen Übungen stärker beeinflußt als von schriftlichen.

Auch dieses Ergebnis hat Konsequenzen für die AC-Konstruktion. Wenn man auch Urteile aus schriftlichen Anforderungssituationen wirksam werden lassen will, so sollte man den Anteil mündlicher Übungen drastisch reduzieren. Jeder Praktiker kennt die Neigung aus beobachtungs-ökonomischen Gründen, viele Gruppendiskussionen einzusetzen. Hier kann man mit einer Situation in relativ kurzer Zeit viele Personen beobachten. Auf dem Hintergrund der Ergebnisse aus Tabelle 2 kann man jedoch folgern, daß mit solchen Strategien insbesondere sozial aktive, verbal geschickte Teilnehmer besonders gut abschneiden.

Was zunächst wie eine Unfähigkeit der Beobachter aussieht, kann auch noch anders interpretiert werden. Versteht man ein AC als ein der Anforderungswirklichkeit nachgebildetes "Beurteilungslabor", so kann man nach diesen Ergebnissen davon ausgehen, daß auch in der wirklichen Wirklichkeit der Anwenderorganisation Urteile mehr in direkter mündlicher Interaktion gefestigt werden. Durch Verobjektivierung des diagnostischen Prozesses ist diese Wirklichkeit nicht außer Kraft zu setzen. Man kann sie auf diesem Wege bestenfalls als unzulässig ausblenden. Damit eröffnet man jedoch paradoxerweise dieser Art von Eindrucksbildung Tür und Tor, da man sie in der Anforderungswirklichkeit vollkommen unbehelligt weiterwalten läßt.

Will man dagegen die Anforderungswirklichkeit verändern, so scheint es notwendig, diejenigen, die diese Wirklichkeit machen, einzubeziehen. Ein solches Vorhaben setzt jedoch voraus, daß man bereit ist, die Ansichten und Erfahrungen der Beteiligten ernst zu nehmen. Mir erscheint für ein solches Vorhaben schon die Anforderungsanalyse der geeignete Zeitpunkt zu sein. Im Thema "Anforderungsanalyse" des vorliegenden Bandes behandle ich eine Analysetechnik, die die Einbeziehung der Beteiligten als oberste Maxime hat (REP- oder QED-Technik).

Es gibt viele Untersuchungen, in denen die mangelnde Übereinstimmung der Beobachter im AC beklagt wird. Leider bleiben diese Untersuchungen meist bei der "Fehlerhaftigkeit" dieses Befundes stehen und schlagen sofort Zwangsmaßnahmen zur Erhöhung der Übereinstimmung vor (Beobachtertraining, objektivere Skalen, exaktere Quantifizierungen, statistische Urteilsfindung statt Konsensurteil etc.). Daß solche Zwangsmaßnahmen stets scheitern, hat einen ganz banalen Hintergrund. In Tabelle 3 haben wir mit Hilfe von QED-Analysen die Eignungstheorien einiger Beobachter untersucht.

Schwerpunkte individueller Beobachtertheorien								
	Beobachter							
Merkmal	1	2	3	4	5	6	7	8
Zielorientierung, Ehrgeiz	14	8	11	0	0	19	14	18
Engagement	5	0	8	3	16	14	28	6
Verantwortungsbereitschaft	5	6	0	6	4	3	6	6
Offenheit für Neues, Interessiertheit	0	8	8	0	12	6	3	6
Fachwissen Breite	8	11	11	6	12	8	0	6
Delegation, Kontrolle	19	3	8	3	0	14	3	0
Zivilcourage, eigene Meinung	5	22	25	8	0	3	11	6
Problemanalyse	3	19	6	11	0	11	0	3
Entscheiden	5	8	6	8	4	8	0	9
Berechenbarkeit, Zuverlässigkeit	14	11	14	8	8	6	6	12

Tabelle 3: Eignungstheorien von Beobachtern nach der QED-Analyse untersucht

Die Tabelle 3 zeigt, daß die 10 verschiedenen Merkmale bei den einzelnen Beobachtern sehr unterschiedlich stark repräsentiert sind. Beobachter 1 beobachtet z.B. vor allem Verhaltenshinweise aus den Merkmalsbereichen 1,5,6 und 10. Beobachter 7 stützt seine Einstufung vor allem auf die Merkmale 1,2 und 7. Daraus ersehen wir:

- Jeder Beobachter kommt mit einer individuellen Eignungstheorie ins AC.

Tabelle 3 zeigt auch, daß die 8 Beobachter zusammen den gesamten Merkmalssatz recht gut abdecken. Sie tun dies aber nur dann, wenn man sie nicht auf einheitliches Beobachtungs- und Beurteilungsverhalten trimmt, sondern sie als Experten für verschiedene Verhaltensreale betrachtet:

- In der Vielfalt der verschiedenen Beobachtertheorien liegt eine bisher systematisch vergebene Chance umfassenderer Teilnehmerbeobachtung und -beurteilung.

- Einige Gedanken zum Umgang mit Informationsvielfalt im AC

Geht man davon aus, daß der Beobachter nicht nur aus Irrtümern, Bösartigkeiten und Vorurteilen besteht, sondern daß er seine individuellen Erfahrungshintergründe einbringt, so verwundert die Vielfalt der Beobachtertheorien keineswegs. Die individuellen Entwicklungsgeschichten lassen es vielmehr gänzlich unwahrscheinlich erscheinen, daß sie in einer Einheitstheorie münden. Auf wissenschaftlicher Seite ist die Vielfalt der Theorien eindrucksvoll belegt; man denke an die 100 verschiedenen Führungstheorien, die sich alle zum Teil grundlegend voneinander unterscheiden. Dabei ist zu beachten, daß diese verschiedenen wissenschaftlichen Theorien alle auf der Basis wissenschaftlicher Methodik entstanden sind. Die theoretische Vielfalt scheint also wirklichkeitsangepaßter zu sein als die vielfach geforderte Einheitstheorie.

Es ist nicht besonders verwunderlich, daß Beobachter - in Anlehnung an wissenschaftliche Forderungen - an die Objektivität ihrer Beobachtungen und Beurteilungen glauben. Daraus folgt zwangsläufig, daß andere Sichtweisen meist als konkurrierend um die "eigentliche Wahrheit" interpretiert werden. Jeder Mensch (also auch der Beobachter) braucht meines Erachtens das Gefühl, daß seine Wahrnehmungen und die daraus resultierenden Schlüsse tragfähig sind. Stellen wir nun fest, daß andere Personen abweichende Beobachtungen machen und daraus ganz andere Schlüsse ziehen, erscheint diese Tragfähigkeit gefährdet. Im AC bieten sich nun drei verschiedene Mögichkeiten, die (meist während der Beobachterkonferenz) Zweifel an der Tragfähigkeit der eigenen Beobachtungen und Beurteilungen aufkommen lassen:

- Verschiedene Verhaltensbeobachtungen aus verschiedenen Übungen:

  In diesem Fall ist die "Bedrohung" der Beobachter durch scheinbar unvereinbare Informationen noch relativ gering. Die meisten Beobachter werden sich mehr auf die eigenen Beobachtungen stützen und ansonsten glauben, daß der Teilnehmer sich in verschiedenen Übungen verschieden verhalten hat. Daß verschiedene Beobachter auf verschiedene Verhaltensschwerpunkte achten, wird bei widersprüchlichen Informationen aus verschiedenen Übungen weniger deutlich gesehen.

- Verschiedene Beobachtungen zu einem Teilnehmer aus einer Übung:

  Dieser Fall ist für die Beobachter schon etwas bedrohlicher. Da Verhalten in der Beobachterkonferenz meist zum Beleg bestimmter Merkmalsbeurteilungen zitiert wird, stecken hinter einander widersprechender Verhaltensschilderungen aus einer Übung oft Wertungsunterschiede. Mit den widersprüchlichen Schilderungen werden also oft Urteilsunterschiede zwischen den Beobachtern angesprochen. Nach meiner Erfahrung "lösen" Beobachter solche Probleme gern, indem sie die Beobachtungen des anderen als weniger relevant für das Urteil einstufen.

- Gleiche Beobachtungen mit verschiedenen Urteilen:

  Wird eine konkrete Verhaltensweise des Teilnehmers von den Beobachtern gänzlich unterschiedlich beurteilt, wird die Tragfähigkeit der eigenen Schlüsse am stärksten gefährdet. In diesem Fall ringen die Beobachter meist am härtesten miteinander. Sie tun dies allerdings nur dann, wenn sie nicht die Möglichkeit einer "objektiven" und "mathematischen" Mittelwertbildung haben. Ich z.B. bin - gänzlich subjektiv - ein erbitterter Feind dieser Mittelwertbildung, da sie oft den Skalenpunkt trifft, der das Teilnehmerverhalten am wenigsten charakterisiert. Darüber hinaus kürzt diese Prozedur notwendiges Nachdenken, Beschreiben, Diskutieren und verantwortliches Urteilen auf eine zwar bequeme aber erkenntnisfeindliche Weise ab. Im Fall der verschiedenen Beurteilung einer Verhaltensbeobachtung kann man nun oft feststellen, daß Beobachter versuchen, ihren Kollegen Subjektivität, falsche Merkmalszuordnung oder mangelnde Skalentreue vorzuwerfen. Gerade in diesem Fall wird die Wirksamkeit unterschiedlicher subjektiver Eignungstheorien offensichtlich. Deutlich wird auch, wie schwer wir uns im Umgang mit solchen Urteilswidersprüchen tun.

Wir alle können mit vielfältigen, zum Teil widersprüchlichen Beobachtungen und Urteilen schlecht umgehen, da wir so fest an die Einheitlichkeit der eigentlichen Wirklichkeit glauben. Damit stellt sich uns die Frage, ob und wo wir Einheitlichkeit der Beobachtung und Beurteilung wirklich brauchen. Geht man davon aus, daß es Ziel des AC's ist, vielfältiges Verhalten in verschiedenen Situationen sichtbar zu machen, so muß auch die Beschreibung des Verhaltens vielfältig sein. An die Verhaltensbeschreibung brauchen wir also nur die Forderung zu stellen, daß sie in einer Form geschieht, die allen nachvollziehbar macht, was der berichtende Beobachter konkret gesehen hat. Gehen wir davon aus, daß jeder Beobachter individuelle Sensoren für bestimmte Verhaltensareale hat, so können wir damit rechnen, daß er aus der Gesamtmenge des gezeigten Verhaltens nur Teilmengen registrieren wird. Mehrere Beobachter vergrößern somit die Chance, mehr Verhaltenssegmente beschrieben zu bekommen. Die im AC definierten Beurteilungsmerkmale bzw. Anforderungen sind abstrakte Begriffe, gedankliche Konstruktionen - keine realen Objekte draußen in der Wirklichkeit - für Verhaltenstendenzen, die im Unternehmen in vielfältiger Form und vielfältigem situativen Kontext zur Wirksamkeit kommen. Da unsere Beobachter aus den verschiedensten Bereichen des Unternehmens kommen und unterschiedliche Erfahrungsgeschichten hinter sich haben, ist auch nicht zu erwarten, daß Merkmalsbeurteilungen einheitlich ausfallen werden. Ob ein Merkmal "wichtig" oder "unwichtig" ist, ob eine Verhaltensweise "geeignet" oder "ungeeignet" ist, entscheidet sich vor dem Hintergrund der vielen verschiedenen Anforderungssituationen im Unternehmen. Auch bei den Merkmalsbeurteilungen brauchen wir, um die Wirklichkeit abzudecken, Vielfalt. Einheitlichkeit wäre ein rarer Sonderfall. Auch die Merkmalsbeurteilungen müssen lediglich gut kommunizierbar sein. D.h. jeder Beobachter muß nachvollziehen können, welche Verhaltensweisen ein Beobachter für seine eigenen, individuellen Urteile herangezogen hat. Diese Kommunizierbarkeit ist die Basis dafür, daß die Beobachter untereinander abschätzen können, ob Wertungsunterschiede auf oszillierendes Teilnehmerverhalten oder auf Theorieunterschiede innerhalb der Beobachter zurückzuführen sind. Das Zulassen dieser Vielfalt in Beobachtung und Beurteilung bietet zwei Vorteile:

- die Teilnehmer werden umfassender und vollständiger beschrieben.
- die Beobachter können ihre gegenseitigen Theorien kennenlernen und austauschen. Dies ist vielleicht die wesentlichste Voraussetzung für die der Assessment Center-Technik zugeschriebenen Lerneffekte für die Beobachter.

Der einzige Platz für Einheitlichkeit liegt meines Erachtens in der Gesamtentscheidung am Ende des AC´s, für die Konsensfähigkeit gefordert werden muß. Selbst für die einheitliche Gesamtentscheidung (Einstellung, Beförderung etc.) ist es nach meiner Erfahrung sinnvoller, vielfältige Blickwinkel nochmals auszutauschen als einfach abzustimmen und die Mehrheitsmeinung zur Einheitsentscheidung zu definieren. Der Umgang mit der real vorhandenen vielfältigen Information setzt allerdings für die Beobachterkonferenz Zeit voraus, die angemessene Abklärung überhaupt erst möglich macht.

Die meisten Beobachterkonferenzen sind viel zu kurz, denn es ist schlicht unmöglich, in ein bis zwei Stunden zwölf AC-Teilnehmer sinnvoll zu beschreiben und zu einer Gesamtentscheidung zu finden. Einige

Firmen sind deshalb dazu übergegangen, für die Beobachterkonferenz einen ganzen Tag vorzusehen. Hat man sich als AC-Anwender einmal zu dieser Maßnahme entschlossen, wird man nie mehr verstehen, wie man je meinen konnte, diese Aufgabe in zwei Stunden zu bewältigen. Ein AC, das sich Zielen der Personalentwicklung verschrieben hat, verfehlt seine Ziele, wenn es die im AC gesammelten Informationen auf ein Blatt mit 10 bis 15 inhaltsleeren Merkmalsnoten und einer Gesamtentscheidung plattdrückt. Merkmalsnoten - das am Rande - werden auch nicht dadurch inhaltsreicher, daß man sie auf zwei Kommastellen genau angibt. Man fördert dadurch lediglich die Illusion von einer Präzision, die schon in den Rohdaten nirgends anzutreffen ist.

Ich hatte gesagt, daß uns allen der Umgang mit vielfältiger und widersprüchlicher Information schwerfällt. Für Beobachtertraining und -konferenz hat das zur Folge, daß der Moderator stets darauf achten muß, daß Vielfalt in Information und Urteil ausdrücklich gefördert wird. Er muß also vorschnellen Einheitstendenzen aktiv entgegentreten. Gelingt ihm dies, so wird er feststellen, daß die Beobachter die paradoxe Erfahrung machen, daß die Informationsvielfalt letztlich zu einem volleren Bild des Teilnehmers führt, das sicherere Urteile zuläßt. Üblicherweise herrscht nämlich zunächst die Angst vor, daß vielfältige Information zwangsläufig ins gedankliche Chaos und damit zur Urteilsunfähigkeit führt.

- Die Vernetztheit von Merkmalen

Die klassische Eignungsdiagnostik legt großen Wert auf trennscharfe Beurteilungsmerkmale. Auch ich gestehe, diese unsinnige Tradition in älteren Veröffentlichungen stets als ein methodisches Muß hochgehalten zu haben. Wenn man Anforderungskriterien definiert, formuliert man meist Fähigkeitsbegriffe, Eigenschaften oder Verhaltenstendenzen, die man abstrakt als getrennt wahrnimmt. So erscheint einem "Sensibilität für andere" etwas anderes zu sein als "Planungsvermögen". Diese Trennung entspricht einer logischen Kategorienbildung auf sprachlicher, abstrakter Ebene. Die Kategorisierung von Verhaltenstendenzen in Merkmale ist zunächst einmal nichts anderes als der zulässige Versuch, in den "Realbrei" beobachteten Verhaltens eine nachvollziehbare gedankliche Ordnung zu bringen. Die Erwartung, daß sich diese Ordnung auch in Wirklichkeit in Form von trennscharfen Urteilsstrukturen zeigen wird, ist dagegen aus mehreren Gründen unhaltbar.

- Die gedankliche Ordnung ist zeitlos, d.h. sie macht gewollt keine Verknüpfungen zwischen Verhaltenstendenzen, ist blind gegen Prozesse in den Verhaltensabläufen.

- Die gedankliche Ordnung berücksichtigt nicht, daß jede individuelle (Beobachter-)Theorie die Merkmale automatisch miteinander in Beziehung bringt, Relationen zwischen Merkmalen aufstellt, wie z.B.: Dies ist Voraussetzung für das; wer das hat, zeigt automatisch auch dieses Verhalten etc.

- Ein Merkmalskatalog ist ein rein gedankliches System zur Ordnung. Die Verhaltensquelle jedoch, der AC-Teilnehmer, ist ein ganzheitliches Verhaltenssystem, das aus sich heraus schon dafür sorgt, daß zwischen verschiedenen Verhaltenstendenzen individuelle, systematische Beziehungen herrschen.

Die Wirklichkeit zerlegt sich nicht trennscharf in unsere Merkmale; sie behält die ihr eigenen Kontingenzen.

Auf dem Sektor der Urteilsbildung haben wir bereits darauf hingewiesen, daß die Übungen für die Merkmalszusammenhänge sorgen. Die Übungen sind also der Bezugsrahmen, innerhalb dessen ganzheitlich geurteilt wird. Trennschärfe zwichen den Merkmalen wäre also ein kaum zu erwartender Sonderfall.

Damit stellt sich die Frage, ob es überhaupt sinnvoll ist, mehrere Merkmale beurteilen zu lassen, wenn man aus der Empirie bereits weiß, daß weit weniger verschiedene Merkmale beurteilt werden als im Katalog vorgegeben sind und daß die Urteilsfaktoren mehr Übungs- als Merkmalsdimensionen sind.

Mein Vorschlag zur Lösung dieser Frage ist zweigeteilt:

Hat man ein auf "Objektivität" ausgerichtetes AC, d.h. sehr strenge Regeln zu Beobachtung und Beurteilung, mathematisierte Entscheidungsfindung mit Notenprofilen, Mittelwertbildung und Gesamtpunktzahl als eindeutig bindende Gesamtentscheidungsregel, so muß man die Merkmalszahl entsprechend der empirisch gefundenen Urteilsdimensionen reduzieren. Ansonsten läuft man Gefahr, daß Entscheidungen auf Trennschärfeillusionen beruhen und Merkmale meist ungewollt mit x-fachem Gewicht auf die Entscheidung durchschlagen.

Hat man dagegen ein auf Vielfalt und individuelle Personalentwicklung ausgerichtetes AC, so verzichtet man am besten auf "objektive" Entscheidungsregeln, akzeptiert die Vernetztheit der Merkmale und versteht die Merkmale als eine Art Scheinwerfer innerhalb einer Übung, die sicherstellen, daß bestimmte Verhaltenstendenzen auch beobachtet werden. Eine Reduktion der Merkmale liefe dann auf eine Verarmung der Beobachtung hinaus und erscheint deshalb wenig empfehlenswert. Die Merkmale haben dann jedoch den Charakter miteinander vernetzter Blickwinkel. Sie dürfen nicht mehr als trennscharfe, voneinander unabhängige Verhaltensbausteine begriffen werden. Diese Auffassung hat auch Konsequenzen für die Skalierung von Merkmalen, auf die im nächsten Abschnitt kurz eingegangen wird.

- Die Skalierung vernetzter Merkmale

Versteht man Merkmale als trennscharfe, voneinander unabhängige Dimensionen, so erscheint es sinnvoll, sie linear zu skalieren. Linear soll hier heißen, daß "Mehr" von einem Merkmal immer "besser, geeigneter" ist. Die meisten AC´s arbeiten mit solchen Linearskalen, die von "schlecht" nach "gut", von "unter den Anforderungen" bis "anforderungsgerecht" oder von "niedrig" bis "hoch" ausgeprägt reichen. Die Urteile auf Linearskalen sind gut addierbar, da sie ja voneinander unabhängig sind, d.h. keine systematische Interaktionen miteinander eingehen. Sie eignen sich deshalb auch zur Mittelwertbildung.

Aus folgenden Gründen empfehle ich die Verwendung solcher Skalen seit ca. 1981 nicht mehr:

- Linearskalen sind unfähig, überschießendes Verhalten in einem Merkmal eindeutig zu kennzeichnen. Z.B. ein Teilnehmer ohne jegliches Anzeichen von "Selbstbewußtsein" landet auf einer ähnlichen Einstufung wie ein Teilnehmer, der Beobachter und Mitteilnehmer mit ständiger Absonderung "überzogenen Selbstbewußtseins" nervt. Beide Teilnehmer zeigen in diesem Merkmal sehr unterschiedliches Verhalten, wären entwicklungstechnisch ganz unterschiedlich zu beraten, landen jedoch auf sehr ähnlichen Einstufungen im Merkmal "Selbstbewußtsein". Nach einiger Zeit ist der Verhaltensunterschied niemandem mehr bewußt.

- Linearskalen vermeiden meist jeden Bezug auf möglicherweise konfligierende Verhaltenstendenzen, die in einem Merkmal positiv, in anderen jedoch negativ zu werten sind, z.B. zwischen "Durchsetzung" und "Einfühlungsvermögen", "Sorgfalt" und "Überblick" etc. Solche Konflikte bestehen realiter, werden in üblichen Skalen aufgrund der Trennschärfeforderung bewußt ausgeklammert.

- Linearskalen verleiten zur Mittelwertbildung, die oft auch dann angewendet wird, wenn gute Gründe gegen sie sprechen. (So kann z.B. ein Teilnehmer während des ganzen AC's Verhaltensweisen zeigen, die entweder keinerlei Durchsetzung oder hohe (teilweise penetrante) Durchsetzung oszillierend signalisieren. Ein Mittelwert würde besagen, daß der Teilnehmer "mittleres" Durchsetzungsvermögen besitzt. Diese Einstufung repräsentiert genau den Punkt, den der Teilnehmer im ganzen AC nie gezeigt hat.)

Geht man von der Vorstellung aus, daß Merkmale Blickwinkel in das zusammenhängende Verhaltenssystem sind, so empfehlen sich statt der Linearskalen sogenannte Balanceskalen. Solche Skalen funktionieren wie eine Waage: Sie verfügen über drei Definitionsbereiche. Im "Zu wenig"-Bereich werden Verhaltenshinweise aufgenommen, die signalisieren, daß der Teilnehmer effizientes Verhalten im Merkmal noch nicht beherrscht. Im "Erwünscht"-Bereich finden sich Verhaltensbeispiele, die effiziente Merkmalsausprägungen signalisieren. Im "Zu viel"-Bereich werden überschießende Verhaltensbeispiele aufgeführt und solche, die Konflikte mit anderen Merkmalen erwarten lassen, z.B. einseitige Durchsetzungsgelüste zu Lasten der Kooperation - zu viel Durchsetzung; einseitige Harmoniesehnsucht mit der Folge, daß keine eigenen abweichenden Standpunkte geäußert werden - z.B. zu viel Teamfähigkeit. Wir setzen seit vielen Jahren solche Balanceskalen ein und machen damit sehr gute Erfahrungen. Mittelwertbildung verbietet sich von selbst, da skalierungstechnisch zu wenig und zu viel nicht optimal sein kann. Bei einer 7-Punkte-Skala - Balanceformat - ist 4 jedoch der Optimalwert, 1 zu niedrig und 7 zu hoch. Die Balanceskala scheint den Beobachtern auch zu ermöglichen, Teilnehmer als problematisch zu identifizieren, die mit Linearskalen lediglich "schlechte Gefühle im Bauch" erzeugen, vom Notenbild gesehen aber relativ gut aussehen. Meist handelt es sich hierbei um recht aktive, verbal geschickte Teilnehmer mit einigen überschießenden Verhaltenstendenzen in Schlüsselmerkmalen.

Schließlich haben Balanceskalen den Vorteil, daß der Sinn heterogener Beobachterurteile schnell einsichtig wird. Entweder zeigen sich Unterschiede in den beteiligten Beobachtertheorien oder oszillierendes Teilnehmerverhalten zwischen verschiedenen Situationen.

- Einige Schlußbemerkungen

Ich glaube, daß die dargestellten Abläufe bei der Beobachtung und Beurteilung von Personen eine gewisse Allgemeingültigkeit beanspruchen können. Das AC steht sozusagen nur als Labor zur Verfügung, das die Probleme und Schwierigkeiten etwas transparenter macht, die unsere

Wirklichkeit durchziehen. Wer glaubt, die dargestellten Probleme seien AC-spezifisch und wären in anderen Verfahren der Auswahl und Entwicklung nicht gegeben, irrt meines Erachtens. Im betrieblichen Alltag werden ständig Personalentscheidungen getroffen, die irgendeine Urteilsbildung voraussetzen. Diese Tatsache läßt sich durch keinen noch so durchdachten Formalismus eliminieren. Die Wirkung vielfältiger Eindrucksbildung läßt sich natürlich nur dort beobachten, wo Vielfalt überhaupt eine Chance hat, auftreten zu dürfen. Der Beschluß, die Vielfalt selbst zum Fehler (mangelnde Objektivität, Reliabilität etc.) zu erklären, ändert nichts an der Wirklichkeit der Vielfalt und sorgt auch nicht für mehr "Wahrheit, Gerechtigkeit und Objektivität". Der Beschluß erreicht lediglich, daß in einer abgehobenen, unwirklichen diagnostischen Situation für kurze Zeit die Illusion herrschen kann, die Vielfalt der Meinungen, Blickwinkel und Urteile gäbe es nicht.
Ich glaube deshalb, daß Erkenntnisse über den Beoachtungs- und Beurteilungsprozeß im AC genutzt werden sollten, um mehr über solche Vorgänge in der Unternehmenswirklichkeit zu erfahren und somit die Grundlagen dafür zu schaffen, wünschenswerte Änderungen dieser Wirklichkeit mit allen Beteiligten zusammen aktiver zu gestalten.

B. Beobachtungs- und Beurteilungsprozesse bei der Allianz Versicherungs-AG

Beobachtungs- und Beurteilungsprozesse im Assessment Center können nicht losgelöst von der beruflichen Situation des Teilnehmers und den damit verbundenen Anforderungen betrachtet werden. Erst vor dem Hintergrund dieser Faktoren ist ein Urteil darüber möglich,

- ob einzelne Verhaltensweisen der Teilnehmer für die Entscheidungsfindung relevant sind, bzw.

- wie diese Verhaltensweisen im Hinblick auf die Eignung zu bewerten sind.

Die Beobachtung erfolgt durch Führungskräfte, die in der Regel eine Hierarchiestufe über der Zielfunktion angesiedelt sind. Möglichst frühzeitig werden sie bei uns in den Konstruktionsprozeß eines AC's mit einbezogen, denn sie kennen die typisch-kritischen Situationen des Arbeitsplatzes oder die relevanten Verhaltensweisen für die Bewältigung solcher Anforderungen. Die Situationen/Situationsklassen werden im Rahmen einer Moderationsveranstaltung mit den Führungskräften herausgearbeitet, so daß "Qualitätsunterschiede" zwischen erfolgreichen und weniger erfolgreichen Funktionsinhabern sichtbar werden. Daraus entstehen dann die AC-Übungen.

In der nachfolgenden Abbildung sind Beispiele für typisch-kritische Situationen eines Gruppenleiters (1. Führungsebene) und korrespondierende Übungen aufgeführt.

Ebenso gehen wir bei Bearbeitung der für die Bewältigung der Anforderungssituationen relevanten Verhaltensweisen vor. Die Verhaltensweisen werden in der weiteren Entwicklung zu Anforderungsdimensionen verdichtet.
Hier ein Beispiel für eine Anforderungsdimension.

Die Einbindung der Beobachter in den Konstruktionsprozeß bietet mehrere Vorteile:

1. Die Identifikation der Beobachter mit dem Instrument wird erhöht.

Nr.	Typisch-kritische Situation	Übung
1	Arbeiten am Schreibtisch unter Zeitdruck	"Postkorb" (Einzelarbeit)
2	Sachlich begründeter Konflikt mit anderen Organisationseinheiten	"Umzug" (Gruppendiskussion)
3	Einführung neuer Konzepte	"Präsentation" (Einzelarbeit vor Publikum)
4	Konflikt mit einem Makler/Vertreter über die Höhe der Prämie	"Vertreter-Gespräch" (2 Personen)
5	Durchsetzen einer unpopulären Maßnahme, die von der Geschäfts- oder Abteilungsleitung beschlossen wurde	"Führen einer Mitarbeitergruppe" (Gruppendiskussion)
6	Umgehen mit unvorhergesehenen Arbeitsspitzen	s.o.
7	Lösen eines schwierigen Problems im Team mit den unterstellten Mitarbeitern	s.o.
8	Führen eines schwierigen Personalgesprächs mit einem Mitarbeiter über eine Leistungsschwäche, die dieser nicht einsieht.	"Mitarbeitergespräch" (2 Personen)

Abb. 1: Beispiele für typisch-kritische Situationen eines Gruppenleiters

2. Die Beobachter sind schon vor Beginn der Durchführung des Assessment Centers mit den Situationen und den damit verbundenen Anforderungen vertraut; dies erleichtert das Beobachtertraining.

3. Die Formulierung situationsspezifischer Anforderungen setzt die Reflektion eigener Führungserfahrungen voraus und bildet somit einen wichtigen Lernprozeß für die Beobachter.

Die wichtigsten Schritte im Konstruktionsprozeß und die dabei Beteiligten sind zusammenfassend in Abb. 3 dargestellt.

Mitarbeitergespräch (MA-Gespräch)	
Merkmale, z.B.:	- zeigt Einfühlungsvermögen - schafft positive Gesprächsatmosphäre - spricht unangenehme Dinge an, ohne zu verletzen - redet in ruhigem Ton - läßt Mitarbeiter zu Wort kommen - geht auf Argumente ein - spricht offen mit dem Mitarbeiter - macht eigene Wünsche und Vorstellungen deutlich - strukturiert und steuert das Gespräch

Abb. 2: Anforderungsdimension "Gesprächsverhalten"

Aufgabe	Beteiligte
1. Erarbeiten der für die Funktion typischen und kritischen Anforderungssituationen gemeinsam mit den Führungskräften	Führungskräfte und Konstrukteure
2. Erarbeiten der für die Bewältigung der Anforderungssituationen relevanten Verhaltensweisen	Führungskräfte
3. Verdichten dieser Verhaltensweisen zu Anforderungsdimensionen	Konstrukteure

Abb. 3: Entwicklung situationsspezifischer Anforderungen/Beobachtungsdimensionen

Die Erfahrung zeigt, daß die meisten Anforderungen in mehr als einer Assessment-Übung repräsentiert sind. Sie können also mehrfach - in qualitativ unterschiedlichen Situationen - beobachtet werden. Einzelne "Merkmale", die die Anforderungsdimensionen beschreiben (siehe Abb. 2), können dabei situations-/übungsbedingt variieren. Sie steuern die

Aufmerksamkeit der Beobachter auf jeweils unterschiedliche Nuancen der meist recht global gefaßten Anforderungsdimensionen. Somit ergibt sich für die Beobachter ein differenziertes Bild des Teilnehmers.

Dieses Bild der Beobachter ist von folgenden Variablen geprägt:

- Verhaltensweisen und Merkmale, die durch die Persönlichkeit des Teilnehmers bedingt sind (persönlichkeitsspezifische Verhaltensweisen).

- Verhaltensweisen des Teilnehmers, die eher durch die Situation bedingt sind.

- Subjektive, ideosynkratische Wahrnehmung und Beurteilung dieser Verhaltensweisen seitens des Beobachters.

Wir können davon ausgehen, daß diese drei Variablen eng miteinander verbunden sind und eine komplexe Wechselwirkung aufweisen.
Die vom Beobachter erlebte Effizienz bzw. Ineffizienz einer konkreten Verhaltensweise ist in hohem Umfang von der Situation, in der der Teilnehmer agiert und von dem sozialen Interaktionsgeschehen abhängig.

Nachfolgende Übersicht zeigt beispielhaft, welche Anforderungen in welchen Übungen zu beobachten sind (siehe Abb. 4 auf der folgenden Seite).

Beobachtungstraining

Das Beobachtungstraining findet zu Beginn des Assessment Centers statt.

Ziel dieses eintägigen Trainings ist es,

- die Beobachter (Führungskräfte) für Fehlerquellen im Rahmen der Personenwahrnehmung und -beurteilung zu sensibilisieren,

- deutlich zu machen, daß Personenwahrnehmung und -beurteilung subjektiv und von den Erfahrungen und Einstellungen des jeweiligen Beobachters geprägt sind,

AC-Übungen / Anforderungskategorien	Postkorb	Stellenbesetzung	Präsentation	HV-Beschwerde	Führen einer MA-Gruppe	Leistungs-schwäche	MA-Beschwerde
Gesprächsverhalten		x		x	x	x	x
Lernbereitschaft Lernverhalten				x			x
Motivieren					x	x	x
Erläutern u. Informieren	x		x	x			x
Einsatzbereitschaft Belastbarkeit	x						
Arbeitssystematik	x						
Identifikation mit Entscheidungen und Maßnahmen des Unternehmens			x		x		
Problemlösungs- und Kompromißfähigkeit		x		x	x	x	
Fähigkeit, andere zu überzeugen		x	x				

Abb. 4: Matrix Anforderungen/AC-Übungen

- einzelne Assessment-Übungen durchzuspielen, um die Situation des Teilnehmers aus eigener Erfahrung zu kennen,

- die Beobachter anzuleiten, Verhaltensbeschreibung und Verhaltensbeurteilung klar zu trennen,

- ein einheitliches Vorgehen bei der Datenerhebung (Verhaltensbeobachtung) und Beurteilung sicherzustellen.

Unserer Meinung nach geht es im Beobachtertraining weniger darum, eine hohe Übereinstimmung bei den Beobachtern in der Beurteilung des Verhaltens eines Teilnehmers zu erreichen, als die unterschiedlichen Eindrücke und Einschätzungen der Beobachter auf dem Hintergrund von Verhaltensbeobachtungen nachvollziehbar und kommunizierbar zu machen.

Um dies zu gewährleisten, gliedert sich der Prozeß der Verhaltensbeobachtung und -bewertung im Assessment Center in drei Schritte:

1. Beobachtung und schriftliche Fixierung möglichst vieler konkreter Verhaltensweisen während der Assessment-Übungen.
   In dieser Phase soll noch keine Bewertung oder Interpretation des Teilnehmerverhaltens erfolgen.

2. Zuordnung der beobachteten Verhaltensweisen zu den Beobachtungsdimensionen (nach der AC-Übung).

3. Zusammenfassung und Bewertung der Verhaltensweisen durch die Formulierung von Stärken und Schwächen im Hinblick auf die Anforderungsdimensionen.

Die Erfahrung zeigt, daß Beobachter sich in der Übung tendenziell eher "ganzheitliche Eindrücke" von dem Teilnehmer bilden. Diese implizieren eine Bewertung. Auf diesem Hintergrund erscheint die Zergliederung des Beobachtungs-/Beurteilungsprozesses zunächst künstlich. Gerechtfertigt ist dieses Vorgehen durch die oben beschriebene Notwendigkeit, die individuellen Eindrücke durch die Beschreibung beobachtbarer Verhaltenssequenzen kommunizierbar zu machen, d.h. das Zustandekommen des "Eindrucks" für die anderen Beobachter und im Rückmeldungs-Gespräch für den Teilnehmer "nachzeichnen" zu können.

Beobachterkonferenz

Bei der Einteilung der Beobachter wird sichergestellt, daß jeder Beobachter jeden Teilnehmer in mindestens einer AC-Übung erleben kann. Durch dieses Vorgehen ist gewährleistet, daß

- jeder Beobachter sich ein "übungsbezogenes Urteil" über jeden Teilnehmer bilden kann,

- aufgrund des "Mehraugen-Prinzips" das Urteil eines einzelnen Beobachters im Hinblick auf die Entscheidungsfindung kein Übergewicht erhält.

Die folgende Matrix zeigt die Zuordnung der Beobachter zu den AC-Teilnehmern.

Übung \ Beobachter	A	B	C	D	E	F	G	H
Postkorb	1,9	2	3,10	4	5,11	6	7,12	8
Gruppendiskussion	2	3,10	4	5,11	6	7,12	8	1,9
Präsentation							1	2
	3	4						
			5	6				
					7	8		
	10						9	
			11		12			
Führen einer MA-Gruppe	5	5			1	1	3	3
	4		7	7		2	2	4
		6	6	8	8		10	10
	11	11	12	12	9	9		
MA-Gespräch	7	7	1	1	3	3	5	5
	6	8	8	2	2	4	4	6
	12	12	9	9	10	10	11	11
GV-Gespräch		1	2	3				
					4	5	6	
	8	9						7
				10	11	12		

Abb. 5: Beobachter/Teilnehmer-Zuordnung (1 - 12: Kandidaten)

Im Anschluß an die AC-Übungen werden die anforderungsbezogenen Stärken und Schwächen jedes Teilnehmers getrennt für jede Übung auf Metaplan-Wänden visualisiert. Eventuelle Auffälligkeiten werden ebenfalls vermerkt.

Da die Beobachter die Teilnehmer meist nur in einer Übung beobachtet haben, müssen diese Informationen in der Beobachterkonferenz zu einem Gesamturteil integriert werden.

Dieser Prozeß der Entscheidungsfindung gliedert sich in folgende Schritte:

1. Vorstellen des beruflichen Werdegangs des Teilnehmers;

2. Vorlesen der Stärken und Schwächen des Teilnehmers;

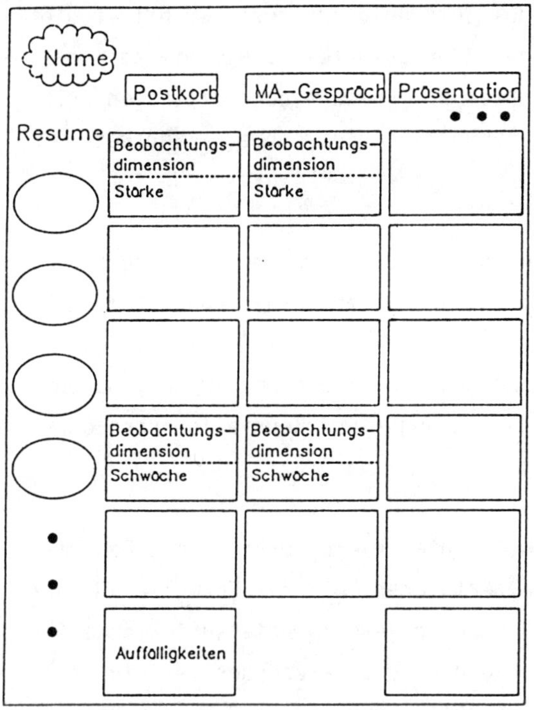

Abb. 6: Aufbereitung der Informationen

3. Klärung eventueller Unklarheiten;

4. Herausarbeitung charakteristischer Verhaltensweisen des Teilnehmers durch Verdichtung der Stärken und Schwächen (Resumé). Als charakteristisch werden in der Regel nur Merkmale bezeichnet, die in mehreren Übungen beobachtet werden konnten, d.h. einen "gewissen Grad von Situationsunabhängigkeit" aufweisen.

5. Entscheidung im Hinblick auf die Eignung bzw. den Grad der Eignung zur Übernahme der Zielfunktion.

6. Erarbeitung eventueller Förderungsmaßnahmen zum Abbau der festgelegten Schwächen.

Ein wesentliches Charakteristikum des Entscheidungsprozesses bildet die Verpflichtung der Beobachter zu einem "Konsensurteil". Hiermit soll gewährleistet werden, daß alle Beobachter die Entscheidung mittragen und gegenüber Dritten - insbesondere gegenüber dem Teilnehmer - vertreten können.

Der Prozeß der Entscheidungsfindung in der Beobachterkonferenz setzt die Integration einer Vielzahl qualitativer Daten voraus und stellt hohe kognitive Anforderungen. In der Diskussion spiegeln sich die unterschiedlichen Einstellungen und Erfahrungen der Beobachter wider, denen ein wesentlicher Einfluß auf die Beobachtungs- und Beurteilungsprozesse zukommt.

Vor diesem Hintergrund nehmen die Beobachter viele verschiedene Facetten des Teilnehmerverhaltens wahr und akzentuieren in ihrer Formulierung der anforderungsbezogenen Stärken und Schwächen jeweils unterschiedliche Anteile des Teilnehmerverhaltens. Die Folge dieses Prozesses ist ein breites Informationsspektrum, das die Entscheidungsgrundlage für die Beobachterkonferenz bildet und letztlich verhindern soll, daß der Teilnehmer - quasi schablonenhaft - nur aus einem Blickwinkel wahrgenommen wird.

Literaturhinweise:

DÖRNER, D.; KREUZIG, H.W.; REITHER, F.; STÄUDEL, T.:
Lohhausen - Vom Umgang mit Unbestimmtheit und Komplexität
Huber, Bern, 1983.

NEUBAUER, R., HÖFNER, E., WALDSCHÜTZ, S.:
Kompendium über Eignungsfeststellungsverfahren für den öffentlichen Dienst.
Nomos, Baden-Baden, 1978.

NEUBAUER, R.:
Die Assessment Center-Technik: Ein verhaltensorientierter Ansatz zur Führungskräfteauswahl (in: NEUBAUER, R. & V. ROSENSTIEL, L. (Hrsg.); Handbuch der angewandten Psychologie, Band 1: Arbeit und Organisation).
Moderne Industrie, München, 1980.

NEUBAUER, R.:
Implizite Eignungstheorien im Assessment Center (in: LATTMANN, C.; Das Assessment Center-Verfahren der Eignungsbeurteilung; aus der Reihe "Management Forum")
Physica, Heidelberg, 1989.

WATZLAWICK, P.:
Wie wirklich ist die Wirklichkeit.
Piper, München, 1976.

Integration der Personalentwicklung in Personal- und Unternehmenspolitik

Karl Leitner, Ulrich A. Wever

Dieses Thema wurde auf dem 3. deutschen AC-Kongreß 1988 in vier Arbeitsgruppen so behandelt, daß die Teilnehmer ausreichend Gelegenheit hatten, Probleme, Erfahrungen und Meinungen zur Diskussion zu stellen. Der folgende Bericht ist eine Zusammenfassung der Beiträge und Diskussionen der Arbeitsgruppen. Zitate von Teilnehmern wurden in Anführungszeichen gesetzt.

Unternehmenspolitik und Unternehmensstrategie

In den Diskussionen wurde der Begriff "Unternehmensstrategie" anstelle von "Unternehmenspolitik" verwendet, da das Wort Unternehmensstrategie konkreter erschien und stärker auf einen Prozeß verweist.

Das heute in der Wissenschaft und Praxis vorherrschende Konzept der Unternehmensstrategie wurde an der Harvard Bussiness School aus dem "Business Policy"-Ansatz entwickelt. Unternehmensstrategie (Corporate Strategy) umfaßt danach die Festlegung der langfristigen Ziele einer Unternehmung, der "Politiken" (z.B. Produktions-, Personal- und Marketingpolitik), die als Leitlinien zu dienen haben, sowie der Maßnahmen zur Erreichung dieser Ziele. Damit wird der ursprünglich aus dem militärischen Bereich stammende Strategiebegriff - Wahl der Mittel zur Erreichung vorgegebener Ziele - in dem Sinn ausgeweitet, daß er sowohl die Festlegung der Ziele als auch die Entscheidung über die zu verfolgende Politik und die Mittel umfaßt.

Personalpolitik

Politik umfaßt die Leitlinien des Verhaltens zum Lösen von Problemen in sozialen Systemen. Zur Personalpolitik gehören die Leitlinien und geplanten Maßnahmen zur Erfüllung der langfristigen Aufgaben, die sich im Personalbereich eines Betriebes ergeben. Dazu gehören auch die dafür notwendigen gegenwärtigen und zukünftigen Fähigkeiten und Kenntnisse der Mitarbeiter

Personalentwicklung

Personalentwicklung umfaßt zunächst nur die Aus- und Weiterbildung, Personalentwicklung ist aber mehr als die Entsendung von Mitarbeitern zu Seminaren. Sie hat darüber hinaus die Erfassung, Bewertung und Entwicklung der erforderlichen gegenwärtigen und zukünftigen Qualifikationen der Mitarbeiter zum Ziel.

In der Personalentwicklung ist eine starke Zunahme der Problemorientierung als Ergänzung zur früher vorherrschenden Lehr-, Lern- und Transferorientierung zu beobachten. Vielleicht ist die Personalentwicklung deshalb heute noch häufig operativ und auf einen kurzen Zeithorizont ausgerichtet. Dies und die im eigentlichen Betriebsgeschehen nicht immer feststellbare Wirkung der Personalentwicklung sind in vielen Unternehmen Ursachen des Unbehagens gegenüber dieser Funktion.

Die Personalentwicklung im Rahmen der Unternehmensstrategie

Die Bedeutung einer Funktion läßt sich u.a. aus ihrer organisatorischen Eingliederung ablesen. Folgende vier Grundformen der Integration der Personalentwicklung in die Strategieformulierung und -implementierung sind in der Praxis zu finden:

- Personalentwicklung als Aufgabe einer administrativen Abteilung.

  Eine administrativ arbeitende Abteilung führt vor allem Schulungsprogramme durch. Wirksame "Feuerwehreinsätze", Auslastung und Kostenminimierung gelten als Maßstäbe für den Erfolg. Es gibt keine spürbare Beziehung zwischen Personalentwicklung und Unternehmensstrategie.

- Personalentwicklung als Instrument der Strategieumsetzung.

  Unternehmensstrategien werden unabhängig vom vorhandenen Mitarbeiterpotential in der Annahme formuliert, daß Wissens- und Fähigkeitslücken - soweit sie für die Implementierung der Unternehmensstrategie relevant erscheinen - relativ schnell durch Schulung der Mitarbeiter geschlossen werden können.

- Strategieformulierung und Personalentwicklung in reziproker Beziehung.

  Strategieformulierung und Personalentwicklung sind zwar voneinander getrennte Prozesse , die Überlegungen und das Anliegen des Leiters der Personalentwicklung werden aber bei der Strategieformulierung berücksichtigt.

- Integration von Unternehmensstrategie und Personalentwicklung.

  Die Mitarbeiter und ihre Entwicklung werden als kritische Faktoren für den Erfolg und die Zukunft des Unternehmens gesehen. Die Personalentwicklung ist in jede Phase der Strategieformulierung integriert.

Für jede dieser vier Grundformen der organisatorischen Eingliederung gibt es Grenzen und Voraussetzungen, die bestimmen, was die Personalentwicklung zu leisten vermag. In der Diskussion wurde darauf hingewiesen, daß die ersten beiden Charakterisierungen eigentlich nicht die Bezeichnung Personalentwicklung verdienen, während die beiden letzten als Organisationsentwicklung gesehen werden können.

Die Aufgaben der Personalentwicklung

Bei der Personalentwicklung geht es darum, in jeder Kategorie und auf jeder Ebene so früh wie möglich diejenigen Mitarbeiter ausfindig zu machen, die über das größte Potential verfügen. Diesem Mitarbeiterkreis sind über das normale Förderungsangebot hinaus besondere Entwicklungsmöglichkeiten anzubieten.

Es sollte jedoch nicht von "entwicklungsfähigen" Mitarbeitern gesprochen werden, weil dies impliziert, daß die anderen Mitarbeiter nicht entwicklungsfähig seien. Von wenigen Ausnahmen abgesehen, sind alle Mitarbeiter entwicklungsfähig und hoffentlich auch entwicklungsbereit. So gesehen ist es besser, von "besonders förderungswürdigen" und "förderungswürdigen" Mitarbeitern zu sprechen.

> "Der Unterschied zur früheren Praxis besteht darin, nicht mehr nach dem Gießkannenprinzip für alle das gleiche in Richtung Förderung zu unternehmen, sondern für jeden das richtige. Der qualitative Unterschied zu früher liegt darin, daß es darauf ankommt, festzustellen, was das richtige ist. Dieser qualitative Aspekt macht auch den Unterschied zwischen Personalentwicklung und -schulung aus."

Die Personalentwicklung hat in Zukunft die Zielsetzung, das Personal auf den von der Unternehmensleitung konkretisierten Bedarf hin auszurichten.

Die Steuerung der individuellen Entwicklung wird der Abteilung Personalentwicklung übertragen, wobei es auch um Qualifikationsfragen und um die Realisierung der Berufswünsche einzelner Mitarbeiter geht.

> "Der Personalentwickler ist Anwalt beider Seiten. Er muß versuchen, beide Seiten sinnvoll miteinander zu verknüpfen und die Linie in diesen Prozeß miteinzubeziehen."

Personalentwicklung muß ein "problemgetriebener Prozeß sein, wenn er funktionieren soll", denn sie ist keine Schönwetterstrategie nach dem Motto: "Wenn es uns gut geht, machen wir Personalentwicklung, und wenn es uns schlecht geht, haben wir kein Geld dafür..."

Bedingungen für die Personalentwicklung in den Betrieben

Nach Meinung der Teilnehmer richtet sich die Personalentwicklung in den Betrieben derzeit

- "nach den Problemen im Betrieb",
- "nach der Personalpolitik",
- "nach den Vorstellungen der für die Personalentwicklung Verantwortlichen".

Am wenigsten richtet sich die Personalentwicklung

- "nach den Wünschen und Bedürfnissen der Mitarbeiter des Unternehmens" und
- "nach der Unternehmensstrategie".

Die Teilnehmer waren der Meinung, daß eine Abteilung Personalentwicklung, die sich nach den Wünschen und Bedürfnissen der Mitarbeiter ausrichtet, kein hohes Ansehen im Unternehmen genieße, weil sie eine "global-idealistische und emotionale Haltung vermuten läßt.

Die Orientierung an "den Wünschen und Anregungen des Top Managements" und "den Wünschen und Anregungen der Linie" ist nach Meinung der Teilnehmer in den Firmen nicht sehr wahrnehmbar.

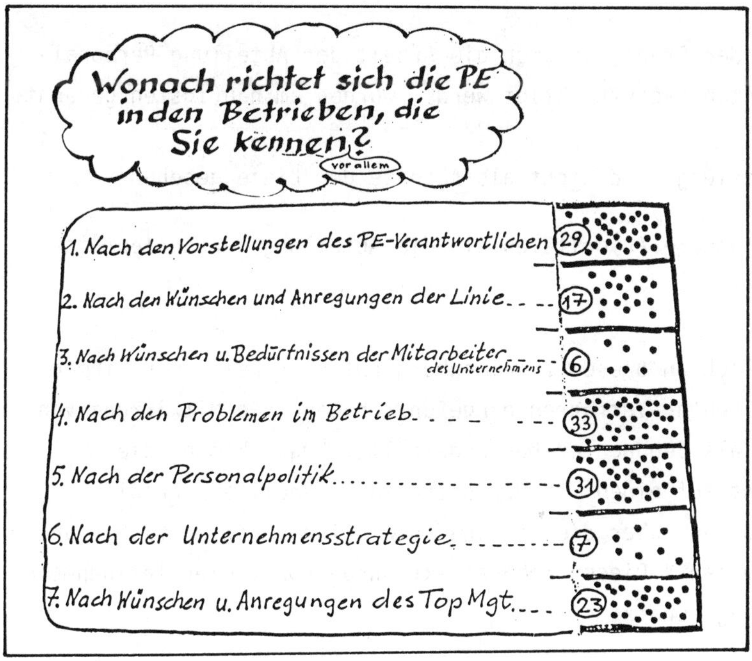

Abb. 1: Wonach richtet sich die Personalentwicklung?

Die Tatsache, daß sich die Personalentwicklung in der Praxis nur in geringem Maß an der Unternehmensstrategie und an den Wünschen des Top Managements orientiert, wurde damit erklärt, daß das Top Management seine Wünsche nicht systematisch und ständig, sondern nur punktuell äußert. Darüber hinaus ist dem Personalentwickler die Unternehmensstrategie weniger deutlich als dem Top Management.

Ein Dilemma für den für Personalentwicklung Verantwortlichen ergibt sich einerseits aus der "Feuerwehrfunktion", d.h. aus der Notwendigkeit, dem betrieblichen Geschehen entsprechend schnell Problemlösungen bieten zu müssen, und andererseits aus dem Erfordernis und der Überzeugung, daß sinnvolle Personalentwicklungsarbeit langfristige Konzepte und Orientierungen voraussetzt.

Beeinträchtigungen bei der Arbeit der Personalentwicklung

Bei der Diskussion der Frage, wodurch die Arbeit der Abteilung Personalentwicklung am meisten beeinträchtigt werde, wurden am häufigsten genannt:

- "Personalentwicklung wird nicht als Aufgabe der Linie gesehen"
- "Die Linie hat andere Prioritäten als die Abteilung Personalentwicklung".

Als besonders nützlich in diesem Zusammenhang hat sich bei jenen Firmen, die das Assessment Center-Verfahren eingeführt haben, die Mitwirkung von Linienvorgesetzten als Beobachter herausgestellt. "Dann kommen die Führungskräfte nicht auf einen mit der Bitte zu, schnell ein Problem zu lösen. Sie denken anders über die Personalentwicklung, kommen früher und beginnen, mitzuarbeiten." Dieser Nebeneffekt wurde von vielen Teilnehmern als sehr wichtig eingeschätzt.

Die Beantwortung der Frage "Wo findet Personalentwicklung statt?" oder "Wer ist Personalentwickler?" sagt viel über die "Philosophie" der Personalentwicklung eines Unternehmens aus. Jede Führungskraft hat die

Abb. 2: Beeinträchtigungen der Personalentwicklungsarbeit

Aufgabe, seine Mitarbeiter zu entwickeln. Die Stabsstelle Personalentwicklung hat zu koordinieren und die Linie zu unterstützen. Die Verankerung dieser Haltung im Unternehmen ist nur durch die Einbeziehung des Managements möglich. Eine gute Möglichkeit dazu bietet die Übernahme der Beobachterfunktion im Assessment Center durch Mitglieder des Top Managements. Ein Teilnehmer:

> "Ich bin als Verantwortlicher für die Personalentwicklung unseres Unternehmens jeweils während des Assessment Centers für zwei Tage mit Mitgliedern des Vorstandes beisammen, und da wird intensiv über Fragen der Unternehmensstrategie im Zusammenhang mit Personalpolitik und Personalentwicklung bis spät in die Nacht diskutiert. Was da an Informationen, Konzepten, Überlegungen und Gedanken ausgetauscht wird, ist unglaublich und kann anders kaum erreicht werden!"

Empfehlenswert ist es auch, in jedem Bereich einen "Entwicklungsverantwortlichen" zu etablieren. Einmal im Jahr sollte ein Vertreter der

Abteilung Personalentwicklung mit jedem dieser Entwicklungsbeauftragten über die zu seinem Bereich gehörenden und besonders zu fördernden Mitarbeiter sprechen, um Antworten auf die Fragen zu finden: Was war vorgesehen, warum ist es nicht geschehen, was ist der nächste Schritt?

Bei der Verwirklichung dieses Konzepts bedarf nicht die Personalentwicklung der Unterstützung durch die Linie, sondern die Linie braucht die Unterstützung der Personalentwicklung.

Von den Teilnehmern wurde zum Ausdruck gebracht, daß eine Diskrepanz zwischen den offiziell im Unternehmen proklamierten Zielen, Wünschen und Strategien und dem betrieblichen Alltag bestehe:

> "In Zielkatalogen steht, daß Personalentwicklung zu den Hauptzielen des Unternehmens zählt. Die hehren Ansprüche des Unternehmens, Personalentwicklung langfristig zu betreiben, gibt es, doch im betrieblichen Alltag zählen schnelle Vorteile am Markt und schnelle Problemlösungen. Dies steht im Widerspruch zu den Ansprüchen, nach denen Personalentwicklung strategisch ausgerichtet sein soll."

Schnelle Lösungen, insbesondere im Personalentwicklungsbereich, bergen die Gefahr in sich, daß sie das Symptom kurieren und nicht die Ursachen beseitigen.

> "Damit lösen wir zwar das augenblickliche Problem, schaffen uns aber gleich das nächste. Eine schnelle, falsche Personalauswahl ist mit anderen Maßnahmen nur schwer zu korrigieren. Für eine erfolgreiche Arbeit auf dem Gebiet der Personalentwicklung ist gute Personalauswahl eine Voraussetzung."

Personalentwicklung kann nicht erfolgreich sein, wenn sie nicht zur Unternehmenskultur paßt und ihr entspricht. Andererseits hat die Personalentwicklung aber auch die Aufgabe, die Anpassung, Gestaltung und Veränderung der Unternehmenskultur zu unterstützen. Dies ist wichtig, wenn z.B. die Unternehmensstrategie andere Einstellungen und Verhaltensweisen verlangt als bisher. Ein Teilnehmer berichtete, daß seine

Unternehmung z.B. eine Tochterfirma gegründet habe, weil die neue Strategie Verhaltensänderungen verlangte, die bei den vorhandenen Mitarbeitern in so kurzer Zeit nicht zu erreichen gewesen wären.

> "In der Vergangenheit wurden bei uns im Unternehmen Unternehmensstrategien entwickelt, und die Menschen wurden dabei völlig ignoriert. Die Konsequenz daraus war, daß nachher die Schwierigkeiten auftauchten. Richtigerweise geht der Formulierung der Unternehmensstrategie eine Umfeld- und Unternehmensanalyse voraus."

Die Umfeldanalyse gibt Antwort auf die Fragen, welche Entwicklungen sich im Umfeld des Unternehmens abzeichnen und welche Chancen und Gefahren diese Entwicklungen für das Unternehmen bergen.

Die Unternehmensanalyse gibt Antwort auf die Frage, welche Stärken und Schwächen, welche Ressourcen das Unternehmen in bezug auf diese voraussichtlichen Chancen und Gefahren hat.

In diesem Zusammenhang sind das Wissen und die Fähigkeiten der Mitarbeiter und die Unternehmenskultur von entscheidender Bedeutung. Ein Teilnehmer:

> "Wir waren alle so stolz, daß wir Strategien hatten, und jetzt stellen wir fest, daß wir die Strategien nicht umsetzen können, weil die Menschen nicht mitmachen. Jetzt bemerken wir, wie wichtig die Personalentwicklung im Zusammenhang mit der Unternehmensstrategie ist. Aber inzwischen ist wertvolle Zeit verlorengegangen."

Schwierigkeiten und Möglichkeiten, die Personalentwicklung in die Unternehmensstrategie zu integrieren

Zu den wichtigsten Ursachen der Schwierigkeit, Personalentwicklung in die Unternehmensstrategie zu integrieren, zählen nach Meinung der Teilnehmer:

- Die Schwierigkeit, Personalentwicklung langfristig zu planen,
- Ursachen, die beim Top Management liegen,
- Unterschiedliche Ziele, Werte und Ansichten zwischen Top Management
- Unternehmensstrategien sind kaum formuliert.

Abb. 3: Ursachen der Schwierigkeit, Personalentwicklung in die Unternehmensstrategie zu integrieren.

Dazu meinte ein Teilnehmer:

> "Die Tatsache ist hochgefährlich, daß nach Meinung vieler Teilnehmer unterschiedliche Ziele, Werte und Ansichten zwischen dem Top Management und der Abteilung Personalentwicklung für die Schwierigkeiten, Personalentwicklung in die Unternehmensstrategie zu integrieren, mitverantwortlich sind. Das heißt auch, daß die Abteilung Personalentwicklung durch mangelnde Einbeziehung der Linie und des Top Managements die Probleme auf der einen Seite selbst schafft, die sie auf der anderen Seite beklagt."

Eine andere Stellungnahme dazu:

> "Eine Ursache für die mangelnde Übereinstimmung zwischen der Abteilung Personalentwicklung und dem Top Management liegt auch darin, daß kontroverse Themen aus dem Bereich der Personalentwicklung von der Abteilung Personalentwicklung nicht zur Diskussion gestellt und damit nicht ausdiskutiert werden. Dahinter verbirgt sich oft die Hoffnung, nach eigenen Vorstellungen autonom weiterarbeiten zu können - allerdings auch die Gefahr, daß langfristig Kompetenz und Anerkennung vom Top Management verweigert werden."

Damit verbunden ist die Entwicklung der Abteilung Personalentwicklung und ihre zunehmende Kompetenz und Akzeptanz. Das Ansehen und die Stellung der Abteilung Personalentwicklung hängen davon ab, wie relevant ihre Tätigkeit für das Unternehmensgeschehen ist.

> "Sie muß hineinwachsen, und das ist ein langwieriger Prozeß. Voraussetzung ist, daß die Abteilung Personalentwicklung genau weiß, was sie will und der geeignete Partner für das Top Management und die Linie ist. Das Assessment Center ist ein Instrument dafür. Damit kann man Akzeptanz schaffen, wenn man es richtig macht."

> "Personalentwicklung muß dort ansetzen, wo das Unternehmen für Personalentwicklung und -systeme aufnahmefähig ist. Zuerst muß die Personalentwicklung überzeugende Arbeit leisten. Dann hat das Top Management von der Personalentwicklung den Eindruck, die holen uns ab bei unseren Problemen, die orientieren sich an den Bedürfnissen, die wir haben. Dann kann von der Abteilung Personalentwicklung der nächste Schritt in Richtung Personalpolitik und Unternehmensstrategie gegangen werden."

Bemerkungen und Thesen zum Thema

Folgende Überlegungen, die im Rahmen der Arbeitsgruppe geäußert wurden, behandeln Aspekte, die bei der Integration der Personalentwicklung in die Unternehmensstrategie zu beachten sind:

Damit Personalentwicklung als ein strategischer Erfolgsfaktor gesehen werden kann, muß das Lernen eine Aufgabe des jeweiligen Vorgesetzten sein und in das Betriebsgeschehen integriert werden. "Lernen" sollte nicht allein Aufgabe der Abteilung Personalentwicklung sein.

Herkömmliche Entwicklungsarbeit konzentriert sich stark auf den Abbau von Defiziten. Strategieorientierte Personalentwicklung jedoch ergänzt dies durch die Entwicklung der vorhandenen Stärken. Damit gewinnen andere Formen des Lernens über den Seminarbesuch hinaus an Bedeutung, z.B. verschiedene Formen des Action Learning und kontinuierliche Lern- und Projektgruppen. Der Entwicklungsprozeß kann dabei von einzelnen Teilnehmern oder Teilnehmergruppen in Zusammenarbeit mit dem Entwicklungsberater relativ autonom gestaltet werden, was eine besondere Orientierung an den Stärken erlaubt.

Die Beantwortung folgender Fragen ist für die Integration der Personalentwicklungsaktivitäten in die Unternehmensstrategie wesentlich:

- Hat das Top Management eine Unternehmensstrategie formuliert?
- Ist die Unternehmensstrategie so formuliert, daß daraus die Personal- und Personalentwicklungspolitik und entsprechende Maßnahmen abgeleitet werden können?
- Welche Aspekte der Unternehmenspolitik sind für die Personalentwicklung besonders interessant und wegweisend?
- Besteht in der Abteilung Personalentwicklung Klarheit darüber, welche Mitarbeiter mit welchen Qualifikationen in Zukunft benötigt werden?
- Kennen die Manager des Unternehmens die Unternehmensstrategie und handeln sie danach? Wenn nicht: warum nicht? Welche Konsequenzen ergeben sich daraus für die Personal- und Organisationsentwicklung?

Wenn der Unternehmensstrategie im Unternehmen keine große Bedeutung beigemessen wird, ist es für die Abteilung Personalentwicklung schwierig, strategisch relevante Konzepte zu entwickeln und in die Tat umzusetzen. In diesem Fall kommt der Personalentwicklung zumindest eine Sensibilisierungs- und Qualifizierungsfunktion zu. D.h., die Abteilung Personalentwicklung sollte dafür sorgen, daß strategische Analysen durchgeführt und strategische Entscheidungen getroffen werden, damit die Bemühungen der verschiedenen Unternehmensbereiche darauf ausgerichtet werden können.

Im Rahmen der Führung gewinnt die Frage "Führung wohin?" verstärkt an Bedeutung. Nicht der wirtschaftlichste Weg zum einmal vorgegebenen Ziel, sondern das Ziel selbst ist häufig das Problem. Fehlt die Orientierungsmöglichkeit z.B. durch die Unternehmensstrategie, besteht die Gefahr, daß einzelne Bereiche des Unternehmens (auch die Personalentwicklung) eine eigene Dynamik entwickeln, die in Routine, Frustration, mangelnder Motivation und Bürokratismus erstarren.

Der Prozeß verstärkter Integration der Personalentwicklung in die Unternehmensstrategie

- zwingt zur Auseinandersetzung mit der Zukunft der eigenen Arbeit,
- läßt zukünftige Chancen und Gefahren klarer erscheinen,
- führt zu Kommunikation und Abstimmung mit anderen Bereichen,
- ermuntert zu Initiativen gegenüber der Linie,
- läßt strategisch relevante Fragen aus dem Bereich der Personalentwicklung zum Top Management gelangen,
- ermöglicht es dem Bereich Personalentwicklung, den eigenen Beitrag im Rahmen des Unternehmensgeschehens sichtbarer werden zu lassen,
- reduziert Suboptimierung und Isolation.

Unternehmensstrategien müssen, um erfolgreich zu sein, von einer entsprechenden Kultur im Unternehmen unterstützt werden. Werteorientiertes Lernen erlaubt und fordert die Auseinandersetzung mit Fragen wie:

- Welche Annahmen, Vorstellungen, Werte und Normen liegen - ausgesprochen oder unausgesprochen - den gegenwärtigen Verhaltensweisen zugrunde?

- Entsprechen sie der gewünschten Entwicklung des Unternehmens?
- Von welchen Leitgedanken, Grundsätzen und Zielen wollen wir in Zukunft ausgehen?
- Welche Maßnahmen unterstützen das Verhalten, das diesen Leitgedanken, Grundsätzen und Zielen entspricht?
- Wie können diese Maßnahmen in den betrieblichen Alltag integriert werden?
- Wie sollte im Unternehmen geführt werden, um dies zu erreichen?
- Was sollte und was kann der Beitrag der Abteilung Personalentwicklung dazu sein?

Ein spezielles Verfahren der Anforderungsanalyse

Rainer Neubauer

Vorbemerkungen zur Problematik der Anforderungsanalyse in der Praxis der Assessment Center-Technik

Einige Grundprinzipien der Assessment Center-Technik (anforderungsspezifische Simulation von Tätigkeitssituationen, Erfassung beobachtbaren Verhaltens, Einsatz mehrerer Beobachter) stellen methodische Reaktionen auf Probleme dar, die bei der Beobachtung und Bewertung individueller Eignung immer wieder auftreten.

Gebündelt lassen sich diese Probleme wie folgt zusammenfassen:

- Jeder, der die Eignung anderer einschätzt, verfügt über eine ihm selbst sehr plausibel erscheinende individuelle Eignungstheorie. Auch der eignungsdiagnostische Laie tut also nichts anderes, als ihm persönlich eignungsrelevant erscheinende Kennzeichen wahrzunehmen, mit Schlußfolgerungen seiner Theorie zu verknüpfen und daraus Hochrechnungen über den Betrachteten abzuleiten.

- Die Erfahrung zeigt weiter, daß zwischen individuellen Eignungstheorien zum Teil große Unterschiede bestehen, die dazu führen, daß eine Person von zwei Betrachtern sehr verschieden gesehen und beurteilt werden kann.

- Diese unterschiedlichen Sichtweisen sind vielleicht auch Ausdruck subjektiver Verzerrungen; vor allem aber haben sie zur Folge, daß in der Realität nicht nur eine (wahre?) Eignungstheorie gilt, sondern daß viele, nebeneinander gültige (im Sinne von real wirksame) Theorien bestehen, die die tatsächliche Personalentwicklung steuern (Einstellungsentscheidungen, Beförderungen, Aufgabenzuweisungen etc.).

Diese drei Aspekte sind empirisch gut belegt, und man könnte meinen, wir hätten in den letzten 50 Jahren gelernt, mit ihnen umzugehen. Dies ist allerdings nach unserer Einschätzung nicht der Fall. Statt dessen quillt die einschlägige Fachliteratur von Klagen über mangelnde Validität und Reliabilität (Gültigkeit und Zuverlässigkeit der Diagnostik) über; Beurteiler sind prinzipiell "subjektiv schmutzende" Fehlerquellen, die der eigentlichen Wahrheit über den Betrachteten hinderlich im Wege stehen.

Dementsprechend zeigen die angestrebten Problemlösungen meist den Charakter von Watzlawick´schen Lösungen im Sinne von "mehr desselben". Das heißt, man behandelt Probleme, indem man immer stärker in die Lösungsrichtung geht, die bisher schon nicht in der Lage war, das Problem zu lösen, und sorgt somit selbst weiter für die "Unlösbarkeit" des Problems.

Eine solche ineffiziente Richtung heißt nach unserer Meinung: Noch mehr Einheitlichkeit in den Sichtweisen, noch mehr Objektivität in den Urteilen, noch mehr Mathematik in der Verarbeitung von Eignungsdaten. Weg von Subjektivität, Vorurteil, Meinungsverschiedenheiten.

Eine andere ineffiziente Richtung geht genau den umgekehrten Weg: Da das Problem nicht lösbar ist, brauchen wir nicht daran zu arbeiten. Bisher war unsere Eignungsbeurteilung doch ganz effizient; was sollen dann all die Analysen, die nichts bringen? Meine intuitive Erfahrung ersetzt Anforderungsanalyse und Assessment Center.

Grundpositionen einer alternativen Sichtweise der Problematik:

Wenn erwiesenermaßen beide Richtungen die von ihnen selbst erstrebten Änderungen nicht erreichen, lohnt es sich nach unserer Überzeugnung, das Problemfeld einmal anders zu betrachten. Für diese Betrachtung stellen wir folgende Thesen auf:

- Jede individuelle Eignungstheorie (eines Beurteilers und Entscheiders) dient nicht nur der Betrachtung von Personen, sondern sie stellt ganz real Anforderungen an den Betrachteten. Sie tut dies zumindest in dem

Augenblick, in dem der Besitzer der Theorie in der Wirklichkeit wirksame Entscheidungen über den Betrachteten trifft. Für den Betrachteten ist also der Betrachter ein "lebendes Kriterienbündel". Ungeachtet der Wünsche, die wir bezüglich Einheitlichkeit und Objektivität von Anforderungen haben, lassen individuelle Eignungstheorien bereits Anforderungen in der Realität wirksam werden. Diese Wirksamkeit ist - und das ist wichtig - real gegeben, unabhängig von der Frage, ob die gestellten Anforderungen "zu Recht" oder "zu Unrecht", "richtig" oder "falsch" gestellt werden. Sie sind einfach wirksam.

- Diese derart wirksamen Eignungstheorien sind uns - entgegen der allgemeinen Meinung - inhaltlich und in ihrer Struktur nicht gut bekannt. Wir glauben lediglich an die Allgemeingültigkeit der einzelnen Theorie, da wir allgemein gebräuchliche, alltagssprachliche Begriffe verwenden, wenn wir uns gegenseitig Eignungsaussagen darlegen. Wir sagen also Sätze wie "Herr Mandelbrodt ist ein sehr künstlerischer Mensch", "Herr Musil hat eigentlich keine besonders hervorstechenden Eigenschaften", "Herr Kant verfügt über eine exzeptionelle Willenskraft". "Künstlerisch", "hervorstechend", "Wille" sind Begriffe, die jedem von uns bildhaft geläufig sind. Wir bauen also sofort recht konkrete Vorstellungen auf, woran wir selbst (als lebende Kriterienbündel) einen willenstarken Menschen erkennen würden.

- Wichtig erscheint uns nun festzustellen, daß Begriffe wie "Willenskraft" keine objektive (außerhalb von uns selbst angesiedelte) Definition haben. Wir können also nicht "nach außen" in die Natur verweisen, wenn wir über die eigentliche, "wahre" Willenskraft debattieren. Stoßen wir nun auf unterschiedliche Verständnisse eines Fähigkeitsbegriffes, so machen wir erfahrungsgemäß zwar ständig den Versuch, die eigene Definition als wahr und die des anderen als irrig oder eigentlich etwas anderes meinend (z.B. "was Sie meinen, ist Durchsetzungsvermögen, nicht Willenskraft") zu werten. Diese Versuche helfen aber nicht weiter, weil alle Seiten diese Art gegenseitiger Überzeugung versuchen.

- Wir glauben deshalb, daß Fähigkeitsbegriffe besser als "leere Schachteln mit Etikett" verstanden werden sollten, über deren Befüllung mit konkreten Inhalten (Definitionen, Verhaltensweisen) Vereinbarungen getroffen werden sollten.

- Solche Vereinbarungen setzen voraus, daß mit Beteiligung der "lebenden Kriterienbündel" (Entscheider, Vorgesetzte etc.) zunächst einmal gesammelt wird, welche "Schachteln" in den einzelnen Eignungstheorien vertreten und wie sie mit Verhaltensweisen und Schlußfolgerungen über Verhaltensweisen individuell gefüllt sind.

- Sind die individuellen Eignungstheorien bekannt, so sollte jede Einzeltheorie als Ausschnitt aus einer "Gesamtwirklichkeit" aufgefaßt werden. Das heißt, Widersprüche zwischen den einzelnen Theorien sind nicht automatisch Behinderungen auf dem Weg zur Wahrheit, sondern können auch als Teilaspekte der Gesamtwirklichkeit (durchwoben mit einigen, wenig stichhaltigen Hypothesen wie Vorurteilen, ersten Eindrücken, schlampigen Wahrnehmungen etc.) verstanden werden.

- Dabei sollten wir immer im Gedächtnis bewahren, daß auch eine uns sehr abstrus erscheinende Individualtheorie in der Praxis wirkt. (Wenn z.B. ein Vorstand für sich "weiß", daß Mitarbeiter, die einen Ring tragen, keine guten Führungskräfte werden können, dann wird das zu einer Beförderungspraxis führen, die Ringträger in der Führungsmannschaft aussterben läßt. Diese Wirksamkeit wird auch nicht durch die Formulierung besonders "objektiver" Anforderungsprofile beseitigt, sondern nur durch Vereinbarungen mit diesem Vorstand. Voraussetzung hierfür ist jedoch, daß das "Ringkriterium" überhaupt bekannt wird. Erst dann haben wir prinzipiell die Chance, das Ringkriterium zu verändern.)

- Vereinbarungen, die in der Praxis auch wirksam werden sollen, können nur mit den Trägern der individuellen Eignungstheorien getroffen werden, nicht gegen sie. Genausowenig wie Schulungsmaßnahmen und exakt definierte Beobachtungsskalen sogenannte Beurteilerfehler im AC verschwinden lassen, genausowenig verschwinden "falsche"

Anforderungskriterien aus den individuellen Theorien, indem man ihr "verboten sein" verkündet und ihre "Nichtwirksamkeit" anordnet.

Anforderungen an die Anforderungsanalyse

Aus der von uns dargestellten alternativen Position zum Verständnis von Anforderungskriterien wird klar, daß wir das Ziel verfolgen, mit den Individuen in der Anwenderfirma zusammen zu halbwegs praktikablen und konkreten Tätigkeitsinformationen zu kommen, die sich in eignungsrelevantes und beobachtbares Verhalten umsetzen lassen.

Wir haben bereits erwähnt, daß hierfür die Erhebung der vorhandenen individuellen Theorien Voraussetzung ist, da diese die Entwicklung der Wirklichkeit nicht unerheblich beeinflussen. Das tatsächliche Maß der Wirksamkeit individueller Theorien ist selbstverständlich abhängig vom Einfluß, den der Inhaber der individuellen Theorie besitzt. Doch selbst Personenkreise, denen man gemeinhin wenig "Macht" im Unternehmen zuschreibt (z.B. Sachbearbeiterebene), gestalten über ihre individuellen Eignungstheorien die Anforderungswirklichkeit füreinander und für andere Personenkreise (z.B. ihre Vorgesetzten).

Diese Betonung der Wirksamkeit individueller Sichtweisen mag bei manchem Leser die Befürchtung auslösen, damit würden subjektive Vorurteile und Meinungen zu objektiven Anforderungen erhoben. Diese Befürchtung ist natürlich dann zutreffend, wenn man die Ergebnisse einer subjektiven Erhebung einfach zur objektiven Richtschnur erheben würde.

Um der Beliebigkeit subjektiver Sichtweisen nicht Tür und Tor zu öffnen, brauchen wir also noch einige andere Informationsarten, die später bei der Vereinbarung von Anforderungsmerkmalen als Korrektiv verwendet werden können.

Neben der Erhebung individueller Eignungstheorien, auf die wir später eingehen werden, halten wir folgende Punkte für wesentlich:

- Arbeitsverhalten spielt sich nicht im luftleeren Raum ab; wir brauchen deshalb Beschreibungen der Rahmenbedingungen der Tätigkeiten, die ausgefüllt werden sollen. Unter Rahmenbedingungen verstehen wir Regeln, Hilfsmittel und Beziehungen zu anderen Tätigkeiten, die die konkrete Aufgabenbewältigung mitdefinieren. Die Erhebung dieser Rahmengrößen ist deshalb so wichtig, weil in ihnen bereits die tatsächlich erreichbare Effizienz des Stelleninhabers festgelegt wird. Allzu oft werden jedoch Probleme, die logischerweise im Rahmen ihre Ursache haben, auf die Eignung des Stelleninhabers abgebildet. So braucht ein Stelleninhaber oft "Überblick", um zu entscheiden, welche Regelungen immer gelten und welche nur in Sonderfällen einzuhalten sind. Nach unserer Erfahrung tendieren Regeln dazu, wie ein Dschungel zu wachsen. Sie tun dies umso mehr, je mehr sie dazu verwendet werden, zu jeder Zeit und in jeder Sondersituation einen geeigneten Regelverletzer (sprich Schuldigen) parat zu haben, wenn unerwünschte Effekte auftreten. Selbstverständlich überlebt niemand in einem geregelten System, der sich mit den Spielregeln nicht auskennt. Insofern gehört die Regelbeherrschung auch zur Eignungsfrage. Mit paradoxen Regeln, die bei näherer Betrachtung fast überall zu finden sind, können jedoch auch die Geeignetsten nicht geeignet umgehen. So ist z.B. eine Regel, die nur das individuell beste Mitglied eines Teams gehaltlich fördert, kaum geeignet, das Team als ganzes zu kooperativem Verhalten zu bringen. Eine Führungskraft, die nach der Regel die Ergebnisverantwortung für ihren Bereich trägt, wird dann wenig effizient arbeiten, wenn sie nach einer anderen Regel jede S-Bahn-Fahrt von ihrem Vorgesetzten genehmigen lassen muß.

- Geht man davon aus, daß individuelle Eignung nicht das einzige ist, das gute oder schlechte Arbeitsergebnisse ermöglicht, so müssen uns die Situationen und Tätigkeitsarten interessieren, in denen die Eignung eine relativ große Rolle spielt. Wir nennen solche Situationen "eignungskritische Ereignisse" und verstehen darunter Situationen, in denen ein Geeigneter (oder Erfahrener) zu erwünschten, der Ungeeignete (oder Neuling) zu unerwünschten Ergebnissen kommt. Eignungskritisch in diesem Sinne sind also nicht Situationen, in denen keiner oder jeder erfolgreich ist (z.B. "unbekannter Kunde schlägt ohne Vorwarnung drei Mitarbeiter nieder" oder "Mitarbeiter verzichtet gleich zu Beginn eines Mitarbeitergesprächs von sich aus auf eine Gehaltserhöhung, der der Vorgesetzte nicht hätte zustimmen können"). Informationen über wirklich eignungskritische Ereignisse lassen sich nach unserer Erfahrung gut mit der "Critical Incidents Technique" von Flanagan erheben. Um Assessment Center-relevant zu sein, sollten die Informationen in der Hauptsache auf eignungskritische Verhaltensweisen abzielen und weniger auf Fähigkeitsnamen, deren Inhalte schnell wieder zu einer Frage der Definition werden.

- Schließlich wollen wir darauf hinweisen, daß die bisher genannten Analysemethoden lediglich in der Lage sind, Ist-Zustände abzubilden. Die Zukunft ist in ihnen meist nur in Gestalt von Sehnsüchten nach anderen Zuständen vorhanden. Inwieweit diese Sehnsüchte (z.B. besseres Klima, eine breit getragene Unternehmenskultur, zivilcouragierte Mitarbeiter und Führungskräfte usw.) in die zukünftige Praxis umgesetzt werden können, ist nur durch einen weiteren Schritt klärbar. Dieser Schritt könnte "Erfindung der Zukunft" heißen. Wir haben diesen Begriff gewählt, weil wir nach unseren Erfahrungen nicht glauben, daß sich die zukünftige Entwicklung des Unternehmens besonders präzise vorausberechnen und analysieren läßt. Bezüglich der Verhaltensvorlieben der Organisationsmitglieder glauben wir, daß eine stabile Fortschreibung des bisherigen Verhaltens in die Zukunft die wahrscheinlichste Zukunft darstellen dürfte, die wir erwarten können. Was die Entwicklung der Umwelt des Unternehmens angeht, so glauben wir, daß die Vorhersagbarkeit des Wandels in bestimmte inhaltliche Richtungen häufiger mißlingt, als wir wahrzunehmen bereit sind. Ein ziemlich sicherer Tip dagegen erscheint uns die Prognose von Wandel an sich zu sein, ohne daß uns dessen Inhalte heute schon allzu klar vorlägen. Die gewinnträchtigste Betrachtung zukünftiger Entwicklungen der Anforderungen sehen wir jedoch in der Möglichkeit, gemeinsame Vereinbarungen mit Blick ins vorhandene System zu tun (Vester nannte dies in seinem Beitrag "den Blick nach innen".).

Unser Vorschlag für die Betrachtung zukünftiger Anforderungen lautet deshalb, auf der Basis der vorhandenen Informationen zum Ist-Zustand einen neuen Soll-Zustand zu erfinden und mit konkreten Vereinbarungen zwischen den Beteiligten im Alltag wirksam werden zu lassen. Von dieser Strategie kann man sich sicher keine Wunder erwarten; sie bringen jedenfalls mehr realen und erwünschten Wandel als alle Hochglanzbroschüren zur Unternehmenskultur zusammen (wenn es nur bei den Broschüren bleibt, was manchmal der Fall ist). Dabei dürfte es sich von selbst verstehen, daß solche Vereinbarungen nicht nur Verhaltensweisen, sondern auch Rahmenregelungen und Arbeitsprozesse betreffen werden. Versteht man Anforderungen als wandlungsfähige Vereinbarungen, so kann auch das Assessment Center davon profitieren, denn es muß sich dann automatisch einbetten in den größeren Zusammenhang der Personal- und Organisationsentwicklung. Assessment Center, die lediglich zur Festschreibung von Urteilen über Personen dienen, setzen diesen Vereinbarungsschritt natürlich nicht voraus. Wir hoffen jedoch, daß solche Assessment Center sich allmählich zu ihren Freunden, den Dinosauriern, gesellen.

Im folgenden wollen wir nun zum Schwerpunkt unseres Themas zurückkehren, der Darstellung eines Erhebungsverfahrens von Anforderungen, das auf die Bedeutung individueller Eignungstheorien für die Anforderungsanalyse abhebt.

Anforderungsanalyse mit Kellys REP-Test und dem QED-Verfahren

George Alexander Kelly, Begründer der Persönlichkeitstheorie,"Theorie der personalen Konstrukte", entwickelte 1955 ein Befragungsinstrument das er gemäß dem damaligen Zeitgeist in den USA "Rep-Test" nannte. Da dieses Instrument einem klassischen Psychotest in keiner Weise ähnlich ist, halten wir den Ausdruck "Test" für denkbar irreführend und nennen unsere Variante dieser Befragungsmethode deshalb "Verfahren zur qualitativen Erhebung von Daten" (QED).

Einige Grundlagen des Verfahrens

Einige der Grundideen von Kellys Rep-Verfahren will ich verkürzt und (hoffentlich) verständlich zusammenfassen, wobei ich mich allerdings nicht sklavisch an die Grundpostulate der Theorie Kellys halte.

Personen interpretieren Ereignisse, z.B. beobachtete Verhaltenssequenzen, indem sie wahrgenommene Kennzeichen des Ereignisses durch ein bereits vorhandenes, vorformatiertes System von Kategorien (Konstrukten) laufen lassen.

Dieses System ist hochgradig vernetzt organisiert und befindet sich im Austausch mit neuen Ereignissen in ständigem Wandel. Das System ist einerseits darauf aus, nach selbstgewählten Kriterien richtige Prognosen zu stellen und damit das eigene Verhalten gegenüber dem Ereignis festlegen zu können. Andererseits versucht das System, sich selbst zu erhalten. Diese Aussage ist zwar aus Kelly ableitbar, wird von ihm jedoch nicht so massiv vertreten wie von uns. Der Selbsterhaltungsdrang des Systems kann sich darin äußern, daß es einmal gefundene, "gute" Einordnungen eines Ereignisses auch dann nicht revidiert, wenn neue Informationen andere Einordnungen geeigneter erscheinen lassen. Das System kann sogar das Ergebnis als solches als nicht existent definieren oder ihm einen ganz anderen Sinn geben als den ursprünglich aufgefaßten. So kann z.B. aus beobachtetem "freundlichen Verhalten, Lächeln, gezeigter Hilfsbereitschaft" eines anderen "besonders abgefeimtes, schurkisches Verhalten" werden. Aus zunächst wahrnehmbarer "Nichteinhaltung eines gegebenen Versprechens" wird unter Hinzuziehung eines angenommenen Sachzwanges "verzeihliche Vergeßlichkeit".

Das System schafft Ordnung in der Wahrnehmung, indem es eindeutige Einordnungen von Ereignissen ermöglicht. Dazu müssen die Bestandteile des Systems Unterscheidungsmöglichkeiten anbieten: Dies ist noch "freundliches", aber das ist schon "unfreundliches Verhalten". Die Einzelkonstruktionen werden deshalb in der Theorie als zweipolig gedacht.

Das System entfaltet dort seine individuell betrachtet größte Unterscheidungsgenauigkeit, wo es auf Ereignisse trifft, die ihm bereits aus früheren Vergleichsereignissen gut vertraut sind.

Das System ist nicht nur ein Wahrnehmungssystem, sondern dient als Grundlage für das eigene Handeln, den Umgang mit Ereignissen und anderen Personen.

Kennzeichen einer QED-Befragung

Bei QED werden konkrete Ereignisse (in unserem Fall Personen) beschrieben, mit denen der Befragte persönliche, konkrete Erfahrungen gemacht hat. Die Schilderungen des Befragten erfolgen in seiner eigenen Sprache; d.h. er kreuzt keine vorformulierten Fragen an, sondern schildert mit seinen eigenen Worten Kennzeichen und Verhaltensweisen, die ihm selbst aufgefallen sind.

Die Beschreibung der Personen erfolgt vergleichend und nicht absolut; d.h. es wird erhoben, welche Unterschiede zwischen den Personen bestehen. Die einzige Steuerung der Befragungsinhalte besteht in der Vorgabe der Typen von Personen, die der Befragte miteinander vergleichen und beschreiben soll. Darüber hinaus wird dem Befragten noch eine zentrale Fragestellung mit auf den Weg gegeben, die z.B. lauten kann: "Beschreiben Sie, in welcher Hinsicht sich zwei der drei Personen bezüglich ihres Führungsverhaltens ähneln und wodurch sich die dritte Person von den beiden ähnlichen unterscheidet".

Jeder Befragte beschreibt individuelle, konkrete Personen, deren Identität unbekannt bleibt , und von denen lediglich bekannt ist, daß eine bestimmte Beschreibung nach Meinung des Befragten auf sie (früher oder heute) zutrifft. Eine derartige Beschreibung kann z.B. lauten: "Eine Ihrer früheren oder jetzigen Vorgesetzten, der Ihrer Meinung nach den Anforderungen einer Führungskraft gut gerecht wird".

Ablauf einer QED-Befragung

Baut man einen QED-Bogen neu auf, so muß zunächst die zentrale Fragestellung (z.B. Führungsverhalten) formuliert werden. Anschließend werden allgemeine Beschreibungen der zu schildernden Personen erarbeitet. Diese Beschreibungen sollen so aufgebaut werden, daß das Erfahrungsfeld der Befragten und die Zielsetzung der Befragung z.B. differenzierende Verhaltensweisen zwischen mehr oder weniger effizienten Führungskräften möglichst gut in Einklang gebracht werden können. Wir geben meist 6 oder 9 derartige Beschreibungen vor.

Es muß eine Befragungsinstruktion geschrieben werden, in der der Sinn der Befragungsaktion und die Aufgabenstellung erläutert werden. Schließlich muß der Antwortbogen anhand der interessierenden Hypothesen formuliert werden. Der Antwortbogen gibt in unserer Version je 10 oder 12 verschiedene Dreiervergleiche von zu beschreibenden Personen vor.

Es empfiehlt sich, vor der Befragungsaktion die Teilnehmer zu informieren, um offene Fragen und Unsicherheiten gegenüber dem beabsichtigten Gebrauch der Daten zu klären. Die Befragung selbst kann schriftlich durchgeführt werden.

Der Befragte geht in der Befragung wie folgt vor:

Zuerst liest er die relativ abstrakten Beschreibungen der vorgegebenen Personentypen durch und überlegt sich, welche Beschreibung auf welche ihm persönlich bekannte, konkrete Person paßt. In einer sogenannten Personenliste trägt der Befragte 6 oder 9 verschiedene Namen konkreter Personen ein. Diese Liste bleibt beim Befragten, niemand außer ihm weiß, wen er beschreibt. Am Ende dieses Schrittes verfügt der Befragte über 6 oder 9 verschiedene Namen, die seiner Meinung nach den allgemeinen Beschreibungen entsprechen.

In einem zweiten Schritt (der eigentlichen Befragungsphase) werden nach einem vorgegebenen Schema je drei Personen vergleichend beschrieben. Dabei hält sich der Befragte an die von ihm selbst festgelegten konkreten Personen. Er liest die drei im jeweiligen Dreiervergleich angegebenen Personenziffern (Namen aus seiner Personenliste) und sucht nach Ähnlichkeiten und Gegensätzen zwischen diesen drei Personen. Auf dem Bogen trägt er die Ziffern der zwei, seiner Meinung nach einander ähnlichen Personen ein und schildert Kennzeichen, Eigenschaften und Verhaltensweisen, die diese beiden kennzeichnen. Er trägt die Ziffer der unähnlichen Person ein und schildert ihr Verhalten. Pro Dreiergruppe sieht unsere QED-Variante bis zu drei verschiedene Gruppierungs- und Beschreibungsmöglichkeiten der drei Personen vor. Bei sechs Personen in der Personenliste geben wir 10 Dreiervergleiche, bei neun Personen 12 Dreiervergleiche vor, die der Befragte bearbeitet.

Die Bearbeitungszeit pro Befragten liegt erfahrungsgemäß zwischen 1,5 und drei Stunden.

Als Ergebnis erhalten wir eine Liste von 20 bis 40 Datensätzen folgender Art:

"Person 2 vermeidet Entscheidungen - die Personen 1 und 3 entscheiden rasch und nachvollziehbar"

Ausführliche Variante dieser Aussage: Person 1 und 3 (ideale Führungskraft und anforderungsgerechter Vorgesetzter; aus Sicht des Befragten jedoch Herr X und Herr Y) haben gemeinsam, daß sie rasch und nachvollziehbar entscheiden; Person 2 (Führungskraft, die besser keine geworden wäre; aus Befragtensicht Herr Z) dagegen vermeidet Entscheidungen.

Datenaufbereitung und -auswertung

Führt man eine QED-Befragung in einer kleinen Arbeitsgruppe (mit z.B. sechs Teilnehmern) durch, so lassen sich die Daten zur Not ohne Hilfsmittel durchforsten. In den meisten Fällen jedoch übersteigt die Datenfülle bald das Maß, das ein Auswerter "mit freiem Auge" überblicken kann. Bei unseren QED-Auswertungen greifen wir deshalb auf das Hilfsmittel Computer zurück. Dazu eignet sich jeder handelsübliche Microcomputer mit 640 KB Kernspeicher und einer Festplatte. Die Rohdaten können von einer Hilfskraft in eine Datenbank (z.B. Dbase) geschrieben werden, die dann von jedem halbwegs mit Datenbanken Vertrauten entsprechend seiner Zielsetzungen ausgewertet werden kann. Der Rechner wird hierbei nicht als "schlußfolgernder Auswerter" verwendet, der am Ende verdichtete Ergebnisse auswirft, sondern als Hilfsmittel, das einem menschlichen Auswerter die Rohdaten in ihn interessierenden Gruppierungen aufbereitet.

Da wir uns bereits seit 1979 mit solcher Verarbeitung von Daten beschäftigen, haben wir uns für den Hausgebrauch ein umfangreiches Programmpaket geschrieben (QED-Programm), das die Auswertung von QED-Daten wesentlich erleichtert. Dabei geht es um folgende Einzelschritte:

- Rohdateneingabe und Korrektur
- Codierung aller Rohdaten nach einem beliebigen Merkmalsschema
- Listprogramme
- Einfache Häufigkeits- und Profilprogramme über das Merkmalsschema
- Suchroutinen nach Textteilen (Merkmalsnamen, Verben etc.)

Ergebnisarten von QED-Daten

Mit den obengenannten Hilfsmitteln können den QED-Daten eine Menge interessanter Fragen gestellt werden, die für die Anforderungsanalyse, aber auch für andere Zwecke von Bedeutung sind:

- Merkmalsnamen, Definitionen und Verhaltensbeschreibungen

  Man kann klären, welche Verhaltensbereiche eine besonders große Rolle spielen (immer wieder genannt und geschildert werden). Aus den Aussagen werden Definitionskomponenten extrahiert und mit beobachtbaren Verhaltensweisen aus den Aussagen weiter erläutert.

- Skalierung von Merkmalen

  Die Aussagen enthalten immer "positive" und "negative" Ausprägungsbeispiele für die Merkmale. Mit ihrer Hilfe können Verhaltensanker für Merkmalsausprägungen definiert werden.

- Balanceskalen

Aufgrund unserer Erfahrungen mit QED und den Schwierigkeiten im Assessment Center sind wir dazu übergegangen, sogenannte Balanceskalen zu verwenden. Während übliche Skalen meist von "schlecht" bis "gut" reichen, verwenden wir drei Skalenbereiche, die wir in einer 7-Punkte-Skala abdecken und pro Bereich mit Verhaltensbeispielen aus QED-Daten definieren. Die drei Bereiche lauten "zu wenig" (1,2), "erwünscht" (3,4,5) und "zu viel" (6,7). Diese Skalen haben nach unserer Erfahrung folgende Vorteile. Sie differenzieren besser zwischen Personen, die in einem Merkmal noch ziemlich unbeleckt sind und solchen, die ein Merkmal sehr stark, aber ineffizient abdecken. Nicht alle Merkmale lassen sich so skalieren; denkt man jedoch an manche Erscheinungsformen von Merkmalen wie "Selbstbewußtsein, Durchsetzungsvermögen, Entscheidungsfreude, Genauigkeit, Problemanalyse, Konfliktverhalten, Eloquenz, Gerechtigkeitssinn, taktisches Gespür, Anweisen und Kontrollieren usw.", so wird rasch deutlich, daß Ineffizienz oft durch ein Überschießen solcher Merkmale bedingt ist.

Ein zweiter Vorteil der Balanceskalen kommt in unseren Augen vor allem im Assessment Center zum Tragen: Balanceskalen erlauben keine verkürzenden Mittelwert- und Gesamtpunktzahlbildung, mit der oft mehrtägige Informationsgewinnung zu einem inhaltsleeren Güteindex "eingedampft" wird. Balanceskalen verdeutlichen auch, daß oszillierendes Verhalten eines AC-Teilnehmers nicht dadurch stabilisiert werden kann, daß man den Teilnehmer in der Mitte zwischen den beiden beobachteten Punkten ansiedelt. Wenn z.B. ein AC-Teilnehmer in den Übungen zeigt, daß er entweder lange Zeit schweigt oder dauerhafte Monologe hält, so signalisiert dies im Mittel eben gerade nicht erfrischende Dialogfähigkeit. Dabei ist es müßig, sich zu fragen, ob der so beobachtete Teilnehmer in Wirklichkeit ein "Schweiger" oder ein "Dauerredner" ist. Beide Varianten sind beobachtbar und fallen bei einer Balanceskalierung in die zwei Ineffizienzbereiche "zu wenig" und "zu viel". Gemittelt ergäben sie das Optimum, das den Teilnehmer genau nicht kennzeichnet.

- Situative Hinweise zur Übungskonstruktion

  In den Rohdaten stecken natürlich auch Hinweise über die situative Einbettung von Verhalten, die der AC-Konstrukteur später für den anforderungsgerechten Zuschnitt seiner Übungen nutzt, statt sie aus Büchern abzuschreiben, die für ganz andere Zwecke geschrieben wurden.

- Individuelle Eignungstheorien

  Die Daten können selbstverständlich auch pro Befragten ausgewertet werden. Wir rechnen dazu sogenannte Befragtenprofile, in denen ausgezählt wird, welche Merkmale ein Befragter in seinen Aussagen besonders häufig anspricht. Solche besonders häufigen Merkmale werden meist nicht durch Besonderheiten einer der geschilderten Personen definiert, sondern durch Schwerpunktbildungen des Befragten selbst. Wir setzen solche Befragtenprofile im Beobachtertraining ein, indem wir jedem Beobachter seine Verteilung vorlegen und uns selbst Hypothesen bilden, worauf jeder Beobachter besonders achtet, wenn er andere Mitarbeitergruppen wahrnimmt. Mit dem Hilfsmittel QED können wir also gezielter auf individuelle Theorien eingehen und darstellen, daß die Unterschiedlichkeit dieser individuellen Theorien zwangsläufig zu unterschiedlichen Sichtweisen führen muß. Auf dieser Basis sind Vereinbarungen besser zu erzielen, als durch ein Training, das den Beobachtern klippschulartig das "richtige" Beobachterverhalten eintrichtern will.

- Betrachtung der Geschilderten

  Wir rechnen auch sogenannte Elementeprofile, d.h. wir betrachten Ähnlichkeiten und Gegensätze (merkmalsbezogen) zwischen den Typen geschilderter Personen. "Effiziente" und "Ineffiziente" unterscheiden sich nicht in jedem Merkmal. Effiziente können offensichtlich einige, wenn auch wenige Schwächen haben, ohne in ihrer Gesamtbetrachtung als "ineffizient" wahrgenommen zu werden. Ebenso zeigen "Ineffiziente" Stärken, die ihnen jedoch insgesamt nicht zur besseren Einstufung verhelfen. Nach unserer Erfahrung zeigen sich in jeder QED-Untersuchung Verhaltensbereiche, in denen man sich positiv oder negativ

profilieren kann. Wir bezeichnen diese als "Waagen", weil der Betrachter mit ihnen die Effizienz "abzuwägen" scheint. Daneben gibt es Merkmale, die eindeutig häufiger bei den Effizienten genannt werden (Stärkeaspekte) und solche, die fast nur zur Schilderung von Schwächen (Schwächeaspekte) herangezogen werden.
Staffelt man die Beschreibungen der zu Schildernden nochmals nach Hierarchieebene, so zeigt sich nach unserer Erfahrung, daß sich die Merkmale deutlich verändern, je nach hierarchischem Blickwinkel. Das heißt, daß bei der Betrachtung von oben nach unten zum Teil ganz andere Verhaltensaspekte in den Vordergrund rücken als bei einer Betrachtung von unten nach oben.

- Trainingsfelder

  In den Schilderungen tauchen Beschreibungen auf, die zeigen, daß auf manchen Verhaltensfeldern alle Beschriebenen keine besonderen Stärken aufweisen. In manchen Situationen haben die meisten Personen Schwierigkeiten. Solche Felder nehmen wir als Hinweis für gezielte Trainings- und Entwicklungsmaßnahmen. Bei hierarchischer Staffelung der zu Beschreibenden ist es nach unserer Meinung sogar sinnvoll, positive und negative Entwicklungsprozesse darzustellen. Damit können praxisnahe Entwicklungshinweise gegeben werden, die verhindern helfen, daß aus einem "vielversprechenden" Mitarbeiter ein "ineffizienter" Führungskollege oder Vorgesetzter wird.

- Unternehmenskultur

  Wir behaupten, daß Unternehmenskultur nicht hergestellt wird, sondern in einer Variante, die viele stört, schon zu jedem Zeitpunkt vorhanden war. Was das oft störende Feld des zwischenmenschlichen Umgangs miteinander angeht, so sehen wir in QED ein sehr geeignetes Mittel, die Verhaltensfelder zu identifizieren, die in der Praxis der Kultur besonders schmerzen. Statt also auf abgehobenen Tagungen über Varianten der Unternehmenskultur im Jahr 2010 zu philosophieren, raten wir zum Blick nach innen, der jede Menge Ansatzpunkte für einen zukunftsträchtigen Kulturwandel bietet. Allerdings ist hierfür

Voraussetzung, daß man die Sichtweisen der Organisationsmitglieder wahr- und ernstzunehmen bereit ist.

- Bereichs- und Firmenvergleiche

  Unsere Studien zeigen, daß es zwischen verschiedenen Bereichen einer Firma und erst recht zwischen verschiedenen Firmen große Unterschiede in den bereichs- oder firmenspezifischen Eignungstheorien gibt. Ursprünglich wollten wir mit QED-Studien eine Art "Basismodell" der Führung aufstellen, das Verhaltenskomponenten enthält, die bei der Führung allgemein anerkannt eine große Rolle spielen. Das heißt, wir waren auf der Suche nach Themen, die in der Führung immer wichtig sind, unabhängig davon, welche spezifischen Inhalte und Umfelder die Führungsaufgabe im konkreten Fall aufweist. Entgegen unserer Erwartung mußten wir feststellen, daß die Unterschiede zwischen Firmen größer sind als die Gemeinsamkeiten. Vielleicht liegt hier der Schlüssel für die Erfolglosigkeit der Forscher bei ihrem Bemühen, den "optimalen" Führungsstil zu entdecken.

Erläuterungen zu den Anhängen

Im Anhang finden Sie Balkendiagramme, die die Ergebnisse von 7 Studien beinhalten, in denen mit der QED-Technik Führungskräfte beschrieben wurden. Die Aussagen codierten wir nach dem Schema, das auf der letzten Seite dieses Beitrages abgedruckt ist (siehe Anhang 3). Jede Codenummer, mit Ausnahme der Codes 1 und 2, finden Sie als Balken in den Diagrammen ("C"+Codenummer). Jede Aussage erhielt je nach Inhalt bis zu 5 verschiedene Codes; eine Aussage konnte also mehrere Codes gleichzeitig betreffen (Beispiel: "Entscheidet rasch" -- Code 55).
Anhang 1 umfaßt die prozentuale Häufigkeit, mit dem jeder Code in den Aussagen insgesamt über alle 7 Vergleichsstudien vertreten war. (Lesebeispiel: Im Mittel kamen Aussagen wie "ist Vorbild, besitzt Charisma" in 7 Prozent aller Aussagen vor.)
Anhang 2 gibt pro Code die prozentuale Häufigkeit pro Studie an (Vergleichsgrundlage hierbei ist die Gesamtzahl aller Aussagen der jeweiligen Studie). Die Diagramme des Anhanges 2 zeigen, daß die Häufigkeit, mit

der bestimmte Themen in den Aussagen vorkommen, von Untersuchung zu Untersuchung sehr unterschiedlich sein kann. So reicht z.B. der Anteil des Themas "fachliche und berufliche Erfahrung" (Code Nr. 40) von 0 Prozent (Studie 6) bis 22 Prozent (Studie 3). Auffassungsgabe und Überblick (Code 31) taucht in den Schilderungen der Studien 1 und 6 sehr häufig auf, ist jedoch in Studie 3 kein häufig vertretener Blickwinkel.
Nach unserer Erfahrung ist mit diesen Häufigkeitsunterschieden die tatsächliche Verschiedenartigkeit der Aussagenschwerpunkte noch nicht einmal besonders augenfällig erfaßt, da die von uns gewählten 48 Inhaltscodes recht breit sind. Die Häufigkeiten verschlucken also inhaltlich unterschiedliche Schwerpunktbildungen innerhalb jedes Codes.

Wir sind uns selbstverständlich bewußt, daß unser Codierungsschema nur eine Möglichkeit darstellt, Aussageinhalte zu klassifizieren. Es erhebt also keinerlei Anspruch auf "objektive" Richtigkeit. Uns dient es lediglich dazu, auf irgendeine Art und Weise den Überblick über die heterogenen Aussageinhalte in den Originaldaten nicht zu verlieren. Jeder Anwender von QED kann selbstverständlich ein anderes Codierungsschema verwenden. Wir haben alle Daten auch mit diesem Schema codiert, um Firmenvergleiche auf einer gemeinsamen Basis durchführen zu können. Dabei sind wir uns sehr bewußt, daß wir es waren, die jede Aussage in das Codeschema einpaßten. Dies sollte im übrigen jedem QED-Anwender klar sein.

Kelly sagt: "Events don't carry their meaning on their back!"

Übersetzt und etwas erweitert: "Wir sind es, die den Ereignissen einen Sinn zuweisen; die Ereignisse tragen kein Schild mit sich herum, auf dem objektiv zu lesen stünde, was sie zu bedeuten haben".

Mit diesem, für die Betrachtung von sogenannten Sachzwängen sehr fruchtbaren Satz, wollen wir schließen und den Leser ermuntern, einmal mit dieser Variante der Anforderungsanalyse zu experimentieren.

Anhang 1

Mittelwert aller 7 Studien pro Code

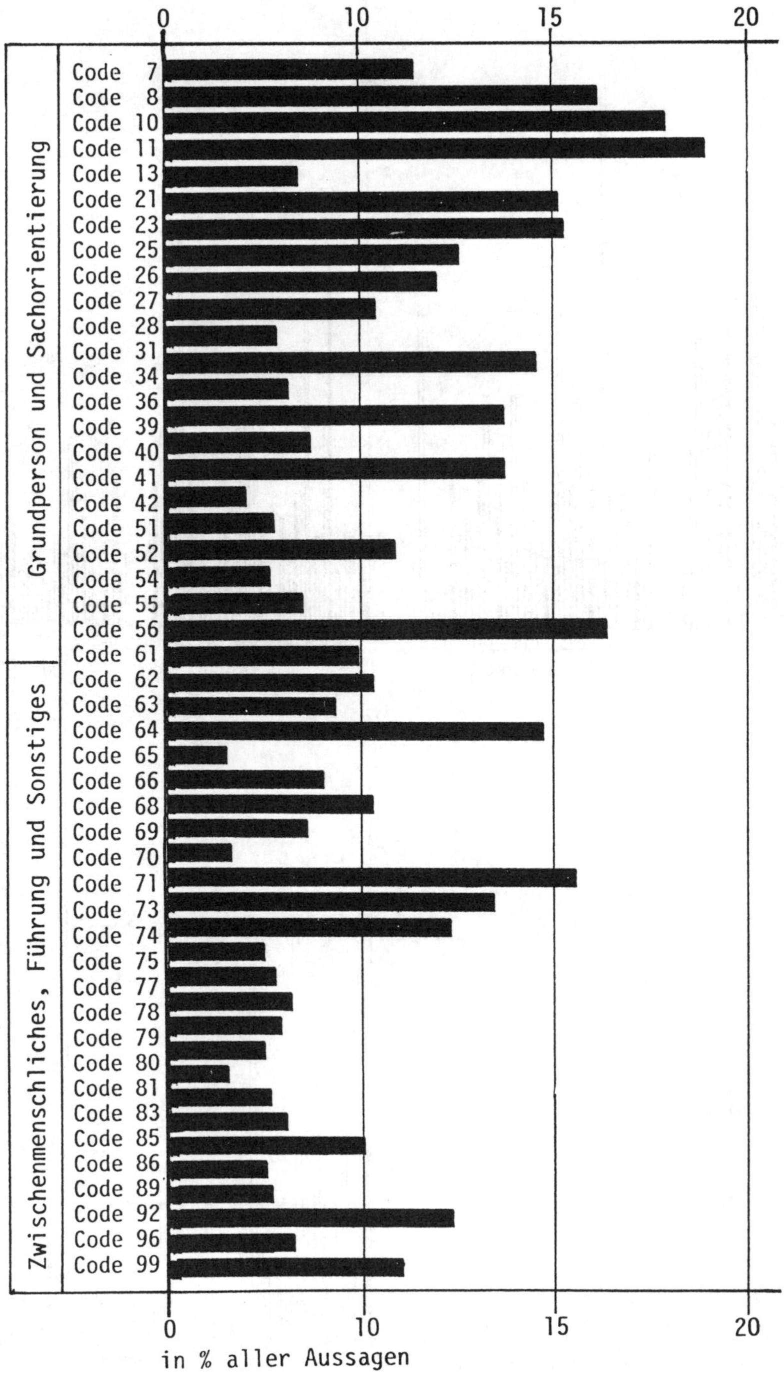

Anhang 2

Prozentuale Häufigkeit der Codes pro Studie

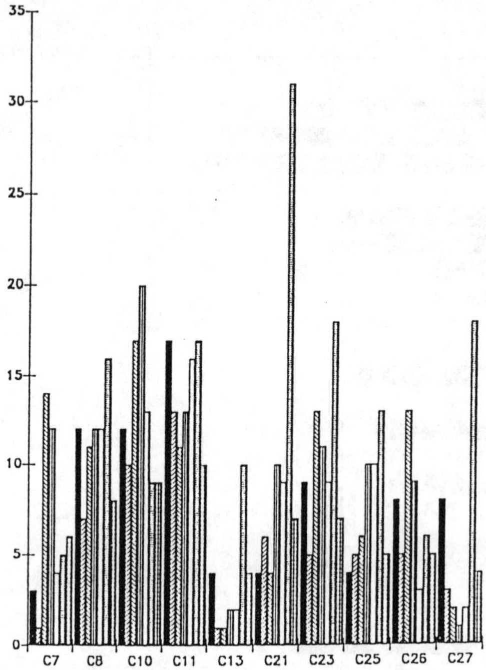

Grundperson, Einsatz, Belastbarkeit

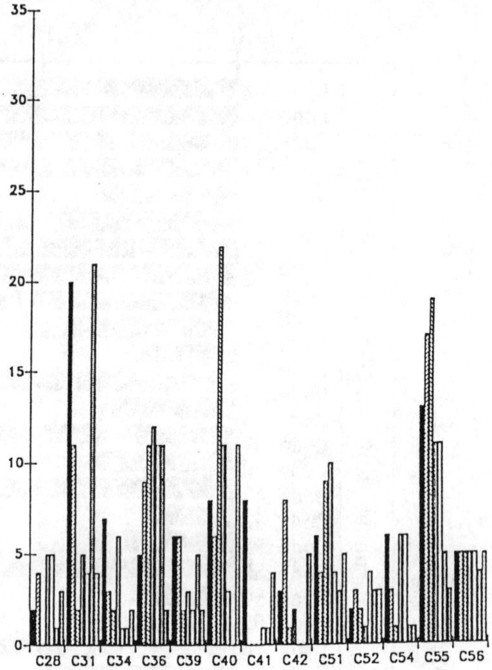

Denkweise, Wissen, Entscheiden

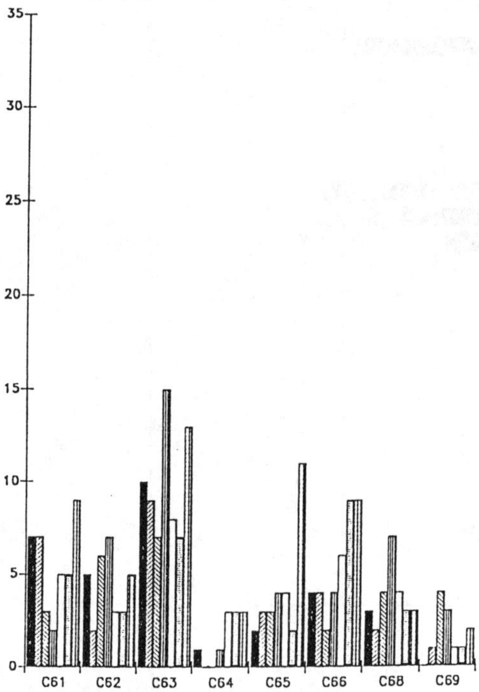

Zwischenmenschliche Codes

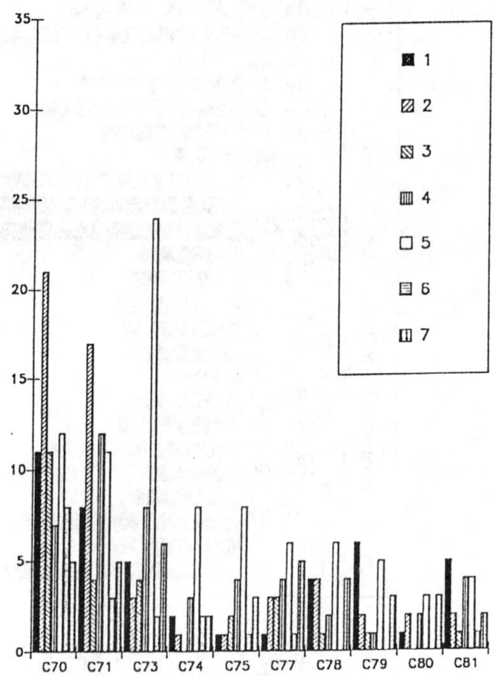

Codes zur Mitarbeiterfuehrung

Anhang 2 (Fortsetzung)

Prozentuale Häufigkeit der Codes pro Studie

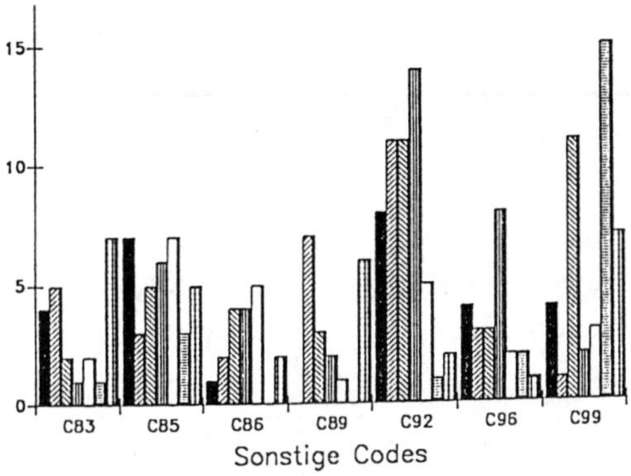

Bedeutung der Merkmalscodenummern

C 7 Charisma, Autorität, Vorbild, Persönlichkeit
C 8 Selbstvertrauen, -darstellung, Sicherheit, -kritik(auch überzogene)
C10 Gelassenheit, Ruhe, Sachlichkeit vs. Erregbarkeit, Unsachlichkeit
C11 "Gesunder" Ehrgeiz, eigene Zielvorstellungen vs. Egoismus, Ziellosigkeit
C13 Unsicherheit, problembehaftet, Angst
C21 Einsatz, Fleiß, bewältigen vorgegebener Aufgaben vs. faul
C23 Engagement, Eigeninitiative, Selbstständigkeit vs. unengagiert, unselbständig
C25 Verantwortungsbereit, zu Fehlern stehen vs. Schuld suchen, abwälzen, Ausreden
C26 Konzentration, Sorgfalt, genau, Arbeit im Detail vs. oberflächlich, schlampig
C27 Belastbarkeit, Ausdauer bei Aufgaben vs. schnelles Aufgeben, stressanfällig
C28 Arbeitsstil, -technik, Zeitmanagement, Termine vs. unsystematisches Vorgehen
C31 Überblick, Zusammenhänge, Auffassung vs. sich verzetteln, mangelnde Prioritätbildung
C34 Kreativität, Ideenreichtum vs. Einfallslosigkeit, nur im Rahmen denken
C36 Lernfähigkeit, sich informieren, Offenheit für Neues vs. uninteressiert
C39 Praktische Orientierung, Pragmatik vs. theoretische Ausrichtung
C40 Fachliche u. berufliche Erfahrung, Ausbildungshöhe allgemein
C41 Fachkenntnisse Breite
C42 Fachkenntnisse Tiefe, Spezialwissen
C51 Analysieren von Problemsituationen, sich Probleme stellen vs. sich vor Problemen drücken
C52 Problemlösen, alltägliches Problemlöseverhalten
C54 Organisieren von Abläufen, steuern, koordinieren vs. treiben lassen, desorganisiert
C55 Treffen von Entscheidungen, ändern von Entscheidungen vs. aufschieben, Sturheit
C56 Durchsetzungsvermögen (gerade bei Entscheidungen) vs. allzu nachgiebig
C61 Offenheit gegenüber anderen Menschen (aufnehmend)
C62 Kontaktfähigkeit, menschliche Wärme (aktiv)
C63 Berechenbarkeit, zuverlässig, Zusagen einhalten vs. unberechenbar, taktieren
C64 Hilfsbereitschaft, Einsatz für andere, Kollegialität
C65 Freundlichkeit, höflich, Umgangsformen, äußeres Erscheinungsbild (Kleidung)
C66 Distanz, Zurückhaltung, Mißtrauen, Verschlossenheit
C68 Anerkennung durch andere Personen, Akzeptanz
C69 Humor, Späße, Lockerheit vs. Ernst
C70 Führungsstil, Führungseffizienz allgemein, Klimaorientierung
C71 MAs anweisen, delegieren, Kontrolle, Ziele setzen vs. alles selber machen, unklar
C73 MAs motivieren, fördern, MA-Einsatz
C74 Mit MAs zusammenarbeiten, beteiligen, Kooperation mit MAs
C75 MAs kritisieren, MA-Fehler behandeln, korrigieren
C77 Persönliche Belange der MA behandeln, Konflikte zwischen MAs lösen
C78 MAs informieren, Informationen weitergeben
C79 Sich bei MAs informieren, zuhören
C80 Mitarbeiter und ihre Leistung beurteilen
C81 Überzeugungsvermögen, MAs überzeugen u. von ihnen anerkannt werden
C83 Zusammenarbeit im Team, kooperationsbereit und -fähig
C85 Ausdruck und Präsentation, Vortragstechnik
C86 Verhalten in Gesprächen u. Verhandlungen (vor allem mit externen Partnern)
C89 Akquirieren u. repräsentieren, Umgang mit Kunden
C92 Vertreten der eigenen Meinung, Mut, Zivilcourage (auch gegenüber Vorgesetzten)
C96 Loyal gegenüber Vorgesetzten oder Organisation firmenorientiert
C99 Von uns nicht zuordenbare Aussagen (z.B. Wohnort, Lieblingsspeisen)

Dynamisierung von Assessment Centern

Hermann Weber

Das moderne Assessment-Center zeichnet sich dadurch aus, daß auf der Basis einer Anforderungsliste mehrere Übungen entwickelt werden, die auf die spezifische Situation eines Unternehmens zugeschnitten sind. Die einzelnen Übungen besitzen einen inneren Zusammenhang, der sich meist organisch aus der "Postkorb-Übung" ergibt. Damit erreicht man mit relativ geringem Instruktionsaufwand eine komplexere Spielwelt. Hinzu kommt, daß man bei interaktiven Übungen (z.B. Verkaufsgespräch) nicht die Kandidaten selber als "Sparringspartner" einsetzt, sondern Mitarbeiter des Hauses, die in ihrer Rolle (z.B. als "Kunde") geschult werden.

Als Nachteile des Verfahrens werden immer wieder folgende Punkte genannt:

1. Nicht hinreichende Realitätsnähe

- Die Komplexität der betrieblichen Welt wird deutlich reduziert, zum einen durch die Menge an Instruktionen, die für eine entsprechend komplexe Welt erforderlich wäre, zum anderen durch die Aufnahmekapazität der Kandidaten.
- Daraus folgt, daß der Kandidat ein eingeschränktes Spektrum von Handlungsmöglichkeiten hat, indem er sich auf die in der Instruktion genannten Variablen beschränken muß.
- Durch die Aufteilung in einzelne Übungen werden die betrieblichen Situationen künstlich abgebrochen und getrennt.
- Das bedeutet auch, daß die Folgen von Entscheidungen und Handlungen des Kandidaten nicht verifiziert werden und daß Unterlassungen nicht wirksam werden.

2. Atomisierung der Anforderungen

Selbst hochentwickelte Assessment Center beruhen auf der Beobachtung von einzelnen Verhaltensweisen ("hört zu", "fragt nach", "zeigt Verständnis"...). Komplexes menschliches Verhalten wird so in kleine Teile zerlegt. Damit entsteht auch die Gefahr, daß bestimmte Verhaltensweisen mechanistisch - ohne Rücksicht auf die Gesamtsituation - gewürdigt und die Komplexität von Handlungsmotiven, Wertvorstellungen und Rollenverständnis nicht genügend erfaßt werden.

3. Bestimmte Anforderungen werden (zu) wenig beobachtet

Einige Beispiele:

- Lernfähigkeit und Lernbereitschaft
- Umgang mit Mißerfolg, Selbstmotivation
- Erkennen von Handlungsbedarf
- Kontrollieren und Rückmeldung geben
- Umgang mit komplexen Problemen und unscharfen Zielvorgaben
- Koordinieren und Projektgruppenarbeit
- Erkennen von Frühwarnsignalen

4. Einige wichtige Datenquellen werden nicht oder zu wenig angezapft

- Die Kandidaten selber haben wenig Möglichkeiten, ihr Verhalten zu erklären. Damit ist nicht gemeint, daß sie ihre Mißerfolge rechtfertigen sollen, sondern Motive für ihre Handlungen schildern und die Qualität des gezeigten Verhaltens bewerten können.
- Dasselbe gilt für die Erlebnisse und Wahrnehmungen der Darsteller ("Sparringspartner").

5. Zielpersonen

Je höher die Hierarchieebene des Kandidaten liegt, desto weniger konkret werden die Anforderungen. Überhaupt keine konkreten Aussagen habe ich bisher über die Anforderungen an ein Vorstandsmitglied gefunden. Genausowenig gibt es meines Wissens bislang echte Assessment Center (transparente Kriterien, Bewältigung kritischer Situationen unter dem Aspekt der Personalentwicklung) für diese Hierarchieebene.

Alle diese Schwächen können durch eine "Dynamisierung" reduziert bzw. behoben werden.

Was heißt "Dynamisierung" von **Assessment-Centern?**

Unter dem Begriff "Dynamisierung" stellen wir uns gewöhnlich eine Vielzahl von Variablen vor, die nicht voll kontrollierbar sind. Überraschende Entwicklungen, komplexe Systeme, "schmutzige" Daten, die man qualitativ, nicht quantitativ, bearbeiten muß. Wegen seiner schillernden Bedeutung eignet sich der Begriff gut als Überschrift, doch verständlich wird er erst, wenn man ihn operational unter Berücksichtigung der verschiedenen Elemente eines Assessment Centers definiert. Wenn man den Personalentwicklungsaspekt eines AC´s beiseite läßt, so sind es vier Elemente, die ein AC charakterisieren: Anforderungen, Übungen, Beobachtungsvorgang, Auswertungsvorgang. Jedes dieser Elemente kann dynamisiert werden:

- Die Anforderungen können sich an den Kriterien des "Managements komplexer Systeme" orientieren, wie es von der St. Galler Schule entwickelt wurde. Das Modell bietet die Möglichkeit, Anforderungen in puncto Mitarbeiterführung, Komplexes Problemlösen und Strategische Unternehmensführung zu formulieren.
- Die Übungen werden dynamisiert, indem man sie durch ein Verhaltensplanspiel ersetzt. In einem kontinuierlichen Handlungsstrang wird die betriebliche Realität simuliert, indem mehrere Spiel- "Parteien" auf verschiedenen Hierarchieebenen Probleme lösen und dabei ihre unterschiedlichen Interessen berücksichtigen. Eine "Spielleitung" hat die Möglichkeit, Fehlentwicklungen zu korrigieren und gegebenenfalls Hilfestellung zu leisten.

- Der Beobachtungsvorgang kann dynamisiert werden, indem man einen teilnehmenden Beobachter einführt, der den Kandidaten während des Spiels immer wieder befragt. Außerdem gibt es die Möglichkeit, eine Reihe von neuen Datenquellen zu erschließen. Zum Beispiel können die Darsteller befragt werden oder die objektiven Folgen von Handlungen der Kandidaten dokumentiert werden.
- Mit dem Beobachtungsvorgang hängt unmittelbar das Auswertungssystem zusammen. Meiner Ansicht nach sollte unbedingt qualitativ ausgewertet werden, um den anderen dynamisierten Elementen des Assessment Centers gerecht zu werden.

Auf alle vier dynamisierten Elemente des Assessment Centers soll jetzt näher eingegangen werden.

Dynamisierte Anforderungen: die "Systemorientierte Managementlehre"

Was ist die "Systemorientierte Managementlehre"? Seit einigen Jahren gewinnt ein Managementmodell an Interesse, das an der Universität St. Gallen entstand und mehr und mehr auch in praktischen Einsätzen geprüft wird. Es trägt verschiedene Namen: "systemisches", "kybernetisches", "evolutionäres" oder "ganzheitliches" Management, doch alle meinen dasselbe.

Den Ausgangspunkt bildet die Erfahrung vieler Führungskräfte, daß Entscheidungen immer schwieriger werden, weil Zusammenhänge nicht überblickbar, Folgen nicht abschätzbar, Reaktionen nicht berechenbar sind. Hinzu kommt, daß mehr Leute an Entscheidungen beteiligt sein wollen, daß Produkte und Dienstleistungen differenzierter werden, daß die Anforderungen an Mitarbeiter/innen steigen und demzufolge ihr Qualifikationsniveau höher wird. Solche Mitarbeiter/innen denken selbständiger und kritischer; sie befolgen nicht einfach Befehle, sondern wollen das Warum und Wie erfahren.
Wissenschaftler und Praktiker äußern auch zunehmend Unzufriedenheit mit den betriebswirtschaftlichen Führungsmodellen. Von Organigrammen zum

Beispiel wird behauptet, daß sie die betrieblichen Aufgabenbereiche und damit auch die Kommunikationswege abbilden. Doch jedermann weiß um die informellen Kontakte, die zufälligen Treffs beim Mittagessen, die Mauschelei in der Sauna, von der sogenannten "Gerüchteküche" ganz zu schweigen. Diese natürlichen betrieblichen Vorgänge finden keinen Niederschlag in der Managementlehre.

Um diese komplexen Zusammenhänge besser zu verstehen, stellte man sich die Frage: Welche ähnlich komplexen Systeme kennen wir, und wie arbeiten die? Man fand ein noch komplexeres bei einem Unternehmen, das seit vier Milliarden Jahren existiert: die Natur. Die Wissenschaftler beschrieben die Eigenschaften des Systems "Natur" und versuchten, die Mechanismen zu verstehen und die Erkenntnisse auf soziale Gebilde zu übertragen. Die Wissenschaft, die sich mit der Steuerung von Systemen beschäftigt, nennt sich Kybernetik; mit der Entstehung der Natur befaßt sich bekanntlich die Evolutionstheorie. Die Gedanken beider Wissenschaften fanden Eingang in das "Systemorientierte Management", wie es hier einheitlich genannt werden soll.

Jedes Unternehmen (oder Abteilung oder Gruppe) kann als ein "lebensfähiges System" aufgefaßt werden, das folgende Eigenschaften besitzt:

- komplex: Das System besteht aus vielen Variablen mit einer vernetzten Interaktionsstruktur.
- dynamisch: Äußere und innere Kräfte können das System verändern; es ist nicht "berechenbar" und reagiert "überraschend".
- offen: Das System tauscht Materie, Energie und Informationen mit der Umwelt aus. Es besitzt aber die Fähigkeit der Homöostase, nämlich seine veränderlichen Elemente innerhalb bestimmter Spielräume zu halten.
- hierarchisch: Jedes System besteht aus Subsystemen und ist selber ein Teil eines übergeordneten Systems. Systeme können sich zusammenschließen (Symbiose) und ein neues, höherstehendes System bilden.

- selbstorganisierend: Das Verhalten eines Systems wird umso geordneter, je mehr Freiheitsgrade es besitzt. Ordnung ist hier im Sinne von spontaner, gewachsener Organisation gemeint, die Regeln - nicht Befehlen - gehorcht. Beispiel: Wenn ein System eine bestimmte Anzahl von Elementen überschreitet, bildet es Subsysteme. Gleichzeitig bedeutet dies, daß das System die Fähigkeit zu seiner eigenen Veränderung in sich trägt: es ist lernfähig.

Einige Thesen sollen hier aufgeführt werden, um zu verstehen, warum dieses Modell so interessant ist.

These 1:
Management ist Aufgabe aller Mitarbeiter, nicht nur des Vorgesetzten

Niemand kann alle Variablen eines komplexen Gebildes im Griff haben, daher müssen die Steuerungsfunktionen verteilt werden. Das höhere System hat die Aufgabe, zu differenzieren und zu integrieren. Eine zentrale Steuerung von solchen Systemen ist nicht möglich, weil nicht alle Informationen vorhanden und störungsfrei übermittelbar sind. Außerdem besitzen die Systeme der tieferen Ebene die schnellere Reaktionsfähigkeit auf Störungen und bilden somit die Grundlage des Frühwarnsystems eines Unternehmens.

These 2:
Um etwas zu verändern, muß man nicht auf die Mitarbeiter direkt einwirken, sondern die Rahmenbedingungen/Spielregeln ändern.

Jedes System hat seine eigene Dynamik, und es ist nicht "ökologisch", eine Unmenge von Energie damit zu verschwenden, gegen die Dynamik eines Systems zu kämpfen. Besser ist es, Rahmenbedingungen oder Spielregeln zu verändern, so daß das System "gezwungen" ist, sich den veränderten Regeln anzupassen. Rahmenbedingungen in einem Unternehmen sind zum Beispiel Verhaltensregeln (Führungsgrundsätze, Kleiderordnung), Kompetenzen, Strukturen, Ressourcen (Budget, Gehalt, Zeit), Entwicklungsmöglichkeiten, Unternehmensziele, Normen und Werte. Letztere gewinnen in jüngster Zeit deswegen so viel Interesse, weil mit zunehmender Differenzierung von Produkten und Dienstleistungen auch autonomes Entscheiden gefragt ist. Zum selbständigen Handeln gehört, daß der Mitarbeiter die betrieblichen Normen, Werte und Unternehmensziele kennt.

These 3
Management heißt nicht Optimierung der Arbeitsabläufe, sondern Optimierung der Steuerungs-/Gestaltungsfähigkeit.

Es ist nicht sinnvoll, den "perfekten" Arbeitsablauf erreichen zu wollen, denn dadurch wird das System weniger flexibel und anfälliger für Störungen. Daher sollte den Mitarbeitern die Fähigkeit vermittelt werden, sich laufend ändernden Umständen anzupassen ("Lernfähigkeit"), und den "höheren" Systemen die Fähigkeit, Spielregeln zu verändern und überholte Strategien durch neue zu ersetzen.

These 4
Mangagement ist nie perfekt.

Niemand besitzt alle relevanten Informationen, die für eine Entscheidung erforderlich sind. Daher tritt irgendwann der Zeitpunkt ein, wo man auf der Grundlage eines beschränkten Wissens eine Entscheidung treffen muß und mittels "Versuch und Irrtum" lernen muß. Damit werden "Fehler" zu "Lernmöglichkeiten". Genauso wichtig ist es, darauf zu achten, daß man möglichst nie einen "point of no return" zu überschreiten gezwungen wird, sondern sich alternative Wege offenhält, wenn sich der eingeschlagene als "Irrtum" erweist. Die Natur hat es mit dieser Strategie ganz schön weit gebracht.

These 5
Management heißt nicht "Gewinnen", sondern "Lebensfähigkeit sichern".

Eine Firma, deren Unternehmensziel der maximale Profit ist, wird zwar "gewinnen", aber die eigene Existenz nicht auf Dauer aufrechterhalten können. Die "strategischen Erfolgspotentiale" (Qualität des Produkts, der Mitarbeiter, des Vertriebssystems, der Kunden...) müssen simultan in ein Gleichgewicht gebracht und ständig weiterentwickelt und "gepflegt" werden. Merkwürdigerweise finden die Erfolgspotentiale auch keinen Niederschlag im Rechnungswesen, obwohl sie für die Gesundheit des Unternehmens von ausschlaggebender Bedeutung sind. Ein weiterer Knackpunkt ist die Unternehmenskultur: ein "lebensfähiges" System bedarf einer bestimmten Struktur, die mit Stab-Linien-Diagrammen oder Matrixorganisationen nur wenig Ähnlichkeit besitzt.

Die meisten Erkenntnisse des systemorientierten Managements sind nicht neu. Viele Führungskräfte denken und verhalten sich systemorientiert. Allerdings mußten sie es mühsam lernen und viele Versuchs-/Irrtums-Erfahrungen machen. Häufig wissen sie gar nicht, wie hervorragend systemorientiert sie sich verhalten und sind daher auch nicht in der Lage, ihr Wissen weiterzugeben. Die Absicht der systemorientierten Managementliteratur besteht darin, Unternehmensführung und Managementhandeln in einen konsistenten Zusammenhang zu bringen, daraus Regeln abzuleiten und so das Wissen tradierbar und lernbar zu machen.

Anforderungen an systemorientiertes Managementhandeln

Es sind bisher noch nicht viele konkrete Handlungsanweisungen zu diesem Thema formuliert worden, und die wenigen Aussagen finden sich auf viele Bücher verstreut. Die verschiedenen Feststellungen sind in der nachfolgenden Übersicht aufgelistet. Mangels Alternative habe ich sie unter drei Oberbegriffe gefaßt:

- Rahmenbedingungen schaffen

  Mit systemorientiertem Managementhandeln soll der Vorgesetzte erreichen, daß seine Mitarbeiter in der Lage sind, ihre Arbeit optimal zu erledigen. Dazu ist es nicht sinnvoll, direkt in deren Arbeit einzugreifen ("selber der beste Sachbearbeiter sein"), sondern eine Situation herzustellen, in der die Mitarbeiter effektiv arbeiten und sich wohlfühlen.

- Persönliche Fähigkeiten

  Neben der Fähigkeit, die richtigen Arbeitsbedingungen zu schaffen, sollte der Vorgesetzte auch bestimmte persönliche Qualifikationen besitzen. Wenn er beispielsweise lernbereite Mitarbeiter hat, sollte er auch selber Lernbereitschaft zeigen.

- Selber eingreifen

  Jeder Vorgesetzte greift auch selber in die Arbeit seiner Gruppe oder Abteilung ein, wenn er seine eigenen Fachaufgaben erledigt.

Es folgt jetzt die detaillierte Auflistung von Verhaltensanforderungen an systemorientiertes Management. Die Aufstellung erhebt keinen Anspruch auf Vollständigkeit, sondern soll einen Eindruck über die Richtung, in die es geht, vermitteln.

Zu Rahmenbedingungen schaffen:

- Bedingungen für Interaktionen schaffen und fördern:
  - Gelegenheiten für die Mitarbeiter zum Informationsaustausch schaffen und fördern ("offene Tür", räumliche Nähe zum Geschehen, regelmäßige Arbeitsbesprechungen, regelmäßige Rücksprachen, informelle Meetings).
  - Interaktion zwischen Ebenen und Abteilungen fördern (Beteiligung der Mitarbeiter an Projektgruppen, Workshops, Seminaren, Info-Runden usw; Erhöhung der Anzahl von Beziehungen auf der tiefsten Ebene durch Zusammenarbeit mit anderen Fachabteilungen, Stabsabteilungen und Spezialisten verschiedener Gebiete.)
  - Interaktion zwischen internen und externen Institutionen fördern durch Entsendung von Mitarbeitern zu Tagungen oder Engagement von Experten/Spezialisten.
  - Informationsaustausch sicherstellen (Vollständigkeit und Richtigkeit der Nachrichten).

- Lernprozesse fördern

  Lernen bedeutet hier, die Anzahl der Verhaltensalternativen zu erhöhen. Je besser jemand qualifiziert ist, je mehr jemand weiß und je mehr Erfahrungen er gemacht hat, desto mehr Verhaltensmöglichkeiten besitzt er. Dazu ist es sinnvoll,

  - Mitarbeiter an Entscheidungsprozessen zu beteiligen
  - Interaktionsprozesse regelmäßig zu überprüfen, dafür zu sorgen, daß Feedback gegeben wird
  - zu verstärken, wenn neue Perspektiven, Wege, Mittel, Verhaltensmöglichkeiten eingebracht werden
  - Berater, Betroffene, Randgruppen, Interessierte in Entscheidungsprozesse einzubeziehen
  - "Ja"-Sager auszuschließen
  - Experimente und Fehler anzuerkennen, um daraus das Verhalten des Systems zu erfahren und seine Möglichkeiten und Grenzen zu testen
  - Abweichende Meinungen, Kritik, Inkonsistenz, Mehrdeutigkeit, "falsches" Verhalten zu tolerieren
  - Lernprozesse zu fördern durch schrittweises Vorgehen; das individuelle Lerntempo zu berücksichtigen; die Lernmotivation transparent zu machen; Learning by doing/Versuch und Irrtum

- Werthaltungen/Unternehmenskultur

  - Sinnhaftigkeit von Tätigkeiten/Arbeit transparent machen (Unternehmensziele transparent machen, über Hintergründe/Motive informieren)
  - Normen identifizieren: Welches Verhalten wird im Unternehmen belohnt/bestraft?
  - Politische, ethische, ästhetische Kategorien des Verhaltens definieren (z.B. Konsens über faires Verhalten erreichen)

- Subkulturen fördern
- "Wir-Gefühl" entwickeln

- Ausgleich zwischen Extremen

  Extreme Ausprägungen wirken sich negativ auf Systeme aus. Daher gilt es, einen Ausgleich zu finden zwischen den Polen:

Flexibilität	-	Rigidität
Wandel	-	Stabilität
Autonomie	-	Integration
Freiheit	-	Sicherheit
Individualität	-	Kollektivität
Einzigartigkeit	-	Gleichheit
Kurzfristziele	-	Langfristziele
Perspektiven	-	Tradition
Neuartigem	-	Bestehendem

  Die Methode, solche Extreme zu vermeiden, ist der Mechanismus der "negativen Rückkopplung" (wie beim Thermostat).

- Redundanz der Funktionen

  Mehrere Mitglieder einer Gruppe können dieselbe Tätigkeit erfüllen

  - Entscheidungsfähigkeit in einzelne Einheiten sichern
  - Handlungsspielraum der Mitarbeiter sukzessiv vergrößern
  - der Spezialisierung entgegenwirken

- Autonomie der Teilsysteme

  Mitarbeiter befähigen, Probleme effektiver und effizienter anzugehen

  - Beteiligte definieren ihre Probleme selbst, erarbeiten Ziele und Lösung
  - Dezentralisierung
  - Bereitstellen von Methoden, Modellen, Informationen, Hilfsmitteln
  - Führungsfunktionen verteilen

- Frühwarnsystem aufbauen, d.h. Informationskanäle schaffen, Frühwarnindikatoren definieren, Signale ernst nehmen

- Raum für Entwicklungen schaffen:
  - Nur die notwendigsten Kommunikationskanäle definieren, damit die Rigidität in den Interaktionen verhindert und das Potential für Interaktionen erhalten und vergrößert wird
  - Starre Regelungen abbauen, um die Flexibilität zu erhöhen
  - Nicht Handlungen, Formen, Ereignisse festlegen, sondern bestimmte Zustände ausschließen/vermeiden (Beispiel: in einer Projektgruppe nicht eine Geschäftsordnung festlegen, sondern die Frage stellen: "Wie kann man den Zustand vermeiden, daß sich jemand übergangen fühlt?")
  - Planungen nicht detailliert erstellen; das ist in einer turbulenten Umwelt nicht effektiv.

- Zeit
  - Auf das "Timing" von Maßnahmen achten
  - Das persönliche Zeitmanagement soll sich an den Unternehmenszielen und -strategien orientieren.

Zu Persönliche Fähigkeiten:

- Umgang mit komplexen Problemen
  - Es muß nicht alles im Detail festgelegt sein
  - Komplexität erfordert nicht komplizierte Strukturmodelle
  - Es gibt keine endgültige Lösung
  - Jede Gestaltungsmaßnahme verändert die Situation und deren Wahrnehmung, so daß sich auch das Problem ändern kann
  - Annahmen über Zusammenhänge von Problemen verändern sich - periodisch überprüfen

- Veränderungen benötigen Zeit. Zu frühe Gegenmaßnahmen, vorzeitiger Abbruch des Projekts oder ein ständiges "Mehr-desselben" verhindern
- Systeme sind komplex und nicht trivialisierbar
- Es gibt nicht nur 1 Modell, das die Realität abbildet
- Zahlreiche Perspektiven, Auffassungen, Wertstrukturen, Zwecke prägen das System; jeder ist Teil des Systems, keiner besitzt die absolute Objektivität
- Unbestimmtheit, Unsicherheit, Mehrdeutigkeit, unscharfe Zielsetzung, Zielkonflikte sind natürlich
- Probleme, Konflikte, Störungen sind nichts Schlechtes, sie zu leugnen oder zu verdrängen ist nicht gut
- überleben genügt nicht; langfristig soll das System lebensfähig sein
- Die Ordnung entsteht nicht unter der Kontrolle eines Organisators, sondern aller, die irgendwie beteiligt oder betroffen sind.
- Organisationsprobleme/-fragen können nicht definitiv gelöst und als endgültige Lösungen eingeführt werden
- Systeme gehorchen Regeln, nicht Befehlen
- Je komplexer die angestrebte Ordnung ist, desto abstrakter müssen die Regeln sein, innerhalb derer sich Spontanität, Innovation usw. entfalten können.
- Sich immer wieder die Fragen stellen: Warum ist etwas so und nicht anders? Wie könnte es ebenfalls sein?

- Verantwortung
  - Sich selbst beobachten
  - Eigene Ziele definieren
  - Eigene Ziele offenlegen

- Rechenschaft über seine Verantwortung ablegen
- Eigene Handlungen, Einflüsse usw. reflektieren
- Feedback holen

- Eigene Lernbereitschaft/Lernfähigkeit
- Problemlösungsmethodik anwenden (Gomez 1981)
- eigene Kreativität stärken
- Selber intensiven Kontakt pflegen, um die eigene Kommunikationsfähigkeit zu fördern
- und weitere Anforderungen, je nach Bedarf des Unternehmens

Zu "Selber eingreifen"

- eigene Fachaufgaben

Die Dynamisierung der Übungen: das Verhaltensplanspiel

Zum Zweck der Simulation von betrieblichen Konfliktsituationen wurde beispielhaft das Reiseunternehmen El Dorado entwickelt und gespielt. Teilnehmerinnen und Teilnehmer wählten sich Rollen aus allen Hierarchieebenen zwischen Sachbearbeiter und Vorstand. So entstanden folgende Spielgruppen:

- Vorstand "Spezialgeschäft",
- Abteilungsleitung "Spezialreisen",
- Gruppenleitung "Abenteuerreisen", mit den dazugehörigen Mitarbeiter/innen A und B,
- Gruppenleitung "Clubreisen", mit den dazugehörigen Mitarbeiter/innen C und D,
- Gruppenleitung "Junge Reisen" mit den dazugehörigen Mitarbeiter/innen E und F.

Jede dieser Spielgruppen hatte bestimmte Arbeitsfelder und daraus resultierende Interessen, so daß sich eine komplexe Konfliktsituation ergab. Diese Konflikte sollten sie lösen, unter Beachtung der folgenden Spielregeln (zitiert nach Freudenreich 1979):

- Die Ausgangslage und die Rollenbereiche sind für alle Teilnehmer bindend. Notwendige Veränderungen müssen mit der Spielleitung besprochen werden.
- Alle Kontakte zwischen den Gruppen müssen über die Spielleitung geschehen. Die Gruppen melden die Spielschritte auf Formularen (in dreifacher Ausfertigung; ist das Schreiben an mehrere Gruppen gerichtet, entsprechend mehr Durchschläge) bei der Spielleitung an.
- Die Spielschrittankündigung wird zur Spielleitung gebracht, dort wird der Spielschritt genehmigt und an die Gruppen weitergeleitet, mit denen schriftlich oder mündlich Kontakt aufgenommen werden soll.
- Die Spielleitung kann auch Spielschritte verweigern, für ungültig erklären oder abändern, wenn Verstöße gegen die Spielregeln gemacht werden, wenn der Spielschritt unrealistisch ist, wenn die Entscheidungen die Befugnisse der aktiven Gruppe übersteigen und wenn Entscheidungen für andere Gruppen gemacht werden.
- Die Spielleitung darf eine angespielte Gruppe nicht in ihren Reaktionen beeinflussen.
- Benötigen die Gruppen zusätzliche Informationen (z.B. Rechtsberatung, Expertenauskünfte usw.), so können sie die Spielleitung um Hilfe bitten.
- Während der Spielpausen ruht auch das Spiel.
- Über alle Kontakte sollen Protokolle angefertigt werden. Bei Briefen sollen Durchschriften vorgelegt werden.
- Die Spielleitung kann neue Informationen einspielen. Sie kann eigene Spielschritte tätigen. Die Spielleitung simuliert die Außenwelt und vertritt Gruppen, die nicht im Spiel sind.

- Die Spielleitung ist für die Zeitorganisation verantwortlich. Sie kann Zeitbegrenzungen vorschreiben, Spielstop, Zeitvorsprung usw. vorschlagen.

Ein solches Verhaltensplanspiel verläuft im wahrsten Sinne des Wortes dynamisch. Die vielen Ereignisse, das breite Handlungsspektrum jedes Spielers, die große Zahl an Reaktionsmöglichkeiten der Spielpartner erfordern Selbständigkeit, Entscheidungsfreude, soziale Kompetenz, Fachwissen und überlegtes Vorgehen. Der "ganze" Mensch agiert: auf der Ebene des Wissens muß der Kandidat sich mit Instruktionen, Handlungsabläufen und Richtlinien auseinandersetzen und neue Zusammenhänge herstellen. Das Spiel verlangt konkretes Verhalten: Ziele formulieren, Kontakte aufnehmen, Gespräche führen, Interessen vertreten usw. Daraus entstehen Gefühle: Hoffnungen, Befürchtungen, Erwartungen, Enttäuschungen, Gefühle des Überfordertseins und des Erfolgs. Der Kandidat muß mit seinen eigenen Gefühlen zurechtkommen, und er wird im Spiel mit den Gefühlen der anderen konfrontiert.

Es ist immer wieder beeindruckend, wieviel "power" in einer Gruppe steckt, die ein Verhaltensplanspiel gestaltet. Mancher wird einfach von der Dynamik mitgerissen und macht deshalb Fehler. Darum sollte die Spielleitung darauf achten:

- das Spiel verhalten beginnen zu lassen,
- den Kandidaten vorher einige organisatorische Tips zu geben: zum Beispiel die Empfehlung, die Eingangspost nicht für längere Zeit zu vernachlässigen. Dieser Fehler passiert häufig auch Routiniers, und seine Ursache liegt meiner Ansicht nach nicht in der Persönlichkeit, sondern in dieser Methode, die soviel "Dampf" freisetzt,
- allgemeine Ruhepausen und Reflexionsphasen einzubauen, damit Kandidaten, Darsteller, Beobachter und Spielleitung wieder zur Besinnung kommen.

Ergänzend möchte ich noch über das Ziel eines Simulationsspiels im Rahmen eines Assessment Centers sprechen. Es gibt Planspiele, die zur Überprüfung der Funktionstüchtigkeit eines Systems dienen, nach Art von Feuerwehr-Übungen. Andere Planspiele haben den Zweck, die bestmögliche Lösung für ein Problem zu finden, nach dem Motto: Wie bringen wir die Kuh vom Eis? Um im Bild zu bleiben: In einer Serie von kurzen Simulationen wird ausprobiert, ob man die Kuh auf einen Schlitten verlädt, oder mit dem Hubschrauber abtransportiert oder der Kuh einen Schwimmgürtel umlegt und das Eis einschlägt.
Beide Simulationsformen eignen sich wenig als Ausgangspunkt für ein Assessment Center. Genausowenig passen ganz "offene" Planspiele, bei denen die Teilnehmer lediglich eine Konfliktbeschreibung erhalten, d.h. die Variablen, die eine Konfliktsituation konstituieren und Ort und Zeit der Handlung. Sie müssen sich dann selber das fehlende Wissen erarbeiten, Zusammenhänge herstellen und Rollen schreiben.

Günstig ist die Version eines halboffenen Planspiels, bei dem die Kommunikationsstruktur, die Konfliktkonstellation und das notwendige Wissen bereits vorhanden sind, unter der Voraussetzung, daß sich die Teilnehmer damit identifizieren können. Dies schuldet der Veranstalter dem Kandidaten, denn dieser befindet sich in einer Situation, in der er das System und die darin befindlichen Handlungszwänge kaum in Frage stellen kann, oder sich nicht traut, es zu tun. Häufig zeigt er nur, ob er in einem bestehenden System "funktioniert" oder nicht.

Damit stellen sich zwei Fragen:

1. Wie weit darf der Kandidat gehen? Oder anders formuliert: Wie weit dürfen die Beobachter gehen?
   Diese Frage läßt sich, glaube ich, durch die Anforderungen an das systemorientierte Management beantworten. Wenn der Kandidat sich innerhalb dieses Verhaltensrahmens bewegt, hat er viele Möglichkeiten, Dinge in Frage zu stellen, Neues auszuprobieren, Sachzwänge zu überwinden und "das System zu verändern".

2. Wie kann erreicht werden, daß sich der Kandidat möglichst gut mit der vorgegebenen Situation identifiziert?

   - Die Rollenbeschreibung sollte suggerieren, daß der Rolleninhaber ein sympathischer, erfolgreicher und guter Mensch ist.
   - Die anfänglichen Problemsituationen sollen nicht durch sein eigenes Verschulden entstanden sein, und sie sollen lösbar sein.
   - Der Kandidat soll die Instruktion schnell und leicht verstehen können und das Lesen soll ihm Spaß machen.
   - Das Verhaltensplanspiel soll mittlere Komplexität besitzen. Es soll nicht "berechenbar" sein, aber auch nicht zu komplex. Insgesamt sollten 5 - 10 Spielgruppen agieren, von denen jede zwei bis vier in der Ausgangslage geschilderte Problemsituationen zu bewältigen hat.

Die Dynamisierung des Beobachtungs- und Auswertungsvorgangs

Beide Vorgänge sind eng miteinander verzahnt, deshalb sollen sie hier gemeinsam behandelt werden.

Eine Möglichkeit der Dynamisierung des Beobachtens besteht in der Erschließung neuer Datenquellen.

- Die Befragung von Kandidaten:

  Neben einem "außenstehenden" Beobachter kann ein "teilnehmender" Beobachter den Kandidaten während des Verhaltensplanspiels begleiten und ihn zu seinen Handlungsmotiven, seinen Problemen und seiner Gefühlslage befragen. Da sich dieser teilnehmende Beobachter wahrscheinlich mit seinem Kandidaten identifiziert, kann auf einen "Außenstehenden" nicht verzichtet werden. Auch eine Rotation der teilnehmenden Beobachter empfiehlt sich nicht, da der "nachrotierende" Beobachter den Zusammenhang vermissen wird.

- Die Beobachtung und Befragung der Darsteller:

  Aus den Reaktionen der geschulten "Sparringspartner" ("Mitarbeiter", "Kunden", "Berater") in der Situation und aus der Befragung dieser Personen nach der Situation ergeben sich wertvolle Hilfen für die Einschätzung der Kandidaten.

- Die Auswertung der Ereignisse:

  Man kann die objektiven Folgen erfassen, die ein Verhalten des Kandidaten auslöst (zum Beispiel die Kündigung eines "Mitarbeiters" nach einem schlecht geführten Beurteilungsgespräch).

- Die Auswertung der schriftlichen Unterlagen:

  In einem Verhaltensplanspiel fällt eine Menge Schriftverkehr an (Spielzüge, Arbeitspapiere, Protokolle, Korrespondenz). Hieraus lassen sich Erkentnnisse über das Kommunikationsverhalten des Kandidaten gewinnen (mit wem nimmt er Kontakt auf, wie oft, wem gibt er Informationen weiter, wem nicht usw.). Außerdem geben die Unterlagen Aufschluß über sprachliches und adressatenorientiertes Ausdrucksvermögen.

Das Problem einer "dynamisierten" Auswertung liegt darin, daß über einen längeren Zeitraum viele und komplexe Daten so abzubilden sind, daß

- die Daten in einem inneren Zusammenhang zu den Anforderungen stehen,
- die Daten übersichtlich dargestellt, reduziert und abstrahiert werden können,
- keine relevanten Informationen verlorengehen,
- das Auswertungs-Handling für die Beobachter möglichst einfach, transparent und akzeptabel ist und
- auf der Basis der reduzierten Informationen die Beobachter eine gesicherte Entscheidung treffen können.

Für ein Auswertungssystem, das alle diese Kriterien erfüllt, fehlt bislang die zündende Idee, genauso wie das Heil der Dynamisierung des Beobachtungsvorgangs nicht allein im Erheben von "mehr" Daten liegen kann. Eine Lösung des Problems müßte meines Erachtens auf einem der drei beschriebenen Wege liegen (oder auf allen dreien):

- Reduzierung der Zahl der Beobachtungen:

  Die Beobachter schreiben nicht wie bisher alles auf, was sie sehen, sondern treffen schon während des Beobachtens die Entscheidung, ob eine bestimmte Verhaltensweise für eine bestimmte Anforderung bedeutungsvoll ist. Ob sich dieses Verfahren negativ auf die Qualität der Beobachtungen (Objektivität, Validität, Reliabilität) auswirkt, müßte die Forschung klären.

- Stärkere Berücksichtigung von "weichen" Daten:

  Nach meiner persönlichen Erfahrung mit Beobachtern ist das realisierbar, denn die meisten von ihnen haben ein gutes Gespür für adäquates Verhalten in einer Situation. Zu einer Dynamisierung gehört schließlich auch, daß weiche Daten "aus dem Bauch" der Beobachter transparent gemacht werden und in die Bewertung einfließen können.

- Beobachtungen auf der Meta-Ebene:

  Eine bisher nur theoretisch denkbare Möglichkeit, besteht darin, nicht das tatsächliche Verhalten des Kandidaten zu beobachten, sondern die Form und Eigenschaft seiner Handlungen. Beispiel: Ein Kernsatz der Systemtheorie besagt, daß ein System umso besser mit Einflüssen und Störungen zurechtkommt, je mehr Verhaltensmöglichkeiten es besitzt. Eine Fußballmannschaft mit einem breiten taktischen Repertoire wird auf die Dauer mehr Erfolg haben als eine Mannschaft, die nur "kick-and-rush"-Fußball betreibt. Man könnte also in einem Assessment Center die Verschiedenartigkeit des Verhaltens eines Kandidaten beobachten und daraus Rückschlüsse auf sein Verhalten in Führungssituationen ziehen. Ob solche Rückschlüsse erlaubt sind, muß jedoch auch die Wissenschaft erst klären.

Offene Fragen

Insbesondere der letzte Teil der Ausführungen wird den Praktiker kaum befriedigen, und es bedarf noch vieler Versuchs-Irrtums-Erfahrungen, bevor das erste Dynamische Assessment Center in die Praxis der Personalentwicklung eingeht. Von den noch ungeklärten Fragen möchte ich ein paar wichtige herausgreifen:

- Wie kann man ausschließen, daß für die Kandidaten durch die Dynamik des Verhaltensplanspiels völlig unterschiedliche Situationen entstehen, und so die Vergleichbarkeit beeinträchtigt wird?
  Hier wäre zu klären, inwieweit zur Bewältigung verschiedener Situationen nicht ähnliche Anforderungen vom Vorgesetzten verlangt werden, insbesondere unter dem Aspekt des systemorientierten Managements. Mit Hilfe der Spielinstruktion ist es außerdem möglich, für die Kandidaten derselben Hierarchiestufe gleiche Situationen zu schaffen (z.B. Mitarbeitergespräch, Vertreten der MA-Interessen beim Vorgesetzten usw.). Durch die Auswahl der Mitarbeiter-Spieler kann man vergleichbare Mitarbeitergruppen schaffen (z.B. die Kombination "älterer MA", "jüngerer, unbekümmerter MA", "Wasserträger", "dynamischer MA"). Während des Spiels kann die Spielleitung durch vorsichtige Intervention eine Situation schaffen, in welcher der Kandidat eine "verkorkste Lage" wieder ins Lot bringen kann.

  Des weiteren wäre zu überlegen, ob man das Spiel nicht nach einem halben Tag abbricht, den Kandidaten Zeit zur Reflexion, Neubesinnung und Überprüfung der Ziele gibt, und dann das gleiche Spiel nochmals mit anderen "Sparringspartnern" startet. Damit hätte man gleichzeitig ein ideales Beobachtungsfeld für die Anforderung "Lernfähigkeit".
  Es ist nicht sicher, ob mit diesen Maßnahmen die wünschenswerte Vergleichbarkeit der Kandidaten erreicht wird, aber es wäre einen Probelauf wert.

- Steht der Aufwand in einem realistischen Verhältnis zum Ertrag und rechtfertigen die Vorteile eines "dynamischen" AC´s den Mehraufwand?

  Kaum jemand bestreitet mehr, daß sich ein "herkömmliches" AC für ein Unternehmen lohnt, denn es macht die Personalauswahl und die Personalentwicklung valider, objektiver und transparenter als alle sonstigen bisher bekannten Verfahren. Was den Mehraufwand für dynamisierte AC´s betrifft, so fragt sich das Unternehmen sicherlich:

  - Was sind uns die dynamisierten Anforderungen des systemorientierten Managements wert? Inwieweit verbessern sie unsere Personalauswahl?
  - Halten wir es für möglich/wünschenswert, daß Kandidaten aus allen Hierarchieebenen an ein- und demselben Assessment-Center teilnehmen? Wenn diese Frage bejaht wird, reduziert sich der Aufwand auf einen Schlag um ein Beträchtliches.

Assessment Center werden meist nur unter dem Blickwinkel der Personalauswahl und -entwicklung betrachtet. Mindestens genauso groß ist ihre Bedeutung als ein Vehikel der Organsiationsentwicklung. Mitarbeiter (Beobachter, Kandidaten und Veranstalter) aus verschiedenen Bereichen eines Unternehmens kommen für mehrere Tage zusammen und beschäftigen sich mit der Frage: "Wie verhält man sich in bestimmten kritischen Situationen?" Sie tauschen ihre Meinungen und Erfahrungen darüber aus; sie setzen Maßstäbe und Normen, wie "man sich in dieser Firma verhält"; sie denken über ihr eigenes Führungsverhalten nach; und sie geben ihre Erfahrungen weiter, wenn sie wieder an ihren Arbeitsplatz zurückgekehrt sind. "Systemorientierte" Personalleute haben das erkannt; sie finden mehr Verständnis für Personalfragen bei der Linie und sind in der Lage, diese neuen Einsichten kräftig zu fördern und zu nutzen.

- Wie wird sichergestellt, daß die Beobachter nicht überfordert werden und wie bekommt man den Datenanfall in den Griff?

  Diese Frage wurde oben schon angesprochen und harrt noch einer brauchbaren Antwort. Leider ist auch das Problem der systemorientierten

Anforderungen auf der Verhaltensebene noch nicht vollständig gelöst, obwohl die Hauptarbeit, nämlich eine Theorie über menschliches Verhalten aufzustellen, gute Fortschritte macht. Was noch fehlt, ist ein Kodex, der die verschiedenen Einzelverhaltensweisen zusammenfaßt. Es wäre eine interdisziplinäre Anstrengung wert (Wirtschaftswissenschaftler, Sozialwissenschaftler, Forscher, Praktiker), einen solchen Kodex zu formulieren.

Literaturhinweise:

DÖRNER, D./KREUZIG, H. W./REITHER, F./STÄNDEL, T. (Hrsg.):
Lohhausen. Vom Umgnag mit Unbestimmtheit und Komplexität, Verlag Hans Huber, 1983.

FREUDENREICH, DOROTHEA:
Das Planspiel in der sozialen und pädagogischen Praxis, Kösel Verlag, 1979.

GOMEZ, PETER:
Modelle und Methoden des systemorientierten Managements, Verlag Paul Haupt, 1981.

PROBST, GILBERT J.:
SelbstOrganisation, Verlag Paul Parey, 1987.

ULRICH, HANS UND PROBST, GILBERT J.:
Anleitung zum ganzheitlichen Denken und Handeln, Verlag Paul Haupt, 1988.

VESTER, FREDERIC:
Leitmotiv vernetztes Denken. Heyne Verlag, 1988.

Kognitive Fähigkeits- und Leistungstests als alternative Methoden zum Assessment Center

Rolf Otte, Ludwig Uhlmann

Vorbemerkung

Alternativen zum Assessment-Center? - Das ist vielleicht eine ketzerische Frage für diejenigen, die auf das AC in Reinkultur - sprich ohne jeden ökonomisierenden Schlankmacher - schwören. Jedoch soll hier nicht dem AC das Wasser abgegraben werden, sondern wir verdeutlichen, wie alternative Methoden und Instrumente einsetzbar sind, wenn die besonderen Verhältnisse es erfordern.

Für Personalentscheider geht es darum, das Wissen über Unternehmensparameter, Produktionsbedingungen, Tätigkeitsfelder, Belohnungsvarianten etc., also die Arbeitsumwelt einerseits sowie die Informationen über Menschen als Träger von Merkmalen, die hinsichtlich der zu erledigenden Verrichtungen interessant erscheinen, so anzuwenden, daß möglichst optimale Maßnahmen getroffen werden können.

Daher sollten jeder Entscheidung zur Einstellung von Personal u.a. eingehende Analysen

- über die Anforderungen der Ausbildung und der beruflichen Tätigkeit an den/die zukünftigen Stelleninhaber,
- über das Bewerberpotential,
- über die Wirtschaftlichkeit der durchzuführenden Methoden und
- über Selektions- oder Plazierungsstrategien

vorausgehen. Damit können Fragen beantwortet werden, die Personalentscheider sich generell zu stellen haben: Paßt jemand mit seiner Persönlichkeits- und Fähigkeitsstruktur in die Betriebskultur, ist eine

möglichst hohe positive Bewährungswahrscheinlichkeit bezüglich der zukünftigen Anforderungen in der beruflichen Position und darüber hinaus noch ein Entwicklungspotential erkennbar?
Hierzu stehen dem Diagnostiker unterschiedliche Methoden und Verfahren zur Verfügung. Tests zur Beschreibung kognitiver Fähigkeiten und Leistungen sollen hier näher vorgestellt werden.

Konzeptuelle Voraussetzungen psychometrischer Instrumente

Unter der Annahme, daß die Anforderungen der beruflichen Ausbildung und der zukünftigen Tätigkeit operationalisiert sind, dienen empirisch fundierte Methoden dazu, wichtige Erkenntnisse für die Beurteilung bezüglich der Anforderungen zu erschließen und darüber hinaus eine möglichst zuverlässige und gültige Einschätzung der Bewährungswahrscheinlichkeit zu gewährleisten. Zu diesen Methoden gehören die Fähigkeits- und Leistungstests, bei denen vorausgesetzt wird, daß

- zwischen ihren inhaltlichen Aufgaben und den Anforderungen konzeptuelle Ähnlichkeiten bestehen,
- durch die testkonstruktiven Prinzipien und durch die Standardisierung der Aufgabendarbietung, Durchführung und Auswertung zuverlässige und gültige Aussagen bezüglich der Anforderungen abgeleitet werden können und
- Merkmalsausprägungen sich quantitativ abbilden und entsprechend interpretieren lassen.

Die kognitiven Fähigkeits- und Leistungstests erfassen inhaltlich Dimensionen, die zur Beschreibung der verschiedenen Intelligenz-Konstrukte dienen. Aus der Vielzahl der Definitionen von "Intelligenz" sei an dieser Stelle auf die von Groffmann (1964) verwiesen. Danach ist Intelligenz die Fähigkeit, anschaulich oder abstrakt in sprachlichen, numerischen oder raumzeitlichen Beziehungen zu denken. Sie ermöglicht die erfolgreiche Bewältigung komplexer und mit Hilfe jeweils besonderer Fähigkeitsgruppen auch ganz spezifischer Situationen und Aufgaben.

Psychometrische Modelle

Gemeinsames Merkmal aller mehr oder weniger komplexen Intelligenz-Konstrukte ist die Annahme, daß die "kognitiven Fähigkeiten" oder "Leistungen" regelgeleitete, ganzheitliche und homogene Strukturen besitzen.
Über diese Strukturen der die "Intelligenz" determinierenden Fähigkeiten gibt es unterschiedliche Auffassungen, die in verschiedenen Modellen zum Ausdruck kommen.

So reichen die Modellvorstellungen vom sogenannten "g"-Faktor (Spearman) bis zu einer Faktorenkomplexion von mehr als 140 Dimensionen (Guilford).

Es werden die wichtigsten Modelle der "Intelligenz" vorgestellt:

- "g"-Faktor-Modell (nach Spearman)

  Aus allen intellektuellen Leistungen läßt sich ein "general factor" ableiten. Zusätzlich ergibt sich eine Vielzahl von spezifischen oder "s"-Faktoren, welche nur jeweils einer Funktion zuzuordnen sind, das heißt jede Intelligenzleistung wird zu einem bestimmten Teil vom Generalfaktor bestimmt und zu einem bestimmten Teil von spezifischen Faktoren.

- Primary-mental-abilities oder Multiple Faktorentheorie (nach Thurstone)

  Thurstone zeigte, daß sich die Vorstellung von einem Generalfaktor und vielen unabhängigen spezifischen Faktoren nicht halten ließ. Er entwickelte das Modell mehrerer Elementarfaktoren ("primary abilities"), die in wechselndem Ausmaß beim Lösen irgendwelcher Denkaufgaben immer beteiligt sind. Diese Elementarfaktoren sind: Räumliche Vorstellung (space), Erfassung sprachlicher Bedeutung (v), Wortflüssigkeit (w), Kurzzeitgedächtnis (m), Schnelligkeit und Genauigkeit der Wahrnehmung visueller Details (p), induktives und deduktives Denken (r).

- Elementar-Faktor-Theorie (nach Thomson und Thorndike)

  Aus der Gesamtzahl von Elementarfaktoren wird für jede Intelligenzleistung nur eine Stichprobe von Faktoren benötigt und nicht alle wie Thurstone noch annahm.

- Hierarchische Modelle der Intelligenzfaktoren (nach Vernon, Burt, Jäger)

  Diese Modelle gehen davon aus, daß es Faktoren einfacher und höherer Ordnung gibt. Die Faktoren höherer Ordnung beeinflussen jeweils die untergeordneten Faktoren.

- Zwei-Faktoren-Theorie (nach R.B. Cattell)

  Cattell nimmt an, daß die vielen verschiedenen Intelligenzfaktoren, die gefunden wurden, unter zwei Sekundärfaktoren zu subsummieren sind:
  a) Fluide Intelligenz, das heißt die Fähigkeit, sich neuen Problemen oder Situationen anzupassen, ohne dazu in wesentlichem Ausmaß früherer Lernerfahrung oder Hilfe zu bedürfen.
  b) Kristallisierte Intelligenz, das heißt kognitive Fähigkeiten, in denen sich die kumulierten Effekte vorangegangenen Lernens kristallisiert und verfestigt haben.
  Während die fluide Intelligenz weitgehend kulturunabhängig ist, wird die kristallisierte Intelligenz stark vom kulturellen Kontext beeinflußt.

- Strukturmodell der Intelligenz (nach Guilford)

  Guilford ging intuitiv logisch vor. Er beruft sich auf das herkömmliche Paradigma von Reiz-Organismus-Reaktion und unterscheidet Input-, Operations- und Output-Variablen. Die Input-Variablen werden unterteilt in figurale Darbietung der Information, symbolische, semantische und verhaltensmäßige. Die Operationen, mit deren Hilfe die Information bearbeitet wird, sind Kognition, Gedächtnis, divergente Produktion, konvergente Produktion und Evaluation. Die Outputs der Operationen lassen sich klassifizieren in Einheiten, Klassen, Beziehungen, Systeme, Transformationen und Implikationen. Inhalte des intelligenten Verhaltens, Operationen des Denkens und dessen Produkte bauen nach Guilford einen in 120 Dimensionen unterteilten Quader auf, in den sich alle Intelligenzleistungen einordnen lassen.

Fähigkeits- und Leistungstests

Fast alle Psychologen, die einen systematischen Beitrag zum Problem der Intelligenz geliefert haben, waren auch Testkonstrukteure. Und seit James McKeen Cattell, der den Begriff "Test" einführte, sei es gestattet, zu fragen, was denn ein Test überhaupt ist.

> "Ein Test ist eine standardisierte Stichprobe aus dem Leistungsverhalten eines Probanden; er muß genügend differenziert, zuverlässig und gültig sein; er stellt eine Methode des objektiven Vergleichs von Leistungen verschiedener Individuen dar" (Wewetzer/Cattell)

Wenden wir uns nun der Einzeldarstellung von Fähigkeits- und Leistungstests nach drei Gruppen geordnet zu. Die folgenden Tests zur Erfassung der kognitiven Fähigkeiten und Leistungen werden beschrieben durch:

- Testbezeichnung und Autor
- Meßintention
- Altersgruppe
- Testkriterien (Reliabilität, Validität)
- Eignungsbeurteilung für AC

Mit Reliabilität ist hier das Ausmaß der Genauigkeit eines Meßverfahrens gemeint. Je weniger das Verfahren mit Meßfehlern behaftet ist, desto genauer und zuverlässiger sind die Ergebnisse. Zur Ermittlung der Reliabilität wird hier die Testwiederholung nach einer bestimmten Zeitspanne an denselben Testpersonen benutzt ("Retest-Reliabilität") . Bei diesem Verfahren geht man davon aus, daß sich die Leistungsfähigkeit der Testperson vom ersten Testzeitpunkt zum zweiten nicht verändert hat und abweichende Ergebnisse nur durch die Meßfehlerbehaftung des Verfahrens zustande kommen. Erreichen die Testpersonen zu beiden Zeitpunkten ungefähr gleiche Werte, ist der Test reliabel.
Validität bedeutet, daß ein Test tatsächlich mißt, was er zu messen vorgibt. Die Validität eines Tests läßt sich ermitteln, indem man die Testergebnisse der Personen mit einem gegebenen Kriterium vergleicht. Ein Problem ist jedoch die Gültigkeit des Kriteriums selbst, so daß es die

wahre Validität eines Tests praktisch so gut wie nie gibt; der Wert eines Tests bestimmt sich primär aus seiner Nützlichkeit zur besseren und schnelleren Urteilsbildung und inwieweit er zur Entscheidung einer Frage beiträgt.

Im deutschsprachigen Raum werden u.a. folgende Tests zur Messung kognitiver Fähigkeiten angewendet (nach Brickenkamp, 1975, 1983):

- Allgemeine kognitive Fähigkeitstests (Intelligenztests) (siehe Tabelle 1)

Amthauer, R.	IST, IT 70
Cattell, R.B.	CFT 20 / CFT 3
Conrad, W. et al.	Mannheimer Intelligenztest (MIT)
Dahl, G.	Wechsler-Intelligenz-Test (WIP)
Daniels, J.C.	Figure Reasoning Test (FRT)
Heller, K. et al.	Kognitiver Fähigkeits-Test (KFT)
Horn, W.	Begabungs-Test-System (BTS)
	Leistungs-Prüf-System (LPS)
	Prüfsystem für Schul- und Bildungsbegabung (PSB)
Jäger, A.O.	Differentieller Wissenstest (DWT)
	Wilde-Intelligenz-Test (WIT)
Marschner, G.	Revisions-Test (Rev.-T)
Meili, R.	Analytischer Intelligenztest (AIT)
Raven, J.C.	Progressive Matrizen (SPM)

- Spezielle Funktionsprüfungs- und Eignungstests (siehe Tabelle 2)

Amthauer, R.	Test für das praktisch-technische Verständnis (PTV)
Bäumler, G.	Lern- und Gedächtnis-Test (LGT 3)
Balser, H. et al.	Berufsbezogener Rechentest *
Bartel, H. et al.	Mathematische Denkaufgaben (MDA 10+)
Fürntratt, E.	Differentieller Wissenstest (DWT)
Irle, M. et al.	Berufs-Interessen-Test (BIT)
Jäger, A.O.	Rechtschreibtest (RT)
Jäger, R. et al.	Mannheimer Rechtschreibtest (MRT)
Leiber, H.	Bildungsmotivationstest (BMT)

Lienert, G.A.	Allgemeiner-Büro-Arbeits-Test (ABAT)
	Mechanisch-Technischer Verständnis-Test (MTVT)
	Mathematik-Test für Abiturienten und Studenten (MTAS)
	Denksport-Test (DST)
Riegel, K.	Der sprachliche Leistungs-Test (Saska)
Schmale, H. et al.	Berufs-Eignungs-Test (BET)
Stumpf, H.	Schlauchfiguren

- Konzentrations-Belastungs-Tests (siehe Tabelle 3)

Die Leistung der Testperson in den kognitiven Funktionen, die der Test erfaßt, ergeben sich fast ausschließlich aus dem "wie" des Wahrnehmens, Denkens und Informationsverarbeitens. Darüber hinaus beeinflussen aber auch "Konzentration", "Aufmerksamkeit" und "Anstrengung" das Testergebnis. Dabei läßt sich folgender Zusammenhang feststellen: Hohe Ausprägungen in kognitiven Fähigkeiten lassen sowohl auf ein hohes Fähigkeitspotential wie auf eine hohe Ausprägung des Willenseinsatzes schließen. Niedrige Testleistungen dagegen sind kaum zu erklären. Es ist entweder das mangelnde Fähigkeitspotential oder der mangelnde Willenseinsatz oder beides. Die folgenden Instrumente sollen die beschriebenen allgemeinen Leistungsvoraussetzungen erfassen:

Abels, D.	Konzentrations-Verlaufs-Test (KVT)
Brickenkamp, R.	Test d 2
Oswald, W.D.	Zahlen-Verbindungs-Test (ZVT)
Roether, D.	Tempoleistung und Merkfähigkeit Erwachsener (TME)*
Hentschel, H.	Feldmarkierungstest (FMT)

Eine vergleichende Übersicht der angesprochenen Intelligenztests, Funktions- und Eignungstests und der Konzentrations-Belastungs-Tests finden Sie im Anhang.

Neue Entwicklungen im Bereich der Testkonstruktion und -anwendung

Durch die Einführung neuer Technologien ergeben sich zusätzliche Möglichkeiten der Aufgabenkonstruktion (z. B. im Bereich der räumlichen Vorstellung durch CAD), der Durchführung und Auswertung (z. B. kann die Zeit vom Aufrufen einer Aufgabe auf den Bildschirm bis zur Eingabe der Lösung gemessen und gespeichert werden) sowie in der Fähigkeitserfassung und -beschreibung durch CAT ("computer assisted testing").

Schlußbemerkung

Eine Kenntnis der Stärken und Schwächen gängiger und weniger bekannter Verfahren sowie des möglichen Erkenntnisgewinns, welchen die einzelnen Verfahren bieten, ist hilfreich, um gegen überzogene Erwartungen, die dann und wann geweckt werden, gefeit zu sein. In diesem Sinne können und sollten sich Nicht-Psychologen unter den Personalentscheidern mit psychologischen Tests befassen und zu diesem Zweck sind die Tests hier vorgestellt und beschrieben worden. Die Anwendung psychologischer Testverfahren und die Interpretation sollte nur durch einen Diplom-Psychologen geschehen. Das ist sowohl im Interesse der Auftraggeber/Anwender als auch der Betroffenen.

Literaturhinweise

BARTENWERFER, H.:
Allgemeine Leistungsdiagnostik
Enzyklopädie, Diagnostik, Bd. 2, 1983

BRICKENKAMP, R.:
Hdb. der psychologischen und pädagogischen Tests
Göttingen, 1975, Ergänzung 1983

GROFFMANN, K.J.:
Die Entwicklung der Intelligenzmessung
Hdb. Psychologie, Bd. 6: Psychologische Diagnostik, 1964

WEWETZER, K.-H.:
Intelligenz und Intelligenzmessung
Darmstadt, 1973.

Testbezeichnung	Meßintention	Anwendung in der Praxis	Durchführung			Normen	Meßwertekorr.	
			Testmodus	Zeitbedarf (net/brut)	Altersgruppe		Reliablität r_{tt}	Validität r_{tc}
IST/IT 70	Kognitives Fähigkeits- u. Leistungspotential; Erfassung d. intellektuellen Struktur	Intelligenzdiagnostische Beurteilung im Hinblick auf berufliche Qualifikation; Bildungsberatung für Fortbildung, Umschulung	Gruppentest	72/90	13-60	Ja	.83-.95	.46-.62
CFT 2/20	Grundintelligenz, relationenstiftende intellektuelle Leistungsdisposition	Bildungsberatung, Schullaufbahn-, Berufsberatung, Umschulung	Gruppentest	26/60	9-18	Ja	.77-.83	.36-.52
CFT 3	Grundintelligenz, allgemeine intellektuelle Leistungskapazität	Begabtenauslese, Personalauslese: Leistungsdifferenzierung, Feststellung von Fördermaßnahmen	Gruppentest	25/50	16-25	Ja	.70-.80	.35-.46
MIT	Allgemeine Intelligenz	Bildungs-, Erziehungs- u. Berufsberatung	Gruppentest	34/60	12-35	Ja	.78-.84	
WIP	Ermittlung des Gesamt-IQ	Differentielle Leistungsanalyse, Konfliktberatung, klinische Diagnostik	Gruppentest	Ohne Angaben	10-79	Ja		.38-.67
FRT	Sprachfreies Verfahren zur Erfassung d. allgemeinen Intelligenz	Schullaufbahn-, Studien- u. Berufsbildungsberatung	Gruppentest	30	10-16 Erwachsene	Ja	.89-.97	
KFT 4-13	Differentieller Intelligenztest zur Ermittlung d. kognitiven Gesamtleistungsniveaus	Schullaufbahn- u. Bildungsberatung	Gruppentest	/135	4.-13. Klasse	Ja	.66-.90	
BTS	Erfassung von Intelligenz-, Schul- und Konzentrationsleistungen	Schullaufbahnberatung, Sonderschul- u. Begabtenauslese; Einsatz am ehesten auf dem untersten Intelligenzniveau	Gruppentest	/90	ab 7,7	Ja	.90-.93	.70
LPS	Erfassung der "Primärfähigkeiten" sensu Thurstone, hier Allgemeinbildung, Denkfähigkeit, Worteinfall, technische Begabung, Ratefähigkeit u. Wahrnehmungstempo	Bildungs- u. Berufsberatung	Gruppentest	/90	9-50	Ja		.47
PSB	Erfassung der "Primärfähigkeiten" sensu Thurstone	schulische Leistungserfassung, Ermittlung u. Erschließung von Begabungsreserven	Gruppentest	39/60	9-20	Ja		.30-.80
WIT	Erfassung der "Primärfähigkeiten" sensu Thurstone; auch Strukturmodell sensu Jäger	Ermittlung differenzierter individueller oder gruppenspezifischer Fähigkeitsstrukturen; Profildarstellung	Gruppentest	148/240	13-62	Ja	.81-.93	.59-.76
Rev.T.	Untersuchung "anhaltender Konzentration bei geistiger Tempoarbeit"	Interpretation der Arbeitskurve unter Bezug auf Strukturtypen d. praktischen Handelns und Verhaltens (typologischer Ansatz)	Gruppentest	7,5/15	10-75	Ja	.79-.96	.30-.50

Anhang 1: Allgemeine kognitive Fähigkeits- und Leistungstests: Intelligenztests

Testbezeichnung	Meßintention	Anwendung in der Praxis	Durchführung			Normen	Meßwertekorr.	
			Testmodus	Zeitbedarf (net/brut)	Altersgruppe		Reliablität r_{tt}	Validität r_{tc}
PTV	Erfassung elementarer physikalischer Kenntnisse u. technisch-mechanischem Verständnis	Entscheidung über Aus- u. Weiterbildung in technischen, ingenieur- sowie naturwissenschaftlichen Fachrichtungen u. Berufsfeldern	Gruppentest	25/	13-50	Ja	.63-.68	.15-.50
LGT-3	Überprüfung von Gedächtnisfunktionen (verbal, figural, numerisch)	Funktionsdiagnostik von Gedächtnisleistungen	Gruppentest	/40	ab 16	Ja	.47-.71	
MDA 10+	Kein explizites Begabungsmodell; Anwendung mathematischer Regeln, selbstständiges, einfallsreiches Problemdenken	Bildungs-, Schullaufbahn- u. Berufsberatung	Gruppentest	120/140	10. Klasse, Bewerber 2. Bild. weg	Ja		
DWT	Messung d. Allgemeinwissens u. der Kenntnisschwerpunkte für deutschsprachige Personen	Eignungsdiagnostische u. berufsberaterische Fragestellungen	Gruppentest	/75	ab 17	Ja		
BIT	Feststellung der Berufsneigung; Bestimmung von Interessenschwerpunkten	Vergleich der Testergebnisse mit berufstypischen Interessensprofilen zur differenzierteren Bestimmung der individuellen Berufsneigung	Gruppentest	/80	ab 12	Ja		
RT	Feststellung der Rechtschreibungskenntnisse innerhalb von Altersgruppen	Personalauswahl für Handel, öffentlichen Dienst etc; Übergang zu weiterführenden Schulen, Berufsberatung	Gruppentest	/80	ab 13	Ja		.83
MRT	Differenziertere Beurteilung der Fehlerschwerpunkte in der Rechtschreibung	Indikation für Maßnahmen zu gezielter Behebung eventueller Mängel; siehe auch RT	Gruppentest	/45	13-50	Ja	.96	.42-.63
BMT	Projektives Verfahren zur Beurteilung der Bildungsmotivation, Erfassung eines rationalen u. eines emotionalen Faktors	Erfassung von Bildungsmotivationsfaktoren vor allem bei ungelernten Arbeitern	Gruppentest	/30	ohne Angaben	Ja	.70-.80	
ABAT	Erfassung von Qualifikationen zur Erledigung einfacher Routinebüroarbeiten	Eignungsdiagnose auf durchschnittlichem Intelligenzniveau auch für Erwachsene vor beruflicher Umschulung	Gruppentest	26/	13-59	Ja	.83-.88	.46-.71
MTVT	Messung v. mechanisch-technischem Verständnis als speziellem Aspekt der "praktischen Intelligenz"	Hilfsmittel zur Eignungsauslese vor allem von Auszubildenden; Information über praktisch-technische Begabungen	Gruppentest	45/	13-19 Erwachsene	Ja	.76-.82	
MTAS	Überprüfung von Mathematikkenntnissen aus den Bereichen Algebra, Geometrie u. Funktionen	Einsatz bei Studienberatung, Studienplanung u. Hochschuldidaktik	Gruppentest	/60	ab 18	Ja		.33-.46

Anhang 3: Spezielle Funktionsprüfungs- und Eignungstests

Testbezeichnung	Meßintention	Anwendung in der Praxis	Durchführung			Normen	Meßwertekorr.	
			Testmodus	Zeitbedarf (net/brut)	Altersgruppe		Reliablität r_{tt}	Validität r_{tc}
AIT	Erfassen von Beziehungen; Erfassen thematisch bestimmter Ideenproduktion ("Fluency")	Berufsberatung; Möglichkeit je nach Testform im mittleren oder oberen Intelligenzbereich zu differenzieren	Gruppentest	30/60	12-18	Ja	.61-.85	.56-.61
SPM	Allgemeine Intelligenzleistung, intellektuelle Kapazität	Einschätzung d. analytisch-konstruktiven Denkniveaus, Erfassung von kognitiven Reserven	Gruppentest	/60	6-65	Ja		.50-.52

Anhang 1: Allgemeine kognitive Fähigkeits- und Leistungstests: Intelligenztests (Fortsetzung)

Testbezeichnung	Meßintention	Anwendung in der Praxis	Durchführung			Normen	Meßwertekorr.	
			Testmodus	Zeitbedarf (net/brut)	Altersgruppe		Reliablität r_{tt}	Validität r_{tc}
KTV	Erfassung des Verlaufs der Konzentrationsleistung	Strukturell-diagnostische Möglichkeiten; große Berufsnähe	Gruppentest	16/25	ohne Angaben	Ja		
d 2	Messung der allgemeinen Leistungsfähigkeit, der Aufmerksamkeits- u. Konzentrationsleistung	Einsatz in Schul- und Betriebspsychologie, Berufsberatung, klinischer Psychologie u. Pharmakopsychologie	Gruppentest	4,7/8	9-60	Ja	.88-.92	
ZVT	Messung kognitiver Leistungs- u. Verarbeitungsgeschwindigkeit	Zur speziellen Eignungsdiagnostik in der Betriebspsychologie	Gruppentest	/10	8-60	Ja	.81-.95	
FMT	Messung der Konzentration über kontinuierliche Diskriminationsleistung	Analyse von Leistungsverläufen, wo es auf Schnelligkeit und Genauigkeit der Arbeitsweise ankommt	Gruppentest	11/26	15-50	Ja		.62

Anhang 2: Konzentrations-Belastungs-Tests

Testbezeichnung	Meßintention	Anwendung in der Praxis	Durchführung			Normen	Meßwertekorr.	
			Testmodus	Zeitbedarf (net/brut)	Altersgruppe		Reliablität r_{tt}	Validität r_{tc}
DST	Einfallsreichtum sowie schlußfolgerndes und kritisches Denken; Niveautest	Untersuchung des Problemlöseverhaltens; Diagnose d. geistigen "Schärfe u. Wendigkeit"	Gruppentest	45/	14-50	Ja		
SASKA	Erfassung von allgemeiner u. verbaler Intelligenz	Anwendungsbereiche in beratender Psychologie, Markt- und Meinungsforschung	Gruppentest		16-99	Ja	.52-.89	.46-.71
BET	Messung grundlegender Anforderungen in verschiedenen Arbeitsbereichen	Eignungsdiagnostische Beratung; Ausleseprüfungen	Gruppentest	/150	15-34	Ja		.19
Schlauchfiguren	Test zur Beurteilung des räumlichen Vorstellungsvermögens	Eignungsdiagnostik in technisch-praktischen Berufsfeldern	Gruppentest	12/17	15-20	Ja	.72	.25

Anhang 3: Spezielle Funktionsprüfungs- und Eignungstests (Fortsetzung)

Alternativen zum Assessment Center

Franz Indergand

Gründe für alternative komplementäre Verfahren

Obwohl verschiedene Untersuchungen die Überlegenheit der AC-Methode gegenüber anderen Verfahren zur Personalauswahl und -entwicklung nachweisen, finden sich immer wieder Situationen, bei denen der Einsatz eines AC´s nicht möglich, nicht sinnvoll oder auch nicht gewollt ist.

Die Gründe, weshalb sich Organisationen die Frage nach alternativen oder komplementären Verfahren stellen, sind dabei vielfältig. In der Regel sind es folgende Aspekte, die gegen den Einsatz der AC-Methode sprechen:

- Verhältnis Stellen/Funktionen zu Bewerbern/Kandidaten

  Grundlegende Voraussetzung für den Einsatz der AC-Methode als Auswahl- oder Plazierungsverfahren ist, daß für jede zu besetzende Stelle/Funktion auch eine entsprechende Zahl von Bewerbern/Kandidaten vorhanden ist. Ist die Zahl zu klein, so hat dies zur Folge, daß

  a) sich die prognostische Validität des Verfahrens generell verringert und

  b) die Simulation von Gruppensituationen und damit die Beurteilung verschiedener sozialer Komponenten als wesentliches Merkmal eines jeden AC´s nicht mehr möglich ist.

  Andererseits erhöht eine zu große Zahl an Bewerbern/Kandidaten zwar die Voraussagekraft, macht das Verfahren aber ab einem bestimmten Moment unökonomisch. In diesem Falle drängt es sich auf, mit einer

Form von Vorselektion, bei der ebenfalls alternative Verfahren eingesetzt werden können, die Zahl der Bewerber zu reduzieren.

- Kosten

  Ein häufig genanntes Argument gegen den Einsatz der AC-Methode ist, das Verfahren sei zu teuer. Viele Organisationen können oder wollen sich den damit verbundenen Aufwand trotz der hohen Kosten einer Fehlentscheidung und trotz der vielen positiven Nebeneffekte, die ein AC mit sich bringt (vgl. Beiträge zum Thema: "Was ist ein Assessment Center und wie läuft es ab?"), nicht leisten.
  Bei der Berechnung der Aufwendungen ist zu beachten, daß diese immer von vielen Faktoren abhängig sind, z. B. von

  - Entwicklungskosten (Kosten für die Erhebung der Anforderungs-/Beurteilungskriterien, für die Entwicklung/den Kauf der Übungen und der Auswertungs-/Beurteilungsunterlagen etc.)
  - Implementierungskosten (Kosten für "Testläufe", Beobachter-Trainings, die Erstellung von Einsatzrichtlinien etc.)
  - Kosten bedingt durch die Absenzen von Teilnehmern/Assessoren/Betreuern vom Arbeitsplatz
  - Anzahl der durchzuführenden AC´s (sinkende Amortisationskosten bei häufiger Durchführung)
  - Dauer der AC´s
  - Hotel- und Reisekosten
  - Kosten für AC-Nachfolgemaßnahmen (off- und on-the-job-Entwicklungsmaßnahmen, Nachfolgegespräche etc.)

- Fragestellung und Ergiebigkeit von Beurteilungsverfahren

  Jedes Beurteilungsverfahren beansprucht für sich, zu unterschiedlichen Persönlichkeitsdimensionen eine Aussage zu machen. Dabei unterscheiden sich die einzelnen Verfahren aber bezüglich ihrer Zielsetzungen und ihrer Aussagekraft. Je nach Fragestellung und definierten

Anforderungen müssen somit andere Verfahren verwendet werden. Konkret geht es hier um die Beurteilung, durch welche Verfahren die Anforderungen am zuverlässigsten und am ökonomischsten repräsentiert werden.

Grundsätzlich gilt: Je weitreichender die Konsequenzen einer Fehlentscheidung sind, desto treffsicherer muß die Prognose und desto valider muß das Beurteilungsinstrumentarium sein. Andererseits ist aber auch zu berücksichtigen, daß bei genügend Bewerbern/Kandidaten für eine zu besetzende Stelle/Funktion selbst Instrumente mit einer schlechteren Validität eine genügende Leistung zu erbringen vermögen.

- Akzeptanz bei Beurteilten, Management und Betriebsrat

  Allen Untersuchungsberichten zum Trotz wird immer wieder versucht, nachzuweisen, daß die AC-Methode die in sie gesteckten Erwartungen nicht zu erfüllen vermöge. Insbesondere wird dabei kritisiert, daß mit dem AC die Verantwortung des direkten Linienvorgesetzten an eine unabhängige Stelle delegiert wird, was wiederum den heute gängigen Management-Prinzipien widerspricht. Zudem wird oft argumentiert, daß das Verfahren selbst bei Einhaltung sämtlicher ethischer Prinzipien betreffend Offenheit und Transparenz für einen Bewerber/Kandidaten nicht zumutbar sei.
  Die Akzeptanz eines Verfahrens ist eine wichtige Voraussetzung, damit darauf aufbauende Entscheidungen auch getragen werden. Das Problem dürfte aber oft darin liegen, Verfahren zu finden, die von allen Instanzen gleichermaßen akzeptiert werden. Angesichts der Tragweite der Konsequenzen ist bei Zielkonflikten einer akzeptierten mittelmäßigen Lösung einer nichtakzeptierten, hochvaliden Lösung immer der Vorrang zu geben.

- Politik/Firmenkultur

  Oft bedingt durch jahrelange Erfahrung haben sich viele Firmen bestimmten Verfahren und Politiken verschrieben, die immer auch als Ausdruck einer bestimmten Unternehmenskultur interpretiert werden können. Da Unternehmenskulturen von Natur aus aber unterschiedlich sind und unterschiedlich sein sollen, muß jede Firma ihre eigene Auswahl- und Beurteilungspolitik finden. Die Berücksichtigung der vorgängig andiskutierten Fragestellungen kann als Raster für die Überprüfung des momentanen Beurteilungssystems mitverwendet werden.

Probleme bei der Definition neuer Verfahren

Bei der Frage nach alternativen Verfahren zum AC sucht man unwillkürlich nach neuen Instrumenten. Dabei wird einem dann bewußt, daß selbst die AC-Methode im Prinzip nichts Neues darstellt. Zum einen hat diese Methode selber eine lange Geschichte, zum anderen ist das besondere am Assessment Center nicht die "Erfindung" von neuen Verfahren, sondern

- die Bevorzugung von Simulationstechniken,
- deren Kombination in einer Gruppensituation,
- die gleichzeitige Beobachtung und Beurteilung durch mehrere unabhängige Assessoren und
- die systematische und anforderungsorientierte Datengewinnung und -verarbeitung.

Mit Hilfe dieser Prinzipien soll die Irrtumswahrscheinlichkeit von Fehlentscheidungen bei der Auswahl, der Plazierung, der Beförderung und Entwicklung von Mitarbeitern reduziert und damit unnötige Kosten und Unruhe im Betrieb vermieden werden.

Bei der Definition alternativer Verfahren kann es somit nicht in erster Linie um die Kreation neuer Beurteilungstechniken gehen, sondern um die

Beantwortung der Frage, welche der Vorteile bzw. der wichtigsten Grundprinzipien der AC-Methode auch ohne Beurteilung in Seminarform genutzt werden können.

Folgende Aspekte stehen dabei im Vordergrund:

- Analog dem Assessment Center-Grundgedanken können nebst Simulationstechniken auch andere (traditionelle) Beurteilungsverfahren kombiniert und anforderungsorientiert eingesetzt und ausgewertet werden.
- Dieser Prozeß der Mehrfachbeurteilung in verschiedenen Beurteilungssituationen läßt sich dadurch ergänzen, daß immer mehrere Beurteiler in die Beobachtung, Datenverarbeitung und Entscheidungsfindung miteinbezogen werden.
- Ein wichtiges Merkmal der AC-Methode ist schließlich, daß dabei versucht wird, aufgrund des gezeigten Verhaltens in einer spezifischen Situation eine Prognose über zukünftiges Verhalten zu machen. Auch dieser Grundgedanke kann im Zusammenhang mit alternativen Verfahren (vgl. Interview, systematische Lebenslauf-/Karriereanalyse, Biographischer Fragebogen, "Arbeitsproben") aufgegriffen und systematisch genutzt werden.

Wie die lange Geschichte der Psychodiagnostik zeigt, ist man bezüglich neuer Ideen zur Datengewinnung nicht sehr weit gekommen. Wenn man andererseits bedenkt, wie wenig systematisch die vorhandenen Instrumente oft eingesetzt werden und wie viele Informationen beim Entscheidungsfindungsprozeß nicht oder nicht richtig genutzt werden, läßt sich erkennen, wieviel Optimierungsmöglichkeiten selbst mit den traditionellen Instrumentarien noch gegeben sind.

Kurzbeschreibung einzelner alternativer Verfahren

In diesem Abschnitt sind die heute gängigen alternativen Verfahren zum AC kurz beschrieben. Dabei gliedern sich die einzelnen Beschreibungen nach folgenden Kriterien:

- Was leistet das Verfahren?
- Beispiele

- Durchführungs- und Auswertungsbedingungen
- rechtliche Voraussetzungen
- Transparenz und Akzeptanz

Die im Anhang beigefügte Literaturliste vermittelt zusätzliche Informationsquellen zur Vertiefung des Themas.

- Interview

  Das in der Personalauswahl und als Basis für Personalentwicklungsmaßnahmen am häufigsten verwendete Instrument ist sicherlich das Interview. Es sind verschiedene Bezeichnungen gebräuchlich, z.B. Auswahlgespräch, Bewerbergespräch, Einstellungsgespräch, Vorstellungsgespräch, Personalentwicklungsgespräch etc.

  Mit Hilfe des Interviews gewinnt man in der Regel wichtige Informationen über einen Bewerber oder Mitarbeiter, die aus den schriftlichen Unterlagen allein nicht abgeleitet werden können.

  Das Interview schätzen Personalfachleute und Führungskräfte deshalb sehr, weil es dem Interviewer persönliche Eindrücke vermittelt und damit gleichzeitig das Gefühl gibt, daß diese Eindrücke und Bewertungen auch in hohem Maße zuverlässig sind, was wiederum als große Gefahr dieses Verfahrens bezeichnet werden muß.

  Das Interview unterscheidet sich grundsätzlich von anderen Gesprächsformen, nämlich durch die zweckgerichtete Thematik - in unserem Fall die Auswahl von Bewerbern oder die Definition von Laufbahnzielen und Entwicklungsmaßnahmen - und dem asymmetrischen Kommunikationsprozeß.

  Bei allen Formen des Interviews geht es darum, durch Fragen an den Probanden/Bewerber und/oder durch Beobachtung seines Verhaltens während der Gesprächssituation Informationen über ihn zu erhalten.

Somit gibt es also zwei Kategorien von Informationen zu unterscheiden:

- Mitteilungen des Interviewten über Fakten und Äußerungen von Einstellungen, Meinungen, Werturteilen und Selbstwahrnehmungen sowie
- Beobachtungen des verbalen und nonverbalen Verhaltens durch den Interviewer.

Wie verschiedene Untersuchungen berichten, stehen sowohl Zuverlässigkeit wie auch Gültigkeit des Interviews in keinem Verhältnis zur Überzeugung der meisten Führungskräfte und vieler Personalfachleute von seinem diagnostischen und prognostischen Wert. Entscheidend ist die Güte des Interviews. Folgende Voraussetzungen können die Zuverlässigkeit und Gültigkeit eines Interviews verbessern helfen:

- Eine entsprechende Ausbildung und Erfahrung des Interviewers sowie die Tatsache, daß mehrere Interviewer das Gespräch führen.
- Eine systematische Anforderungsanalyse (Bestimmung und Beschreibung der Merkmale) verbunden mit einer anforderungsorientierten Fragestellung.
- Die saubere Protokollierung, Auswertung, Beurteilung und Interpretation des Gesprächs.
- Die Interview-Situation (vgl. Zeitpunkt, Durchführungsort etc.).

Diese Bedingungen sind Bestandteil des Konzepts "Praxis des Bewerbergesprächs" (PBG), das vom DDI (Dimensions Development Institut) als eigentliche Alternative zum Assessment Center entwickelt und von der Firma Blackbox in Zürich als deutschsprachiges Schulungspaket vertrieben wird.
Dieses PBG-System ist durch folgende Merkmale charakterisiert:

- In der Anforderungsanalyse wird aus den zukünftigen Aufgaben eines Mitarbeiters ein Anforderungsprofil abgeleitet. Die Anforderungsanalyse sollte dabei von allen an der Auswahl Beteiligten (Vorgesetzte, Experten, Arbeitskollegen) gemeinsam erarbeitet werden.

Als Grundlage dient ein Katalog der Autoren mit rund 60 Anforderungsmerkmalen.

- Nach der Bestimmung und Umschreibung der Anforderungsmerkmale werden anforderungsbezogene Interviewfragen formuliert, die sich auf konkretes früheres Verhalten des Bewerbers aus seiner Vergangenheit beziehen.
  Diesem Vorgehen liegt der Gedanke zugrunde, daß das Wissen über früheres Verhalten am ehesten die Abschätzung von künftigem Verhalten in ähnlichen Situationen ermöglicht.

- Bei der Durchführung des Interviews achten die Interviewer darauf, daß sie vom Interviewten echte und vollständige Beispiele von früherem Verhalten erhalten, d.h. die Situation, das Vorgehen und das Ergebnis oder die Auswirkungen seines Verhaltens beschrieben werden.

- Um das Prinzip der Mehrfachbeurteilung ökonomisch anzuwenden, können im Interview mehrere Interviewer die Anforderungsmerkmale untereinander aufteilen, damit unerwünschte Überschneidungen bei der Gesprächsführung vermieden werden.

- Nach Abschluß der Gespräche erstellen alle Beurteiler in einer abschließenden Besprechung eine gemeinsame Beurteilung des Probanden. Hier werden die konkreten Verhaltensaussagen den einzelnen Anforderungsmerkmalen zugeordnet, eine entsprechende Gewichtung der Informationen vorgenommen und in der sogenannten "Beurteilerkonferenz" die Eignungsdiagnose getroffen sowie die eventuell fälligen Entscheidungen.

Die effiziente Nutzung aller Möglichkeiten des PBG setzt das Training aller Interviewer voraus, wofür es in der Praxis verschiedene erprobte Konzepte gibt.

Bei der Definition von Interviewfragen, aber auch bei der Durchführung eines Interviews sind in jedem Falle bestimmte rechtliche Rahmenbedingungen einzuhalten. So dürfen nur Fragen gestellt werden, die im

Hinblick auf das zu begründende Arbeitsverhältnis relevant sind bzw. deren Beantwortung ein berechtigtes Interesse des Arbeitgebers darstellt. Das Persönlichkeitsrecht und das Recht auf Unverletzbarkeit der Intimsphäre des Bewerbers müssen immer beachtet werden.

Ein Interview kann so geführt werden, daß die Absicht des Gesprächs für den Interviewten in hohem Maße transparent wird. Transparenz und Akzeptanz seitens des Interviewten können schließlich durch differenzierte Rückmeldungen über die Entscheidung und die Entscheidungsgründe erhöht werden.

"Praxis des Bewerbergespräches" (PBG)
(6 Grundsätze)

- Die Anforderungskriterien für die jeweilige Position festlegen und definieren.
- Die einzelnen Elemente des Ausleseverfahrens zu einem umfassenden System strukturieren.
- Auf der Basis stellenbezogener Auslesekriterien ("Dimensionen") gezielte Interviews aufbauen.
- Vergangenes Verhalten zur Voraussage zukünftigen Verhaltens heranziehen.
- Wirksame Interview-Techniken anwenden.
- Mehrere Interviewer in eine systematische Auswertungs- und Beurteilungsdiskussion einbeziehen.

Kriterium \ Informationsquellen	Vor-Auslese: Bewerbungsformular	1. Interview (Personalabteilung)	Praktischer Test (Personalabteilung)	2. Interview (direkter Vorgesetzter)	Andere Informationsquellen
Maschineschreiben ●●	◆		◆		◆
Schriftlicher Ausdruck ●●	◆	◆			
Auftreten/Beziehungen aufbauen ●		◆		(◆)	
Einfühlungsvermögen ●				◆	
Administration/Organisation ●●●		◆		◆	◆
Initiative ●				◆	
Leistungswille ●●●		◆		◆	◆
Stellenbezogene Motivation ●●●	(◆)	◆		◆	
Belastbarkeit ●●				◆	

●●●hoher Stellenwert ●●mittlerer Stellenwert ●weniger hoher Stellenwert

Abb. 1: PBG-Matrix: Dimensionen und ihre Beurteilung; Beispiel für die Position "Sekretärin des Verkaufsleiters"

Haben Sie schon einmal in einem Team gearbeitet? Bei welcher Gelegenheit? Mit wem? (Verein, Sport, Studium, Praktikum)

___

Welche Rolle haben Sie dort gespielt?

___

Schildern Sie mir aus jüngster Vergangenheit ein größeres Problem, vor dem diese Gruppe, dieses Team stand. (personenbezogen)

___

___

Was haben Sie zur Lösung des Problems beigetragen? (Ergebnis)

___

___

Abb. 2: Beispiele für anforderungsorientierte PBG-Fragen

Dimensionen / Beurteiler	Personal-abteilung	Vorgesetzter	Konsens
Technische/berufliche Kompetenz (M)	4	3+	4
Stellenbezogene Motivation (M)	4	4	4
Urteilsvermögen (M)	0	4	4
Leistungswille (M)	4	3+	4
Belastbarkeit (M)	2+	3	3
Initiative (K)	3(w)	2	2
Flexibilität (K)	3(w)	2	2

Legende

M = Muß-Kriterium

K = Kann-Kriterium

5 = viel besser als annehmbar: Leistungen signifikant über den Anforderungen,
4 = besser als annehmbar: übertrifft die qualitativen und quantitativen Anforderungen,
3 = annehmbar: erfüllt die qualitativen und quantitativen Anforderungen,
2 = schlechter als annehmbar: erfüllt die qualitativen und quantitativen Anforderungen nicht,
1 = viel schlechter als annehmbar: Leistungen signifikant unter den Anforderungen,
0 = keine Information,
w = wenig Information,
4/2 = gespaltene Wertung, unterschiedliches Verhalten unterschiedlicher Bedingungen.

Abb. 3: Beispiel einer PBG-Bewertungsmatrix

- Biographischer Fragebogen

Vom Namen her ist der Biographische Fragebogen vielen Personalfachleuten geläufig, in der Praxis wird er aber wenig angewendet.

Dieses aus den USA stammende Verfahren beansprucht für sich, aufgrund von demographischen Variablen, Angaben über Schul- und Berufsausbildung, bisherigen Berufserfahrungen, Interessen, Einstellungen usw. eine Prognose über die Bewährung in einem bestimmten Beruf, einer bestimmten Funktion machen zu können.

Durch eine systematische Exploration mittels Fragebogen (jeweils ca. 70 Fragen mit vorgegebenen Antworten) werden diese lebensgeschichtlichen Daten erhoben und zu einem Profil verdichtet. Dieses Profil wird anschließend den Profilen besonders erfolgreicher bzw. weniger erfolgreicher Mitarbeiter gegenübergestellt. Anhand des Übereinstimmungskoeffizienten kann dann eine Prognose über den künftigen Berufserfolg vorgenommen werden.

Das beschriebene Verfahren wird in Deutschland gemäß Schuler/Stehle vor allem von Versicherungsgesellschaften zur Selektion von Außendienstmitarbeitern verwendet. Die durchschnittliche prognostische Validität wird dabei mit einer Korrelation zwischen 0.3 und 0.4 veranschlagt.

Leider fehlen zur Zeit für den deutschen Raum entsprechende Untersuchungswerte für andere Berufsgruppen und im besonderen für Führungskräfte. Immerhin gibt es aber eindeutige Hinweise, daß die Werte für Biographische Fragebogen nebst dem konkreten Validierungsverfahren offenbar doch recht abhängig sind von der jeweiligen Personengruppe*.

---

*) vgl. dazu Schuler/Stehle: Biographische Fragebogen als Methode der Personalauswahl, Verlag für Angewandte Psychologie, Stuttgart 1986

Nebst der standardisierten Durchführung bedarf der Einsatz des Verfahrens somit noch einer aufwendigen berufs-, organisations- und eventuell sogar bereichsspezifischen Konstruktion und Eichung, was wiederum den Einsatz eines testdiagnostisch ausgebildeten Experten notwendig macht.

Hinsichtlich der rechtlichen Situation müßte der Einsatz des Biographischen Fragebogens nach Ansicht verschiedener Autoren relativ unproblematisch sein, da in erster Linie ja nach objektiv überprüfbaren Informationen gefragt wird. Verschiedene Beispiele von Biographischen Fragebogen zeigen jedoch klar auf, daß die Angelegenheit offenbar keinesfalls unproblematisch ist. Um unangenehme Überraschungen zu vermeiden, lohnt es sich auf alle Fälle, den Fragebogen mit dem Betriebsrat auf unzulässige oder persönlichkeitsverletzende Inhalte hin zu überprüfen.

Eine analoge Beurteilung ist schließlich hinsichtlich der Akzeptanz des Verfahrens vorzunehmen. Bedingt durch die Ökonomie eines einmal konstruierten und geeichten Fragebogens dürfte diese Akzeptanz sowohl beim Management wie auch bei den Personalfachleuten kaum in Frage gestellt sein. Problematischer ist die geringe Transparenz bezüglich des Zusammenhanges zwischen den im Fragebogen gestellten Fragen und den relevanten Anforderungen eines Berufes oder einer Funktion für den Bewerber oder Mitarbeiter. Zusammen mit den noch ungenügenden Erfahrungen und dem relativ großen Aufwand für die Normierung und Eichung dürften darin die größten Nachteile des Biographischen Fragebogens liegen.

- Persönlichkeitsfragebogen

Persönlichkeitsfragebogen entstanden auf dem Hintergrund von Persönlichkeitstheorien bzw. auf den von verschiedenen Autoren versuchten Erklärungsmodellen über die Struktur und die Funktionsweise unserer Persönlichkeit. Entsprechend diesen verschiedenen Ansätzen gibt es - etwas vereinfacht ausgedrückt- soviele Persönlichkeitsfragebögen wie es Persönlichkeitstheorien gibt. In den einzelnen

Fragebögen werden die für eine betreffende Theorie als wichtig erachteten Persönlichkeitsmerkmale zu Fragegruppen zusammengestellt. Der Proband wird dazu aufgefordert, seine persönlichen Einstellungen und Meinungen zu bestimmten Sachverhalten aufgrund vorgegebener Fragen und Antworten zu äußern. Ziel der Befragung im Rahmen der Personalarbeit ist es, mit relativ geringem Zeit- und Sachaufwand detaillierte und umfassende Aussagen über die Persönlichkeit von Bewerbern und Mitarbeitern zu erhalten.

> "Die Technik des Persönlichkeitsfragebogens dient zur Erfassung eines zum Zeitpunkt der Untersuchung gegebenen Zustandes eines Individuums, - eines im Prozeß der fortlaufenden Änderungen, die die Entwicklung der Persönlichkeit ausmachen, punktuell gültigen Zustandsbildes, das eine prognostische Beurteilung zuläßt". (H. Hiltmann, Kompendium der Psychodiagnostischen Tests)

Das methodische Prinzip der systematischen Befragung mit vorgegebenen Fragen und Antwortmöglichkeiten ist praktisch überall anwendbar. Persönlichkeitsfragebogen werden denn in mittleren und größeren Unternehmen aller Branchen häufig eingesetzt und zum Teil auch von Personalfachleuten selbst entwickelt.

Beispiele für im deutschsprachigen Raum häufig verwendete, im Handel erhältliche Persönlichkeitsfragebogen sind:

FPI: Freiburger Persönlichkeitsinventar von Fahrenberg, Selg & Hampel 1978

PRF: Deutsche Personality Research Form von Stumpf, Angleitner, Wieck, Jackson & Beloch-Till 1984

16 PF: 16-Persönlichkeits-Faktoren-Test, deutsch von Schneewind, Schröder, Cattell 1986

CPI: Deutscher California Personality Inventory von Gough & Weinert 1982

Neben solchen, offiziell erhältlichen, standardisierten Persönlichkeitsfragebogen existieren in der Praxis eine Vielzahl von selbstentwickelten Varianten, die häufig keine oder nur ungenügend zuverlässige statistische Angaben zu den Gütekriterien (Objektivität, Reliabilität, Validität) machen und die sich oft mit einem Hinweis auf die hohe "subjektive Evidenz" (Augenscheinvalidität) begnügen.

Insbesondere für Personalauswahlzwecke, wo das Risiko einer Fehlentscheidung gering gehalten werden muß, ist die prognostische Validität aber von großer Bedeutung. Seriöse Persönlichkeitsfragebogen zeichnen sich dadurch aus, daß sie empirisch gewonnene und statistisch gesicherte Angaben zur Beziehung von Testleistung und Berufseignung machen, womit für den Anwender der gezielte Einsatz bei klar umrissener Fragestellung durchaus möglich wird.

Eine große Fehlerquelle von Persönlichkeitsfragebogen besteht darin, daß die von den Probanden verlangten "Selbstbeschreibungen" sozial erwünschte, unrealistische und absichtlich verzerrte Selbstwahrnehmungen und Selbstdarstellungen provozieren können. Dieser Fehlerquelle wird oft mit sogenannten Lügen- und Kontrollskalen begegnet, in denen die gleiche Frage mehrfach ganz unterschiedlich formuliert ist. Die Wirksamkeit dieser Skalen ist aber nicht unumstritten.

So oder so läßt sich nicht leugnen, daß die bisher empirisch ermittelten Validitätskoeffizienten in bezug auf die prognostische Valildität oft nur bescheidene Höhen aufweisen.

Die erfolgreiche Anwendung von Persönlichkeitsfragebogen setzt eine standardisierte Durchführung und Auswertung der Befragung durch einen erfahrenen Experten voraus. Insbesondere sollte aber die Interpretation der Resultate einem fachlich versierten Psychologen überlassen werden.

In bezug auf die rechtliche Situation ist der Einsatz von Persönlichkeitsfragebogen unproblematisch, wenn ausschließlich funktionsrelevante Merkmale unter Beachtung der Persönlichkeitsrechte und der Intimsphäre des Probanden erfaßt weden. Sofern der Persönlichkeitsfragebogen isolierbare Subskalen mit entsprechenden Angaben zu den

Gütekriterien enthält, dürfte eine Anwendung in beschränktem Ausmaße für verschiedene Funktionsgruppen durchaus vertretbar sein.

Problematischer verhält es sich mit der Transparenz für den Befragten bezüglich des Zusammenhangs zwischen den (isolierten) Einzelfragen und den gesamthaft ableitbaren Schlußfolgerungen. In jedem Falle sollte der Befragte deshalb über die Funktionsweise der Auswertung und Interpretation des Fragebogens informiert werden.

Analog zum Biographischen Fragebogen sind die ökonomischen Vorteile eines einmal erstellten und geeichten Fragebogens hinsichtlich Preis, Durchführungsdauer, personellem und Sachaufwand groß. Von Vorteil ist auch die Möglichkeit, Aussagen zu sonst möglicherweise unzugänglichen Persönlichkeitsmerkmalen zu erhalten. So werden die Persönlichkeitsfragebogen, trotz manchmal geringer prognostischer Validität, von vielen Personalfachleuten als komplementäres psychodiagnostisches Instrument, vor allem aber als Grundlage für weiterführende Gespräche, weitgehend akzeptiert.

- Intelligenz- und Leistungstests

Im Rahmen der Personalauswahl - insbesondere im Rahmen der Vorselektion - recht häufig verwendete Instrumente sind die Intelligenz- und Leistungstests zur Beschreibung kognitiver Fähigkeiten und Leistungen. Wie ein Blick in die entsprechende Literatursammlung* zeigt, stehen uns heute eine Vielzahl derartiger Tests mit unterschiedlichen Zielgruppen zur Verfügung.

Im deutschsprachigen Raum werden u.a. folgende Tests zur Messung kognitiver Fähigkeiten angewendet:

- Allgemeine kognitive Fähigkeitstests (Intelligenztests)
- Spezielle Funktionsprüfungs- und Eignungstests
- Konzentrations-Belastungs-Test

*) Brickenkamp: Handbuch der psychologischen und pädagogischen Tests, Hogrefe-Verlag, Göttingen/Toronto/Zürich 1975/83

Test	Alter/ Dauer	Persönlichkeitsmerkmale/Skalen	
FPI DM 74,--*	ab 15 J. 25-30 Min	1. Lebenszufriedenheit 2. Soziale Orientierung 3. Leistungsorientierung 4. Gehemmtheit 5. Erregbarkeit 6. Agressivität	7. Beanspruchung 8. Körperliche Beschwerden 9. Gesundheitssorgen 10. Offenheit E. Extraversion N. Emotionalität
Deutsche PRF DM 98,50*	ab 17 J. 25-30 Min	1. Leistungsstreben 2. Geselligkeit 3. Agressivität 4. Dominanzstreben 5. Ausdauer 6. Bedürfnis nach Beachtung 7. Risikomeidung 8. Impulsivität	9. Hilfsbereitschaft 10. Ordnungsstreben 11. Spielerische Grundhaltung 12. Soziales Anerkennungsbedürfnis 13. Anlehnungsbedürfnis 14. Allgemeine Interessiertheit
16 PF	ab 18 J. 45-60 Min	Primärfaktoren 1. Sachorientierung vs. Kontaktorientierung 2. Konkretes Denken vs. Abstraktes Denken 3. Emotionale Störbarkeit vs. Emotionale Widerstandsfähigkeit 4. Soziale Anpassung vs. Selbstbehauptung 5. Besonnenheit vs. Begeisterungsfähigkeit 6. Flexibilität vs. Pflichtbewußtsein 7. Zurückhaltung vs. Selbstsicherheit 8. Robustheit vs. Sensibilität	 9. Vertrauensbereitschaft vs. Skeptische Haltung 10. Pragmatismus vs. Unkonventionalität 11. Unbefangenheit vs. Überlegtheit 12. Selbstvertrauen vs. Besorgtheit 13. Sicherheitsinteresse vs. Veränderungsbereitschaft 14. Gruppenverbundenheit vs. Unabhängigkeit 15. Spontaneität vs. Selbstkontrolle 16. Innere Ruhe vs. Innere Gespanntheit
DM 170,--*		Sekundärfaktoren 1. Normgebundenheit 2. Belastbarkeit 3. Entschlußbereitschaft 4. Kontaktbereitschaft	
Deutscher CPI DM 92,--*	ab 13 J. 45 Min	1. Dominanz 2. Fähigkeit zum Erfolg 3. Geselligkeit 4. Soziales Auftreten 5. Selbstbejahung 6. Wohlbefinden 7. Verantwortlichkeit 8. Sozialisation 9. Selbstbeherrschung	10. Toleranz 11. Guter Eindruck 12. Konventionalität 13. Leistung durch Anpassung 14. Leistung durch Unabhängigkeit 15. Intellektuelle Effizienz 16. Psychologisches Feingefühl 17. Flexibilität 18. Feminität

Abb. 4: Überblick über einige im deutschsprachigen Raum häufig verwendeten Persönlichkeitsfragebögen. Die Auswertung erfolgt jeweils mit einer Schablone

* Preise von 1989

Gemeinsames Merkmal aller Intelligenz- und Leistungstests ist, daß eine standardisierte Stichprobe aus dem Intelligenz- und Leistungsverhalten eines Probanden zur Voraussage des generellen Fähigkeitspotentials herangezogen wird. Dabei bestehen die Aufgaben der Tests aus miniaturisierten Problemen oder Situationen aus dem Alltagsleben.

Ein weiteres spezielles Merkmal der Intelligenz- und Leistungstests ist ihre Normierung.

Der einzelne wird aufgrund seiner Testleistung mit dem verglichen, was eine sogenannte Normalpopulation (in der Regel eine bestimmte Berufs- und/oder Altersgruppe) in diesem Test an Leistungen erbracht hat. Sein Testresultat steht also nicht für sich selbst, sondern entspricht der Norm oder weicht nach oben oder unten von ihr ab.

Die Daten werden bei Intelligenz- und Leistungstests in standardisierten Situationen von einem "Tester" (nicht notwendigerweise ein Experte) erhoben, ausgewertet und interpretiert. Während bei Intelligenztests die intellektuelle Leistungsfähigkeit qualitativ und quantitativ beurteilt wird, resultiert der Testwert bei Leistungs- und Konzentrationstests aus der Anzahl der Treffer oder Fehler sowie einem Zeit- oder Qualitätsmaß.

Objektivität und Reliabilität von Intelligenz- und Leistungstests sind in der Regel hoch, die entsprechenden Validitäten sind abhängig von der Fragestellung und den jeweiligen Testmanuals zu entnehmen.

Voraussetzung, damit ein Intelligenz- und Leistungstest im Rahmen der Personalauswahl verwendet werden kann, ist die Erfüllung bestimmter Anforderungen: So sollten zwischen den inhaltlichen Aspekten einer Aufgabe und den zu beurteilenden Anforderungen konzeptuelle Ähnlichkeiten bestehen.

Im weiteren sollten sich Merkmalsausprägungen quantitativ abbilden und entsprechend interpretieren lassen.

Was die Aussagekraft der Tests betrifft, muß beachtet werden, daß Leistungstests weder die geistige Produktivität genialer Menschen (Kreativität), noch soziale Dimensionen messen. Das Resultat eines Leistungstests hängt auch davon ab, ob der Proband, der zwar die notwendigen Fähigkeiten besitzt, diese auch aktivieren und als Leistung realisieren kann und will. Der Prozeß, welcher zum Denkresultat führt, wird bei der Messung intellektueller Leistungen oder Fähigkeiten nicht berücksichtigt. Während bei guten Testleistungen davon ausgegangen werden kann, daß der Proband sowohl fähig wie auch willens war, eine Leistung zu erbringen, läßt sich bei schlechten Leistungen keineswegs definitiv auf deren Ursache schließen.

Die Anwendung von Intelligenz- und Leistungstests ist rechtlich insofern unproblematisch, als bei dieser Art von Tests weder die Persönlichkeitsrechte noch die Intimsphäre des Probanden tangiert werden.

Intelligenz- und Leistungstests haben den Vorteil, unmittelbar einsichtig zu sein. Trotzdem geben für gewöhnlich nicht alle Aufgaben die Beziehung von Testverhalten bzw. Testleistung zu den Berufsanforderungen zu erkennen. Zudem werden nur Teilaspekte, die den Berufserfolg ausmachen, beurteilt. Dank Standardisierung der Aufgabenpräsentation sowie der Testdurchführung und Auswertung sind diese Tests als ökonomisch zu erachten. Sie bilden jedoch allein die Gegenwart ab und wurden nicht dazu entwickelt, herauszufinden, ob ein Proband in Zukunft intelligenter oder leistungsfähiger sein wird.

- Projektive Verfahren

Als "projektive Verfahren" werden Persönlichkeitstests bezeichnet, in denen einem Probanden Stimuli dargeboten werden, zu denen dieser frei assoziieren soll. Die in der Tiefenpsychologie verwurzelte Theorie geht dabei davon aus, daß die auf diese Art und Weise befragte Person bei diesem Vorgang die Struktur und Dynamik ihrer Persönlichkeit in ihre Deutungen und Gestaltungen hineinprojiziert. Via ihre Assoziationen soll ein möglichst umfassendes, differenziertes und ganzheitliches Bild ihrer Persönlichkeit gewonnen werden, wobei auch unbewußte Inhalte sichtbar gemacht werden sollen.

Die Stimuli sind in vielen Tests mehrdeutige, unstrukturierte Bilder, um möglichst vielfältige Antworten zu evozieren, manchmal auch verbale Stimuli (z.B. das Erzählen des Schlusses einer Geschichte).

Typische Beispiele für Stimuli in projektiven Verfahren sind die Farbkleckse des Rorschach-Tests, die vom Probanden interpretiert werden sollen oder die unvollständigen Figuren im Wartegg-Zeichen-Test, die nach freiem Belieben weiterzuzeichnen sind oder auch die zwanzig Bilder des TAT (Thematischer Apperzeptionstest), zu denen der Bewerber jeweils eine Geschichte zu erzählen hat.

Anders als bei den Intelligenz- und Leistungstests bietet das Testmaterial hier nicht Abbilder der Wirklichkeit, sondern deren Abstraktion. Die Normierung ist im Gegensatz zu den Leistungstests minimal. In diesem Sinne stellen die projektiven Verfahren den Versuch dar, das individuelle Weltbild, die persönlichen Haltungen und Fehlhaltungen und die "private" Seite des Probanden sichtbar zu machen.

Projektive Verfahren geben Anlaß zu einer Reihe von Einwänden. So erlauben sie z.B. keine Aussage über das Zustandekommen der Antworten und bei der Interpretation der Deutungen spielt die Intuition des Interpreten eine nicht zu unterschätzende Rolle.

Methodisch und technisch entsprechen projektive Verfahren sicher nicht den Anforderungen, die generall an psychologische Tests gestellt werden. Auf statistischer Basis durchgeführte Bewährungskontrollen ergeben denn auch durchweg ungenügende Werte. Andererseits muß gesagt werden, daß bislang auch das entsprechende Instrumentarium fehlt, um die Güte projektiver Verfahren überhaupt nachzuweisen. Selbst eine Augenschein-Validität (face validity) ist für den Laien kaum ersichtlich.

Gründe für die mangelhaft statistische Gültigkeit sind neben dem genannten fehlenden Meßinstrumentarium sicher auch die Komplexität der menschlichen Psyche, die sich einer ökonomischen ganzheitlichen Erfassung entzieht, andererseits aber auch die Tatsache, daß die Erfassung der Psyche in einem bestimmten Zeitpunkt nur schwerlich eine Prognose auf deren Zustand zu einem späteren Zeitpunkt zuläßt, da viele menschliche Attribute eine zu geringe Konstanz aufweisen, um einen rechnerischen Zugang zu ermöglichen.

Sowohl die Durchführung wie auch die Auswertung von projektiven Verfahren hat immer durch einen erfahrenen Experten (Psychologen/Psychiater) zu erfolgen, der die zugrundeliegende - meist tiefenpsychologische - Theorie im Detail beherrscht und den Hintergrund seines Auftrags kennt.

Als rechtliche Voraussetzung für die Anwendung projektiver Verfahren gilt, was im Zusammenhang mit den vorgängig beschriebenen Tests genannt wurde. Insbesondere muß betont werden, daß nur funktionsrelevante Merkmale erfaßt werden dürfen (weswegen der Diagnostiker den Hintergrund des Auftrags kennen muß) und das allgemeine Persönlichkeitsrecht des Bewerbers gewahrt bleiben muß.

Projektive Verfahren sind nur insofern als transparent zu bezeichnen, als daß die Situation der Datenerhebung eindeutig als Testsituation erkannt wird. Der Proband überblickt jedoch die Bedeutung seiner Antworten nicht und mag zudem Schwierigkeiten haben zu erkennen, was seine Antwort zu einem unstrukturierten Reiz mit seiner beruflichen Einstellung/Situation zu tun hat. Der Untersucher auf der anderen Seite erfaßt die Rohinhalte und ordnet sie in einer Vielzahl von Verrechnungssystemen, Formeln, Auswertungsformularen - ihr Umfang steht hinsichtlich Treffsicherheit des Verfahrens oft in einem Mißverhältnis. Insgesamt lassen die Unsicherheit des Probanden, in welchem Maße er sich preisgibt und der Aufwand der Datenerhebung die Akzeptanz der projektiven Verfahren als gering annehmen, auch wenn sie zur Gewinnung von Informationen, die mit anderen Instrumentarien nicht beigebracht werden können, als wertvolle Ergänzung zu anderen Verfahren immer wieder einmal verwendet werden.

- Graphologische Gutachten

Vor allem im deutschsprachigen Raum, aber auch in weiteren Teilen Europas, hat die Graphologie als psychodiagnostisches Instrument recht große Verbreitung gefunden. Überall dort, wo zum Beispiel mit Bewerbungsunterlagen irgendein handschriftliches Schriftstück verlangt wird, muß davon ausgegangen werden, daß ein graphologisches Gutachten in den Auswahlprozeß integriert sein kann.

Graphologe ist diejenige Disziplin der Ausdruckspsychologie, die den Zusammenhang zwischen handschriftlichen Merkmalen und Persönlichkeitsmerkmalen erforscht und zu psychodiagnostischen Zwecken verwendet.

Unbestritten ist jede Äußerung eines Menschen im Prinzip zugleich Abbild seiner psychischen Verfassung. Schwierig ist aber die Beurteilung, ob Graphologie den Gütekriterien eines psychodiagnostischen Tests genügt. Gut definierte Merkmale und gut geschulte Gutachter vorausgesetzt, ist die Objektivität der Schriftbeschreibung als zufriedenstellend zu bezeichnen. Da die Handschrift zudem eine hohe intraindividuelle Merkmalskonstanz aufweist, die grundlegenden Schriftcharakteristika also nur geringen Schwankungen unterworfen sind, ist auch die Reliabilität graphologischer Gutachten recht hoch.

Ähnlich wie bei den projektiven Tests liegen zur Validität des Verfahrens jedoch keine einheitlichen Resultate vor. Dies mag einerseits an den unterschiedlichen Fragestellungen der Untersuchungen liegen, andererseits aber auch daran, daß die bisherigen Untersuchungen zur Güte graphologischer Gutachten nicht von ausreichender Qualität waren (Klimoski & Rafaeli, 1983).

Die Graphologie wird in der Personalarbeit hauptsächlich als Selektionsinstrument bei Neuanstellungen eingesetzt. Ein graphologisches Gutachten enthält dabei in der Regel eine Fülle von Informationen, da das Ziel meist eine möglichst ganzheitliche Erfassung der Persönlichkeitsstruktur des Bewerbers ist.

In dieser Zielsetzung liegt aber auch die größte Gefahr im Umgang mit der Graphologie. Aus der Fülle von Beschreibungen kann man sich das herausnehmen, was genehm ist oder den eigenen Erwartungen entspricht (selektive Wahrnehmung). Wie die Erfahrung zeigt, wird die Graphologie trotz aller dieser Vorbehalte als Teil eines Auswahl- oder Beurteilungsverfahren immer wieder angewendet. Im Umgang mit ihr müssen jedoch einige wesentliche Postulate erfüllt sein, die nachfolgend aufgeführt sind:

- Der Graphologe muß in das Selektionsteam integriert und bei Entscheidungen persönlich anwesend sein, damit er die Interpretation seines Gutachtens kontrollieren kann.
- Der Graphologe muß die Firmen- und Unternehmenskultur sowie die Anforderungen der zu besetzenden Stelle genau kennen.
- Vom Graphologen ist im Gutachten eine eindeutig formulierte Stellungnahme zu fordern.
- Der Graphologe muß sorgfältig ausgewählt werden, und es ist mit ihm eine langfristige Zusammenarbeit anzustreben.

Für den Einsatz graphologischer Gutachten gelten die gleichen rechtlichen Forderungen wie für die bereits besprochenen Verfahren. Da der Bewerber ganz ähnlich wie in projektiven Verfahren eine Vielzahl von Informationen über sich preisgibt, über die er sich selbst nicht bewußt sein kann, ist auch bei der Verwendung von graphologischen Gutachten streng darauf zu achten, daß nur funktionsrelevante Merkmale beschrieben werden und das Persönlichkeitsrecht des Bewerbers unangetastet bleibt.

Graphologische Gutachten sind im Grunde genommen äußerst wirtschaftlich. Ohne den Kandidaten persönlich gesprochen oder ihn einem Prüfungsverfahren unterzogen zu haben, glaubt man, Rückschlüsse auf seine Gesamtpersönlichkeit ziehen zu können. Dies kann die große Beliebtheit und Akzeptanz der graphologischen Gutachten bei Personalfachleuten und Linienvorgesetzten erklären. Andererseits ist für den Beurteilten keinerlei Transparenz gegeben. Ist man im Besitz einer handschriftlichen Notiz, so läßt sich der Kandidat auch ohne sein Wissen überprüfen. Eine eigentliche Testsituation ist nicht gegeben, und die Schlüsse, die aus seiner Handschrift gezogen werden, sind für einen Außenstehenden kaum nachvollziehbar.

Voraussetzungen für den Einsatz von alternativen Verfahren und die optimale Datennutzung

Optimale Personalentscheidungen im Zusammenhang mit der Beurteilung von Bewerbern und Mitarbeitern setzen die Beachtung einiger wichtiger Grundsätze voraus. Diese Grundsätze betreffen die Definition der Anforderungskriterien sowie bestimmte Überlegungen im Zusammenhang mit der Datenerhebung und Datenintegration.

- Anforderungsanalyse

  Grundlegende Voraussetzung für den richtigen Einsatz von Beurteilungsverfahren ist eine systematische Analyse der Anforderungen. In diesem Punkt unterscheidet sich der Einsatz "alternativer Verfahren" nicht vom Einsatz eines Assessment Centers. Die Formulierung der Anforderungen bildet in jedem Falle die Grundlage für die Entscheidung, welche diagnostischen Verfahren als Prädiktoren eingesetzt werden sollen. Bedeutsam für die Wahl der diagnostischen Verfahren sind dann nebst der Akzeptanz und der Ergiebigkeit der Verfahren im Hinblick auf die stellenbezogenen Anforderungsdimensionen Mindestanforderungen an deren Gütekriterien (Validität, Reliabilität und Objektivität). Dabei ist zu beachten, daß Angaben zur Reliabilität und Validität häufig nicht unmittelbar auf die aktuelle Auswahlsituation übertragbar sind und somit auf die Durchführung eigener Test-Läufe sowie die Definition eigener Normen kaum verzichtet werden kann.

- Datenerhebung

  Grundsätzlich unterscheiden sich die einzelnen Verfahren der Eignungsdiagnostik in dem Grad, in dem menschliche Urteilsprozesse schon in die Datenerhebung einfließen. Während diese Einflüsse bei standardisierten Testverfahren (z.B. bei Intelligenztests) sehr gering sind, spielen sie z.B. bei Bewerber-Interviews oder bei Verhaltensbeobachtungen eine zentrale Rolle.

Im ersten Fall, wenn menschliches Urteil zum Zweck der Datenerhebung nicht unmittelbar erforderlich ist, spricht Sawyer von mechanistischer Datengewinnung. Immer, wenn menschliche Urteilsprozesse in die Erhebung und Fixierung der Daten mit einfließen, spricht man von klinischer Datengewinnung. Verschiedene vorliegende Untersuchungen verdeutlichen, daß durch klinische Erhebungen gewonnene Daten die schwächsten Prädiktoren darstellen. Prognosen sollten also möglichst nicht nur auf klinisch erhobenen Daten beruhen, sondern Verfahren der mechanistischen Datengewinnung miteinbeziehen.

- Datenintegration

Analog zur Datenerhebung sind auch bei der Datenintegration zwei Varianten zu unterscheiden:
Im ersten Fall entscheiden eine oder mehrere Personen aufgrund von Intuition und Erfahrung über die optimale Kombination der Daten (klinische Datenkombination).
Im zweiten Fall basiert die Datenkombination auf statistischen Modellen (statistische Datenkombination). Grundlagen der Entscheidung bilden hier empirische Beziehungen zwischen den Prädiktoren und dem Kriterium.
Die vorliegenden Untersuchungen belegen, daß eine statistische Datenkombination deutlich bessere prognostische Ergebnisse liefert als die klinische Datenkombination.
Die Ergebnisse lassen sich dahingehend interpretieren, daß der Mensch - insbesondere bei der Kombination und Integration prognostischer Daten zu einem Gesamturteil - einer Vielzahl von Fehlerquellen unterliegt und mit dieser Aufgabe überfordert ist.

Ein Beispiel für eine statistische Datenkombination ist die multiple Regression, die eine Eignungsprognose durch Addition gewichteter Prädiktoren ermöglicht.
Hier gilt die Regel, möglichst valide, aber untereinander schwach korrelierende Prädiktoren einzusetzen.

Datengewinnung	Beispiel	Einfluß des Beurteilers
mechanisch	standardisierte Fragebögen, Tests	⊖
klinisch	Interview	⊕

Datenkombination	Beispiel	Einfluß des Beurteilers
mechanisch	Statistische Verarbeitung d. Prädiktoren(z.B. multiple Regression)	⊖
klinisch	Interpretation der Prädiktoren durch den Beurteiler	⊕

Abb. 5: Datengewinnung und Datenkombination

Assessment Center

▼

direkte Beobachtung des Kriteriumverhaltens in typisch-kritischen Situationen und Beurteilung des Verhaltens im Hinblick auf die Anforderungssituation

Alternative Verfahren

▼

Formulierung funktionsspezifischer Anforderungen

▼

Auswahl der diagnostischen Verfahren (Tests, Fragebögen, Interview)

▼

Aussagen auf Konstruktebene (mit unterschiedlichem Abstraktionsgrad)

▼

Rückschluß auf das Kriteriumsverhalten

Abb. 6: Assessment-Center und Alternative Verfahren

- Schlußbemerkung

Wie die im Zusammenhang mit der Datenerhebung und der Datenintegration beschriebenen Probleme zeigen, gehen wir davon aus, daß für optimale Auswahl - und Personalentwicklungsentscheidungen immer mehrere Eignungs- und Potentialbeurteilungsinstrumente kombiniert werden müssen. Neben den im einzelnen dargestellten Verfahren stehen

	Was leistet das Verfahren?	Beispiele	Gütekriterien	Durchführungs- und Auswertungsbedingungen	rechtliche Voraussetzungen (Deutschland)	Transparenz und Akzeptanz
Interview	- Verhaltensbeobachtung (verbales/nonverbales Verhalten) - Selbstbeschreibung u. Selbsteinschätzung (biographische Daten, Interessen, Wünsche, Erwartungen, historische Verhaltensdaten) - Beurteilung und Eindrücke auf dem Hintergrund dieser Daten	PBG strukturiertes Interview	abhängig von - Interviewer (Person, Ausbildung, Erfahrungen) - Strukturiertheitsgrad - äussere Situation	- Inhaltsanalyse - Standardisierung im Hinblick auf Inhalte, Fragetechnik u. Auswertung (möglichst Doppelinterviews)	Fragerecht (Berücksichtigung der Intimsphäre des Interviewten)	abhängig von - Interviewer - Inhalten der Fragen - Situation - Rückmeldung
Biographischer Fragebogen	Systematisches Explorationsinstrument zur Erhebung lebensgeschichtlicher Daten	verschiede Formen biopraphischer Fragebögen	$r_{xy} \sim 0,3 - 0,4$ (Maukisch 1986) $r_{xy} = 0,2$ (Schmitt 1984) funktionsspezifische Eichung erforderlich	Standardisierte Durchführung, Auswertung und Interpretation (Experten!)	Fragerecht (Berücksichtigung der Intimsphäre des Interviewten)	geringe Transparenz (kein Bezug zu erkennbaren Anforderungen des Arbeitsplatzes)
Persönlichkeitsfragebogen	Erfassung von Persönlichkeitsmerkmalen (Strukturen) auf dem Hintergrund von Selbstbeschreibungen	16 PF, FPI, PRF	Objektivität und Reliabilität angemessen, Validität gering	Standardisierte Durchführung, Auswertung und Interpretation (Experten!)	juristisch zulässig, sofern nur funktionsrelevante Merkmale erfasst werden (Beachtung des allgemeinen Persönlichkeitsrechts) Berücksichtigung der Intimsphäre	geringe Transparenz (Bezug zu Anforderungen nur bedingt erkennbar)
Intelligenz- und Leistungstests	Beschreibung des kognitiven Fähigkeits- und Leistungspotentials	IST, LPS, Watson-Glaser WIT	Objektivität und Reliabilität hoch, Validität kriterienabhängig (-> Manual)	Standardisiert im Hinblick auf - Anwendung - Auswertung und - Interpretation	juristisch zulässig, sofern nur funktionsrelevante Merkmale erfasst werden (Beachtung des allgemeinen Persönlichkeitsrechts) Berücksichtigung der Intimsphäre	Bezug zu Anforderungen im allgemeinen erkennbar. Ergebnisse sind interpretations-und erläuterungsbedürfig
projektive Verfahren	Versuch der ganzheitlichen Erfassung der Persönlichkeitsstruktur und -dynamik	TAT, Rorschach, Wartegg-Zeichen-Test, Lücher-Farben-Test, Struktogramm	Objektivität Reliabilität Validität } Zweifelhaft	nur durch Experten (meist klinische Verfahren)	juristisch zulässig, sofern nur funktionsrelevante Merkmale erfasst werden (Beachtung des allgemeinen Persönlichkeitsrechts)	mangelnde Transparenz
graphologische Gutachten	Versuch der ganzheit-heitlichen Erfassung der Persönlichkeitsstruktur und -dynamik		Objektivität Reliabilität Validität } Zweifelhaft	nur durch Experten	juristisch zulässig, sofern nur funktionsrelevante Merkmale erfasst werden (Beachtung des allgemeinen Persönlichkeitsrechts)	mangelnde Transparenz

Abb. 7: Übersicht über Verfahren und Anwendungskriterien

uns hier im Prinzip auch sämtliche gängigen Übungs- und Beurteilungsformen aus dem Assessment Center zur Verfügung. Auch könnte die Liste der Verfahren beliebig erweitert werden, gibt es doch noch eine Vielzahl von ergiebigen Möglichkeiten zur Datenerhebung, die hier im einzelnen nicht erwähnt wurden. Als Beispiele seien nur die systematische Lebenslauf- und Berufserfolgsanalyse, die systematische Beobachtung und Beurteilung in entscheidenden Situationen bei der täglichen Arbeit, verschiedene (computergestützte) Planspiele sowie die Peer Rating-Methode (Einschätzung/Beurteilung durch Kollegen) erwähnt.

Voraussetzung für die Definition von optimalen Bewährungswahrscheinlichkeiten ist nebst der Kombination der richtigen Verfahren auch eine optimale Nutzung der gewonnenen Daten bei der Datenintegration. Ob in Gruppen- oder Einzelassessments, oft wird der Erfolg oder Mißerfolg einer Entscheidung in dieser Phase bestimmt. Daß dabei die für einen Entscheid letztlich verantwortlichen Vorgesetzten unbedingt mitbeteiligt sein müssen, versteht sich von selbst. Diese Mitbeteiligung der direkt Verantwortlichen bezieht sich aber nicht nur auf die Phase der Datenintegration, sondern beinhaltet auch das vorgängige Engagement im Rahmen der Beurteilung sowie vor allem auch im Rahmen des nachfolgenden Personalentwicklungsprozesses.

Literaturhinweise

TRIEBE:
Das Interview im Kontext der Eignungsdiagnostik.
Hans Huber Verlag. Bern/Stuttgart/Wien 1976.

SCHULER/STEHLE:
Biographische Fragebogen als Methode der Personalauswahl.
Verlag für Angewandte Psychologie. Stuttgart 1986.

BRICKENKAMP:
Handbuch der psychologischen und pädagogischen Tests.
Hogrefe-Verlag. Göttingen/Toronto/Zürich 1975/83.

HILTMANN:
Kompendium der psychodiagnostischen Tests.
Hans Huber Verlag. Bern/Stuttgart/Wien 1977.

KLIMOSKI/ANATRAFAELI:
Inferring personal qualities through handwriting analysis.
Journal of Occupational Psychology, 1983, 56, 191-202.

WALNER:
Hypotheses of handwriting psychology and their verification.
Professional Psychology, 1975, 6, 8-16.

MAUKISCH:
Erfolgskontrollen von Assessment-Center-Systemen: Der Stand der Forschung.
Psychologie und Praxis, Zeitschrift für Arbeits- und Organisationspsychologie, 1986, 30, 86-91.

ITEN:
Das Einzelassessment. Eine Alternative zum Assessment Center.
SGP Mitteilungen, 1988, 1, 16-21.

JÄGER, R.S. et. al.:
Diagnostische Urteilsbildung in der Psychologie.
Göttingen: Hogrefe, 1984.

SAWYER, J.:
Measurement and prediction, clinical and statistical.
In: Psychol. Bull., 1966, 66.

Assessment Center als Auswahltag

Ernst-August Bolte

Das Assessment Center (AC) ist als ein Bestandteil von Personal-Entwicklungs-Konzeptionen bekanntgeworden und hat auch in der unternehmensinternen Personalentwicklung sein Hauptanwendungsgebiet.

Immer noch relativ selten wird das AC zur Auswahl von Bewerbern eingesetzt. Die Gründe für diese Zurückhaltung scheinen mir folgende zu sein:

- Ein AC dauert zu lange.
  Gemäß unseren Erfahrungen mit dem AC im Rahmen der internen Personalentwicklung dauert das AC etwa drei bis fünf Tage, d.h. mindestens über diese Zeitspanne sind nicht nur die Kandidaten anwesend, sondern auch die Beobachter und Moderatoren. Den gleichen zeitlichen Aufwand wollen viele Unternehmen hinsichtlich der Auswahl externer Bewerber nicht betreiben.
- Kosten und Manpower.
  Der Einsatz für die Entwicklung eines AC's ist hoch, denn das AC konstruieren künftige Beobachter (hierarchisch höher gestellte Mitarbeiter aus den jeweiligen Unternehmensbereichen) und Personalentwickler gemeinsam. Der gleiche Stab führt auch das AC durch.
- Ein AC ist ein funktionsspezifisch entwickeltes System von Anforderungssituationen, in denen der Bewerber die Realität der jeweiligen Funktion simuliert.
  Manchmal jedoch bestehen Zweifel, ob die Bewerber dazu in der Lage sind. Berufsanfänger verfügen nicht über die geforderten Vor- und Fachkenntnisse, um sich wirkungsvoll mit Übungen auseinanderzusetzen, welche die Situationen einer Funktion ernsthaft simulieren. Verfügen

Bewerber über Fachkenntnisse, sind diese häufig heterogen, so daß das AC nicht allen Teilnehmern gleichermaßen gerecht wird.
Das heißt, es ist schwieriger als bei internen AC's oder sogar nur eingeschränkt möglich, Bewerber-AC's zu entwickeln, die diese Zielfunktion realitätsnah simulieren.

- Aus Gründen der Diskretion ist es manchen Bewerbern nicht zuzumuten, in einem Auswahlverfahren zusammen mit anderen Teilnehmer zu sein. Dies gilt insbesondere für Führungskräfte. Von einer bestimmten hierarchischen Ebene an aufwärts legen die Bewerber Wert darauf, allein an einem Auswahlverfahren teilzunehmen.

Lediglich der letzte Grund scheint mir stichhaltig genug zu sein, um z.B. bei berufserfahrenen Führungskräften nach wie auch immer gearteten Alternativverfahren zu suchen.

Den beiden erstgenannten Einwänden läßt sich meines Erachtens argumentativ begegnen. Der dritte Einwand läßt sich mit einer die Besonderheit der Auswahlsituation berücksichtigenden Konstruktionsweise entkräften.

Zum Problem "Zeitaufwand, Durchführung"

Wozu führen Vergleiche der Prognosegüte verschiedener Auswahlverfahren?

Eine Reihe von Untersuchungen der vergangenen sechs bis acht Jahre vergleicht die Gültigkeit unterschiedlicher Auswahlverfahren (siehe Abb. 1).

Beim Interview werden Korrelationen sehr unterschiedlicher Ausprägung zwischen den im Interview beobachteten Daten und der zu prognostizierenden Leistungsfähigkeit in der Funktion beobachtet.
Der Korrelationskoeffizient schwankt von 0 bis 0,25. Selbst bei einem Korrelationskoeffizienten von 0,25, also dem höchsten der beobachteten Werte, wird damit lediglich ein Varianzanteil von 6 % aufgeklärt. Das

	Beobachtete Korrelations-koeffizienten	Varianzanteil
Interview	0,0 - 0,25	6%
Intelligenz-Tests	0,2 - 0,3	9%
Leistungs-Tests	0,1 - 0,2	4%
Persönlichkeits-Tests	0,2 - 0,4	16%
Assessment-Center	0,4 - 0,75	58%
Kollegen-Urteil	0,3 - 0,5	25%
Zeugnis-Noten	0,1 - 0,2	4%
Biographische Fragebögen	0,3 - 0,7	49%
Arbeitsproben	0,28 - 0,40	16%
Referenzen	0,18	3%

Abb. 1: Gültigkeit von Auswahlverfahren

heißt also, wenn die Summe der Eignungsvoraussetzungen zur Wahrnehmung einer Funktion 100 % beträgt, werden von diesen 100 % nur 6 % durch das Interview aufgeklärt. Die übrigen 94 % lassen sich mit diesem Auswahlverfahren nicht erklären.

Bei Intelligenztests werden in der Literatur Werte von 0,2 bis 0,3, bei Leistungstests 0,1 bis 0,2 (z.B. beim Konzentrationsleistungstest), 0,2 bis 0,4 beim 16 PF-Test usw. angegeben.

Im Vergleich zu diesen Angaben ragt das AC hinsichtlich seiner Gültigkeit heraus: Die Werte liegen zwischen 0,4 und 0,75 und erklären damit einen relativ hohen Varianzteil von bis zu 58 %. Somit eignet sich das AC am ehesten für eine realistische Prognose.

Bei den biographischen Fragebögen wird ebenfalls eine recht hohe Gültigkeit angegeben. Die hier erwähnte Untersuchung ist jedoch mit Vorsicht zu genießen, da der Autor selbst die Entwicklung biographischer Fragebögen betreibt und die Ergebnisse möglicherweise in seinem Sinne darstellt.

Darüber hinaus bestehen erhebliche Zweifel, ob biographische Fragebögen in ihrer Anwendung von den Bewerbern akzeptiert werden. Unserer Forderung nach Transparenz des Verfahrens für den Bewerber steht der wenig durchschaubare Hintergrund, auf den die Fragen abzielen, gegenüber.

Somit läßt sich feststellen, daß das AC zwar ein zeitaufwendiges Diagnoseinstrument ist, hinsichtlich seiner Gültigkeit aber das geeignetste. Beschränkt man sich jedoch auf die Dauer eines Tages, an dem vier bis fünf Übungen stattfinden, lädt die Teilnehmer zum Vorabend ein, läßt die Beobachterkonferenz gleich im Anschluß an die Übungen folgen und führt am darauffolgenden Tag die Feedbackgespräche, so kann man den Aufwand bei der Durchführung und auch bei der Konstruktion erheblich einschränken.

Zum Problem "Konstruktions- und Kostenaufwand"

Um deutlich werden zu lassen, über welche Investitionskosten ein Unternehmen bei der Neueinstellung eines Mitarbeiters entscheidet, möchte ich Ihnen einige Erfahrungswerte aus einem großen deutschen Versicherungsunternehmen darstellen:

Bei einer Erhebung der Personalabteilung ergab sich eine durchschnittliche Verweildauer der Mitarbeiter von etwa zehn Jahren. Wenn also jemand eingestellt wird, entstehen im Laufe der folgenden zehn Jahre Personalkosten; unabhängig davon, inwieweit der Mitarbeiter für die Position geeignet ist und Leistungen erbringt.

Wir haben die Höhe dieser Kosten konkret für drei verschiedene Funktionen kalkuliert, für einen Sachbearbeiter, der nach Tarif bezahlt wird, für einen Juristen mit zwei Jahren Berufserfahrung und schließlich für einen Gruppenleiter (siehe Abb. 2).

	Sachbearbeiter TG = 3.529,-	Jurist (2 Jahre Berufserfahrung)	Gruppenleiter 6.500,-
Personalkosteninvestition bei einer durchschnittlichen Verweildauer von 10 Jahren	908.000,-	1.284.000,-	1.637.000,-
Zusätzliche Kosten im Falle der Korrektur einer Fehlentscheidung Kosten für -Anwerbung -Auswahl -Einstellung			
Kosten für Inserat	5.000,-	10.000,-	5.000,-
Aufwand für Einstellungsinterviews (bei 5 Bewerbern)	1.400,-	1.500,-	1.500,-
Spesen für 5 Bewerber	1.500,-	1.500,-	1.500,-
Kosten für Einstellung und Vorstellung	1.500,-	1.400,-	1.400,-
Übernahme privater Aufwendungen			
Umzugskosten	3.000,-	3.000,-	3.000,-
Übernachtungskosten (1 Monat)	1.200,-	1.200,-	1.200,-
Familienheimfahrten	1.200,-	2.400,-	2.400,-
Trennungsentschädigung	1.000,-	3.000,-	3.000,-
Kosten für Einarbeitung im 1. Jahr (bei 50%iger Arbeitsleistung)	42.348,-	60.000,-	78.000,-
Austrittsentscheidung (Kosten der Minderleistung -20%)	16.939,-	24.000,-	31.000,-
	75.487,-	108.400,-	128.600,-

Abb. 2: Personalauswahl als Investitionsentscheidung

Es ergibt sich also, daß bei der Einstellung eines Mitarbeiters für eine der obigen Beispiel-Funktionen über eine Investition von 0,9 bis 1,6 Mio. DM entschieden wird.

Bei Sachinvestitionen vergleichbarer Größenordnung - z.B. der Installation einer EDV-Anlage - wird erfahrungsgemäß ein wesentlich größerer Aufwand als bei Personalentscheidungen betrieben: langwieriges Prospekt- und Angebotsstudium, Entscheidungsvorbereitung in Projektgruppen, Vorstands-Entscheidungssitzungen addieren sich sehr schnell zu einer ansehnlichen Summe von Manntagen.

Im Fall der Korrektur einer Fehlentscheidung innerhalb oder nach der Probezeit entstehen über die Lohn- und Lohnnebenkosten hinaus zusätzliche Kosten für Anwerbung, Auswahl und Einstellung, im einzelnen: Kosten für Insertionen, Aufwand für Einstellungsinterviews, Spesen für Bewerber, Kosten für Vorstellung und Einstellung. Hinzu kommen gegebenenfalls Übernahme privater Aufwendungen, z.B. Umzugskosten, Übernachtungskosten, Familienheimfahrten und Trennungsentschädigungen usw.

Darüber hinaus entstehen Kosten für die Einarbeitung im ersten Jahr, wenn man davon ausgeht, daß innerhalb des ersten Jahres erst etwa die Hälfte der Arbeitskapazität des Mitarbeiters verfügbar ist.

Schließlich entstehen auch Kosten durch die Minderleistung bei Austrittsentscheidung, denn ab dem Zeitpunkt, wo beide Parteien wissen, daß sie nicht länger miteinander arbeiten wollen, reduziert sich vermutlich die Arbeitsmotivation.

Mit diesen Ausführungen möchte ich verdeutlichen, daß der Aufwand zur Auswahl eines neuen Mitarbeiters mit Hilfe des AC's im Verhältnis zur Größenordnung der Investition durchaus angemessen ist. Dies gilt insbesondere in solchen Fällen, wenn mehrere Bewerber zum gleichen Zeitpunkt eingeladen werden können und wenn es sich um häufig zu besetzende Positionen handelt, so daß sich die relativen Kosten pro durchgeführtem AC reduzieren.

Aber auch bei Positionen, die nur alle ein bis zwei Jahre zu besetzen sind, scheint der Einsatz des AC's sinnvoll: Die Verhinderung einer einzigen Fehlentscheidung rechtfertigt möglicherweise den Aufwand an Konstruktion, Entwicklung und Durchführung des Verfahrens.

Sind die Bewerber überfordert?

Unsere Erfahrungen zeigen, daß die Akzeptanz eines guten AC's (= gelungene Simulation der Funktion) bei den Kandidaten recht hoch ist.

Aus der großen Zahl positiver Rückmeldungen schließen wir, daß die Teilnahme am AC von den Bewerbern als angenehm und lernintensiv erlebt wird.

Ein effizientes Auswahlverfahren sollte kein einseitiges sein, in dem sich nur das Unternehmen für einen Kandidaten entscheidet, sondern das auch dem Bewerber Kriterien an die Hand gibt, mit deren Hilfe er die Attraktivität einer Funktion für sich bestimmen kann.

Der Bewerber erhält im Rahmen der AC-Übungen ein realistisches Bild von seiner zukünftigen Tätigkeit. Insofern liegt die Entscheidung, ob er die zur Disposition gestellte Funktion einnehmen will oder nicht, auch auf seiner Seite.
Beispielsweise habe ich Bewerber erlebt, die im Vorinterview sowohl einen glänzenden Eindruck hinterließen als auch hochgradig an der Funktion interessiert waren, die jedoch nach ihrer Teilnahme am AC sagten, sie seien froh über ihre in den Übungen gesammelten Erfahrungen, da sie nun wüßten, eine solche Arbeit nicht zeitlebens machen zu wollen.

Eine Mit-Entscheidungsmöglichkeit des Bewerbers ist nur gegeben, wenn das AC die Funktion wirklich simuliert und damit auch in jeder Aufgabenstellung für den Bewerber transparent ist; d.h. er weiß, warum die Aufgabe gestellt wird und worauf es bei der Bearbeitung ankommt.

Fehlen den Bewerbern die für eine Funktion notwendigen Fachkenntnisse, nimmt man von der Vollsimulation Abstand und läßt eine sogenannte "Parallelfunktion" simulieren, bei der die Struktur der Anforderungssituationen und des Produktes gleich sind. Sollen z.B. Mitarbeiter für den Versicherungs-Außendienst ausgewählt werden, die keinerlei einschlägige Erfahrung mitbringen, so gilt es erstens, das Produkt "Versicherung" zu ersetzen durch eins, das die gleichen Strukturmerkmale aufweist, und zweitens, den Bewerber mit dem "Stoff" dieses Parallelproduktes in genau den gleichen Situationen agieren zu lassen, die ein Versicherungsaußendienst-Mitarbeiter in der realen Funktion auch erlebt. Das Parallelprodukt wird so gewählt, daß der Bewerber sich vor dem Hintergrund seiner Lebenserfahrung mit den Anforderungssituationen der Funktion auseinandersetzen kann.

Das unten aufgeführte Beispiel soll dies erläutern.

Soweit unsere Überlegungen und Standpunkte zu den Bedenken, AC's auch bei der Bewerberauswahl einzusetzen. Anhand von zwei Beispielen wollen wir nun beschreiben, wie solche AC's konkret aussehen können.

1. Beispiel:
Volle Simulation der Funktion "Verkaufsberater Pflanzenschutz"

Vor einiger Zeit konstruierten wir ein AC für die Auswahl von Verkaufsberatern in einem Unternehmen, das Pflanzenschutzmittel produziert. Die zukünftigen Verkaufsberater sind überwiegend Biologen und Agrarwissenschaftler wie Agronomen und Diplom-Landwirte. Sie bringen von ihrer Ausbildung die notwendigen Fachkenntnisse mit, so daß es sich anbot, ein AC zu konstruieren, in dem die Zielfunktion so realistisch wie möglich simuliert wurde. Meine anfangs geäußerten Bedenken, die Bewerber könnten überfordert sein, zerstreuten sich nach einem Probelauf mit Studenten in den Examenssemestern der oben erwähnten Fachrichtungen.

Wie haben wir das AC entwickelt?

Gemeinsam mit den ausgewählten Führungskräften des Unternehmens haben wir zunächst die typischen und wichtigen Situationen zusammengetragen, die die Funktion des Vertriebsberaters Pflanzenschutz kennzeichnen. Er muß, kurz gesagt, in ländlichen Regionen Händler, Genossenschaften und große Landwirte besuchen und sie hinsichtlich des Einsatzes von Pflanzenschutzmitteln beraten. Die erhobenen Situationen sind in der Abb. 3 dargestellt.

Typische und wichtige Situationen	Gewicht	Übung
Erarbeitung einer Konzeption für Bearbeitung seines Gebietes	11	Postkorb
Besorgen von Informationen, Sammeln und Bewerten	8	
Planung der eigenen Arbeit	10	
Schwieriges Gespräch mit einem Kunden	10	Händler-Gespräch
Besorgen von Informationen, Sammeln und Bewerten	8	
Umgang mit Widerständen (Mißerfolg, starke Konkurrenzprodukte)	7	
Auswerten von Gesprächen und Situationen	2	Auswertung/ Bericht
Umgang mit Widerständen (Mißerfolg, starke Konkurrenzprodukte)	7	
Berichten	1	
Präsentation und Moderation vor Gruppen	11	Präsentation
Neue Produkte und Anwendungssysteme im Gespräch verkaufen	11	
Umgang/Verhalten im Kollegenkreis	2	Gruppendiskussion
Nachverfolgen eines Auftrags/ einer Aktivität	10	
Zielvereinbarungsgespräch mit Wiederverkäufern	5	
Organisation von Veranstaltungen	0	
Entscheider beim Kunden aufspüren	0	
Sich selbst eigeninitiativ weiterbilden	0	
Arbeiten zu zweit	0	

Abb. 3: AC Verkaufsberater Pflanzenschutz

Um dem Erfordernis nach Kürze (Übungsteil nicht länger als ein Tag) entsprechen zu können, gewichteten die Führungskräfte die Situationen nach der Sortierfrage: "Welche Situationen sind für den Erfolg in der Funktion von ausschlaggebender Bedeutung?" (siehe auch Abb. 3) Die hochgewichteten Situationen sollten im AC simuliert werden.

Im nächsten Schritt beschrieben die Führungskräfte die Anforderungen, und zwar so, daß sie für jede Situation festlegten, worauf es ankommt, wie also ein Stelleninhaber sich verhalten soll.

In dieser Information - auf welches Verhalten es in jeder Situation eigentlich ankommt - ist eine wesentliche Grundlage für die Übungsentwicklung enthalten. Hiermit lassen sich die Übungen so entwerfen, daß das Verhalten, auf das es den Führungskräften ankommen, auch wirklich beobachtet werden kann.

Wir entwickelten fünf Übungen (siehe auch Abb. 3), in denen jeweils mehrere Situationen simuliert werden. Aus der Abbildung 3 geht auch hervor, daß zwei mit Gewichten versehene Situationen nicht berücksichtigt wurden. Dies geschah zum einen aus Zeitgründen, zum anderen, weil bei der Situation "Nachverfolgen eines Auftrages/einer Aktivität" in der Kürze der Zeit eine Darstellung überhaupt nicht möglich ist (Zeit ist ein wesentlicher Faktor in dieser Situation) und weil die Situation "Zielvereinbarungsgespräch mit Wiederverkäufern" zum Teil in der Übung "Händlergespräch" repräsentiert ist.

Ich begnüge mich an dieser Stelle aus Platzgründen mit einer kurzen Darstellung der Entwicklung des AC's und weise auf die ausführliche Schilderung im Kapitel II "Konstruktion eines Assesment Centers..." hin. Ich habe die dort beschriebene Vorgehensweise praktiziert.

Die so entwickelten Übungen sehen folgendermaßen aus:

Die Übungen:

1.) Postkorb
- **Allgemeine Ausgangslage, Funktion, Region, Kollegen, aktuelle Situation**
- **Strukturdaten: Betriebe, Potentiale**
- **Marktdaten: Anbauflächen, Getreidearten, behandelte Flächen von Unternehmen/und Wettbewerb**
- **Brief VL: Marktanalyse und Planung**
- **Zeitschrift "sense" mit vielen Detailinformationen**
- **Beschwerde eines Landwirts (Rüben eingegangen wegen Betanal)**
- **Brief Reisebüro: Terminbestätigung**
- **Brief Kunde: Rabattwunsch; Einladung Vortrag**
- **Brief VL: keine Rabatte!**
- **Brief Raiffeisen-Genossenschaft: Beschwerde Unkraut trotz Betanal**
- **AD-Info**

2.) Händlergespräch
- **allgemeine Ausgangslage, Zielsetzung**
- **Argumentationskatalog**
- **Produktinformation**
- **Instruktion Händler**

3.) Auswertung/Bericht
- **Instruktion**
- **Fragen zur Reflexion**
- **Berichtsformular**

4.) Präsentation
- **Instruktion**
- **Entwicklungsstadien Weizen**
- **Produktbeschreibung Sportak**
- **Ährenkrankheiten - Übersicht**
- **Akquisitionsunterlage Sportak + Corbel**

5.) Gruppendiskussion
- **Instruktion und Aufgabenstellung**

Abb. 4: AC Pflanzenschutz Verkaufsberater - Übungen

- Übung Postkorb

Der Postkorb beinhaltet verschiedene Vorgänge (z.B. Marktanalyse, Kundenbriefe, -beschwerden, Terminbestätigungen, Detailinformationen in einer Zeitschrift, usw.). Die Teilnehmer müssen die zahlreichen Informationen nach ihrer Wichtigkeit bewerten, entsprechende Konzepte, Strategien entwickeln, Briefe schreiben und Termine planen etc.

Die Beobachter beobachten die Kandidaten während der ersten halben Stunde bei der Sichtung des Postkorbs und werten das bearbeitete Material nach Beendigung der Übung aus.

Kriterien der Beobachtung sind dabei die Art der Arbeitsgestaltung und der Informationsgewinnung und -bewertung. Darüber hinaus wird darauf geachtet, wie der Bewerber berichtet, Informationen weitergibt und Probleme löst.

- Übung Händlergespräch

In diesem Rollenspiel wird der Verkaufsberater vom Bewerber, der Händler meist von einem Vertriebsspezialisten aus dem Unternehmen gespielt.

Zu diesem Gespräch erhalten beide Rollenspieler eine Instruktion, d.h. der Bewerber eine Beschreibung der allgemeinen Ausgangslage, einen Argumentationskatalog und eine Produktinformation, der Händler erhält ebenfalls einen seiner Sichtweise entsprechenden Argumentationskatalog. Ausgangspunkt dieses Gespräches ist die Unzufriedenheit des Händlers mit der Preisgestaltung eines Pflanzenschutzproduktes. Er überlegt sich, ob er ein Konkurrenzprodukt in seine Angebotspalette nehmen soll.

Für die Bewerber kommt es darauf an, überzeugend zu argumentieren und ein partnerorientiertes Gesprächsverhalten zu zeigen. Außerdem achten die Beobachter darauf, wie er "verkaufen" und "beraten" kann und wie er mit Widerständen und eventuellen Mißerfolgen umgeht.

- Übung: Auswertung/Bericht

Diese Übung bezieht sich inhaltlich auf die vorausgegangene. Anhand eines Fragebogens reflektiert der Kandidat das Gespräch mit dem Händler, z.B. wie zufrieden er mit dem Ergebnis des Gespräches ist, wie ihm die Präsentation seiner Gedanken gelungen ist, ob er die Probleme des Händlers verstanden hat usw.

Auf einem Berichtsformular hält der Kandidat das Ergebnis seiner Überlegung fest. Bewertet wird, wie der Bewerber über Sachverhalte und Eindrücke berichtet und wieweit er in der Lage ist, Situationen zu reflektieren und daraus zu lernen.

- Übung: Präsentation

In diesem Rollenspiel hat der Bewerber die Aufgabe, vor einer Gruppe von Landwirten ein Produkt zu präsentieren. Die "Landwirte", d.h. in diesem Fall die Beobachter, hören 20 Minuten lang zu und stellen im Anschluß daran Fragen, die der Kandidat beantworten soll.

Dabei wird zum einen sein Präsentationsverhalten beobachtet, zum anderen aber auch seine Fähigkeit, mit mehreren Personen ein Gespräch bzw. eine Diskussion zu führen.

- Übung: Gruppendiskussion

In dieser Situation wird der Umgang und das Verhalten im Kollegenkreis beobachtet. Die Übung wird nur dann durchgeführt, wenn gegen Ende des AC's ausreichend Zeit vorhanden ist. Sie dient weniger diagnostischem Interesse (wird geringer gewertet/gewichtet), sondern rundet das Auswahlverfahren ab und bildet - vor allem aus der Sicht des Bewerbers - einen erfolgreichen und harmonischen Abschluß des Auswahltages.

Das Unternehmen hat dieses Auswahl-AC inzwischen dreimal mit jeweils 8-10 Bewerbern durchgeführt, die durchweg positiv auf den Auswahltag reagiert haben - auch die abgelehnten Bewerber. Es haben nicht nur Berufsanfänger teilgenommen, sondern auch Bewerber mit einigen Jahren Erfahrung in vergleichbaren Funktionen. Diese bestätigten uns, daß die Realität in den Übungen sehr zutreffend abgebildet sei - ein Hinweis für uns, daß die Simulation ganz gut gelungen war.

Wenn Bewerber nicht die notwendigen fachlichen Voraussetzungen mitbringen, sich mit den Anforderungssituationen des angestreben Aufgabengebietes direkt auseinanderzusetzen, ist es notwendig, einen Aufgabenkomplex zu konstruieren, der mit der eigentlichen Tätigkeit strukturgleich ist, dem Bewerber aber die Mögilchkeit gibt, mit seinem Erfahrungshintergrund die Fragestellungen zu bearbeiten. Um es bildlich zu sagen: Das Skelett ist das gleiche, aber das Fleisch ist verschieden.

2. Beispiel:
Parallelfunktion zu "Außendienstmitarbeiter Versicherung"

Dieses Beispiel stammt aus einer Versicherung in der Schweiz. Angehende Außendienstmitarbeiter sind häufig keine gelernten Versicherungskaufleute, sondern branchenfremd. Das Versicherungsunternehmen war der Auffassung, daß die Teilnehmer mit der Vollsimulation einer Funktion, z.B. mit dem Verkauf von Versicherungen, überfordert seien.
Diese Tatsache erforderte die Schaffung einer sogenannten Parallelfunktion und eines Parallelproduktes. Dieses Parallelprodukt

- muß abstrakt sein, d.h. man kann es nicht sehen, es erscheint nur auf Papier, z.B. als Vertrag o.ä.,

- ist eine Dienstleistung,
- ist relativ kompliziert,
- ist erklärungsbedürftig,
- beinhaltet eine differenzierte Preisstaffel,
- geht jeden irgendwie an,
- basiert auch auf Vertrauen,
- beinhaltet nur eventuell einen materiellen persönlichen Nutzen,
- hat ein relativ schlechtes Image.

Es war nicht einfach, ein entsprechendes Parallelprodukt zu finden. Wir entschieden uns für ein typisch schweizerisches Produkt, nämlich das der Mitgliedschaft in einem "Aktionskomitee zur Beschränkung des Luftverkehrs in der Schweiz".

Was ein Aktionskomitee ist, weiß in der Schweiz jeder Bürger: eine freie Vereinigung einer Gruppe von Menschen gleichen Interesses an der Erreichung bestimmter gemeinsamer Ziele. Aktionskomitees sind in der Schweiz sehr zahlreich; es gibt sie zur Verfolgung der unterschiedlichsten Ziele; häufig stellen sich recht prominente Bürger an die Spitze eines Aktionskomitees.

Das Thema "Beschränkung des Luftverkehrs" war in der Zeit, als wir das AC entwickelten, in der öffentlichen Diskussion Hit-verdächtig, so daß wir davon ausgehen konnten, daß jeder der möglichen Bewerber schon irgendwie damit in Berührung gekommen ist.

Damit hatten wir ein Parallelprodukt gefunden, das unserer Ansicht nach hinsichtlich seiner Charakteristika und seines Bekanntheitsgrades der Versicherung sehr ähnlich war.

Die Anforderungen an die auszuwählenden Mitarbeiter lagen vor; sie waren in Führungskräfte-Trainings des Außendienstes erhoben und diskutiert worden. Gemeinsam mit diesen Führungskräften und späteren Beobachtern legten wir die Übungen fest, die die wichtigen Situationen der Funktion repräsentieren sollten (Abb. 5):

- Übung Gruppendiskussion

  Diese Übung bildet keine ihr entsprechende Anforderungssituation ab. Sie kommt im Alltag des Außendienstmitarbeiters nicht oder höchst selten vor. Die Funktion dieser Startübung besteht darin, den Bewerber mit dem "Produkt", das in den folgenden Übungen des Auswahltages im Mittelpunkt steht, vertraut zu machen. Dies soll auf eine Weise geschehen, die der Lebensgewohnheit des Bewerbers möglichst nahe kommt: Stammtisch-Gespräch. Die Bewerber kommen fast durchweg aus handwerklichen Berufen, und so wäre ein Hineinfinden in die Funktion über schriftliche Materialien und Instruktionen - z.B. im Rahmen einer Postkorb-Situation - sehr fremd für sie. Die Teilnehmer diskutierten Pro und Contra einer "Beschränkung des Luftverkehrs" und werden so mit dem Inhalt und den Argumenten des "Produktes" vertraut.

- Übung Verkaufen

  Diese Übung bildet die Standardsituation der Funktion ab, das Verkaufsgespräch. Der Bewerber versucht, einen Rollenspielpartner (Mitarbeiter des Unternehmens) zu einer Mitgliedschaft im oben beschriebenen Aktionskomitee zu gewinnen. Die Produktpalette des Verkäufers besteht aus vier verschiedenen Arten der Mitgliedschaft (Aktiv-, Passiv-, Fördermitglied und Spender), die unterschiedlich teuer sind, und denen unterschiedliche Rechte im Aktionskomitee zugeordnet sind.

  Die Beobachter achten auf Kontaktaufnahme, Auftreten, Selbstvertrauen und Überzeugungskraft (siehe auch Abb. 5).

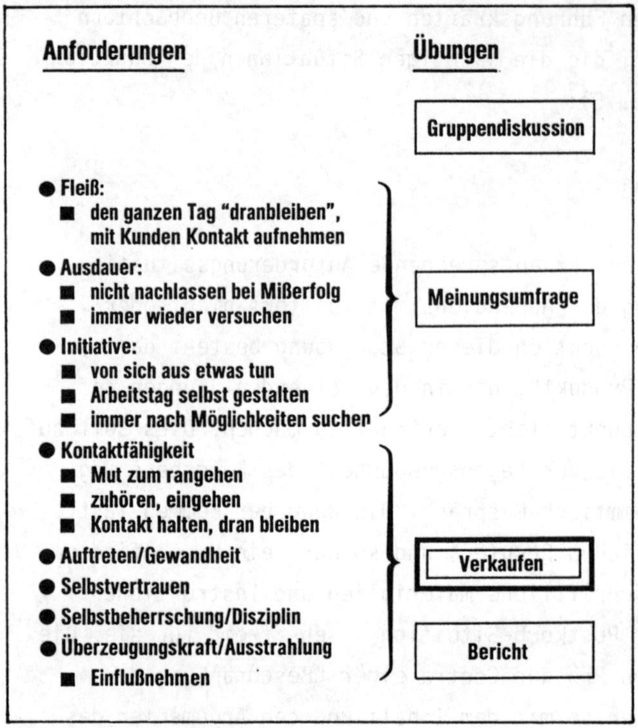

Abb. 5: AC Außendienst-Mitarbeiter Versicherung

- Übung Verkaufen 2

Diese Übung ist ähnlich angelegt wie die vorausgehende; der Bewerber hat aber einen anderen Gesprächspartner als Kunden und andere Beobachter. Damit verfolgen wir die Absicht, bei der wichtigsten Übung Zufallseinflüsse (z.B. Wechselwirkung zwischen den Gesprächspartnern) weitgehend auszuschalten. Der Bewerber hat außerdem die Möglichkeit, in einer strukturierten Reflexionsphase zwischen den beiden Übungen, die erste Übung für sich auszuwerten und daraus Konsequenzen für die zweite Übung zu ziehen.

- Übung Meinungsumfrage

In dieser Übung sollen die Bewerber in einem unbekannten Ort innerhalb einer gegebenen Zeit möglichst zahlreiche Kontakte knüpfen. Konkret sollen sie Einwohner des Ortes ansprechen - wo immer sie diese finden mögen - und befragen zum Thema "Beschränkung des Luftverkehrs". Die Bewerber sollen nichts "verkaufen", sondern lediglich erkunden, dann aber möglichst Name, Adresse, Telefonnummer und Unterschrift erhalten. Auch dies ist eine Alltagssituation des Außendienstmitarbeiters, nämlich immer wieder Kontakte knüpfen und "rangehen" an den Gesprächspartner und - auch wenn die Versuchung groß ist - nicht nachlassen, dieses zu tun.

Die Übung differenziert sehr stark, wie sich zeigte: Manche Teilnehmer knüpfen 3, andere 25 Kontakte in einer Stunde. Einige gehen von Haus zu Haus, andere vereinnahmen alle Gäste eines Lokals.

Eine Beobachtung am Rande: Bei der Instruktion zu dieser Übung stockt den Bewerbern meistens der Atem, am Ende der Übung kommen sie mit hochroten Köpfen und vielfach begeistert wieder.

- Übung Bericht

Wir haben uns nach ausführlichen Diskussionen dazu entschlossen, die Teilnehmer bei der Übung Meinungsumfrage nicht zu beobachten, um die Situation nicht zu entstellen oder zu unwirklich zu machen. Statt dessen berichten die Bewerber hinterher in Form einer Präsentation über ihre Erfahrungen und Ergebnisse bei der Meinungsumfrage. Was der Bewerber nicht präsentiert, wird nachgefragt von den Beobachtern. Mit Hilfe einer Checkliste versuchen sie festzustellen, was genau der Bewerber in der Stunde getan hat und wie es ihm dabei ergangen ist.

Vereinzelte Anrufe seitens der Beobachter bei den notierten Telefonnummern haben bisher immer ergeben, daß die Gespräche wirklich geführt worden sind. Damit hat sich auch eine unserer Befürchtungen bei der Konstruktion dieser Übung zerstreut.

Das Unternehmen führt dieses Auswahl-AC seit mehr als drei Jahren etwa einmal monatlich jeweils an verschiedenen Orten in der Schweiz durch. Einhellige Meinung der Beobachter: das AC trifft den Anforderungs-Kern der Funktion. Erfahrung im Unternehmen: Die Fluktuationsrate innerhalb des ersten Beschäftigungsjahres ist deutlich (meßbar, nachgewiesen) zurückgegangen, womit die hohen Ausbildungskosten nachhaltig reduziert wurden.

Wir haben uns im Kapitel II "Konstruktion eines Asessment Centers..." dieses Bandes deutlich gegen den Einsatz von "AC's von der Stange" ausgesprochen. Nun könnte man meinen, ein AC, in dem eine Parallelfunktion simuliert wird, sei letztendlich auch nichts anderes. Ich bin anderer Ansicht: Parallelfunktion heißt zwar, die Struktur des Produktes in einem anderen Inhalt zu repräsentieren; dabei bleiben aber die Anforderungssituationen in ihrer Charakteristik real erhalten. Ein AC von der Stange muß sich zwangsläufig von der konkreten Situation entfernen und jeweils eine Situation - stellvertretend für alle - herausgreifen oder sogar künstlich schaffen, womit der Bezug zur Realität gänzlich fehlt (à la "Nasa-Übung").

Meine Absicht ist es, mit diesem Beitrag anhand von Beispielen darzustellen:

1. Es ist möglich, gute AC's (Simulatoren) zu konstruieren, deren Übungen nicht länger als einen Tag Zeit in Anspruch nehmen.

2. Es ist möglich, das Prinzip der Situation auch dann zu realisieren, wenn Bewerber keine oder sehr unterschiedliche fachliche Voraussetzungen mitbringen.

Assessment Center als Auswahltag für Trainees und andere Programme - zwei Beispiele

Peter Jung, Reinhard A. Diesner

Vorbemerkung:

In diesem Beitrag werden AC's für Trainees dargestellt.
Dr. Peter Jung beschreibt das AC in der Allianz Versicherungs-AG.
Reinhard A. Diesner berichtet über das AC in der Bayerischen Hypotheken- und Wechselbank.

A. Das Auswahl-AC der Allianz Versicherungs-AG

- Zielgruppe

  Wir sprechen mit diesem Programm Hochschulabsolventen vorzugsweise juristischer, wirtschaftswissenschaftlicher und mathematischer Richtung an. Vielleicht wundert dies, denn Versicherungen wurden in der Regel bisher als ein Arbeitsgebiet nur für Juristen gesehen. Das gilt für uns nicht mehr, denn nach unserer Personalstatistik sind unter unseren leitenden Angestellten Juristen und Wirtschaftswissenschaftler etwa gleichstark vertreten. Sie können bei uns darüber hinaus jedoch Mitarbeiter fast aller Fachrichtungen finden.

- Allgemeine Anforderungen

  Viel wichtiger als die Art der Hochschule oder die Fachrichtung ist es für uns, daß die Bewerber eine Reihe von bedeutsamen Anforderungen erfüllen:
  Wir erwarten von ihnen, daß sie überdurchschnittliche Leistungen im Studium nachweisen können. Das ist sicherlich ein Allgemeinplatz,

weil vermutlich alle Unternehmen dies wollen. Solche Maxime umzusetzen, ist aber recht schwer. Denn man kann in der BRD überdurchschnittliche Leistungen nicht an einer allgemein verbindlichen Note festmachen. Die Noten eines Juristen aus Köln sind anders zu bewerten als die eines Juristen aus Hamburg. Das heißt, es ist schwierig zu definieren, was überdurchschnittliche Leistungen im Studium sind. Unser erstes Grobkriterium heißt deshalb: "Studium abgeschlossen in möglichst kurzer Zeit mit guten Noten oder eine einleuchtende Begründung, warum das Studium über die Mindestzeit gedauert hat". Das könnte zum Beispiel ein Auslandsaufenthalt sein oder ein Praktikum, das der Bewerber in einem Unternehmen oder beim Staat absolviert hat. Darüber hinaus kommt es sicherlich auf den Gesamteindruck der Zeugnisse wie auch der anderen Unterlagen an.

Auch unsere zweite Anforderung wird von fast allen Unternehmen an künftige Führungsnachwuchskräfte gestellt: Mobilität und Flexibilität. Sie kommt häufig erst in kritischen Situationen zum Tragen, wenn das Trainee-Programm vorüber ist und die Leute zwei bis drei Jahre bereits in ihrer Funktion sind. Wir achten aber darauf, ob sich bereits in den Unterlagen Hinweise auf diese Merkmale zeigen, z.B. Wechsel des Wohn- oder Studienortes, breit gefächerte Interessen usw. Wir überprüfen die Mobilität aber auch dadurch, daß eine Ausbildungsstation im Rahmen des Trainee-Programmes an einem anderen Ort stattfindet.

Weiterhin erwarten wir - dies stellt z.B. den ersten Unterschied zur Bayerischen Hypotheken- und Wechselbank dar - von unseren künftigen Trainees ein erkennbares Potential im persönlichen Bereich; damit ist vor allem der kommunikative Bereich gemeint, also etwa Kooperationsfähigkeit, gute Gesprächsführung, Engagement und Argumentationsfähigkeit. Als Hinweise hierauf kann man Tätigkeiten im sozialen Bereich werten, in Jugendgruppen, Sportvereinen usw. Besonders interessant scheint uns, wenn ein Bewerber bei solchen

Engagements neben seinem Studium auch noch Verantwortung übernommen hat, z.B. indem er eine Leitungsfunktion innehatte. Unser Auswahl-AC versucht, diesen Aspekt genauer zu beleuchten.

- Bedarf

Im Moment scheint unser Bedarf an Trainees noch gering: Wir stellen pro Niederlassung etwa vier bis fünf Trainees im Jahr ein bei ca. 200 Bewerbungen pro Suchaktion. Die Allianz Sachversicherungs-AG hat in der Bundesrepublik - ich lasse Berlin einmal aus - fünf große Niederlassungen, hinzu kommt noch die Allianz Lebensversicherung als eigene Gesellschaft. Damit ergibt sich ein Gesamtbedarf von 24 bis 30 Trainees pro Jahr.

- Marketing

Was ich Ihnen hier vorstelle, sind "Ideale", die nur durch ein gutes Personalmarketing zu verwirklichen sind. Gelingt es uns nicht, die richtigen Leute für die Allianz zu interessieren oder nur eingeschränkt oder ist die Marktsituation ungünstig, dann müssen wir unter Umständen Abstriche vornehmen. Beispielsweise bei einer rückläufigen Zahl von Hochschulabsolventen bedingt durch unsere derzeitige demographische Entwicklung. Wir müßten uns bis dahin ein Image aufgebaut haben, das die guten Bewerber anlockt. Dieses Image fehlt der Allianz gegenwärtig. Wir scheinen als Versicherer, unseren Untersuchungen zufolge, eher für jene Studenten attraktiv zu sein, die weniger karriere- und mehr sicherheitsorientiert sind. Wir wirken also in den Augen der Studenten eher beamtenhaft. Dieses Image als Arbeitgeber wollen wir verändern. Wir wollen hin zu einem Arbeitgeber, der neuen Ideen gegenüber aufgeschlossen ist, der Mitarbeitern ermöglicht, sich in ihrem Beruf zu verwirklichen, der guten Studenten Chancen bietet.

Die Werbeaktionen für Trainee-Programme werden bei uns in den Niederlassungen durchgeführt, in der Regel einmal im Jahr. Wir möchten gerne jeweils einen Trainee-Jahrgang zusammenstellen, das erleichtert die

Organisation und bringt durch die Gruppenbildung auch den Trainees Vorteile. Andererseits binden wir uns nicht sklavisch an einen Termin, um mit dem Programm zu beginnen. Es handelt sich dabei in der Regel um Werbeaktionen klassischer Art mit Anzeigen, die einmal jährlich geschaltet werden. In diesen Anzeigen bitten wir nicht nur um die üblichen Bewerbungsunterlagen, sondern zusätzlich um Angaben über Hobbies oder soziale Aktivitäten. Jeder interessierte Bewerber erhält im Antwortschreiben eine Broschüre über das Allianz-Trainee-Programm zugeschickt. Darüber hinaus pflegen wir natürlich Direktkontakte zu den Universitäten der jeweiligen Region, ein Weg, der in Zukunft systematischer und intensiver verfolgt werden soll. Diese Direktkontakte lassen uns eher und gezielter mit den für uns interessanten Studenten in Kontakt kommen als es mit Zeitungsanzeigen möglich ist.

- Der Auswahlprozeß

Die Auswahl der Bewerber erfolgt in zwei Schritten: aufgrund der Bewerbungsunterlagen treffen wir die Vorauswahl, welche Hochschulabsolventen zu einem sogenannten "Auswahltag" (Auswahl-AC) eingeladen werden. Vorherige Interviews werden von uns aus zwei Gründen nicht durchgeführt: Zum einen glauben wir nicht, daß wir dadurch - über unsere beiden obengenannten Auswahlschritte hinausgehende - wirklich bedeutsame Informationen erhalten und zum anderen erscheint uns der Aufwand, vor allem der zeitliche, für Interviews zu hoch zu sein. Das Auswahlverfahren würde sich damit nur unverhältnismäßig verlängern, und nach unseren Erfahrungen ist es wichtig, den Auswahlprozeß möglichst schnell durchzuführen, weil sich erfolgversprechende Kandidaten meist bei mehreren Unternehmen gleichzeitig bewerben.

Zielsetzung, Entwicklung und Ablauf des Auswahl-AC´s

- Zielsetzung

Die Trainees sollen das Potential mitbringen, später einmal die mittlere Führungsebene zu erreichen, d.h. bei uns Abteilungsleiter im Innendienst oder Geschäftsstellenleiter im Vertrieb zu werden. Das bedeutet, der- oder diejenige muß führen können, was in aller Regel durch Kommunikation geschieht. Dieses Potential im persönlichen Bereich stellt eine wichtige Voraussetzung dar, zumal wir darüber hinaus die Philosophie vertreten, daß auf dieser Ebene ein Wechsel zwischen z.B. Innen- und Außendienst möglich sein muß.

- Entwicklung

Da die Allianz dezentral strukturiert ist und die einzelnen Niederlassungen weitgehend selbständig agieren, wurde eine Projektgruppe mit dem Auftrag gebildet, Grundsätze eines einheitlichen Trainee-Programms zu erarbeiten, wozu auch die Entwicklung eines einheitlichen Auswahl-Verfahrens gehörte.

Im Gegensatz zur Bayerischen Hypotheken- und Wechselbank vertreten wir bei AC's die Auffassung, daß sie Simulationen typischer und kritischer Situationen der Zielebene beinhalten sollen, um beobachten zu können, wie stark das Potential von Bewerbern, erfolgreich auf dieser Ebene zu handeln, bereits ausgeprägt ist.

Im einzelnen gingen wir bei der Entwicklung des Auswahl-AC's folgendermaßen vor:

- Zielebene für unsere Trainees ist das Funktionsfeld Abteilungs-/Geschäftsstellenleiter. Daraufhin prüften wir die für diese Ebene typisch-kritischen Situationen und die zugehörigen Anforderungen, ob sie für Bewerber des Trainee-Programmes relevant erscheinen. Dabei wurde deutlich, daß diese Situationen wie auch ihre Simulationen in den Übungen aufgrund ihres versicherungsspezifischen Inhaltes für die Hochschulabsolventen nicht nachvollziehbar waren. Entsprechend mußten Abstriche bei den Anforderungen gemacht werden, da den Bewerbern die praktische Erfahrung im Beruf und im Unternehmen fehlt.

- Das heißt, wenn wir die ausgewählten Situationen beibehalten wollten, müßten wir sie in einer Weise simulieren, die für Hochschulabsolventen zu bewältigen ist. Wir haben daher die typisch-kritischen Situationen einfach transponiert, d.h. auf dem Papier ein Reiseunternehmen gegründet, die "Sonnenschein GmbH". Wir glauben, die Reisebranche und die verschiedenen großen Reiseunternehmen sind in der Öffentlichkeit relativ gut bekannt. Daher ist die Wahrscheinlichkeit auch größer, daß sich ein Hochschulabsolvent mit diesem Hintergrund leichter zurechtfinden und identifizieren kann. Die uns wichtigen Situationen lassen sich problemlos in ein solches Unternehmen transponieren und darstellen. Wir haben also eine Art neue Verpackung geschaffen, die für Studenten besser handhabbar sein soll.

- Dieses Auswahl-AC führten wir intern durch, wobei die Beobachter - wie später auch - Geschäftsleitungsmitglieder und Abteilungs- bzw. Geschäftsstellenleiter waren und die Teilnehmer Trainees oder andere junge Mitarbeiter in der Ausbildung. Der Testlauf ergab, daß die Teilnehmer mit dem Material umgehen und die Beobachter die für uns relevanten Beobachtungen machen konnten.

- Die Implementierung des gesamten Trainee-Programms und des Auswahlverfahrens erfolgte in zwei Schritten: Verabschiedung des Programms durch das zuständige Vorstandsgremium und Verabredung der weiteren Vorgehensweise zwischen den verantwortlichen Geschäftsleitungsmitgliedern und den Personalleitern der verschiedenen Unternehmensbereiche im Rahmen einer Klausurtagung.

- Ablauf

Generell gilt bei jeder Durchführung des sogenannten "Auswahltages", daß wir vorher nicht festgelegt haben, wievielen Bewerbern wir am Ende Vertragsangebote machen wollen. Die Erfahrung zeigt jedoch, daß wir mit mehr als einem Auswahltag rechnen müssen, um vier bis sechs geeignete Bewerber zu finden.

An einem "Auswahltag" nehmen bis zu zwölf Bewerber und in der Regel acht Beobachter teil; etwa vier Moderatoren steuern den Ablauf. Die benötigten Gesprächspartner für einige Übungen kommen aus dem Unternehmen und nehmen in ihrem Alltag eine möglichst übungsähnliche Funktion ein.

Der Ablauf des Auswahl-AC's sieht wie folgt aus:

1. Tag	Begrüßung, Vorstellung Darstellung von Zielen und Ablauf des Seminars Einstimmung in das Seminar und das Spielunternehmen Übung: Gruppendiskussion Übung: Verhandeln ca. 13.30 Uhr Mittagessen Übung: Mitarbeitergespräch ca. 19.30 Uhr Abendessen Information über die Allianz als Arbeitgeber
2. Tag	Beratungsgespräche ca. 13.00 Uhr Mittagessen Ende des Seminars

Insgesamt dauert unser "Auswahltag" 1,5 Tage, d.h. die Übungen finden an einem Tag statt, am zweiten Tag werden die Feedback-Gespräche geführt.

Die Niederschrift wie auch die Auswertung der Beobachtungen findet in verbaler Form und nicht mit Rating-Skalen statt. Ein Beobachter sieht jeden Teilnehmer in mindestens einer Übung, nicht in allen. Die Beobachter werten nach jeder Übung ihre Wahrnehmungen anhand der vorher definierten Anforderungen aus. Am Ende (kurz nach den Übungen noch am selben Abend) findet eine Beobachter-Konferenz statt, in der die verschiedenen Informationen zusammengeführt werden. Währenddessen werden die Bewerbungskandidaten von jungen Abteilungs- bzw. Geschäftsstellenleitern betreut. Diese informieren sie über die Allianz, berichten über ihren eigenen Werdegang und stehen für Fragen zur Verfügung.

Die Feedback-Gespräche am nächsten Vormittag dauern etwa eine Stunde und finden zwischen einem Beobachter und einem Bewerber statt. Dabei erläutert der Beobachter die Entscheidung der Konferenz anhand der Beobachtungsergebnisse. Dies gilt für alle Bewerber, unabhängig davon, ob er ein Vertragsangebot erhält oder eine Absage. Alle Bewerber haben ein Recht auf eine solch ausführliche Rückmeldung. Außerdem wertet es unser Image auf, wenn auch im Falle der Ablehnung deutlich gemacht wird, daß wir uns mit dem Bewerber intensiv befassen.

Damit sich auch die Bewerber möglichst gut auf diese Feedback-Gespräche vorbereiten können, bieten wir ihnen zwei Möglichkeiten: Erstens händigen wir ihnen einen sogenannten "Reflexionsbogen" aus, in den sie nach jeder Übung ihre Erfahrungen eintragen können. Zweitens nehmen wir alle Übungen auf Video auf und stellen sie den Bewerbern zur Verfügung. Damit haben die Kandidaten zwei Quellen, um eigene Erfahrungen zu reflektieren, einerseits die eigene Wahrnehmung in und nach der Übung und andererseits die Video-Aufnahme. Die Bewerber können diese Angebote in den Pausen nutzen, sind aber nicht dazu gezwungen. Das Material wird von uns nicht eingesehen. In unseren AC's machen etwa 75% der Teilnehmer von diesem Angebot Gebrauch und sind auf diese Weise sehr gut auf das Feedback-Gespräch vorbereitet.

- Die Beobachter

Beobachter sind grundsätzlich Führungskräfte der mittleren Ebene, d.h. Abteilungsleiter und Geschäftsstellenleiter oder Geschäftsleitungsmitglieder. Warum auch Geschäftsleitungsmitglieder? Erfolgversprechende Bewerber stehen in der Regel mit mehreren Unternehmen in Kontakt, und je schneller wir ihnen ein Vertragsangebot machen, desto größer ist unsere Chance, die gewünschten Bewerber auch an uns zu binden. Wenn wir Trainees einstellen, benötigen wir die Zustimmung der Geschäftsleitung. Wenn also an dem Auswahl-AC Geschäftsleitungsmitglieder als Beobachter teilnehmen, können wir schon am Ende des AC's ein verbindliches Vertragsangebot unterbreiten.

Die 6-8 Beobachter werden vor Beginn des Auswahl-AC´s darin geschult, Wahrnehmungs-, Zuordnungs- und Bewertungsprozesse zu unterscheiden und getrennt vorzunehmen. Dazu gehört auch das Durchspielen einer Übung mit allen zugehörigen Auswertungsschritten, so daß sie mit den Hilfsmitteln und dem System vertraut sind. Außerdem wird ihnen die "Beobachtermatrix", d.h. ihre Zuteilung zu den einzelnen Beobachtungssituationen in den verschiedenen Übungen erläutert. Zu Beginn des "Auswahltages" erhalten die Beobachter "Laufkarten", aus denen hervorgeht, wann und in welchem Raum sie welchen Bewerber in welcher Übung zu beobachten haben, welche "Rollenspielpartner" in der Übung mitwirken und wann der Beobachter eine "Pause" hat. Wir versuchen, durch die systematisch erstellte Beobachtermatrix sicherzustellen, daß alle Beobachter in gleichen Abständen Pausen haben, um ihre Beobachtungen möglichst sofort auswerten zu können.

- Übungen

Im Rahmen des AC-Ablaufs führen wir insgesamt drei Übungen durch:

"Gruppendiskussion":	Gruppenübung; Bewerber miteinander
"Verhandeln":	Einzelübung; Bewerber mit Rollenspielpartner
"Mitarbeitergespräch":	Gruppenübung; Bewerber mit Rollenspielpartnern

Wir beginnen mit der Übung "Gruppendiskussion". An ihr nehmen immer vier der Bewerber gleichzeitig teil. Sie spielen vier Abteilungsleiter des Reiseunternehmens, denen die Geschäftsleitung den Auftrag gegeben hat, in etwa 45 Minuten einen gemeinsamen Vorschlag zu erarbeiten, um den Werbeetat der "Sonnenschein GmbH" um 15% zu kürzen. Es finden gleichzeitig drei solcher Diskussionsrunden parallel statt, die von jeweils zwei bis drei Beobachtern beobachtet werden.

In der Übung "Mitarbeitergespräch" nimmt der Bewerber die Rolle des für Incentive-Reisen zuständigen Abteilungsleiters ein. Ihm ist es gelungen, den Auftrag eines großen Versicherungsunternehmens zu erhalten, ein Angebot für eine Incentive-Reise für die besten Vertreter auszuarbeiten. Nun muß er mit seinen 4 Mitarbeitern eine Lösung finden, wie diese zusätzliche Arbeit einerseits qualitativ gut und termingerecht bewältigt werden kann, ohne die übrigen Arbeiten zu vernachlässigen. Dazu hat er maximal 45 Minuten Zeit. Als Mitarbeiter sitzen ihm vier vorher instruierte Rollenspielpartner aus unserem Unternehmen gegenüber. Die Art und Weise, wie er dieses Problem zusammen mit seinen Mitarbeitern löst, wird jeweils von zwei Beobachtern verfolgt. Es finden immer vier solcher Übungen statt. Daher muß die Übung in drei aufeinander folgenden Durchgängen laufen, damit alle zwölf Bewerber beobachtet werden können.

Die Übung "Verhandeln" simuliert das Gespräch zwischen dem Abteilungsleiter der "Sonnenschein GmbH" und dem in der Versicherung Verantwortlichen für die Incentive-Reise der Vertreter. Der Abteilungsleiter (Bewerber) versucht dabei, sein Angebot "zu verkaufen". Als Gesprächspartner sitzt ihm ein Abteilungs- bzw. Geschäftsstellenleiter gegenüber. (Diese Abteilungs- und Geschäftsstellenleiter stehen den Bewerbern am Abend auch als Gesprächspartner zur Verfügung.) Die Übung dauert etwa 20 Minuten und wird in vier Räumen gleichzeitig parallel durchgeführt. Auch hier sind wieder drei Durchgänge erforderlich. Jeweils ein Beobachter verfolgt die Verhandlung.

- Anforderungen

In den drei Übungen werden eine Reihe von Anforderungsdimensionen überprüft. Eine Zuordnung dieser Dimensionen zu den Übungen, in denen sie beobachtet werden können, finden Sie in Abb. 1.

In diesen drei Übungen können also eine ganze Reihe von Anforderungsdimensionen beobachtet werden. Wichtig ist uns, daß jede dieser

Anforderungen \ Übungen	Gruppen-diskussion	Verhandeln	Mitarbeiter-gespräch
Wertschätzung/Akzeptanz	●		
Standfestigkeit/Selbstsicherheit	●	●	
Kooperations-/Kompromißfähigkeit	●	●	
Faire, offene Gesprächsführung	●	●	
Argumentationsfähigkeit	●	●	
Abwägen von Gesamtinteresse	●		
Urteilsfähigkeit		●	
Führung/Organisation			●
Motivationsfähigkeit			●
Diskussionsleitung			●
Fähigkeit zur Problemlösung			●
Fähigkeit zur Teamarbeit			●
Identifikation/Engagement			●

Abb. 1: Zuordnung der Anforderungen zu den Übungen beim Auswahl-AC "Trainee"

Anforderungsdimensionen möglichst von zwei Beobachtern beobachtet wird. Damit soll sichergestellt werden, daß der Bewerber zum einen die Chance hat, seine wirkliche Leistungsfähigkeit zu zeigen und wir zum anderen der beobachteten Handlungen und des daraus abgeleiteten Potentials sicherer sein können. Dies erreichen wir auf unterschiedliche Weise: In den Übungen "Diskussionsgruppe" und "Verhandeln" wird jeder Bewerber jeweils nur von einem Beobachter gesehen. Daher sind die meisten Anforderungsdimensionen in beiden Übungen beobachtbar, so daß zwei verschiedene Beobachter diese einstufen können. Im Gegensatz dazu wird in der Übung "Mitarbeitergespräch" jeder Bewerber unabhängig voneinander von zwei Beobachtern beobachtet.

- Der Beobachtungsprozeß

Die Beobachter schreiben während einer Übung alles mit, was sie wahrnehmen und dies möglichst ohne Interpretationen und Schlußfolgerungen. Nach der Übung übertragen sie im Beobachterraum ihre Wahrnehmungen auf die zur Übung gehörenden Auswertungsblätter, wobei sie die Wahrnehmungsinhalte gleichzeitig den verschiedenen Beobachtungsdiemensionen zuordnen. Auf diese Auswertungsblätter ist die jeweilige Dimension durch eine Reihe möglichst beobachtbarer Handlungsweisen erläutert. Pro Übung gibt es für jede enthaltene Anforderungsdimension ein gesondertes Auswertungsblatt. So sehen z.B. die Handlungsweisen für die beiden Anforderungsdimensionen "Wertschätzung/Akzeptanz" und "Standfestigkeit/Selbstsicherheit" folgendermaßen aus:

Wertschätzung/ Akzeptanz	Standfestigkeit/ Selbstsicherheit
Merkmale: • zeigt Verständnis • diskutiert nachdrücklich mit Fakten • Konfliktbereitschaft ist vorhanden • geht auf andere Argumente ein • bezweifelt nicht Kompetenz des Gesprächspartners • hält dessen Argumente nicht für unwahr • gibt nicht nur fachlichen Standpunkten Priorität • personalisiert oder emotionalisiert den Konflikt nicht	Merkmale: • vertritt freundlich aber bestimmt seinen Standpunkt • ist sicher und gibt nicht zu schnell auf • läßt sich durch Stärke nicht beeindrucken • betont eigene Verantwortung und übernimmt sie • vertritt sehr stark seine eigene Meinung • fügt sich nicht aus Angst, Fehler zu machen • setzt sich durch

Abb. 2: Übung Gruppendiskussion: Beobachtungsdimensionen

Am Ende einer jeden Anforderungsdimension wird der Beobachter aufgefordert, die von ihm in dieser Übung bei diesem Bewerber gesehenen Stärken bzw. Schwächen verbal zusammenzufassen. Außerdem kann er am Ende der Auswertungsblätter einer Übung noch jene Beobachtungen vermerken, die er für wichtig hält, aber keiner der vorhandenen Anforderungsdimensionen zuordnen konnte. Häufig handelt es sich hierbei um nicht-verbale Handlungsweisen.

- Beobachterkonferenz und Feedback-Gespräche

Die von den Beobachtern niedergeschriebenen Stärken und Schwächen werden von den Moderatoren auf Moderationskarten übertragen, Stärken auf grüne, Schwächen auf rote und nicht zuzuordnende Auffälligkeiten auf weiße Karten. Auf den Karten sind auch die Anforderungsdimensionen und die Beobachter vermerkt. Für jeden Bewerber wird dann eine Moderationstafel vorbereitet, die mit seinem Namen versehen ist und als Überschriften die drei Übungen enthält. Unter die jeweilige Übung werden dann die Karten mit den beobachteten Stärken, Schwächen und Auffälligkeiten gehängt. So entsteht eine Übersicht dessen, was bei dem jeweiligen Bewerber in den drei Übungen als bedeutungsvoll gesehen wurde.

Dieses Tableau sowie die Originalbeobachtungs- und die Auswertungsbögen sind das Ausgangsmaterial für die Beobachterkonferenz. Dabei lesen die Moderatoren zuerst die Karten mit den Stärken, Schwächen und Auffälligkeiten des betreffenden Bewerbers in den einzelnen Übungen vor, die auf der entsprechenden Moderationstafel hängen. Anschliessend arbeiten die Beobachter heraus, welches die in drei Übungen beobachteten charakteristischen Stärken und Schwächen dieses Bewerbers gewesen waren. Abschließend beurteilen sie per Konsens, ob diesem Bewerber ein Vertragsangebot für das Allianz-Trainee-Programm unterbreitet werden soll.
Die Konferenz dauert bei 12 Bewerbern etwa 4-6 Stunden.

Das am nächsten Vormittag stattfindende Feedback-Gespräch zwischen einem der Beobachter und einem der Teilnehmer wird anhand der Moderationstafel und der anderen Unterlagen geführt. Der Beobachter erläutert, aufgrund welcher Beobachtungen die Beobachterkonferenz zu der gemeinsamen Beurteilung gelangte. Unter Umständen wird einem erfolgreichen Bewerber in diesem Gespräch bereits ein Vertragsangebot überreicht.

Das Verfahren, alle Beobachtungen wie auch deren Aus- und Bewertungen nur verbal vorzunehmen, gestattet uns, auch den abgelehnten Bewerbern eine differenzierte Rückmeldung über ihre Stärken und Schwächen zu geben. Außerdem wissen wir gleichzeitig bei den angenommenen Bewerbern, welche Schwächen sie noch haben und können uns Maßnahmen überlegen, diese während des Trainee-Programms abzubauen. Wir haben also sämtliche Informationen auf den Moderationstafeln und Beobachtungs- wie Auswertungsbögen. Diese bringen uns mehr als eine Auswahlentscheidung nur auf der Basis von z.B. Rating-Skalen.

- Weitere Aspekte

Sämtliche Unterlagen der abgelehnten Bewerber werden nach dem AC vernichtet. Dies gilt im Prinzip auch für die Unterlagen unserer Trainees, bis auf jene, die Informationen über individuelle Schwächen enthalten, auf deren Abbau bereits im Trainee-Programm geachtet werden soll. Die anderen Unterlagen werden so lange aufbewahrt, bis das Auswahl-AC auch statistisch ausgewertet ist. Die Vernichtung des Materials erfolgt aus datenschutz- und betriebsverfassungsrechtlichen Gründen. Das Aufbewahren von Unterlagen bis zu deren statistischer Auswertung wird bisher jedoch von unseren Betriebsräten toleriert.

Validitätsuntersuchungen im Sinne von Vorhersagegültigkeit unserer Auswahl-AC's nehmen wir nicht vor. Das liegt zum einen in der Art unseres Verfahrens begründet, bei dem spätere "Entscheider" als Beobachter mitwirken und zum anderen in unserer Bevorzugung qualitativer Daten, die solche Untersuchungen erschweren. Nehmen spätere "Entscheider" an einem solchen AC als Beobachter teil und entscheiden über die Aufnahme in das Trainee-Programm, dann ist mindestens zu befürchten, daß alle später zu erhebenden, gängigen Kriterien für Erfolg (z.B. Gehaltsentwicklung, Beförderungen usw.) nicht mehr unabhängig sind.

Unsere statistischen Überprüfungen betreffen daher nur die inhaltliche Validität der AC's, d.h. wir untersuchen z.B. per Regressionsanalyse, welchen Beitrag die einzelnen Übungen zum Gesamturteil der Beobachterkonferenz leisten.

Unsere Trainees sollen mittelfristig unser Nachwuchsreservoir an Führungskräften für die Ebene Abteilungs-/Geschäftsstellenleiter vergrößern. Sie sollen also im Innen- und im Außendienst einzusetzen sein. Dies wird ihnen in aller Deutlichkeit mitgeteilt, und sie müssen während des Trainee-Programms auch Stationen im Innen- wie im Außendienst absolvieren. Erst zum Ende des Programms entscheidet sich, ob ihr Haupteinsatzgebiet im Außen- oder im Innendienst liegen wird.

Aber auch auf ihrem - hoffentlich erfolgreich - weiteren Weg werden sie unterschiedliche Funktionen wahrnehmen. Dabei wird von ihnen erwartet, daß sie etwa drei bis vier Jahre nach Abschluß des Trainee-Programms bewiesen haben, daß sie Potential für das Funktionsfeld Abteilungs-/Geschäftsstellenleiter aufweisen. Wenn ja, werden sie, zusammen mit anderen Mitarbeitern unseres Hauses, denen dieses Potential ebenfalls zugetraut wird, zu einem speziellen AC (einem Personalentwicklungs-Seminar) für diese Ebene eingeladen. Ex-Trainees werden also bei uns nicht automatisch Abteilungs- oder Geschäftsstellenleiter, sondern müssen sich dem Wettbewerb anderer Konkurrenten stellen. Ihr Vorteil gegenüber anderen Mitarbeitern besteht nur darin, daß sie durch das Trainee-Programm schneller an die Möglichkeit herangeführt werden, qualifizierte Funktionen wahrzunehmen.

B. Das Auswahl AC der Bayerischen Hypotheken- und Wechselbank

Das AC der Bayerischen Hypotheken- und Wechselbank ähnelt in zahlreichen Punkten dem der Allianz-Versicherungs-AG. In den folgenden Ausführungen stelle ich die wesentlichen Unterschiede dar.

- Zielgruppe

  Das Trainee-Programm der Bayerischen Hypotheken- und Wechselbank zielt auf Hochschul- und Fachhochschul-Absolventen aller Fachrichtungen, schwerpunktmäßig jedoch auf die Fachrichtungen Jura und Wirtschaftswissenschaften.

- Allgemeine Anforderungen

Für uns ist nicht die Studienrichtung von ausschlaggebender Bedeutung, sondern

- überdurchschnittliche Leistungen im Studium
- Zusatzqualifikationen und
- Mobilität und Flexibilität.

Dabei werden die Studienleistungen in ähnlicher Weise bewertet wie bei der Allianz. Zusatzaktivitäten, die der Bewerber außerhalb seines Studiums erbracht hat, z.B. Praktika, Auslandsaufenthalte, Spezialkenntnisse oder bestimmte Jobs werden gern gesehen. Außerdem sind Mobilität und Flexibilität im Trainee-Programm und für die spätere Tätigkeit in einem Vertriebsunternehmen, wie es eine Bank ist, wesentlich, um eine flächendeckende Versorgung des Unternehmens mit Führungsnachwuchs zu gewährleisten. Insgesamt achten wir eher auf das Gesamtbild der Bewerbung, weniger auf einzelne, herausragende Aspekte. Interviews führen wir vor dem AC nicht durch.

- Bedarf

Bankweit besetzen wir jährlich 80 Trainee-Stellen. Wir erhielten letztes Jahr dazu ca. 1.500 Bewerbungen und führten 22 AC's durch. Trotzdem ist der Sollstand mit derzeit ca. 50-52 Damen und Herren nicht ganz erreicht. Deshalb planen wir für das nächste Jahr 28 AC's zur Trainee-Auswahl.

- Marketing

Die Werbeaktionen für das Trainee-Programm erfolgen z.B. über Hochschulkontakte, Medien, Anzeigen usw. Sie werden von der dafür zuständigen Abteilung "Förderungsprogramme" laufend durchgeführt.

Sie führt auch, in Abstimmung und Zusammenarbeit mit den Niederlassungen und (Geschäfts-)Bereichen im ca. dreiwöchigem Rhythmus die AC's durch.

Zwei weitere Marketingmöglichkeiten nutzen wir im Rahmen der AC's:

Vor Beginn der AC-Übungen erhalten die Bewerber Informationen über das Trainee-Programm und lernen derzeitige Trainees kennen.
Wir pflegen das Image unseres Unternehmens dadurch, daß auch abgelehnte Bewerber im Beratungsgespräch des AC's gut informiert werden, den Eindruck der Sorgfalt und Fairness beim Auswahlprozeß erhalten und das Verfahren für sie transparent wird.

- Der Auswahlprozeß

Auch bei uns besteht der Auswahlprozeß im wesentlichen aus zwei Schritten: der Analyse der Bewerbungsunterlagen und den Auswahl-AC's. Zwischen beiden erfolgt bei einigen Bewerbern (besonders interessanten oder positiven Zweifelsfällen) unter Umständen ein Telefonat. Ergeben sich in den AC's positive Zweifelsfälle, dann führen zwei der Beobachter mit einem solchen Bewerber noch ein strukturiertes Interview.

Zielsetzung, Entwicklung und Ablauf des Auswahl-AC´s

- Zielsetzung

Generell wollen wir mit dem Auswahlverfahren Trainees auswählen, bei denen Führungspotential für die weitere Karriere im Unternehmen erkennbar ist.

Im einzelnen verfolgen wir in den AC's zwei Hauptziele: einerseits hochmotivierte und hochqualifizierte Nachwuchskräfte für alle Sparten des Bankgeschäftes (Stab und Linie) auszuwählen - mit dem Hauptaugenmerk auf dem Vertriebssektor - und andererseits "Sieger der ersten Wahl" herauszufiltern.

- Entwicklung des AC's

Im Gegensatz zur Allianz-Versicherungs-AG, dessen AC-Konstruktion dem "situativen Ansatz" folgt, entwickeln wir die AC's bei der Bayerischen Hypotheken- und Wechselbank kriterienorientiert.

Vorgabe bei der Entwicklung war für uns zuerst der Anspruch, idealerweise nach einem halbstündigen Verfahren eine Treffsicherheit von 100% zu erreichen. Auf eine Dauer von maximal eineinhalb Tagen konnten wir uns einigen. Im weiteren Verlauf wurde auch festgelegt, daß an einem AC 12 Bewerber und 6 Beobachter teilnehmen. Diese Beobachter sind Führungskräfte aus Stab und Linie, d.h. Abteilungsleiter aus dem Ressort P (Personalressort) und Niederlassungs-/Geschäftsbereichsleiter. Die nächste Vorgabe hieß: "Prinzip der Mehrfachbeobachtung und -beurteilung". Auch in diesem Punkt unterscheiden wir uns etwas von der Allianz. Dort werden die Beobachter systematisch den Teilnehmern in den Übungen zugeordnet, so daß jeder Beobachter jeden Teilnehmer mindestens einmal sieht. Uns war es ein großes Anliegen, daß jeder Beobachter jeden Teilnehmer am Ende eines AC's gleich oft und in unterschiedlichen Situationen/Übungen gesehen hat. Jeder Beobachter hat jeden Teilnehmer nach Beendigung der vier Bewährungssituationen insgesamt zweimal gesehen.

Ein weiterer Unterschied zur Allianz: Wir setzen keine "Dummies" ein, d.h. keine Rollenspielpartner. Insofern tun wir uns schwer, die Situationen für die Bewerber so real wie möglich zu simulieren. Ein letzter wichtiger Punkt: Es ist unser Anliegen, im unmittelbaren Anschluß an das AC, d.h. am Abend des zweiten Tages, dem Bewerber unsere Entscheidung über Annahme bzw. Ablehnung mitzuteilen. Heißt die Entscheidung "Top", dann erhält der Bewerber noch am selben Abend ein konkretes Vertragsangebot. Wenn die Entscheidung lautet "Hopp", dann führen wir mit ihm ein ausführliches qualifiziertes Feedback-Gespräch, in dem die individuellen Leistungen besprochen werden und in dem den Bewerben etwas Positives für weitere AC's mitgegeben wird. Dies ist zwar eine Selbstverständlichkeit, erfolgt jedoch relativ selten, zumindest im Bankenbereich. Wenn sich somit auch abgelehnte Bewerber positiv über das Verfahren äußern, dient das sicherlich dem Unternehmen.

Die Entwicklung des AC's erfolgte bei uns durch die zuständige Fachabteilung, ohne externe Hilfe. Dabei wurden die Vorstellungen der Fachabteilungsleiter, Abteilungsleiter und Niederlassungsleiter einbezogen. Trotz des kriterienorientierten Ansatzes versuchen wir, bestimmte Situationsklassen in den Übungen zu berücksichtigen, die auch für die Zeit nach Beendigung des Trainee-Programms relevant sind.

Unser AC ist "maßgeschneidert", natürlich im Rahmen der Realitätsgrenzen und abhängig von den Zielen und Vorgaben. Wir legen aber großen Wert darauf, nichts extern einzukaufen, sondern zu überlegen: was brauchen wir und wie setzen wir es selbst um.

Als das neue Verfahren entwickelt war, wurde es mit allen Führungskräften des Personalressorts noch einmal abgestimmt. Dabei ergaben sich kleinere Änderungen. Vor dem endgültigen "Einsatz an der Front" haben wir zwei Probeläufe durchgeführt. Zu diesen beiden Probeläufen wurden jene Führungskräfte aus der zweiten oder dritten Ebene als Beobachter eingeladen, die diesem Verfahren eher skeptisch gegenüberstanden und dafür bekannt waren, "Klartext" zu reden. Nachdem diese das AC erlebt hatten und sagten, es sei toll und bringe was, war die Implementierung zu 99% erfolgreich abgeschlossen. Diese Führungskräfte sind standardmäßig in die Personalauswahl eingebunden, d.h. sie waren auch bisher damit befaßt und führten Interviews.

- Ablauf

Bei der Durchführung unserer AC's haben wir keine vorher festgelegten Quoten, aber in der Regel folgen nach den AC´s zwei bis drei Vertragsangebote. Es ist auch schon vorgekommen, daß kein Bewerber ein Vertragsangebot erhielt oder daß wir fünf Vertragsangebote unterbreiteten.

Unser AC dauert 1 1/2 Tage. Der Ablauf sieht wie folgt aus:

1. Tag (Nachmittag)	Begrüßung, Darstellung des Verfahrens Warming-up ("Vier-Ecken-Spiel") Vorstellungsrunde ("Life Events") Gemeinsames Abendessen
2. Tag	Vorbereitung der Präsentation/ Einführung der Beobachter Gruppenübung "Unternehmensberatung" - Problemanalyse - Lösungsvorschläge Gruppenübung "Unternehmensplanung" - konzeptionelle Bearbeitung Gruppenübung "Konkurrenz" - Durchsetzen der eigenen Interessen Gemeinsames Mittagessen Präsentationen (Vorträge, individuell) Konsolidierung der AC-Ergebnisse Befragung der Teilnehmer zum Verfahren Entscheidungsfindung Absagegespräche/Interviews Vertragsgespräche

Unser AC beginnt am Nachmittag des ersten Tages mit der Begrüßung der Teilnehmer und der Darstellung des Verfahrens. Daran schließt sich das sogenannte "Warming-up" an. Darunter verstehen wir das sogenannte "Vier-Ecken-Spiel". In den vier Ecken des Plenums steht je eine Moderationswand mit einem Thema. Jeder soll zu der Moderationswand mit dem Thema gehen, über das er sich gerne mit anderen Leuten unterhalten möchte. Das dauert etwa fünf bis zehn Minuten, unter Umständen bis zu 15 Minuten. Dieses Spiel soll die Spannung aus der Situation herausnehmen, denn wir wollen im AC nur "natürliches Verhalten" und nicht "Streßverhalten" beobachten.

Anschließend folgt eine Vorstellungsrunde, bei der sich die Teilnehmer den Beobachtern und untereinander vorstellen. Sie berichten von sich nicht nur im Sinne einer chronologischen Reihenfolge (geboren, Schule, usw.), sondern auch über die Abschnitte ihres bisherigen Werdeganges, die ihnen persönlich sehr wichtig waren, sogenannte "Life-Events". Währenddessen wird nichts mitprotokolliert und beurteilt. Die Beobachter erhalten zu diesem Zeitpunkt eine Menge an qualitativen Informationen über die Bewerber. Ein Paradebeispiel sei hier angeführt: Ein Bewerber hatte bereits eine Banklehre absolviert und mußte, da er mittellos und ohne Eltern war, bereits während der Banklehre bei McDonald's arbeiten. Die erste Reaktion war Schmunzeln: "Ah, der kommt von McDonald's". Gleichzeitig ist dies auch ein Ausdruck ausgeprägter Leistungsmotivation. Der Kandidat hatte für sich gesorgt und selbständig gearbeitet, weil er kein Geld von zu Hause hatte. Diese Information war für die Beobachter sehr interessant.

Zwischen dieser Vorstellungsrunde und dem letzten Programmpunkt dieses Tages auf dem Flip-Chart, dem gemeinsamen Abendessen, liegt ein weiterer Zeitblock, währenddessen die Trainee-Bewerber Informationen über die Bank im allgemeinen und über das Trainee-Programm im speziellen erhalten. Diese werden von Mitarbeitern der Hypo-Bank, die Führungskräfte sind und früher Trainees waren oder Mitarbeiter, die sich momentan im Trainee-Programm befinden, vermittelt. Außerdem erhalten die Bewerber vorab Informationsbroschüren. Es ist unser Anliegen, nicht nur von den Bewerbern Informationen zu erhalten, sondern ihnen auch welche zu vermitteln.

Beim gemeinsamen Abendessen wird sehr offen diskutiert und informiert, natürlich ohne Geschäftsgeheimnisse auszuplaudern. Natürlich werden die Teilnehmer beim Abendessen nicht systematisch beobachtet, obgleich sich wohl mancher Bewerber dabei beobachtet fühlt.

Der nächste Tag beginnt damit, daß sich die Teilnehmer auf eine Präsentation für den Nachmittag vorbereiten.

Sie sehen anhand des Ablaufs unseres AC's, daß die eigentlichen Bewährungssituationen für die Teilnehmer die vier Übungen sind. Im einzelnen handelt es sich dabei um eine Einzelübung (die Präsentation) und drei Gruppenübungen (Unternehmensberatung, Unternehmensplanung und Konkurrenz). Trotz der angespannten Situationen aufgrund der

Beobachtung haben wir versucht, die Übungen für die Teilnehmer einerseits interessant zu gestalten, sie aber andererseits aussagekräftig für die Auswahl zu halten, d.h. zu überlegen, was in der Funktion nach dem Trainee-Programm gefordert ist und welche Situationen besonders wichtig oder häufig sind.

Nach dem Abschluß der Übungen haben die Teilnehmer Freizeit und warten auf die Ergebnisse. Währenddessen steht den Teilnehmern ein Mitarbeiter der Abteilung Trainee-Betreuung als Gesprächspartner zur Verfügung.

Die Beobachter treffen sich nach der letzten Übung, um in einer Beobachterkonferenz per Konsens zu entscheiden, welche Bewerber ein Vertragsangebot erhalten sollen. Anschließend finden die Feedback-Gespräche mit den Bewerbern statt, in denen ihnen das Ergebnis erläutert wird.

- Die Beobachter

An einem solchen AC nehmen jeweils insgesamt sechs Beobachter teil. Sie sind Niederlassungs- und Geschäftsbereichsleiter, Abteilungs- oder Fachabteilungsleiter sowie Führungskräfte aus dem Personalressort. In der Regel nehmen an einem AC drei Linien-Manager und drei Führungskräfte aus dem Personalressort teil.

Sofern die Beobachter noch nicht mit dem AC vertraut sind, weil sie zum erstenmal dabei sind, werden sie individuell auf ihre Rolle als Beobachter vorbereitet.

In diesem Jahr haben wir die erste Runde "regulärer" AC's durchgeführt. Wir hatten zunächst Schwierigkeiten, Führungskräfte als Beobachter zu gewinnen, weil diese weit oben in der Hierarchie stehen und entsprechend wenig Zeit haben. Wir konnten den Beobachtern aber deutlich machen, daß sie durch ihre Teilnahme am AC im Hinblick auf ihr eigenes Beurteilungsverhalten gegenüber anderen Mitarbeitern profitieren werden. Ein weiterer Vorteil für die Beobachter: Jeder hat für seine Abteilung im ersten Durchgang über die Trainees hinaus noch gute Mitarbeiter gewonnen. Deshalb werden wir in der nächsten Phase vermutlich keine Schwierigkeiten mit der Beobachterrekrutierung haben, weil alle Beobachter in ihren eigenen Abteilungen über offene Stellen verfügen und niemals in einem normalen Personalverfahren die Chance erhalten, so gute Mitarbeiter zu finden. Wir steuern aber gegen, wenn auf diese Weise Mitarbeiter für die eigene Abteilung gewonnen werden sollen, die für das Trainee-Programm eher geeignet sind.

- Die Übungen

Bei den Vorgesprächen zur Entwicklung des AC's hatten wir auch nach Situationen gefragt, die für das Trainee-Programm und die Funktionen nach dem Trainee-Programm wichtig sind. Im Prinzip schälten sich dabei drei Situationsklassen heraus:

- Situationen, in denen es darum geht, ein Problem analytisch zu zergliedern, Stärken und Schwächen herauszuarbeiten und das weitere Vorgehen festzulegen;

- Situationen, in denen es darum geht, Kreativität und Einfallsreichtum, aber auch langfristiges zukunftsorientiertes Denken zeigen;

- Situationen, die verlangen, eigene Interessen zu vertreten und durchzusetzen.

Die Übungsinhalte, die auf diesen Situationsklassen beruhen, sollen von den Teilnehmern ohne spezielle Vorkenntnisse gemeistert werden können. Daher wurde mit Rücksicht auf den Kandidatenkreis (Hochschulabsolventen) auf bankfachliche Inhalte verzichtet.

Die erste Übung haben wir "Unternehmensberatung" genannt. In dieser Fallstudie geht es darum, enthaltene Stärken und Schwächen herauszuarbeiten und Lösungsvorschläge zu erarbeiten.

Bei der Übung "Unternehmensplanung" haben die Teilnehmer drei Projekte zur Auswahl, die sie bearbeiten können. Dabei wird zum einen der Entscheidungsprozeß, welches Projekt sie bearbeiten möchten, zum anderen die Argumentation der Teilnehmer während der Projektbearbeitung beobachtet.

Bei der letzten Gruppenübung, "Konkurrenz", geht es darum, Budgets von Leistungsprämien zu verteilen. Ziel für jeden der beteiligten Kandidaten ist es, für den eigenen Bereich die höchste Summe zu bekommen.

Letzte Bewährungssituation für die Teilnehmer ist ihre Präsentation, eine Einzelübung. Hierbei bekommen die Teilnehmer sieben Themen zur Auswahl, von denen sie sich eines frei wählen können. Das Spektrum der Themen ist so gewählt, daß für jeden ein geeignetes dabei sein müßte, ohne daß universitäre Kenntnisse oder Fachkenntnisse, gleich welcher Art, eine Rolle spielen. Es handelt sich dabei um Themen wie z.B. "Lohnt sich Leistung wirklich?", "Karrieremöglichkeiten bei jungen Leuten", "Gentechnologie", oder aus gegebenem Anlaß: "Olympia heute". Wir haben eine ganze Reihe solcher Themen, auch zu volkswirtschaftlichen Aspekten oder zu allgemeineren Fragen wie: "Was erwartet man von einer guten Führungskraft?", "Wodurch wird Karriere für mich interessant?"

Wir arbeiten seit eineinhalb Jahren mit denselben Übungen. Inwieweit sich diese herumgesprochen haben, ist uns nicht bekannt. Aber selbst wenn, wird der einzelne wahrscheinlich nicht besser abschneiden.

- Anforderungen

Die Inhalte der Übungen wurden so gestaltet, daß die Kandidaten im Sinne der genannten Situationsklassen Gelegenheit erhalten, in unterschiedlichen Kommunikationsbezügen unterschiedliche Fähigkeiten zur Geltung zu bringen. Darauf heben auch die zu beobachtenden Kriterien ab.

Unser Ziel ist es, hochmotivierte und -qualifizierte Nachwuchskräfte für alle Sparten des Bankgeschäfts auszusuchen, die gleichzeitig erkennbares Führungspotential und verkäuferische Fähigkeiten aufweisen. Daraus ergab sich die schwierige Aufgabe, Kriterien zu finden und zu definieren, die allen diesen Anforderungen in etwa gerecht werden.

Wir einigten uns schließlich auf folgende sechs Kriterien:

- Stabilität und Sicherheit,
- Ausdrucks- und Präsentationsvermögen,
- Logische und systematische Vorgehensweise,
- Vielseitigkeit der Argumentation,
- Durchsetzungsvermögen,
- Kooperationsfähigkeit.

Eine größere Anzahl an Beobachtungskriterien war aufgrund der zur Verfügung stehenden Beobachter nicht realisierbar, da das Prinzip der Mehrfachbeobachtung und -beurteilung beibehalten werden sollte.

In jeder der Übungen werden drei dieser Kriterien beobachtet. In der Übung "Unternehmensplanung" ist zu entscheiden, welches Projekt zur weiteren Entwicklung ausgewählt und wie bei dieser Entwicklung vorgegangen werden soll. Es ist einleuchtend, daß es dabei auf Kreativität, Vielseitigkeit der Argumentation, Durchsetzung eigener Ideen und Kooperationsbereitschaft ankommt.

Allgemein gilt: Weder die Übungen noch die Beobachtungskriterien sind speziell darauf abgestellt, zu prüfen, ob die Kandidaten für einen späteren Einsatz im Vertrieb geeignet sind. Diesen Aspekt behalten die Beobachter beim Beobachten im Hinterkopf. Hier wird unsere allgemeine Zielsetzung deutlich: Die Kandidaten sollen im Prinzip Top-Leute sein, die für alles geeignet sind, für Stab und Linie, die selbstgesteuert sind, hochmotiviert, durchsetzungsfähig, aber trotzdem kooperativ.

- Der Beobachtungsprozeß

Wir führen die Übungen in zwei Räumen zeitlich parallel durch. In den Gruppenübungen arbeiten immer sechs Teilnehmer zusammen.

Drei Beobachter beobachten alle sechs Teilnehmer. Dies geschieht mit Hilfe von Beobachtungsbögen, auf denen die drei zu beobachtenden Kriterien vermerkt sind. Jeder Beobachter protokolliert für jeden Kandidaten die relevanten Verhaltensweisen. In den letzten Minuten einer Übung überlegt jeder Beobachter, wie er das gesehene Verhalten bewerten würde.

Die drei Beobachter sprechen nach jeder Übung ihre Beobachtungen hinsichtlich der Kriterien durch. Die Bewertung erfolgt nach einer vierstufigen Skala. Sie ist bewußt geradzahlig gehalten, um eine mittlere Bewertung auszuschließen. Je umfangreicher die Beobachter mitprotokolliert haben, desto fundierter können sie mit ihren Beobachterkollegen diskutieren und entscheiden.

In dieser Weise wird jedes Kriterium im AC zwei- bis dreimal beobachtet und beurteilt. Es ist sichergestellt, daß jeder Beobachter jeden Kandidaten gleich oft und in zwei Übungen sieht.

- Beobachterkonferenz und Feedback-Gespräche

Nach Abschluß der Übungen wird für jeden Teilnehmer ein Durchschnitt pro Kriterium und ein Gesamtdurchschnitt gebildet. Jeder Wert der vierstufigen Ratingskala ist definiert, z.B. die Stufe 3, die zweitbeste: "Eine rundum runde Leistung, wie man sie von einem guten Trainee erwarten kann." Dies klingt zwar banal, die Beobachter können aber gut damit umgehen. Die Definition der 4. Stufe, der besten, lautet: "Das war über 40 Minuten hinweg eine rundherum runde Leistung, wie man sie in dieser Situation von einem guten Trainee erwartet".

In der Beobachterkonferenz gibt es für jeden Teilnehmer eine Metaplan-Tafel, auf der seine einzelnen Skalenwerte stehen, d.h. also von jedem Beobachter pro Kriterium und pro Übung.

Dann wird bei den Beobachtern abgefragt, welche Kandidaten ein Vertragsangebot erhalten sollen und welche nicht. Aus Gründen der Beschleunigung des Vorgangs wird "unten" angefangen (eins ist der niedrigste, vier der höchste Skalenwert). Es wird z.B. gefragt: "Frau X. hat einen Schnitt von "1,2". Gibt es jemand, der sagt, sie müsse trotzdem ein Angebot bekommen?" Auf diese Weise fallen in der Regel sechs bis sieben Kandidaten heraus. Beim anschließenden "Top down" tun sich die Beobachter relativ leicht, die zwei bis drei Kandidaten herauszufiltern, bei denen alle Beobachter ein gutes Gefühl haben. Über zwei bis drei Kandidaten muß meist ausführlicher diskutiert werden. Die Entscheidung, wer ein Vertragsangebot bekommen sollte, wird per Konsens gefällt.

Im Anschluß an die Beobachterkonferenz finden die Feedback-Gespräche statt, die von den Beobachtern geführt werden. Bei Bewerbern, denen abgesagt wird, ist das Übersichtsblatt die Grundlage des Gesprächs. Es enthält die Leistungen in den einzelnen Übungen und deren Bewertungen. Der Beobachter weist auf durchgehend festgestellte Stärken und Schwächen hin und ist bestrebt, auch einem solchen Bewerber etwas Positives mitzuteilen.

Mit Bewerbern, die ein Vertragsangebot erhalten und mit sogenannten "positiven Zweifelsfällen" führen jeweils zwei Beobachter ein strukturiertes Interview anhand eines Leitfadens. Es soll in diesem Interview auf die Karriereinteressen, die Tätigkeitspräferenzen usw. des Kandidaten eingegangen werden.

Bei den eindeutigen Fällen gehen diese Interviews oft in Vertragsverhandlungen über.
Bei den "positiven Zweifelsfällen" wird das Interview sehr genau geführt. Einer der Beobachter ist dabei ein Befürworter des Kandidaten,

der andere ein Kritiker. Überzeugt der Kandidat im Interview die beiden Beobachter, dann haben diese das Recht, ihm ein Vertragsangebot zu unterbreiten.

Stellenwert des AC´s im Rahmen einer systematischen Führungskräfteplanung und -entwicklung

Reinhard Leiter

Ich möchte Ihnen ein integratives Konzept zur strategischen Führungskräfteplanung und Personalentwicklung vorstellen, das wir 1987 in Zusammenarbeit mit der Unternehmensberatung McKinsey erarbeitet haben.

Um die Notwendigkeit einer strategischen Führungskräfteplanung und Personalentwicklung zu verdeutlichen, zitiere ich vorab den Unternehmensberater Karl Baumgartner. Dieser stellt als Ergebnis einer Untersuchung bei 205 deutschen Unternehmen fest, daß höchstens 20% von ihnen qualitatives Personalmanagement betreiben, 50% betrachten, so Baumgartner, Personalarbeit als Verwaltungsarbeit.
Ich bin davon überzeugt, daß Baumgartner Recht hat. Ich wundere mich sogar, daß er auf 20% kommt; ich glaube aus eigener Erfahrung, daß es eher weniger sind.

Ziele der Führungskräfteentwicklung

Es gibt mehrere Ziele, die wir mit einer systematischen Führungskräfteentwicklung erreichen wollen:

- Schaffung eines qualifizierten Reservoirs an Führungsnachwuchs.
- Auswahl der am besten geeigneten Führungskraft (unter Berücksichtigung der benachbarten Bereiche/Sparten)
- Systematische, umfassende und rechtzeitige Vorbereitung auf die Übernahme einer ersten oder höheren Führungsfunktion - die Führungskräfte sollen also nicht mehr "ins kalte Wasser" geworfen werden.
- Förderung der Entwicklung einer Führungskraft in ihrer Aufgabe.

Bedarfsplanung/Potentialeinschätzung

Mit dem ersten Bestandteil, der Bedarfsplanung und Potentialeinschätzung, wollen wir den Besetzungsbedarf und das Kandidatenangebot transparent machen, Lücken, Präferenzen und Ressourcen erfassen. Dazu gehören Bedarfsermittlung, Anforderungsermittlung, Potentialeinschätzung, Erkennen von Stärken und Schwächen und Vorbereiten der Entscheidung.

Die Instrumente, mit denen diese Aufgaben bewältigt werden sollen und auf die ich später näher eingehe, sind die der quantitativen Personalplanung - Langfristplanung, Mittelfristplanung und Kurzfristplanung -, und die der qualitativen Personalplanung. Wir tragen alle Daten aus Personalentwicklungsbesprechungen, dezentralen und zentralen Nachfolgeplanungen, Potentialerfassungsbögen, Mitarbeiterbeurteilungen und Ergebnissen von Assessment Centern zusammen.

Zur Personalentwicklungsbesprechung:
Im Sinne der qualitativen Personalplanung gilt es hier, den kurz- und mittelfristigen Personalbedarf jeder Abteilung festzustellen (wobei eine Abteilung in unserem Unternehmen die Einheit ist, die in etwa der Hauptabteilung in der Industrie entspricht). Aufgrund des eingeschätzten Entwicklungsbedarfs der Mitarbeiter der betreffenden Struktureinheit werden mögliche Ziele und Maßnahmen formuliert, die Nachfolge für qualifizierte Sachbearbeiter und Führungskräfte geplant (und zwar für den planmäßigen und den unplanmäßigen Bedarf), Informationen über abteilungs- und geschäftsstellenübergreifenden Nachwuchsbedarf erfaßt, und letztlich erhalten wir hier Hinweise auf übergreifenden Bildungsbedarf.

Zur Nachfolgeplanung:
Grundlagen sind stellen- und kandidatenbezogene Informationen.

Die Nachfrage nach qualifizierten Mitarbeitern wird zum einen bestimmt durch die Anzahl der Mitarbeiter, die in der nächsten Zeit in Pension gehen. Das ist der planmäßige Bedarf. Zum anderen geben Statistiken Auskunft über die

Bestandteile einer qualitativen Personalarbeit

Welches sind nun die Bestandteile der qualitativen Personalarbeit? Zunächst einmal müssen bestimmte Voraussetzungen geschaffen werden, wie beispielsweise ein gut funktionierendes Personalmarketing. Wir haben z.B. heutzutage in München Schwierigkeiten, männliche Abiturienten als Auszubildende zu bekommen. Das Image der Allianz ist zwar nicht schlecht, das einer Bank ist aber - verglichen mit dem eines Versicherungsunternehmens - bedeutend besser. Oder bei der Rekrutierung externer Bewerber, insbesondere an den Universitäten müssen wir aktiver werden, um die "Besten" zu erreichen. Und wir müssen unsere Erstausbildung optimieren, um den zukünftigen Anforderungen gewachsen zu sein.

Welche Bereiche der Personalarbeit müssen zusammenwirken? Der erste Bestandteil ist die Bedarfsplanung und Potentialeinschätzung, der zweite die Entwicklung, der dritte Auswahl und Besetzung und der vierte ist die laufende Förderung.

		Bedarfsplanung Potentialeinschätzung	Entwicklung	Auswahl/ Besetzung	Laufende Förderung
	Ziele	Transparenz schaffen über Besetzungsbedarf u. Kandidatenangebot; Lücken, Präferenzen, Ressourcen erfassen	MA in die Lage versetzen, Führungsaufgaben anforderungsgerecht zu erfüllen	Optimieren von Entscheidungen: Konzernperspektive, Langfristplanung, Konzeption, Umsetzung	Leistungsbereitschaft/-fähigkeit der MA erhalten u. steigern
Voraussetzungen - Personalmarketing - Rekrutierung Externer - Erstausbildung	Aufgaben	Bedarf/Anforderungen ermitteln Potential einschätzen Stärken/Schwächen erkennen Entscheidungen vorbereiten	Einarbeiten Weiterbilden	Entscheidungsprozeß vorbereiten Entscheidungsprozeß optimieren Entscheidungsprozeß koordinieren	Ziele setzen Beurteilen Laufend betreuen Anreize schaffen
	Instrumente/ Aktivitäten	Personalplanung (quantitativ) (Kurz- und Mittelfristplanung) Personalplanung (qualitativ) - PE-Besprechung - dezentrale/zentrale Nachfolgeplanung/ Potentialerfassung Stellenbeschreibung Anforderungsanalyse MA-Beurteilung PE-Seminar (AC)	Einarbeitungsplan Systemat. Schulung Programme Aufgabenveränderung	Entscheidungsgremien FKE-Planungs-Stelle (unterstützend) Ernennungsregeln	MA-Gespräch Beurteilung PE-Seminar Anreizsystem

Abb. 1: Bestandteile der qualitativen Personalarbeit

Fluktuation und andere Variablen, die den unplanmäßigen Bedarf beschreiben. Beide - der planmäßige wie der unplanmäßige Bedarf - sind stellenbezogene Informationen. In unserem Unternehmen wird der planmäßige Nachfolgebedarf per Erfassungsbogen festgestellt. Dieses Formular beinhaltet Informationen über den derzeitigen Stelleninhaber, über den Zeitpunkt und die Gründe des Nachfolgebedarfs sowie über mögliche Nachfolgekandidaten.

Ergänzend zu diesen Informationen über zu besetzende Stellen benötigt man Informationen über die zur Verfügung stehenden Kandidaten. Unser Instrument zu deren Erfassung ist der sogenannte Potentialerfassungsbogen, der u. a. Daten über bisherige Erfahrungen und Qualifikationen des Kandidaten enthält. Auch Ergebnisse aus ACs sind hier dokumentiert: z. B. Stärken, Schwächen und der Entwicklungsbedarf des Kandidaten. Hauptaussage des Bogens ist die Potentialeinschätzung, die über den Grad der Eignung Auskunft gibt.

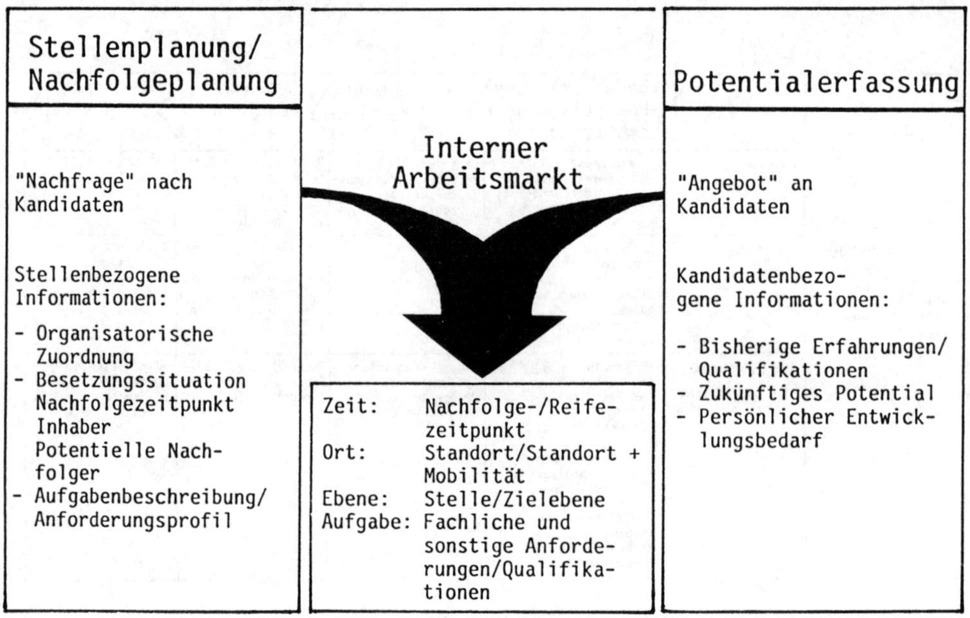

Abb.2: Systemgestützte Grobauswahl von Führungskräftenachwuchs

Nachfolgeplanung und Potentialerfassung sind in einen Zyklus der Führungskräfteentwicklung eingebettet:

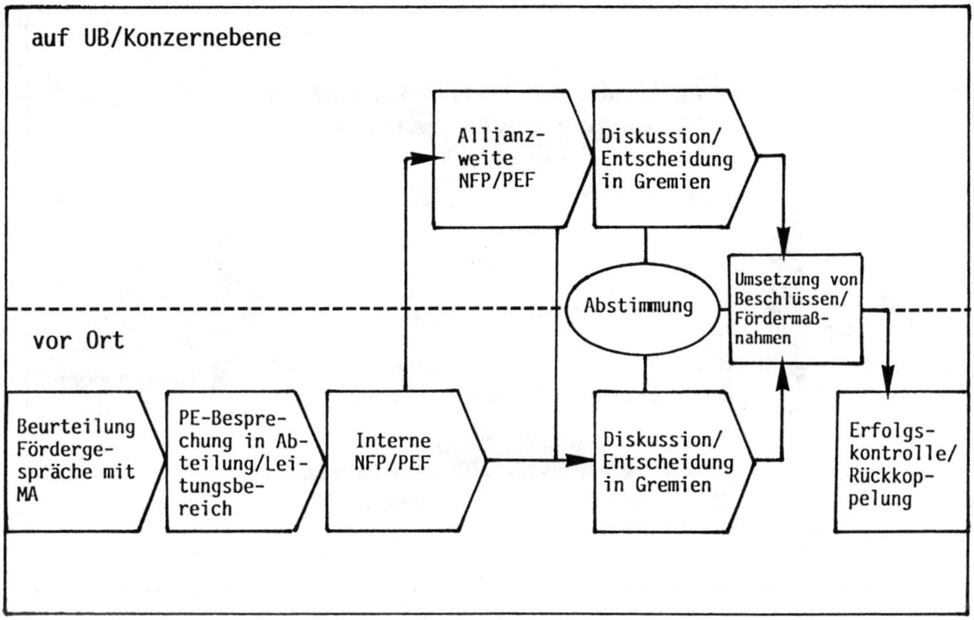

Abb. 3: Zyklus der Führungskräfteentwicklung

90-95% der Nachfolgeentscheidungen werden in den jeweiligen Abteilungen ohne Beteiligung zentraler Stellen getroffen. Ab der Ebene der Abteilungs- und Geschäftsstellenleiter dagegen werden Nachfolgeplanung und Potentialerfassung Allianz-weit betrieben.

- **Entwicklung**

Ziel der Führungskräfteentwicklung ist es, Mitarbeiter in die Lage zu versetzen, Führungsaufgaben anforderungsgerecht zu erfüllen. Wir haben unser Konzept der Führungskräfteentwicklung in 5 Schritten erarbeitet:

- Differenzierung der Zielgruppen,
- Ableitung der Anforderungen und Ziele,
- Definition der Instrumente und Einzelmaßnahmen,

- Zuordnung der Instrumente zu den Anforderungen und Zielen
- Festlegung von Maßnahmen und sogenannten Ernennungsregeln

Abb. 4: Konzept der Führungskräfteentwicklungs-Schritte

Die Adressaten der Führungskräfteentwicklung unterscheiden wir nach 4 Gruppen: den Führungsnachwuchs, die Gruppen-/Organisationsbereichsleiter, die Abteilungs-/Geschäftsstellenleiter und die Geschäftsleitung. Für alle (ausgenommen den Führungsnachwuchs) gibt es drei mögliche Entwicklungsphasen:

- Phase der Einführung und Integration auf der jeweiligen Ebene
- Phase der Qualifizierung und Vertiefung
- Phase der Vorbereitung auf die nächsthöhere Ebene

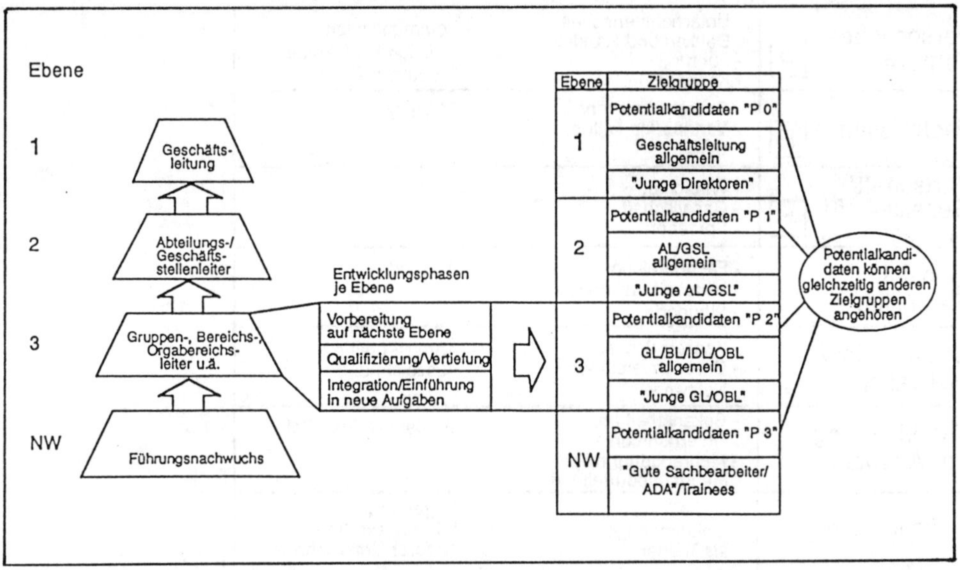

Abb. 5: Differenzierung der Zielgruppen für zukünftige Weiterbildungsmaßnahmen

Der zweite Schritt nach der Differenzierung der Zielgruppen ist die Festlegung der Ziele und Anforderungen. Das Training persönlicher und fachlicher Fähigkeiten sowie die Vermittlung von Kenntnissen in den Bereichen Wirtschaft/Gesellschaft und Fremdsprachen sind solche Ziele.

Bei der Definition der Anforderungen an unsere Mitarbeiter hat uns übrigens das Assessment Center sehr geholfen, weil wir durch die Anwendung dieses Instruments gelernt haben, systematische Anforderungsanalysen zu erstellen.

Die Anforderungen hinsichtlich persönlicher Fähigkeiten - Unternehmerisches Denken und Handeln, Führung, Kooperation, Kommunikation, geistige Fähigkeiten und Produktivität - sind ebenenspezifisch definiert. Zu den Anforderungen an Gruppenleiter kommen für die nächsthöhere Ebene der Abteilungsleiter weitere hinzu.

Persönliche Fähigkeiten [P]	- Unternehmerisches Denken und Handeln - Führung - Kooperation	- Kommunikation - Geistige Fähigkeiten - Produktivität
Fachwissen [F]	- Branchenwissen - Vertrieb/Marketing - BWL	- EDV/IDV
Wirtschaft/ Gesellschaft/ Sprachen [WGS]	- Wirtschaft - Gesellschaft - Sprachen	
Mobilität/ Flexibilität	- Fachbereiche - Mitarbeiter/Kollegen - Standorte	- Ausland
Sozialisation/ Motivation	- Konzerndenken - Gruppenverständnis/ Netzwerk	- Anreiz-Funktion/ Auszeichnung
Verbesserung der Auswahl	- Bekanntheit im Unternehmen - Mehraugenprinzip/ Mehrfachbeurteilung	- Größere Objektivität
Sonstige Ziele	- Lerneffekte für Linienmanager als Trainer	- Begegnung mit Führungskräften anderer Unternehmen

Abb. 6: Ziele von Weiterbildung und Förderung

PERSÖNLICHE FÄHIGKEITEN	EBENE 3 (GL/OBL...)	EBENE 2 (AL/GSL)	EBENE 1 (Geschäftsleitung)
Unternehmerisches Denken und Handeln	- Wirtschaftliches Denken - Entscheidungsfähigkeit	- Eigeninitiative - Strategisches Denken - Entscheidungsfähigkeit/ Risikobereitschaft	- Ressortübergreifendes Denken und Handeln - Aktiver, vorausschauender Einsatz des Marketing - Strategisches Denken und Planen
Führung	- Motivation und Förderung - Delegation und Kontrolle - Urteilsvermögen	- Führen von Führungskräften - Verantwortungsbereitschaft/ Loyalität - Durchsetzungsvermögen	- Vorbildfunktion - Eigene Ressortziele setzen und umsetzen - Entscheidungsfähigkeit auch in Ausnahmesituationen
Kooperation	- Schaffen eines positiven Gruppenklimas - Konfliktfähigkeit - Teamfähigkeit - Vermittlung zwischen Vorgesetzen und Mitarbeitern	- Kooperationsbereitschaft - Konfliktlösungsfähigkeit - Flexibilität/Diplomatie	- Moderationsfähigkeit - Ressortübergreifende Konfliktlösungsfähigkeit - Effektives Wahrnehmen von Ressortinteressen
Kommunikation	- Gesprächsführung - Überzeugungsfähigkeit - Präsentationsfähigkeit - Ausdrucksvermögen	- Verhandlungsgeschick - Kritikfähigkeit	- Überzeugungskraft auch vor großen Gruppen - Repräsentationsfähigkeit nach außen (Großkunden,Öffentlichkeit)
Geistige Fähigkeiten	- Problemlösen - Kreativität - Aufgeschlossenheit	- Analyse/Problemlösung - Abstraktionsvermögen/Überblick - Kritisches Denken/Urteilsvermögen - Vernetztes Denken	- Innovationsorientierung/ Flexibilität - Gesellschaftspolitisches Verständnis - Problembewußtsein/Vernetztes Denken
Effektivität	- Zielgerichtetheit/Umsetzung - Systematik - Belastbarkeit - Sorgfalt/Gewissenhaftigkeit	- Ergebnisorientierung - Mehrfachbelastbarkeit - Planung/Organisationsfähigkeit	- Zielorientierung - Improvisationsfähigkeit - Arbeiten ohne Korrektiv

Abb. 7: Ebenenspezifische Differenzierung der Anforderungen an persönliche Fähigkeiten

An erster Stelle der Anforderungen stehen bei uns die persönlichen Fähigkeiten, nicht mehr die fachlichen. Wir sind strenge Gegner der These geworden, daß ein guter Fachmann auch eine gute Führungskraft ist.

Die Frage "Welche Instrumente haben wir, mit denen wir unsere Leute entwickeln können?" leitet über zum folgenden Schritt. Es gibt eine Fülle von Möglichkeiten, Mitarbeiter zu fördern und zu entwickeln: z.B. Schulungen, dann ganze Programme (wie Ausbildung zum Fachwirt, das AFP (Allianz-Förderungs-Programm), Programme für Trainees, Nachwuchskreise, Aufgabenerweiterung und Aufgabenveränderung, Coaching (die laufende Förderung) und weitere Ansätze wie Jahresthemen - diese Idee haben wir von Siemens übernommen -, Erfahrungsaustausch mit anderen Unternehmen und Kooperationen mit Hochschulen. Auch das gehört dazu. Für uns ist es in diesem Zusammenhang wichtig, auf eine Kombination von Maßnahmen "off the job" wie Schulungen oder Teilnahme an Programmen mit solchen "on the job" wie Job-Rotation und Job-Enrichment zu achten.

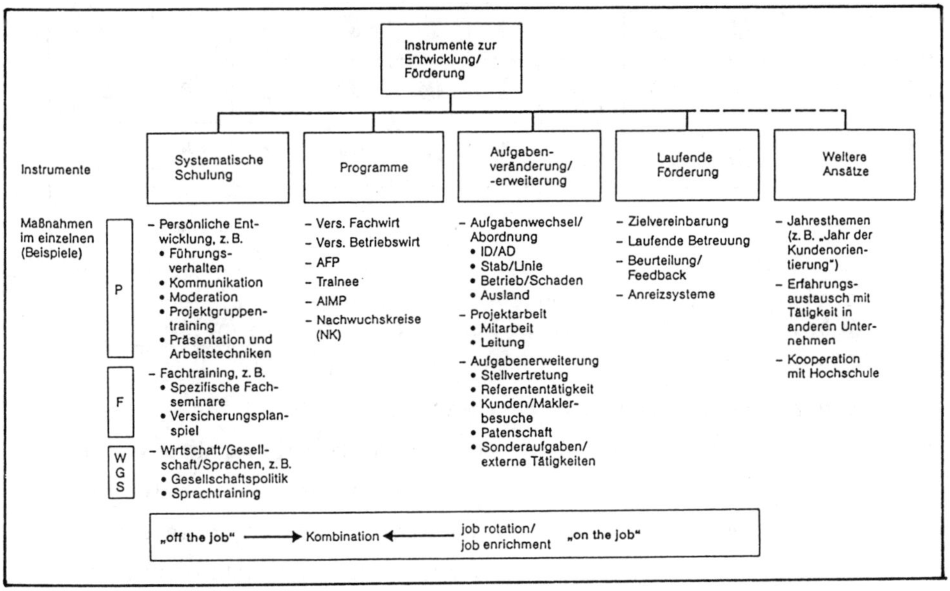

Abb. 8: Instrumente und Einzelmaßnahmen

Eine weitere Frage war für uns: "Welches Instrument leistet den größten Beitrag für die Erreichung unserer Anforderungen und Ziele?" Wir gelangten zu dem Ergebnis, daß Aufgabenerweiterung und -veränderung die Instrumente mit dem breitesten Wirkungsfeld sind. Wechsel der Abteilung (zum Beispiel vom Innen- in den Außendienst oder von einer Betriebs- in eine Schadenabteilung), Mitarbeit an Projekten, Referententätigkeit oder Übernahme einer Stellvertretung sind Beispiele für solche Fördermaßnahmen.

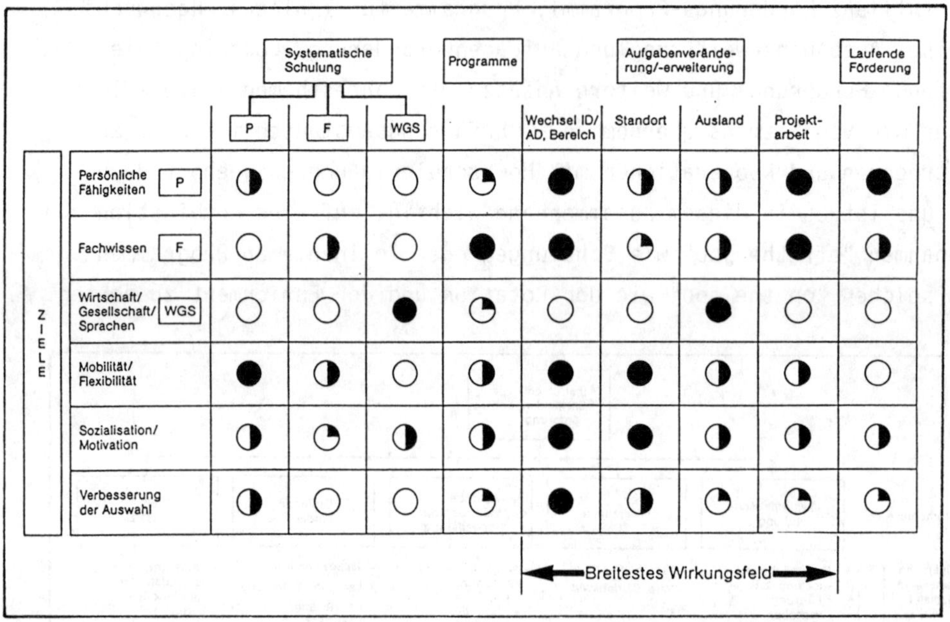

Abb. 9: Zuordnung von Instrumenten zu den Anforderungen/Zielen
(● besonders wirkungsvoll, ○ gar nicht wirkungsvoll)

Ich komme nun zur Festlegung von Maßnahmen und Regeln, dem nächsten Schritt in unserem Unternehmen. Wir haben erstmals die Verabschiedung von sogenannten Erkennungsregeln erreicht. Diese Regeln gewährleisten eine fachübergreifende Qualifizierung der Führungskräfte sowie eine Stärkung des Konzerndenkens. Außerdem verbessern sie Objektivität und Transparenz des Auswahlprozesses.

Wer z.B. Gruppenleiter werden will, muß folgende Voraussetzungen erfüllt haben: Wechsel der Gruppe, Abordnung in den Außendienst bzw. Innendienst und Teilnahme an Pflichtseminaren. Außerdem sollte er erfolgreich an einem AC teilgenommen haben. Wir bieten dazu das Instrument AC an, und die Linie entscheidet, ob sie es will.

Ernennungsregeln gibt es auch für die höheren Ebenen; dazu gehören Projektleitung und -management, Auslandserfahrung und ebenfalls das AC (in unserer Hierarchie ist also das "Raster" AC zweimal vorhanden).

Für jede Zielgruppe bieten wir anforderungsorientierte, begleitende Weiterbildungsmaßnahmen an. Für die Ebene der Geschäftsleitung sind z.B. Schulungen für strategisches Management und Steuern komplexer Systeme vorgesehen, außerdem der Einsatz eines Versicherungsplanspiels sowie ein Training für Selbstmanagement und Konfliktlösung.

Für junge Versicherungskaufleute bieten wir als Fachprogramm das AFP an (Allianz-Förderungs-Programm), mit dem wir gezielt für das Ausland und das internationale Geschäft vorbereiten. Die Teilnehmer hierzu wählen wir grundsätzlich per AC aus.
Auch dem Trainee-Programm für Hochschulabsolventen geht ein AC als Auswahltag voraus.

In den sogenannten "Nachwuchskreisen" werden Potentialkandidaten gezielt auf neue Führungsaufgaben vorbereitet.

Bei all diesen Maßnahmen ist das AC also integrierter Bestandteil unseres Konzeptes. Es steht nicht isoliert da. Wir bieten unseren Mitarbeitern die Möglichkeit, sich auf die Teilnahme am AC vorzubereiten, indem sie z.B. Seminare zu Teamverhalten, Projektarbeit, Arbeitstechniken, Lernen, Präsentation, Moderation, Gruppengespräch, Kommunikation besuchen können. Wir leisten vorher Hilfestellung um die Chance zu vergrößern, im AC zu bestehen.

Zentraler Bestandteil unserer Weiterbildungskonzeption sind Kommunikationstrainings. Unser Ziel ist es, mehr soziale Kompetenz in das Unternehmen hineinzubringen, und ich glaube, daß uns das AC hier sehr geholfen hat, Defizite festzustellen und daraus Fördermaßnahmen abzuleiten.

- **Auswahl/Besetzung**

Ziel dieses Bestandteils der qualitativen Personalarbeit ist das Optimieren von Konzeption und Umsetzung im Hinblick auf Konzernperspektive und Langfristplanung. Aufgaben sind die Vorbereitung, die Optimierung und die Koordination der Entscheidungsprozesse.

Es war sehr schwierig, die Wichtigkeit der langfristigen Planung von Besetzungsentscheidungen zu verdeutlichen, und konzernweites Denken - über den eigenen Standort hinaus - zu wecken und zu erreichen. Wir haben jetzt unser oberstes Management davon überzeugt, sich jährlich ein-bis zweimal mit seinen Potentialkandidaten auseinanderzusetzen. Kompetentes und sachverständiges Personal ist das Wichtigste überhaupt in einem Dienstleistungsunternehmen. Die Qualifikation der Führungskräfte und Mitarbeiter ist unsere Qualitätssicherung.

- **Laufende Förderung**

Ich sehe die wichtigste Aufgabe der Personalentwickler darin, sich entbehrlich zu machen. Die Führungskräfte sind die Personalentwickler vor Ort. Je besser sie ihre Mitarbeiter im Rahmen ihrer Möglichkeit entwickeln, je mehr sie z.B. Aufgabenänderungen oder Sonderaufträge nutzen und je mehr sie sich über ihre Vorbildfunktion klarwerden, desto weniger Unterstützung ist durch "professionelle" Personalentwickler erforderlich.

Ich denke, daß wir mit unserem Führungskräfteentwicklungs-Konzept einen wichtigen Schritt auf dem Weg zu einem vernetzten, integrativen System getan haben. An der Einbettung dieses Konzepts in die Unternehmenskultur und -entwicklung müssen wir noch arbeiten.

Stand der Assessment Center-Methode in der Bundesrepublik Deutschland - Auswertung einer Umfrage 1988

Wolfgang Jeserich, Stefanie Grube

Statistische Auswertung

Ab Herbst 1987 bis Sommer 1988 wurde eine schriftliche Umfrage bei über 600 Unternehmen (Rücklaufquote 104) in der Bundesrepublik Deutschland gestartet. In einer zweiten Runde wurden Einzelinterviews durchgeführt. Von den an der Umfrage beteiligten 104 Unternehmen* geben 31 % an, nur interne Assessment-Center (AC) durchzuführen, 29 % der Unternehmen führen nur externe AC´s durch. Bei 28 % der Organisationen findet sich keine eindeutig differenzierbare Angabe bezüglich intern oder extern, was wohl heißt, daß dort gegebenenfalls beides stattfindet. 13 % der befragten Unternehmen führen zur Zeit keine, nur sehr sporadisch oder überhaupt noch keine AC´s durch.

Hinsichtlich der Anzahl jährlich eingesetzter AC's ist eine erhebliche Schwankungsbreite der Nennungen zu verzeichnen. So führen ca. 5 % der Unternehmen nur ein AC pro Jahr durch, ca. 72 % zwischen 2 und 10 AC's. Etwa 23 % der Organisationen führen über 10 AC's jährlich durch, wobei die Hälfte der zu dieser Gruppe zählenden Organisationen deutlich mehr als 35 AC's pro Jahr einsetzt.

---

* Fünf dieser Organisationen werden aufgrund bereichsspezifisch differenzierter Nennungen zweifach berücksichtigt, so daß der Datensatz insgesamt 109 Fälle umfaßt. Quelle: Umfrage zum Stand des Assessment Centers in der Bundesrepublik Deutschland. Dr. Wolfgang Jeserich, in Zusammenarbeit mit Mitarbeitern der Universitäten Bonn, Bochum, Köln, durchgeführt vom Institut für Qualitative Personalarbeit für den Arbeitskreis Assessment Center, Führungskräfte-Auswahl und -entwicklung, Bergisch Gladbach 1988.

Ferner zeigt sich, daß das interne AC im Vergleich zum externen bereits seit Anfang der 80er Jahre verstärkt Anwendung findet. Gegenwärtig überwiegt jedoch die Durchführung externer AC's, so daß bezogen auf den Zeitraum von 1970 bis 1988 eine leichte Verschiebung bezüglich der Durchführungsart der AC-Methode zu verzeichnen ist.

Die innerbetriebliche Bezeichnung des Verfahrens lautet in 38 % der Nennungen "Assessment Center", in 15 % der Angaben "Personalentwicklung" bzw. "Entwicklungsseminar", in 13 % "Auswahlseminar" und in 7 % "Förderseminar" (siehe Anhang 2).

Die AC-Methode dient verschiedenen Zielsetzungen: zum einen der Auswahl interner oder externer Bewerber für die Besetzung einer bestimmten Zielstelle - diese Zielsetzung wird von 34,4 % bzw. 63,5 % der Organisationen genannt -, zum anderen der Potentialanalyse - diese geben 58,7 % als Zielsetzung an (Mehrfachnennungen waren bei der Beantwortung dieser Fragen möglich.).

Interessant ist die Feststellung, daß das interne AC in erster Linie als Instrument zur Potentialerkennung dient, und nur zweitrangig als Verfahren zur internen Bewerberauswahl für eine konkrete Zielposition eingesetzt wird (vergleiche Anhang 3). Im Hinblick auf die Anzahl der Teilnehmer sowie die Zahl der eingesetzten Beobachter, Hilfskräfte und 'sonstigen' Personen finden sich keine signifikanten Unterschiede für diese beiden möglichen Anwendungsformen des AC´s*.

Die Teilnehmerzahl beläuft sich auf durchschnittlich 10 Personen (Schwankungsbereich zwischen 4/5 bis zu 18/20 Teilnehmer pro AC)(siehe Anhang 4). Die Anzahl der Beobachter beträgt sowohl im internen als auch im externen AC im Mittel 5 bis 6 Personen (15 % bzw. 35 % der Angaben) mit einer Streuung, die den Bereich von 2 bis 12 Personen umfaßt (vergleiche Anhang 5).

---

* Im Rahmen der inferenzstatistischen Auswertung mittels Mann-Whitney-U-Test ergaben sich signifikante Unterschiede bezüglich des Zusammenhangs von Durchführungsart (intern oder extern) und Zielsetzung des AC´s.

Was den Einsatz von Moderatoren im AC betrifft, so ist festzustellen, daß im internen AC in der Regel zwei Personen in einer Moderatorenfunktion tätig werden, im Rahmen externer AC´s meist nur eine Person.

Als Beobachter werden innerhalb interner sowie externer AC's vornehmlich Führungskräfte der Linie (96,8 % bzw. 97,1 %) und Mitarbeiter der Personalabteilung (75 % bzw. 79,4 %) genannt.
Bezüglich des Einsatzes Externer als Beobachter findet sich ein signifikanter Unterschied zwischen den Durchführungsarten des AC's. Externe Fachleute werden im Rahmen interner AC's zu ca. 40 %, im Rahmen externer AC nur zu ca. 15 % eingesetzt (vergleiche Anhang 6).

Die Teilnehmer eines AC's sind im wesentlichen Führungsnachwuchskräfte (29,4 %), Hochschulabsolventen (16,3 %), Trainees (10,5 %), Mitarbeiter aus Verkauf und Marketing (8,5 %) sowie Außendienstmitarbeiter (7,8 %) (vergleiche Anhang 7).

Externe AC's dauern in 77 % der Fälle 1 bis 1,5 Tage, maximal jedoch 3 Tage. Die Angaben bezüglich der Dauer eines internen AC's weisen demgegenüber eine größere Streubreite auf, die Nennungen von einem Tag bis zu 9 Tagen umfaßt. Allerdings wird eine Dauer von 3 Tagen in ca. 83 % der Fälle genannt.

Auswertung der Interviews

Der vorliegenden Auswertung liegen die Angaben von 32 mehrstündigen, persönlichen Interviews zugrunde. Die Interviews wurden durchgeführt von Dr. Fennekels, Universität Bonn, Frau Thierau und Frau Erdmann, Universität Bochum, Dr. Mailahn, Universität Köln. Sie sind zwar im statistischen Sinne nicht als repräsentativ anzusehen, spiegeln jedoch Tendenzen wider. Diese Untersuchung ist die bisher umfangreichste über AC´s in der Bundesrepublik Deutschland.

- Einordnung in die Personalpolitik

  Wo AC's im Einsatz sind, werden sie, bis auf wenige Ausnahmen, auch voll akzeptiert. Der Einsatz des AC-Verfahrens bringt auch gegenüber der Geschäftsleitung überwiegend keine Akzeptanzprobleme mit sich. Rechtfertigungen einer Anwendung des AC's werden jedoch eher erforderlich, wenn dieses im Sinne eines Personalentwicklungsseminars abgehalten wird, als wenn es der Auswahl externer Bewerber dient. Die Teilnahme an einem AC ist meist nicht notwendige Bedingung für eine Karriere im betreffenden Unternehmen, sie gewinnt aber zunehmend an Stellenwert. Dies wird insofern deutlich, als von 'möglichen Ausnahmen' (Quereinsteiger, Fachleute) die Rede ist.
  Die Möglichkeit einer beruflichen Weiterentwicklung ist auch bei schlechtem Abschneiden eines Teilnehmers im AC je nach Zielsetzung der Veranstaltung vorgesehen. Internen Mitarbeitern werden in der Regel spezifische Weiterbildungsmaßnahmen und eine erneute Teilnahme am AC eingeräumt.
  Die Unternehmensleitung unterstützt den Einsatz des AC´s vor allem durch Beobachtertätigkeit und Mithilfe bei der Konstruktion von Übungen. Häufig ist auch die Führungsspitze selbst im Rahmen eines AC's aktiv beteiligt.

- Beobachter, Moderatoren und Hilfskräfte

  Als Beobachter innerhalb eines AC's fungieren Mitarbeiter aus der Personalabteilung und Führungskräfte der Linie, wie auch externe Fachleute.
  Dabei wird von den Unternehmen darauf geachtet, daß die Beobachter einerseits den spezifischen Fachbereich repräsentieren. Andererseits wird aber auch auf eine Repräsentation der verschiedenen Funktionsbereiche der Organisation Wert gelegt.
  Die Beobachtergruppen werden nach unterschiedlichen Kriterien zusammengestellt, wobei der Anteil erfahrener Beobachter gegenüber unerfahrenen je nach Unternehmen variiert. Zum Teil weisen die Beobachtergruppen eine hohe Konstanz auf, andere wechseln ständig

in ihrer Zusammensetzung. Dieser Wechsel erfolgt nach dem Zufallsprinzip, systematisch oder in Abhängigkeit der Verfügbarkeit einzelner Personen. Moderatoren werden im wesentlichen von der Personalabteilung gestellt. Häufig werden jedoch externe Fachleute (Psychologen, Unternehmensberater) hinzugezogen, um eine gewisse Arbeitsentlastung für die Organisation zu schaffen, die aus der praktischen Erfahrung dieser Spezialisten resultiert und um Neutralität und Objektivität der Vorgehensweise zu vergrößern.
Als Hilfskräfte werden im AC Sekretärinnen, Praktikanten oder Psychologiestudenten eingesetzt, die für die Erstellung von Protokollen und Gutachten zuständig sind. Manche Hilfskräfte werden für Rollenspiele innerhalb bestimmter Übungen eingesetzt. Der Einsatz von Hilfskräften ist jedoch nicht in allen Unternehmen üblich.

- Teilnehmer

Die Kriterien für die Teilnahme an einem AC sind je nach dessen Durchführungsart (intern bzw. extern) unterschiedlich. Im Rahmen interner AC's sind Selbstnennungen oder der Vorschlag durch den Vorgesetzten mögliche Bewerbungsmodi. Häufig wird auch auf Informationen aus Personalbeurteilungssystemen zurückgegriffen, so daß eine Vorauswahl durch die zentrale Personalabteilung erfolgt. Bei externen Bewerbern sind die Bewerbungsunterlagen (Zeugnisnoten, Praktikumserfahrungen, Studiendauer, Lebenslauf-Analyse) und entsprechende Vorgespräche (Interviews, halb-strukturierte Gespräche) für eine mögliche Teilnahme ausschlaggebend.
Die ausgewählten Teilnehmer erhalten eine schriftliche Einladung und werden durch informative Broschüren, Vorgespräche oder Treffen am Vorabend des AC's auf die Veranstaltung vorbereitet.
Zur Zielgruppe gehören zunehmend Personen aus den naturwissenschaftlichen Bereichen, z.B. Führungskräfte in Entwicklung, Produktion und Technik. Nach wie vor dominieren aber Vertrieb, Marketing, Außendienst, gefolgt von Mitarbeitern aus dem EDV- und Organisationsbereich. Um übermäßigen Streß im Rahmen eines AC's bei den Teilnehmern abzubauen,

werden innerhalb der Veranstaltung Freiräume, informelle Treffen und Gespräche eingebaut. Außerdem wird zunehmend für mehr Transparenz, Feedback, individuelle Beratung und Betreuung und für eine angenehme Atmosphäre gesorgt.
Die Entscheidung von Teilnehmern, aus einem laufenden AC auszusteigen, wird akzeptiert, zum Teil wird den Personen sogar eine Wiederholungsmöglichkeit ihrer Teilnahme eingeräumt.
Überdurchschnittliche, z.B. fachliche Qualifikation oder die Persönlichkeit eines Teilnehmers können weniger zufriedenstellende Ergebnisse eines AC's aufwiegen.

- Übungen

Das Verhältnis des Einsatzes organisationsspezifischer Übungen zu allgemeineren variiert beträchtlich zwischen den befragten Unternehmen. Folgende Verfahren werden entweder übernommen oder aber - und dies ist weitaus häufiger der Fall - für die Organisation adaptiert oder selbst entwickelt: Postkorb, Fallstudie, Projektarbeit, Einzelinterviews, Intelligenztests (IST, 16PF), Einzelarbeiten, Präsentationen, Gruppendiskussionen, fact-finding, zum Teil computergestützte Planspiele.
Als problematisch erweist sich des öfteren die Auswertung des Postkorbs. Fact-finding-Übungen werden häufig als sehr informativ bewertet. Gruppendiskussionen sind in der Regel führerlose Diskussionen. Bei Rollenspielen werden meistens die Teilnehmer gegenseitig eingesetzt. In manchen Firmen werden zu diesem Zweck auch bis zu acht Personen von außerhalb (externe oder andere Mitarbieter aus dem Unternehmen) herangezogen.

- Anforderungen

Den einzelnen Übungen werden in Form einer entsprechenden Matrix unterschiedliche Anforderungskategorien zugeordnet.
Die Anforderungen, die sich in verschiedenen Hauptdimensionen oder Rastern subsumieren lassen, werden operational definiert. Sie bestehen aus einer Auflistung konkreter Verhaltensweisen oder sind implizit in den entsprechenden Beobachtungsschwerpunkten enthalten.

Sie erfahren je nach Unternehmen eine als angemessen erachtete Gewichtung, oder sie werden als nicht kompensatorisch angesehen und erhalten keine Gewichtung. Schließlich ist bei einer nicht explizit vorgenommenen Gewichtung eine implizite nicht auszuschließen.

Für die Erstellung eines Anforderungsprofils werden Gespräche mit betroffenen Vorgesetzten durchgeführt und/oder Workshops mit Führungskräften veranstaltet. Außerdem arbeiten Personal- und Fachabteilung in diesem Bereich eng zusammen. Zum Teil werden auch Anforderungsprofile anderer Unternehmen übernommen oder von externen Institutionen angefordert.
In ein solches Profil gehen in inhaltlicher Hinsicht Stellenbeschreibungen (in bezug auf die Zielstelle relevante Verhaltensweisen), Charakteristika erfolgreicher Stelleninhaber, vor allem aber die Unterlagen von "critical incidents" ein.

- Ablauf

Was die Zuordnung der Beobachter zu den Teilnehmern im Rahmen eines AC's betrifft, so finden sich bei den befragten Organisationen unterschiedliche Strategien. Es gibt einerseits gar keinen Wechsel bezüglich der Zuordnung. Andererseits gibt es zufällige, unsystematische, schließlich aber auch systematische Rotationen. Als Beurteilungsfaden dienen im wesentlichen 5- oder 7-stufige Rating-Skalen, die eine quantitative Erfassung der Leistungen eines Teilnehmers implizieren. Diese rein quantitativen Daten werden jedoch zum Teil durch zusätzliche Kriterien (Biographie, Repräsentationsfähigkeit, Gießen-Test, 16PF) ergänzt. Nicht zuletzt führen der Gesamteindruck, den ein Teilnehmer erweckt oder auffällige Verhaltensweisen einer Person zu einer subjektiven Wertung.

Die Endbeurteilung eines Teilnehmers erfolgt auf der Basis eines Abstimmungsprozesses im Beobachterplenum. Die quantitativen Bewertungen und die Notizen aus den Beobachterprotokollen bilden die Grundlage für eine konsensmäßige Einordnung des Teilnehmers in die Kategorie "geeignet", "bedingt geeignet" oder "nicht geeignet".

Im Rahmen interner AC's werden darüber hinaus für die einzelnen Teilnehmer Gutachten im Sinne eines Stärken-Schwächen-Profils erstellt, und zwar entweder durch die Beobachter selber oder aber durch einen Moderator/Fachmann (meistens Psychologen).

An technischen Hilfsmitteln kommen das Flip-chart, der Moderationskoffer und immer häufiger Personal-Computer und Videokameras zum Einsatz. Sie tragen zu einer Rationalisierung und Objektivierung der Auswertung bei.
Die Ergebnisse, die ein Teilnehmer in den verschiedenen Übungen erzielt, werden überwiegend in quantifizierter Form auf standardisierten Beurteilungsbögen schriftlich festgehalten.
Des öfteren gibt es nach jeder Übung verbale Kurzprotokolle, die sogar über ein PC-Programm als Basis für spätere Gutachten gespeichert werden.

- Methodische und organisatorische Qualitätskriterien

Die folgenden methodischen und organisatorischen Kriterien sind zwar nicht als repräsentative Aussagen der Interviews zu verstehen, aber sie leisten insofern einen wertvollen Beitrag, als sie die jeweils qualitativ anspruchsvollsten Einstufungen bzw. Konstruktionsmerkmale darstellen, welche die Basis für den Erfolg des AC's bilden.

Wichtig ist die Trennung zwischen Beobachtung und Bewertung, wobei letztere nur auf beobachtbarem Verhalten basieren soll (Prinzip der Verhaltensorientierung).
Es sollten mehrere unabhängige Personen als Beobachter eingesetzt werden und zur Bewertung beitragen (Prinzip der Mehrfachbeurteilung).
Beobachter und Teilnehmer sollten in ihrer Zuordnung ständig rotieren.
Es sind unterschiedliche Übungsarten zu kombinieren (Prinzip der Methodenvielfalt).
Die späteren Anforderungssituationen sind durch organisationsspezifische Übungen zu simulieren (Prinzip der Anforderungsbezogenheit).

Ferner ist eine ausreichend lange Dauer des AC´s (10 - 15 Prüfsituationen, d.h. 2,5 - 3 Tage) vorzusehen. Für externe Bewerber reichen 3 - 4 Übungen aus.

Weitere Merkmale sind eine ganzheitliche Betrachtungs- und Bewertungsweise und schließlich auch das angemessene Training der Beobachter.

Von großer Bedeutung ist ferner eine in die Gesamtpolitik integrierte "Vor- und Nachsorge", d.h. eine adäquate Vorbereitung und Betreuung der Teilnehmer.

Zur Erhöhung der sozialen Validität trägt eine möglichst umfassende Erfüllung der folgenden Aspekte gegenüber den Teilnehmern bei:

- Teilnehmer je nach Zielsetzung sorgfältig auswählen,
- Transparenz der Verfahrensdurchführung und der diagnostischen Schlußfolgerungen schaffen,
- Informationen über Anlaß und Zielsetzung für den Einsatz des AC's geben,
- Betroffene an der Entwicklung des Instrumentes, am Ablauf und der Verwendung der Ergebnisse partizipieren lassen,
- Feedback und Fördermaßnahmen in offener, nachvollziehbarer Form so gestalten, daß es keine "Verlierer" gibt.

- Nachbereitung

Alle befragten Unternehmen legen großen Wert auf die Nachbereitung eines AC's, die im wesentlichen in einem angemessenen Feedback an die Teilnehmer und in Fördermaßnahmen gesehen werden. Beim Feedback spielt der Aspekt der Transparenz eine wichtige Rolle. Zum einen führen Beobachter, Moderatoren oder entsprechend vorbereitete Vorgesetzte Gespräche mit den Teilnehmern, in denen die vorgenommenen Bewertungen begründet werden, zum anderen haben die Teilnehmer selbst größtenteils umfassende Einsicht in die der Beurteilung zugrundeliegenden Unterlagen.

Von den Ergebnissen eines Teilnehmers erfahren - über die am AC beteiligten Personen hinaus - meistens die zuständigen Ressortchefs. Was den direkten Vorgesetzten betrifft, gibt es Regelungen von "gar keine Information" über "vollen Einblick" bis hin zu "nur freiwillige Information durch den Teilnehmer".
Außerdem wird das Gutachten häufig Bestandteil der offiziellen Personalakte. Oft wird es aber auch vertraulich in der Personalabteilung hinterlegt.

Im Hinblick auf Weiterbildungs- oder Förderungsmaßnahmen, die sich gegebenenfalls an ein AC anschließen, gibt es in einigen Organisationen sehr gezielte Vorstellungen. So werden beispielsweise Zeitmanagement, Arbeitsorganisation, Problemanalyse, Entscheidungstechnik, Kommunikation/Kooperation, Überzeugung/Präsentation, Gedächtnistraining ganz allgemein, Verhaltenstraining, Fremdsprachen als mögliche Entwicklungsmaßnahmen genannt.
Darüber hinaus sind betriebsinterne on-the-job-Fortbildungs- und Förderungsprogramme nicht außer acht zu lassen, wie z.B. Job-Rotation, Training am Arbeitsplatz, temporäre Stellvertretungen, ja sogar fachliche Bildungsmaßnahmen in Eigenregie.

Zunehmend finden sich persönlichkeitsstabilisierende und -verstärkende Maßnahmen wie z.B. Streßmanagement, Stärkung von Selbstvertrauen, Konfliktstabilität, psychologische Rhetorik, autogenes Training, Lebensplanung, Lebensskriptanalyse bis hin zur psychologischen Einzelberatung.

- Aktuelle Probleme und Zukunftsaspekte

Während einige Unternehmen keine Probleme bei der Planung und Durchführung eines AC's haben, werden von anderen Organisationen folgende Problemfelder dagegen genannt:

- Aufwand der AC-Planung (u.a. Hotelwahl),
- Personalaufwand,
- Doppelbelastung der Beobachter/Beobachterschulung,

- Teilnehmerauswahl/-vorbereitung/-nachbetreuung,
- Streßreduktion während des AC's,
- Abnutzung der Übungen,
- Erstellung von Anforderungsprofilen und
- Aufwand-Ertrag-Verhältnis/Kosten.

Interessant sind die Vorschläge, die die Unternehmen machen, um das AC-Verfahren zu verbessern. Hierzu zählen:

- Laufend neue Übungen entwickeln
- Anforderungsdimensionen ständig überarbeiten
- Beobachterschulungen häufiger durchführen
- Kandidaten ausführlicher vorbereiten
- Mehr Zeit für die Nachbereitung ansetzen
- Zeitlichen Rahmen externer AC's erweitern
- Videogeräte einsetzen
- PC-gestützte Durchführung und Auswertung des AC's
- Kognitive Aspekte durch Tests erfassen
- Stärker personenbezogene Gestaltung des AC's vornehmen
- Übungen für die Merkmale 'Frustrationstoleranz' und "Streßresistenz' sowie 'Entscheidungsverhalten' entwickeln
- Computersimulationen als Übungen einsetzen
- AC's dynamischer gestalten

Gerade was die Dynamisierung des AC's betrifft, finden sich bereits bei einigen Organisationen Maßnahmen, die diesem Aspekt Rechnung tragen. So wird das AC beispielsweise als mehrtätige Übungssequenz im Sinne einer Problemlösewerkstatt oder im Sinne einer Simulation des Arbeitsplatzes und der Arbeitsumgebung veranstaltet. Zum Teil sind auch die Übungen dynamisch angelegt, so daß sie in ihrer logischen Abfolge das Geschehen am Arbeitsplatz widerspiegeln oder daß sie Interventionen während der Spielphasen zulassen.
An dieser Stelle ist abschließend anzumerken, daß insbesondere aus der Vielzahl von Einzelproblemen, die hier bewußt so ausführlich

aufgeführt wurden sowie aus den unterschiedlichen Ansatzpunkten für Verbesserungsmöglichkeiten die Heterogenität des Kenntnisstandes der befragten Unternehmen bezüglich des AC-Verfahrens ersichtlich wird.

Anhang 1

Auflistung der Unternehmen, die heute Assessment-Center durchführen

Agfa Allianz Leben Allianz Versicherungs-AG Amann & Söhne Apetito-Düsterberg Bahlsen Bank für Gemeinwirtschaft Bauspark. Schwäbisch-Hall Bayer Bayer. Hypo-Bank Bayer. Vereinsbank Beiersdorf Berliner Bank Bertelsmann Blaupunkt BMW Boehringer Ingelheim Boehringer Mannheim Bull Bundespost Bundeswehr Claas Colonia Versicherungen Commerzbank Control Data Coop Daimler-Benz Datev Degussa Deutsche Bank Deutsche Rockwool Deutsche Sparkassenakademie 3 M Dr. Karl Thomae Dresdner Bank Eduscho Effem Esso Ferrero Festo Ford-Händler-Organisation Ford-Werke Gerling Girmes Gödecke AG	Henkel Hertie IBM Johnson Wax Kaufhof Kaufring Keiper Recaro KHD Kölnische Rückversicherung Linde Lufthansa Merck Mövenpick Nattermann Nixdorf Nordstern Oetker Opel Otto Versand Philips Preussag R+V Versicherungen Rank Xerox Reemtsma Rheinmetall Sandoz Schering Schlafhorst Schwarz Pharma SEL Siemens SKF Sony Telenorma Tengelmann Varta Verein. Aluminium-Werke Vereinigte Versicherungen Volkswagen Unilever Westdeutsche Landesbank WDR Westfalenbank Zahnradfabrik Friedrichshafen

Stand Juni 1988, Gesamtzahl 89 von 104 befragten Unternehmen
Nicht berücksichtigt sind Beratungsorganisationen, mehrere Bereiche einer Firma und Gelegenheitsveranstalter.

Anhang 2

Innerbetriebliche Bezeichnung	Anzahl der Nennungen
Assessment Center	41
Personalentwicklung/Entwicklungsseminar	17
Auswahlseminar	14
Förderseminar	8
Einzelnennungen bzw. keine Angaben	29
	N = 109

Anhang 3

Zielsetzung	Art der Durchführung internes AC	externes AC
Auswahl externer Bewerber		
ja	0	32
nein	34	0
Auswahl interner Bewerber		
ja	16	0
nein	18	32
Potentialerkennung für Zielebene		
ja	34	6
nein	0	26
	N = 34	N = 32

Anhang 4

Anzahl der Teilnehmer	Art der Durchführung internes AC	externes AC
4	0	1
5	1	1
6	3	4
7	1	3
8	5	2
9	0	1
10	5	7
11	6	2
12	10	8
15	2	0
18	1	0
20	0	2
	N = 34	N = 31

Anhang 5

Anzahl der Beobachter	Art der Durchführung internes AC	externes AC
2	1	0
3	1	4
4	4	3
5	7	7
6	13	13
7	2	0
8	2	1
9	2	2
10	1	1
12	0	1
	N = 34	N = 31

Anhang 6

Beobachter*	Art der Durchführung internes AC	externes AC
Führungskräfte aus der Linie	97,1 %	96,8 %
Mitarbeiter der Personalabteilung	79,4 %	75,0 %
Externe	41,2 %	15,6 %
* (incl. Mehrfachnennungen)	N = 33	N = 32

Anhang 7

Teilnehmergruppen*	
Führungskräftenachwuchs	29,4 %
Hochschulabsolventen	16,3 %
Trainees	10,5 %
Verkauf/Marketing	8,5 %
Außendienst	7,8 %
alle Ebenen	5,2 %
mittlere Ebenen	3,9 %
qualifizierte Sachbearbeiter	3,9 %
Führungspotential	3,3 %
* (incl. Mehrfachnehnungen)	

Aufgaben der Eliten in Politik und Wirtschaft

Kurt Biedenkopf

"Aufgaben der Eliten in Politik und Wirtschaft" heißt der Titel dieses Beitrages. Er setzt voraus, daß es Eliten gibt, und es wäre wahrscheinlich auch vermessen, das zu bestreiten.

Was verstehen wir unter Politik und Wirtschaft in diesem Zusammenhang?

Unter Politik verstehe ich den staatlichen Bereich. Aber Politik erschöpft sich nicht im staatlichen Bereich, es gibt das, was die politischen Parteien und professionelle Politiker häufig als den vorpolitischen Raum bezeichnen. Den gesellschaftlichen Raum, der nicht geprägt ist durch die staatliche Struktur, Hierarchie, insbesondere die aus der Handhabung von staatlicher Gewalt resultierende Struktur, und gleichwohl einen wesentlichen Politikbeitrag, wie wir noch sehen werden, vor allen Dingen auch einen innovativen Politikbeitrag, liefert. Was macht also die Besonderheit von Politik, etwa im Verhältnis zur Leistung einer Unternehmensführung aus?

Die Besonderheit - sehr vereinfacht gesagt - besteht darin, daß Politik die Aufgabe hat, etwas Ganzheitliches zu gestalten und zu vertreten, also keine partiellen, sondern ganzheitliche Interessenstrukturen zu sehen, jedenfalls idealiter. Während das Unternehmen, die Gewerkschaft, jede Organisation und jeder Verband ein partielles Interesse hat und auch haben muß und der Versuch, ganzheitlich Interesse zu vertreten in der Regel der Organisation des Unternehmens oder der Gewerkschaft eher schadet als nützt, ist es Aufgabe des politischen Handelns und politischen Denkens, zumindest die Gesamtsituation mitzubedenken, also auch dann, wenn ich einen Teil des Ganzen ordne, um die Bezüge zum Ganzen nicht aus dem Auge zu verlieren. Wir können auch sagen, Politik ist grundsätzlich gekennzeichnet durch eine Gesamtrationalität, die Rationalität des Ganzen, während Teile der Gesellschaft, also die Unternehmen, die Gewerkschaften, die Selbstverwaltungsorganisation in den Sozialsystemen, geprägt sind durch Teilrationalität. Die Rationalität etwa der Organisation der Alterssicherung oder der Rationalität der Organisation der Produktion bestimmter Güter oder Dienstleistungen sind niemals gesamte oder ganzheitliche Rationalitäten.

Spezifisch für die Politik, ich habe es in einem Nebensatz erwähnt, ist der Einsatz des Gewaltmonopols des Staates zur Entscheidungsverwirklichung. Das gibt es sonst nirgends. Die Tatsache, daß dieses Gewaltmonopol im Bereich des Staates und der Politik gehandhabt wird, prägt natürlich die Art der Organisation und der Aufgabenstellung. Ich will das hier jetzt nicht vertiefen, sondern nur zur Unterscheidung von Politik und Wirtschaft angemerkt haben.

Das, was wir unter Wirtschaft verstehen, ist eigentlich sehr eng. Wenn wir in der Bundesrepublik Deutschland von "der Wirtschaft" sprechen, meinen wir in der Regel die Unternehmen. Diese Begrenzung des Begriffes "Wirtschaft" auf die Unternehmen ist an sich unzulässig. Natürlich sind die Gewerkschaften ein wesentlicher Teil der Wirtschaft. Die selbstverwalteten Sozialsysteme sind auch ein wesentlicher Teil der Wirtschaft. Deshalb ist die Grenze zwischen Wirtschaft und Gesellschaft fließend.

Dieser Bereich ist gekennzeichnet durch Autonomie, jedenfalls in unserem Verständnis der Organisation von Staat und Gesellschaft. Autonomie heißt Selbständigkeit, Selbständigkeit der Entscheidungsträger. Das Unternehmen hat unternehmerische Autonomie. Die Gewerkschaft hat Autonomie, die Selbstverwaltung, die Genossenschaft, die Bank, alle haben Autonomie, d.h. sie bestimmen ihre Zwecke selbst, sie setzen sich ihre Aufgaben selbst. Sie haben - trotz der gesetzlichen Rahmenbedingungen - eine erhebliche Organisationsautonomie, und sie haben die Autonomie, ich erwähnte es schon, zur Bestimmung ihres jeweiligen Zweckes. Das ist ganz entscheidend für das Verständnis auch der dort gestellten Aufgaben.

Die wirtschaflichen Bereiche beruhen primär nicht auf Hierarchien, die geprägt sind durch die Handhabung eines Gewaltmonopols, sondern auf Koordination. Soweit es Hierarchie gibt, beruhen sie - jedenfalls in den häufigsten Fällen - auf Vereinbarung oder auf der Ausübung tatsächlicher Macht.

Wir haben auch tatsächliche Machthierarchien, z.B. das Leitungsmonopol eines Elektrizitätswerkes begründet bestimmte Machtpositionen, denen man nicht ausweichen kann. Gegen sie kann man allenfalls Rechtsschutz anrufen. Aber prinzipiell ist die Koordination und die Kooperation kennzeichnend für den gesellschaftlichen Bereich.

Während - etwas juristisch ausgedrückt - für den öffentlichen Bereich der Befehl, der Verwaltungsakt typisch ist, ist für den gesellschaftlichen Bereich der Vertrag und damit die Koordination Gleichberechtigter, jedenfalls rechtlich Gleichberechtigter, typisch.

Es gibt einen dritten Bereich, der in der Aufgabenstellung meines Beitrages nicht erwähnt ist und den ich auch im folgenden nicht mehr behandeln werde, den ich aber doch nennen möchte. Wenn wir von Eliten sprechen, sprechen wir von der Politik und von der Wirtschaft. Wir müssen, wenn wir auch nur ein halbwegs vernünftiges Bild vom Zusammenwirken der Eliten, und darauf wird es ja wesentlich ankommen, in der Gesellschaft gewinnen wollen, die Eliten miteinbeziehen, die sich - wiederum juristisch ausgedrückt - im Rahmen des Artikel 5 Grundgesetz, also der Meinungsfreiheit ansiedeln: die Medien, die Wissenschaft und die Kunst. Diese drei Kräfte, die sowohl politische, wirtschaftliche und kulturelle Potenzen darstellen, sind für das Verständnis der Funktionsweise einer Gesellschaft unverzichtbar. Wenn ich die Gesellschaft auf Politik und Wirtschaft reduziere, reduziere ich sie auf eine zweidimensionale Sache, die nicht lebensfähig wäre.

Es gibt keine Gesellschaft, in der nicht Kultur im weitesten Sinne des Wortes, Wissenschaft und die Medien, eingebettet in diese Freiheitsrechte eine zentrale, eigenständige Funktion haben.

Was verstehen wir unter Eliten?

Es ist schon gesagt worden, daß der Begriff als Provokation empfunden werden könnte, das ist allerdings heute weit weniger der Fall, als sagen wir mal vor 10 Jahren, oder gar in den berühmten 68er Jahren, als der Elitebegriff schlechthin geeignet war, jemanden zu disqualifizieren für weitere Diskussionen, wenn er ihn verwendete. Dabei waren die, die ihn verdammten, zugleich die Elitärsten, die man sich vorstellen konnte. Aber das ist ja häufig so, daß Begriffe, die einen Sachverhalt beschreiben, abgelehnt werden, wenn sie den Sachverhalt zu treffend beschreiben.

Tatsächlich ist der Elitebegriff in unserem Land deshalb in Verruf geraten, weil er politisch mißbraucht wurde. Es gibt eine ganze Reihe sehr wichtiger und für die Erklärung und damit für das Verstehen von Gesellschaft unverzichtbare Begriffe, die eine solche Belastung erfahren haben und die sich jetzt langsam im historischen Normalisierungsprozeß wieder verwenden lassen. Der Begriff Elite gehört zweifellos dazu.

Elite ist dann etwas Negatives, wenn sie zugeteilt wird, wenn sie zum Beispiel mit einem durch Geburt erworbenen Status verbunden ist. Sie ist undemokratisch, sie ist unvereinbar mit dem Anspruch aller Menschen, vor Recht und Gesetz gleich zu sein. Dagegen ist gegen den Begriff "Elite" als Beschreibung eines Sachverhaltes überhaupt nichts einzuwenden. Der Begriff "Elite" kann verwendet werden, nach meiner Überzeugung und auch nach zunehmend gängiger Auffassung, wenn man damit Aufgaben oder Funktionen beschreibt, die in der Gesellschaft geleistet werden müssen und die typischerweise Minderheiten-Funktionen sind, also Funktionen, die nicht von allen geleistet werden und auch nicht von allen geleistet werden können. Es handelt sich um Funktionen, die ein bestimmtes Maß an Ausbildung, an Talent, an Fähigkeiten voraussetzen, welches in der allgemeinen Verteilung von Talenten und Fähigkeiten in der Gesellschaft nur bei einer Minderheit in ausreichendem Umfang anzutreffen ist.

Das bedeutet überhaupt nicht, daß diese Minderheit dadurch in irgendeiner Weise ausgezeichnet wäre. Im Gegenteil - man könnte es auch genau umgekehrt formulieren und viele Kulturen tun das - sie ist durch den Besitz solcher Fähigkeiten in besonderer Weise verpflichtet. Man könnte durchaus, im übertragenen Sinne nicht nur von der Sozialpflichtigkeit von Eigentum sprechen, das ist ja auch eine Sonderstellung, sondern man könnte z.B. auch von der Sozialpflichtigkeit von Talenten sprechen: Also von der Verpflichtung eines besonders talentierten, durch Talent besonders ausgezeichneten Menschen, dieses Talent in stärkerer, in intensiverer Weise für die Gesamtgesellschaft zur Verfügung zu stellen, als es sonst vielleicht der Fall wäre.

Es gibt eine ganze Reihe von Kulturen, in denen sich Wertsysteme entwickelt haben - im übrigen auch in früheren Zeiten unserer Geschichte - in denen mit Befähigungen unterschiedlicher Art auch unterschiedliche Verpflichtungen in bezug auf die Gesellschaft verbunden waren. Ich bin im übrigen davon überzeugt, daß wir in Zukunft in stärkerem Maße als in der Vergangenheit solche Wertausprägungen bekommen werden. Denn eine rein hedonistische Verhaltensweise ist mit der Elitefunktion langfristig nicht vereinbar. Also wenn jemand eine Elitefunktion in der Gesellschaft wahrnehmen will, wird er sich in stärkerer Weise in die Pflicht nehmen müssen, auch wenn er das nur selbst tut, als z.B. jemand, der diesen Anspruch, der ja auch immer mit einem gewissen Gestaltungs- und Veränderungsanspruch verbunden ist, nicht für sich will.

Wir sprechen also, wie man das im Soziologendeutsch nennt, von Funktionseliten, wir können auch sagen, von Menschen, die besondere Aufgaben haben, die für die Existenz und Entwicklung der Gesellschaft notwendig sind. Diese Funktionen der Eliten existieren in einer sich entwickelnden Gesellschaft, und jede lebende Gesellschaft entwickelt sich unverzichtbar. Sie fallen zusammen mit Führungs-, mit Koordinationsaufgaben. Der Unternehmer der etwas unternimmt, im Schumpeter'schen Sinne vorantreibt, Altes zerstört, Neues schafft, ist in diesem Sinne immer eine Minderheit, elitär, übernimmt eine für die gesellschaftliche Entwicklung unverzichtbare Aufgabe. Immer - und das wird der rote Faden sein, der durch meine Ausführungen geht - ist mit dieser Elitefunktion, der Aufgabe eine Eigenschaft verbunden, nämlich die der Innovation: Weiterdenken, Neues denken, verändern, Probleme aufdecken, suchen, lösen, den Prozeß der gesellschaftlichen Entwicklung in diesem Sinne, wo immer diese Funktion konkret stattfindet, fördern.

Ich will jetzt hier keine Diskussion über die Frage entfalten, ob es die Eliten sind, die die gesellschaftliche Evolution im wesentlichen vorantreiben. Es gibt Theorien, die dies unterstellen oder davon ausgehen. Ich glaube nicht, daß es besonders fruchtbar ist, in diesem Sinn die Eliten zu definieren, jedenfalls sind sie nach meiner Überzeugung als hervorgehobene, durch ihre Funktion besonders gekennzeichnete Minderheiten, für die Evolution menschlicher Gesellschaften unverzichtbar.

Innovations-, Organisations-, Integrations-, Erkenntnis- und Erforschungs-, aber auch Sinngebungsaufgaben sind betroffen. Es ist also keineswegs nur eine organisatorische Frage oder eine naturwissenschaftlich-technische, sondern zu den Eliten gehören auch die Menschen in der Gesellschaft, die sich in besonderer Weise um die kulturelle Integration, um die kulturelle Zielsetzung einer Gesellschaft bemühen, um die Erhaltung eines Wertkonsens, der für eine Gesellschaft schon aus Gründen ihrer Lebensfähigkeit unverzichtbar ist.

Aufgabenfelder für Eliten

Welche praktischen Aufgaben sind an Politik und Wirtschaft gestellt? Welche Aufgaben stehen uns in absehbarer Zeit ins Haus? Wenn unser Land, unsere Gesellschaft in eine inzwischen - ich verweise auf den Beitrag von Herrn Prof. Vester - vernetzte Weltgesellschaft eingebunden wird. Welche Aufgaben müssen in dieser Gesellschaft, in dieser konkreten, von uns gelebten Gesellschaft bewältigt werden?

Es ist offensichtlich, daß in diesem Beitrag nicht das ganze Kaleidoskop von Aufgaben entfaltet werden kann, es ist eine Auswahl erforderlich. Ich habe die Auswahl in der Weise getroffen, daß ich drei Felder ansprechen möchte, aus denen heraus ich dann auch Konsequenzen beschreibe.

Das erste Feld ist die Entwicklung - die weitere Entwicklung des technisch-naturwissenschaftlichen Erkenntnisprozesses, also die technisch-naturwissenschaftliche Entwicklung unserer Gesellschaft. Das zweite Feld besteht aus Aufgaben, die sich aus der ökologischen Lage unserer Gesellschaft als Herausforderung ergeben und das dritte, das ich behandeln möchte, sind die Aufgaben, die sich aus der demographischen Veränderung unserer Gesellschaft ergeben. Es gibt sicherlich ein halbes Dutzend weiterer Aufgabenstellungen, die in der gleichen Weise Vertiefung verdienten. Ich begrenze mich auf die drei und füge am Schluß einige wenige Bemerkungen zu einer vierten bei, die sich jetzt aus der konkreten politischen europäischen Entwicklung ergibt und zum Teil auch aus der Tatsache der Vernetztheit.

Die technisch-naturwissenschaftliche Entwicklung

Was die technisch-naturwissenschaftliche Entwicklung anbetrifft, so ist es als gesichert anzusehen, daß der technisch-naturwissenschaftliche Erkenntnisprozeß weitergeht und daß er sich auch weiter beschleunigt. Die Produktion neuer Erkenntnisse durch das Erforschen der Natur, ihrer Möglichkeiten und auch der Natur des Menschen und seiner Möglichkeiten, schreitet weiter fort. In dem Maße, in dem der Umfang der Vernetzung von einzelnen Fragestellungen zunimmt, nimmt auch die Produktivität des Ganzen zu. Es entsteht aus dieser immer dichter werdenden naturwissenschaftlichen Erkenntniswelt eine exponentielle Entwicklung, die wir ja auch schon in der Vergangenheit beobachten konnten und die man gerne in vereinfachter Form dadurch plastisch macht, daß man sagt, in den letzten 15 Jahren seien mehr neue Erkenntnisse gewonnen worden, als in der gesamten Menschheitsgeschichte bisher. Ob das 15 oder 30 Jahre sind, in denen dieser Zuwachs an Erkenntnissen stattgefunden hat, spielt im Grund keine Rolle.

Zum Ausdruck kommt hier, wie in anderen exponentiellen Funktionen der sich beschleunigende Zuwachs der gesamten Menge, so wie es ja auch nicht nur ein Gedankenspiel ist, darauf hinzuweisen, daß - was ich neulich z.B. im WallStreetJournal las - knapp 9% aller Menschen, die je auf der Erde gelebt haben, gegenwärtig leben. Die Entwicklung des Wissens und die Entwicklung der Population vollzieht sich bisher jedenfalls nach exponentiellen Kurven. Mit dem Zuwachs an Wissen und Können - im Sinne theoretischer Möglichkeiten - wächst die Zahl der von Naturwissenschaft und Technik der Gesellschaft angebotenen Optionen. Dieser Zuwachs an Optionen ist das Eigentliche, was die Gesellschaft berührt, nicht die Entdeckung neuer Möglichkeiten als solcher, wenn Bednorz und Möller die Supraleitfähigkeit keramischer Stoffe entdecken, dann verändert das die Gesellschaft mitnichten. Wenn diese so entdeckte Supraleitfähigkeit allerdings als technische Möglichkeit nutzbar ist und auch genutzt wird, revolutioniert dies wesentliche Teile der gesellschaftlichen Organisation, z.B. der Organisation der Energieerzeugung und des Energietransports.

Die Optionen sind das für unsere Fragestellung Relevante. Ob diese Möglichkeiten genutzt werden oder nicht, ist nicht in erster Linie eine Frage der naturwissenschaftlich-technischen Entwicklung, sondern eine Frage des Verhaltens der Gesellschaft. Die Gesellschaft ist es, die diese Optionen nutzt, nicht die Technik oder Naturwissenschaft. Dieser Tatbestand geht in der Diskussion über die Technikfeindlichkeit immer wieder verloren. Technikfeindlichkeit entsteht nicht dadurch, daß Menschen vor der Technik als solche Angst haben, sondern vor der Art und Weise, wie die Gesellschaft technische Optionen nutzt oder nicht nutzt. Es ist also ein politisches und kein naturwissenschaftliches Problem.

Das Tempo der Nutzung wird bestimmt durch eine Reihe von Basisfähigkeiten, z.B. die Fähigkeit einer Gesellschaft, sich von alten Erfahrungen zu trennen und neue Erfahrungen zu machen. Dies ist nicht einfach, wie wir alle aus unserer eigenen Erfahrung wissen. Von alten Erfahrungen trennen, bedeutet das Risiko eingehen, neue Erfahrungen zu erwerben, die tragfähig sind. Das Tempo wird bestimmt durch die Fähigkeit der Gesellschaft, neue Erkenntnisse aufzunehmen und zu nutzen, was keineswegs selbstverständlich ist. Die Gesellschaft kann sich auch gegen neue Erkenntnisse wehren und sagen, wir wollen die alten Erkenntnisse behalten. Vor allem aber wird das Tempo bestimmt durch die Fähigkeit der Menschen und der Gesellschaft, sich Veränderungen anzupassen, d.h., die mit der Umsetzung technisch-naturwissenschaftlicher Möglichkeiten verbundenen Veränderungen der Wirklichkeit zu verkraften. Es sind vor allen Dingen diese Veränderungen der Wirklichkeit, gegen die die Menschen - mehr oder weniger unbewußt - Widerstand leisten, wenn sie bestimmte Basisinformationen oder bisher gelebte Grundlagen ihrer Lebensvorstellung berühren.

Nun ist die Fähigkeit, sich solchen Veränderungen anzupassen, sich von alten Erkenntnissen und Erfahrungen zu trennen und neue aufzunehmen, unterschiedlich entwickelt, je nachdem, ob es sich um einzelne Menschen handelt, um kleine Organisationseinheiten, um größere Organisationseinheiten oder gar um umfassende gesellschaftliche Institutionen.

Wir können wohl verallgemeinert sagen, daß die Anpassungsfähigkeit und damit auch die Evolutionsfähigkeit umgekehrt proportional zur Größe der betroffenen Einheit ist. Je größer die Einheit, desto größer ist der Widerstand gegen Veränderungen. Das hat viele Gründe. Aber es ist jedenfalls so, daß eine Gesellschaft, die sich vorwiegend in Groß- und Größtorganisationen organisiert hat, sehr viele größere Schwierigkeiten hat, mit Veränderungen der Wirklichkeit fertig zu werden, als hochgradig dezentrale und trotzdem intakte, kooperierende Gesellschaften.

Hervorragendes Beispiel in der Bundesrepublik Deutschland sind die Strukturvergleiche zwischen dem Ruhrgebiet und baden-württembergischen Ballungsräumen, die höchst unterschiedliche Elastizitäten aufweisen und damit auch höchst unterschiedliche Anpassungsfähigkeiten. Worauf es mir hier ankommt, ist die Feststellung, daß die Geschwindigkeit des technisch-naturwissenschaftlichen Fortschreitens, die auch eine wichtige Bedingung internationaler Konkurrenzfähigkeit ist, nicht primär durch die technisch-naturwissenschaftliche Leistungsfähigkeit dieses Teils der Gesellschaft bestimmt wird, sondern durch kulturelle und politische Faktoren: Kulturelle Faktoren, die tief in der Bildung der Bevölkerung, in der Offenheit, in der

Anpassungsfähigkeit, in der Risikofreudigkeit verwurzelt sind, und politische Faktoren, die eben die Anpassungsfähigkeit gesellschaftlicher und politischer Institutionen bestimmen. Daraus ergibt sich ein enger Zusammenhang zwischen technischem und kulturellem Niveau einer Gesellschaft. Das wiederum ist von großer Bedeutung für die Rolle der Bildung im Zusammenhang mit der technisch-naturwissenschaftlichen Innovationsfähigkeit.

Eine Gesellschaft, die den Bildungsfaktor zugunsten der rein wirtschaftlich-technischen Aggregate vernachlässigt, und zwar Bildung im weiteren Sinne der kulturellen Befähigung der Bevölkerung zur Veränderung, zum Erwerb neuer Einsichten und Erkenntnisse, wird feststellen, daß früher oder später die hohe Produktivität der technisch-ökonomischen Aggregate leerläuft, weil die Bevölkerung nicht bereit ist oder möglicherweise sogar nicht in der Lage ist, die von diesen Aggregaten angebotenen Optionen zu nutzen. Prägend für den gesamten Prozeß, den wir hier beschreiben, ist die zunehmende Durchdringung der Gesellschaft mit Informationen. Das ist ein revolutionärer Vorgang. Es gibt für ihn kein historisches Vorbild. Das wäre für sich genommen ein Gegenstand der Vertiefung, ein lohnender Gegenstand der Vertiefung, denn auch was hier stattfindet, ist revolutionär, z.B. die Demokratisierung des Informationszuganges. Die Vorstellung, daß Wissen Macht sei, wird abgelöst von einer Demokratisierung des Wissenszuganges und das interessante ist heute nicht, ob jemand Wissen hat, sondern ob er in der Lage ist, dieses Wissen sinnvoll zu nutzen. Es entwickelt sich also aus einer Hierarchie des Wissenszuganges eine ganz andersartige Hierarchie, nämlich eine Hierarchie der Fähigkeit, mit Wissen produktiv umzugehen.

Wer Wissen produktiv einsetzen kann, ist vorne, nicht wer Wissen hat. Entscheidend für die Bewältigung dieser Informationssättigung, die durch die immer stärkere Informationsdurchdringung entsteht, sind wiederum die Faktoren Bildung und Lernfähigkeit. Faktoren, die man in hohem Maß antrifft bei Personen, die wir zur Elite rechnen. Es ist diese Fähigkeit, sich von alten Erfahrungen zu trennen, neue zu erwerben, sich verändernden Situationen anzupassen, ohne aus dem Gleichgewicht zu geraten, d.h. ausgestattet zu sein mit einer stabilen Grundstruktur an verläßlichen, dauerhaften, nämlich dem Menschen immanenten Erfahrungswerten, auch "Werte" genannt, all dies ist gewissermaßen Voraussetzung dafür, daß wir mit dem immer größeren Informationsvolumen fertigwerden.

Die technisch-naturwissenschaftliche Entwicklung hat Auswirkungen auf alle Bereiche der Gesellschaft. Ich will hier nur zur Illustration den Bereich der Arbeit erwähnen. Mit dem Voranschreiten der technisch-naturwissenschaftlichen Entwicklung wird vorhandene Arbeit überflüssig, entwickeln sich neue Arbeitsformen. Wird bisher Gelerntes obsolet, muß Neues erworben werden. Ob es gelingt, gewissermaßen die Kongruenz der Prozesse technisch-naturwissenschaftlicher Entwicklung und ihre gesellschaftliche Umsetzung einerseits und den Lernprozeß andererseits zu verwirklichen, ist für die Leistungsfähigkeit unserer Gesellschaft von großer Bedeutung.

Wenn der technisch-naturwissenschaftliche Prozeß schneller verläuft als die Bildung und der Lernprozeß der Gesellschaft, dann werden wir eines Tages zum überwiegenden Teil Menschen sein, die mit technischen Aggregaten ausgestattet sind, deren potentielle Fähigkeiten unsere Nutzungsfähigkeiten weit überschreiten. Das ist ja heute schon in zunehmendem Maße der Fall. Zwar wird dann dieser technische Apparat noch preferiert als Konsumgegenstand, weil seine hohe potentielle Leistungsfähigkeit als Statussymbol empfunden wird, obwohl kein Mensch oder kaum noch jemand sie wirklich ausschöpfen kann. Aber nach einer gewissen Zeit verliert dieser Prozeß seinen Sinn. Er wird irrational und kommt zum Stehen, deshalb ist die Koordination der Entwicklung der verschiedenen Sektoren der Bildungs- und Ausbildungs-, der Weiterbildungs- und Förderungsektoren mit den technischen Prozessen von ungeheurer Bedeutung.

Die Arbeitslosigkeit, die wir heute in der Bundesrepublik Deutschland erleben, ist - mehrjährigen Untersuchungen des Institutes für Wirtschaft und Gesellschaft in Bonn zufolge - zum größten Teil auf Faktoren zurückzuführen, die in der bisherigen Diskussion eher am Rand vorkommen. Ich möchte sie hier zusammenfassen unter dem Stichwort "Intelligenz der Arbeitsmarktorganisation". Ist der Arbeitsmarkt intelligent genug organisiert, also vernünftig, sinnvoll, rational genug, um den heutigen Bedingungen der technisch-naturwissenschaftlichen Gesellschaft Rechnung zu tragen?

In vielen Bereichen ist er es nicht. Er wird den Bedürfnissen, die sich in der Bevölkerung und in den betrieblichen Strukturen entwickeln, wie auch den Möglichkeiten, die eröffnet werden, nicht gerecht. Das hat damit zu tun, daß der Arbeitsmarkt durch Erfahrungen geprägt ist, die überholt sind, insbesondere die Erfahrungen der Großorganisationen des Kolonnenprinzips. Sie finden diese Erfahrung z.B. in der Arbeitsvermittlung ausgeprägt.

Unsere Arbeitsvermittlung beruht auf der Annahme, daß Arbeitskräfte mehr oder weniger beliebig austauschbar sind. Eine Erfahrung, die man in den 20er Jahren oder um die Jahrhundertwende gemacht hat und die eingegangen ist in die Struktur dieser politischen Institution. Die Überwindung solcher Erfahrungen, wenn sie sich in politisch gestalteten Strukturen manifestiert, ist ungeheuerlich. Man braucht nur die Diskussion über die Relativierung des Vermittlungsmonopols bei den Arbeitsämtern zu verfolgen. Die haben eine wunderbare case-study gegeben für den Widerstand, den eine politische Struktur gegen Innovation leistet. Und zwar Innovation, die offensichtlich notwendig ist, die aber nicht gemacht werden kann, weil man sich an den alten Erfahrungen festhält, z.B. an der nach heutigen Vorstellungen völlig abwegigen Vorstellung, man würde den Arbeitslosen durch Vermittlungsgebühren ausbeuten, oder man würde den Menschen zur Ware machen oder ähnliche Argumente mehr, die keine andere Funktion haben als die, eine inhaltliche Diskussion über eine fortdauernde Legitimation der betroffenen Institution zu verhindern.

Bezahlen muß diese Unfähigkeit zur Anpassung der Teil der Bevölkerung, der durch das bestehende System schlicht durchfällt, bzw. nicht in der Lage ist, die Vielfalt zu erkennen, und zwar kraft seiner institutionellen Organisation für die Vielfalt der Wünsche und Bedürfnisse des Marktes blind ist. Das System verliert an Effizienz. Es werden eben nicht 100 %, sondern nur 40 % vermittelt. Die anderen 60 % vermitteln sich entweder selbst oder finden keine Vermittlung, jedenfalls nicht über das System.

Ähnliche Probleme treten bei der Organisation der Arbeit in den Betrieben auf, die Gestaltung von flexibler Arbeit, von ineinander gefugter Arbeit, von unterschiedlichen Arbeitsquanten, die den Bedürfnissen der Privathaushalte ebenso entsprechen wie den Betriebsabläufen. All dies sind Innovationsleistungen, die nur erbracht werden, wenn man einen besonderen Zwang sieht, sie zu erbringen. Die Zwänge sind in der Vergangenheit zum Teil jedenfalls vom Markt und zum Teil von der Tarifpolitik ausgegangen. Die Tarifpolitik hat aber nun selbst große Probleme, mit den neuen Situationen fertigzuwerden, weil sie ebenfalls auf Annahmen beruht, d.h. auf Wirklichkeiten, die es nicht mehr gibt.

Diese Widerstände müssen wir uns immer vergegenwärtigen, sie sind die notwendige Wahrscheinlichkeit, jedenfalls die immer anzutreffende Bedingung von Evolution. Ihre Überwindung ist eine Fähigkeit, die den Inhaber dieser Fähigkeit zum Mitglied der Elite macht. Die Fähigkeit, solche Widerstände argumentativ, organisatorisch, strukturell zu überwinden, ist eine Elitefunktion. Daher ist die Elitefunktion für die Entwicklung der Gesellschaft unverzichtbar.

Die Überwindung solcher Widerstände ist sowohl in der Wirtschaft als auch in der Politik eine der wichtigsten Aufgaben, die es gibt. Und zwar ist sie keineswegs destruktiv im Schumpeter'schen Sinne, weil Bestehendes zerstört wird, sondern sie ist eher im Hegel'schen Sinne von These und Antithese eine aufhebende Funktion, denn mit der Aufhebung dieses Widerstandes wird es zugleich möglich, die jeweils betroffene Struktur auf eine nächsthöhere Entwicklungsebene zu heben. Ein Prozeß, gegen den sie sich wehrt, weil dieser Prozeß mit dem Verlust eingeübter Erfahrungen verbunden ist.

Ein klassisches Beispiel ist der Widerstand der Gewerkschaften gegen unterschiedliche Arbeitszeit und unterschiedliche Arbeitsquanten in einem Unternehmen. Der Widerstand wird im wesentlichen damit begründet, daß die Vielfalt der Arbeitsorganisation die Arbeitnehmerschaft entsolidarisiert. Die Solidaritätserfahrung, auf der die Gewerkschaften beruhten, ist eine Erfahrung, die sie vom Kolonnenprinzip ableiten. Jeder kommt morgens um

8 in den Betrieb, geht nachmittags um 5 nach Hause und ist deshalb organisatorisch einfach zu erreichen. Man muß gewissermaßen nicht den ganzen Tag vor dem Werkstor stehen, um zu werben, sondern es reicht morgens und abends. Wenn man sich auf eine solche Struktur eingestellt hat und jetzt die Arbeitsorganisation so verändert wird, daß ein wesentlicher Teil der Bewegungen mit dem alten System nicht mehr erfaßbar ist, dann empfindet die Organisation dies als eine Bedrohung.

Und deshalb ist es gar keine Überraschung, daß Gewerkschaftsführer, vor allem in den unteren und mittleren Rängen, der festen Überzeugung sind, daß die Unternehmer Flex-Zeit einführen, um die Gewerkschaft zu stürzen. Man darf diesen Zusammenhang auch gar nicht ironisch sehen, man kann den Prozeß, der hier stattfindet, nur verstehen, wenn man die Verhaltensweise der Strukturen analysiert. Nur dann ist man in der Lage, den Beteiligten zu helfen, ihnen z.B. klarzumachen, daß die Anhebung des Entwicklungsniveaus eine kompliziertere Form der Arbeitsorganisation, eine entsprechende Entwicklung der Arbeitnehmerorganisation zur Folge haben muß, wenn sie nicht den Zusammenhang zur neuen Wirklichkeit verlieren will. Sobald dieses verstanden und akzeptiert wird, und das wiederum ist eine Führungsaufgabe, eine Funktion der Elite, kommt in der Organisation ein Innovationsprozeß in Gang, wie man ihn z.B. bei der IG Chemie hervorragend ablesen kann. Es wird überlegt, wie kann man die Vielfalt organisieren kann. Es wird nicht gesagt, wir müssen die Vielfalt verhindern.

Das ist die erste Reaktion, die zweite ist die innovative Reaktion. Mit der von mir beschriebenen Veränderung wandeln sich auch die Strukturen der Produktion. Insbesondere wird die Großunternehmung ihre für die Gesellschaft prägende Rolle verlieren. Die Gesellschaft wird schon in den nächsten 10 bis 15 Jahren nicht mehr durch die Bedingungen des Großunternehmens geprägt werden - selbst wenn es diese Großunternehmen gibt, und es diesen Großunternehmen gelingt, die aus der Vergangenheit abgeleitete Glorifikation der Konzentration auch noch in die Zukunft weiterzuführen.

Man wird früher oder später die Erfahrung machen, daß die Großorganisationen in ihrer inneren Effizienz den Aufgaben von morgen nicht ausreichend gewachsen sind, jedenfalls nicht in der traditionellen Form. Die Folge wird sein, daß sich die Großorganisationen dezentralisieren und daraus gänzlich neue, wesentlich komplexere Organisationsaufgaben entstehen. Vor allen Dingen dann, wenn man sich zur Bewältigung der Koordinationsaufgaben in einem Unternehmen, was sich z.B. in 145 teilautonome Gruppen dezentralisiert hat, auch nicht nur innerer Befehls- und Organisationsstrukturen, sondern auch der Vermittlung über Märkte bedient.

Was gewissermaßen aus der Mode kommt, ist nicht nur das Großunternehmen, sondern auch das Großkollektiv, das Kolonnenprinzip und die Massenorganisation. Sie waren gute und richtige Organisationen für eine bestimmte Entwicklungsstufe. Diese Entwicklungsstufe wird die Gesellschaft zunehmend überschreiten, wenn sie sich weiterentwickelt. Und damit werden diese Organisationsformen zunehmend kontraproduktiv - es sei denn, man überwindet sie. Während z.B. die Diskussion über die Sozialpolitik (Rentenreform, Gesundheitsreform) derzeit in Wirklichkeit eine Auseinandersetzung über die Frage ist, ob die alte große umfassende Kollektivorganisation zur Aufgabenbewältigung noch die richtige und geeignete Form ist, wird es sich in den nächsten zehn Jahren zeigen, daß sie das nicht ist, obwohl heute noch alle an ihr festhalten. Sie wird nicht in der Lage sein, die wachsende Komplexität der Sachverhalte zu beherrschen, die sie regeln und ordnen soll.

Die Bedeutung der Produktion von Wissen und Können, also immaterieller Güter, wird zunehmen. Das führt zur Vermehrung der Intelligenz der Gesellschaft. Die Folge wird eine Veränderung der Gesellschaften und insbesondere der sozialen Verortung der Menschen sein. Wir werden in den nächsten Jahren bis zur Jahrhundertwende und darüber hinaus eine sehr grundlegende Veränderung der sozialen Struktur der Arbeitnehmerschaft erleben: aus dem Unternehmen heraus in den politischen Bereich, in den gesellschaftlichen Bereich. Das wird damit zusammenhängen, daß man die sozialen Schutzsysteme, also die soziale Sicherung des Menschen zunehmend vom Arbeitsverhältnis lösen wird.

Die Verbindung von Arbeitsverhältnis und sozialer Sicherheit ist traditionell und hat historische Gründe. Je weiter sich die Gesellschaft entwickelt, um so stärker werden die Gründe für diese Kombination von sozialer und arbeitsrechtlicher Verortung des Menschen überholt sein, und man wird in 10 bis 15 Jahren fragen, warum hat man eigentlich die soziale Sicherheit mit dem Arbeitsverhältnis verknüpft?

Die Gründe liegen historisch gesehen auf der Hand: Der Zugang zu dem Menschen, der die Hilfe brauchte über den Arbeitgeber, und damit über das Arbeitsverhältnis und die Organisation des Abgabenwesens über den Arbeitgeber und damit über das Arbeitsverhältnis, was ja der Grund dafür ist, daß die Arbeitgeber heute die Sozialsysteme der Arbeitnehmer noch mitverwalten, obwohl es dafür nicht die geringste politische Legitimation gibt, ist eine rein historische Legitimation. Man hält allerdings aus Gründen des Besitzstandes an dieser historischen Legitimation fest und besteht deshalb als Arbeitgeber darauf, einen Teil des vom Arbeitnehmer verdienten Lohnes als Argeitgeberanteil zu bezeichnen, was eine schlichte Irreführung ist und von jedem Betriebswirt bei jeder Lohnkostenrechnung widerlegt wird. Denn dort erscheint natürlich der Arbeitgeberanteil als Lohnanteil, d.h. als ein Teil des vom Arbeitnehmer verdienten Einkommens.

Das entscheidende aber bei diesen Prozessen, die ich Ihnen beschrieben habe ist, daß mit dieser Entwicklung die Komplexität der Gesellschaft und ihrer Strukturen zunimmt. Man kann sehr vereinfacht wieder sagen, daß sich der Entwicklungsstand einer Gesellschaft in dem Grad der Komplexität ihrer Organisation ausdrücken läßt. Je höher die Gesellschaft entwickelt ist, um so komplexer ist sie. Ein Unternehmen z.B. mit 20.000 Beschäftigten und einer klaren Hierarchie,wie es früher in einem traditionellen Stahlwerk der Fall war, hat eine relativ geringe Komplexität in der Organisation. Wenn das gleiche Unternehmen mit 20.000 Beschäftigten sich in 80 oder 90 autonome Teileinheiten von 15 bis 120 Beschäftigten aufgliedert und dezentralisiert, ist die Komplexität der Organisation unvergleichlich viel größer, aber auch die Produktivität, die Kreativität, die Anpassungsfähigkeit und damit das Innovationsniveau. Mit der Zunahme der evolutionären

Entwicklung der modernen Industriegesellschaft nimmt also die Komplexität dieses Gesamtbildes Industriegesellschaft zu.

Das stellt uns vor eine ganz zentrale Aufgabe: Wer handhabt diese Komplexität? Wer kann solche komplexen Strukturen beherrschen? Das Management von Komplexität ist wahrscheinlich der eigentliche Flaschenhals, der eigentliche Engpaß der modernen gesellschaftlichen Entwicklung. Denn in dem Maße, in dem wir die Komplexität unserer Gesellschaft steigern, mit ihrer Produktivität, mit ihrer Vielfalt, mit ihren immer größeren Optionen, Möglichkeiten und Angeboten, steigt ja auch der Bedarf nach "management of complexity" und damit der Bedarf nach Elite.

Es wäre eine reine Spekulation, jetzt die Frage zu stellen, ob es für solche Steigerungen von Komplexität Grenzen gibt. Grenzen, die etwa im Vorhandensein von Elitepotential in einer Gesellschaft gesehen werden können. Ich halte das deshalb für Spekulation, weil ich der Überzeugung bin, daß es fast unbegrenzte Ressourcen in der Gesellschaft gäbe, wenn sich die Gesellschaft entsprechend bildet, entwickelt und ihre Potentiale, also ihre Fähigkeiten nicht nur auf die technisch-naturwissenschaftliche, sondern auch auf die kulturelle und die geistige Entwicklung konzentriert. Wenn sie das nicht tut, wird sie früher oder später an einen Punkt kommen, wo sie nicht mehr in der Lage ist, ihre Komplexität wirklich zu beherrschen. Das heißt, sie wird in Unordnung geraten, und die hochentwickelten Systeme werden - das kann man in der Geschichte der Menschheit immer wieder auf den unterschiedlichsten Niveaus feststellen - zerfallen. Die Integrationsleistung, die mit wachsender Komplexität verbunden ist, wird nicht mehr erbracht, die kulturelle Integration gelingt nicht mehr, das Ganze fängt an zu verfallen und verliert dadurch natürlich seine Leistungsfähigkeit.

Denn nicht das einzelne Teil, sondern das Ganze, in dem das einzelne Teil seine Funktion erfüllt, ist die Quelle des Wohlstandes und der Wohlfahrt der Gesellschaft. Ich lege auf diese Feststellung großen Wert. Mit der Zunahme von Dezentralisation und der Zunahme von Autonomie und Vielfalt in der Gesellschaft, die uns allen als wünschenswerte Ziele erscheinen, nehmen die Zentrifugalkräfte in der Gesellschaft zu, d.h. die desintegrierenden Faktoren. Ich muß sie durch eine größere Führungsanstrengung im Sinn der Integration kompensieren. Für diese Führungsanstrengung steht mir aber nicht der Befehl zur Verfügung, ich muß die Integration durch kulturelle Identität, durch gemeinsame Zielvorgaben und durch Werte leisten. Mit der wachsenden Komplexität der Gesellschaft nimmt die Bedeutung der Wertordnung als Integrationsfaktor zu. Mit der Zunahme der Bedeutung der Wertordnung nimmt die Leistung derer zu, die dafür sorgen, daß es diese Wertordnung gibt.

Daß diese Werte im Schulsystem vermittelt werden, daß diese Werte immer wieder in Philosophie und Theologie erneuert werden und daß diese Werte auf ihre Verträglichkeit oder vielmehr die Wirklichkeit immer auf ihre Verträglichkeit mit den Werten überprüft wird - diese Funktionen werden in unserer Gesellschaft wesentlich an Bedeutung gewinnen. Ohne diese kompensatorischen Anstrengungen, auf Einheit gerichteten Anstrengungen geht der Nutzen gestiegener Komplexität verloren.

Die ökologische Herausforderung

Die ökologische Herausforderung heißt - in wenigen Sätzen formuliert - die Einbeziehung der Umweltressourcen in unseren gesamtgesellschaftlichen Bewertungs- und Verteilungsprozeß. Wir müssen erkennen, daß eine weitere Zerstörung unserer ökologischen Basis uns selbst gefährdet. Diese Erkenntnis muß nun in einer ungewöhnlichen großen innovatorischen Anstrengung umgesetzt werden.

Die Veränderung unserer Denk- und Verhaltensweise in der Einbeziehung der Natur als einen Teil unserer Verantwortung und nicht als einen Widerpart, den wir ausbeuten und bekämpfen, fügt der traditionellen Vorstellung unseres Verhältnisses zur Natur eine neue Dimension zu. Wenn ich eine neue Dimension einem bestehenden Ordnungssystem hinzufüge, so bedeutet das eine Veränderung des Ordnungssystems insgesamt. Ich betone das deshalb, weil die Meinung weit verbreitet ist, daß Umweltschutz etwas Additives sei, etwas, das man gewissermaßen zum Bestehenden hinzufügt.

Dies ist ein Irrtum. Umweltschutz ist ähnlich integrativ wie die Sozialpflicht in Bezug auf die klassisch-kapitalistische Wirtschaftsordnung integrativ war. Das, was in einem Suchprozeß von ungefähr 50 Jahren - wenn man mit den Sozialgesetzen Bismarcks anfängt, sind es sogar 70 Jahre - entwickelt wurde und sich dann als soziale Marktwirtschaft auch als Theorem und als Ordnungsvorstellungen letztlich manifestiert hat, das steht uns jetzt mit der Umwelt ins Haus: Die Einbeziehung einer ökologischen Verpflichtung in alles gesellschaftliche Tun von den Manifestationen, Lebenserscheinungen des Privathaushaltes bis zur Produktion von Gütern und Dienstleistungen. Dies ist eine enorme Innovationsleistung und bedeutet eine grundlegende Neuorientierung des gesellschaftlichen Denkens. Wenn sie nicht gelingt, wird die bestehende ökonomische und auch gesellschaftliche Ordnung von der Bevölkerung zunehmend als irrational empfunden werden, weil sie nicht in der Lage ist, eine entscheidende Existenzbedingung zu gewährleisten. Wenn wir beweisen können, daß das Ozonloch immer größer wird - also nicht nur in eher esoterischen oder vereinzelten Publikationen von Wissenschaftlern oder Minderheitengruppen, sondern gewissermaßen für die Gesamtbevölkerung durchs Gefühl, durch den Bauch - dann wird eine sehr gewaltige Veränderung in der Einstellung der Bevölkerung stattfinden, und die Widerstände, die wir heute haben, wenn es darum geht, Treibgase oder ähnliches aus der Produktion herauszunehmen, werden nicht nur verschwinden, sondern werden Forderungen Platz machen, die mit existenzieller Dringlichkeit vorgetragen werden. Der Prozeß ist im vollen Gange und je eher man durch innovatorische Leistungen diese Veränderungen vorbereitet, um so weniger eruptiv und mit um so geringeren Verwerfungen wird er stattfinden. Stattfinden wird er in jedem Fall.

Auch hier liegt eine zentrale Aufgabe der Elite: im Vorausdenken. Vorausdenken bedeutet hier nichts anderes als die hohe Wahrscheinlichkeit von übermorgen in das Handeln von heute einzubeziehen. Das ist außerordentlich unbequem für diejenigen, die das Handeln von heute und in der Vergangenheit auf die Erfahrung von gestern gestützt haben. Die werden dies als eine provokative Herausforderung ihrer bewährten Verhaltensweisen empfinden und entsprechend bekämpfen. Die erste Reaktion der traditionellen Denkstruktur auf die Aufforderung zur Veränderung ist die Leugnung des Sachverhaltes. Deshalb muß auch die Elite zunächst einmal erhebliche Energie darauf verwenden, den Sachverhalt ins Bewußtsein zu bringen. Wenn ich nach jungen Leuten oder nach potentiallen Nachwuchsleuten in einem Unternehmen ausgucken würde, dann würde ich die Qualität "Neugier" als außerordentlich hoch bewerten. Leute, die wissen wollen, wie die Dinge wirklich sind und dafür auch Risiken in Kauf nehmen, sind ungeheuer wichtig, denn sie sind diejenigen, die in der Gesellschaft die Funktion der ständigen Entdecker der Wirklichkeit erfüllen. Es muß in unserer Gesellschaft ständig die jeweilige Wirklichkeit entdeckt werden, denn die Institutionen, in denen wir leben, repräsentieren in der Regel überholte Wirklichkeiten. Überholte Wirklichkeiten - verdichtet in Erfahrung - gewähren Stabilität. Sie können nicht im ständigen Wandel existieren, und deshalb leisten sie auch Widerstand gegen Veränderungen.

Auf der anderen Seite muß dieser Widerstand in periodischen Abständen überwunden werden, und diese gesellschaftliche Funktion ist vor allen Dingen in teilrationalen Gebilden wichtig, die im Wettbewerb stehen, die den Veränderungen stärker ausgeliefert sind als das Ganze, welches Veränderungen in sich auch länger verkraften kann, ohne darauf zu reagieren. Es steht also auch hier die Innovation im Vordergrund.

Dabei geht es nicht nur um die technische Umrüstung, sondern es geht vor allen Dingen um eine Umrüstung des Denkens. Wir werden uns in den nächsten Jahren sehr intensiv mit der Frage befassen müssen, ob die bisherige Beschreibung des gesellschaftlichen Fortschritts als quantitativer Zuwachs noch brauchbar ist. Der Wirtschaftsausschuß des Deutschen Bundestages z.B. hat einstimmig auf Initiative der Grünen Abgeordneten beschlossen, eine Anhörung durchzuführen, die sich mit der Frage befaßt, welche Auskunft uns eigentlich das meßbare quantitative Wirtschaftswachstum für die Qualität unserer Gesellschaft gibt. Was bedeutet es eigentlich, wenn wir sagen: 2 1/2% Zuwachs des Bruttosozialproduktes. Wir haben uns so daran gewöhnt, darin eine hervorragende Sache zu sehen, daß die Bekanntgabe einer höheren Wachtumsrate fast enthusiastische Reaktionen in der Gesellschaft auslöst, jedenfalls bei vielen. Aber die Zweifel wachsen, ob dieser Maßstab ausreicht. Die Zweifel wachsen auch, ob die quantitative Vermehrung des Bruttosozialproduktes auf die Dauer ein geeignetes Mittel ist, gesellschaftliche Probleme zu lösen.

Diese Fragen spielen im Zusammenhang mit dem Umweltschutz eine zentrale Rolle. Ich kann sie jetzt leider nicht vertiefen, aber es sind alles Fragen, die von der Elite bewältigt werden müssen und zwar nicht nur theoretisch, sondern vor allen Dingen auch praktisch.

Die demographische Entwicklung

Die dritte, bis heute in ihrer Dramatik noch immer verkannte Entwicklung, ist die demographische Entwicklung. Sie ist eine Entwicklung von der 3- zur 5-Generationen-Gesellschaft in den nächsten 30 Jahren. Sie bedeutet, daß die Anteile der älteren Bevölkerung an der Gesamtbevölkerung ständig zunehmen. Von 22% im Jahr 1990 wird die Zahl der über 60jährigen auf 36% im Jahre 2030 anwachsen, was z.B. für das politische System bedeutet, daß dann rund 40% der Wähler älter als 60 Jahre sind. Man muß sich das mal vergegenwärtigen, wenn man sich überlegt, wie durch ein Parlament die Rentenfrage entschieden wird, d.h. wie die Machtfrage "Verteilung der Einkommen zwischen den Generationen" behandelt wird, wenn 40% der Wähler auf Rezipientenseiten sitzen, jedenfalls nach heutigen Vorstellungen. Sie werden nicht auf der Rezipientenseite, sondern sie werden zum erheblichen Teil arbeiten.

Man wird damit beschäftigt sein, noch ältere Menschen zu pflegen. Die vierte Generation wird sich um die fünfte Generation kümmern, weil die zweite und dritte Generation voll im Erwerbsprozeß stehen wird, und die Zwanzig- bis Vierzigjährigen sehr viel mehr Kinder haben werden müssen als heute, wenn noch eine Bevölkerung von 45 bis 48 Millionen stabil gehalten werden soll. Uns stehen hier, und zwar in der Lebensspanne der heute 25-30jährigen, auch noch der 35jährigen, revolutionäre Veränderungen ins Haus. Diese Veränderungen werden alle Teile der Gesellschaft erfassen.

Auf einer Veranstaltung hat kürzlich Herr Hagedorn für den Beamtenbund erklärt, die demographische Veränderung berühre den Beamtenbund überhaupt nicht. Seine Position sei durch Artikel 38 Grundgesetz gewährleistet. Ein klassisches Beispiel für Nicht-Elite. Aber das ist die Ausgangslage, von der aus wir die Veränderung der demographischen Entwicklung behandeln.

Man wird durch diese Entwicklung, wenn sie innovativ und evolutionsfähig bleiben sollen, u.a. folgende Veränderungen in der Gesellschaft bekommen: Das Bildungssystem wird revolutionär verändert. Die Eingangsbildung wird kürzer und die lebenslange Bildung wird sehr viel intensiver. Wir werden das Arbeitsleben 2- bis 3-mal für Zeiträume von einem halben bis einem Jahr unterbrechen und in diesen Zeiträumen intensiv uns neues Wissen aneignen müssen, weil das bis zum 28. Lebensjahr angeeignete Wissen nicht ausreicht für eine Lebenserwartung, und zwar in einem körperlich, also biologisch gesehen, arbeitsfähigen Alter bis zu 70 Jahren.

Die Altersstruktur wird ja nicht nur dazu führen, daß die Menschen durchschnittlich älter werden, sondern sie werden insgesamt älter. Die Lebenserwartung nimmt zu, und dank der medizinischen Wissenschaft geht der Alterungsprozeß langsamer vonstatten. Ein heute 70jähriger hat dieselben durchschnittlichen Leistungsdaten wie vor 15 Jahren ein 60jähriger. D.h. wenn man vor 15 Jahren gesagt hat, ein 60jähriger müßte sich jetzt eigentlich zur Ruhe setzen - und man ist dabei nicht vom Alter ausgegangen, sondern von der durchschnittlichen körperlichen Konstitution des 60jährigen - dann müßte man heute sagen, ein 70jähriger muß sich zur Ruhe setzen, denn er hat die Konstitution, die vor 15 Jahren der 60jährige hatte.

Die entscheidende Frage aber für unser Thema ist: Wie wird die Innovationsfähigkeit unserer Gesellschaft berührt, wenn das Durchschnittsalter der Bevölkerung ständig zunimmt? Das Durchschnittsalter in Deutschland um die Jahrhundertwende war 25 Jahre. Das Durchschnittsalter der Bevölkerung in der Bundesrepublik um die nächste Jahrhundertwende ist 50 Jahre. In einem Jahrhundert hat sich das Durchschnittsalter verdoppelt. Die Folge ist, daß Innovationsleistungen in ihrer Masse von Menschen erbracht werden müssen, von denen man früher jedenfalls Innovationsleistungen eher nicht erwartet hat. Man hat bei den Naturwissenschaftlern geprüft, wie die Menschen in verschiedenen Lebensabschnitten innovativ sind und ist zu dem Ergebnis gekommen, daß die überwiegende Zahl der wichtigen und weiterführenden Erfindungen z.B. in der Physik von Menschen gemacht worden sind, die durchschnittlich nicht älter als 35 waren.

Am Anfang des Lebens ist der Mensch relativ offen, ungeprägt, noch nicht geformt durch selbsterworbene Erkenntnisse und neugierig. Können wir diese gleichen Qualifikationen in Zukunft auch bei den 50jährigen antreffen oder können wir sie produzieren? Können wir unser Bildungssystem so entwickeln und weiterentwickeln, daß auch dort noch Eliteleistung der Innovation erbracht wird? Ich weiß die Antwort darauf nicht, aber sie wird uns beschäftigen. Wir müssen uns anstrengen, um uns, unser Land, unsere Gesellschaft in die Lage zu versetzen, auch diese Aufgabe zu lösen.

Anforderungen an Eliten

Wir haben jetzt Aufgaben gesehen und immer auch ihre Relevanz für Elitepersonal angesprochen. Zwei Hauptaufgaben scheinen mir für die Menschen, die man als Elite bezeichnen wird, prägend zu sein, weil sie diese Aufgaben erfüllen: Das ist die Fähigkeit zur Problemerkennung und die Fähigkeit zur Innovation als Antwort auf ein erkanntes Problem. Ich messe der Fähigkeit zur Problemerkennung einen ebenso hohen Stellenwert bei wie der Fähigkeit zur Entwicklung einer Antwort. Einfacher ausgedrückt: Die Entwicklung der richtigen Fragestellung ist ebenso wichtig wie die Entwicklung der Antwort. Wir haben jedoch eine gesellschaftliche Prägung in unserem Land, die das Antwortgeben dem Fragestellen präferiert. Lohmar hat einmal ein sehr beachtliches Essay geschrieben, die "Antwortgesellschaft". Es basiert auf einem Gespräch, das wir in unserem Institut hatten, Meinhard, Miegel, Lohmar und ich, in dem wir uns mit der Frage beschäftigt haben, wie es eigentlich kommt, daß die Medien, die Gesellschaft, die Bürger, alle, sobald irgendein Problem auftaucht, das noch gar nicht näher erfaßt und definiert ist, sofort eine umfassende Antwort verlangen? Wenn man einmal in Nachrichtensendungen, in Zeitungen, in Kommentaren darauf achtet, gibt man sich ja mit dem Begriff Antwort alleine gar nicht mehr zufrieden, sondern sie muß umfassend sein, es muß besser noch ein Konzept sein, nicht eine Antwort. Diese Haltung empfindet die Fragestellung eher als irritierend. Der Grund dafür ist, daß die Frage ja "in Frage" stellt, aber noch keine neue Sicherheit liefert. Sie öffnet damit gewissermaßen eine Kluft zwischen der bisher bewährten Erfahrung und etwas, was man erst noch finden muß, und das löst offenbar höchst unangenehme Gefühle aus. Man fühlt sich verunsichert, die Verortung ist in Frage gestellt, die Besitzstände sind in Zweifel gezogen. Dann kommen solche ridikülen Abwehrhaltungen wie die vorhin von mir beschriebene von Herrn Hagedorn. Diese sind im Grunde genommen der Versuch, die Reflektion über die Veränderung - wenn irgendmöglich - zu verhindern.

Ich komme mit dieser Feststellung, neben der Neugier, die ich vorher als Qualifikation erwähnt habe, zu einer zweiten Fähigkeit, die ich für die Elite für sehr wichtig halte. Und das ist die Bereitschaft zum Konflikt. Wir haben eine ausgesprochen konfliktfeindliche Gesellschaft. Bischof Kruse hat Weihnachten 1986 seine Weihnachtsbotschaft benutzt, um vor den Gefahren zu warnen, die für eine Gesellschaft damit verbunden sind, daß sie konfliktunfähig wird. Konfliktunfähigkeit bedeutet nämlich Frageunfähigkeit. Es bedeutet die Unfähigkeit, Unsicherheit zu erzeugen oder einer bestehenden Situation gegenüber einen Kontrapunkt zu formulieren. Konflikt ist Streit, und Streit ist negativ. Selbst eine so aufgeklärte Zeitung wie die ZEIT ist nicht in der Lage, einen politischen Konflikt als etwas Positives zu empfinden.

Ich habe das neulich einmal der Gesamtredaktion der ZEIT vorgehalten. Ich hatte die Ehre, zu einer Blattkritik eingeladen zu werden. Da muß man die ganze ZEIT lesen und dann kritisieren. Das ist eine ziemliche Anstrengung, aber es macht auch Spaß. Der Leitartikel handelte von Lafontaine und Lafontaines Positionen in der SPD, und dann wurde beschrieben, daß er eben Streit erzeugt, und das wurde sehr negativ dargestellt, zumindestens mit einem negativen Unterton. Ich habe die Redakteure gefragt, wo ihrer Meinung nach Innovationen herkommen außer aus Konflikten. Die Frage hat sie sehr überrascht. Sie waren es so gewohnt, im allgemeinen Duktus den Konflikt als etwas Negatives, als etwas die Gesellschaft Gefährdendes zu empfinden, daß sie sich eigentlich unreflektiert an der Erschwerung der Innovation duch die Diffamierung des Konfliktes beteiligt haben.

Wenn eine Gesellschaft keine institutionellen Vorkehrungen mehr anbietet, die geeignet sind, solche Innovationsprozesse gewissermaßen als einen gesellschaftlichen Beitrag erscheinen zu lassen, dann gefährden sie ihre eigene Entwicklung. Das ist in meinen Augen eines der Hauptprobleme in der Bundesrepublik Deutschland und stärker ausgeprägt als in anderen Ländern. Die Bundesrepublik Deutschland hat eine - inzwischen fast verhängnisvolle - Sehnsucht nach Harmonie, eine Sehnsucht nach möglichst harmonischen Abläufen, auch politischer Entwicklungsprozesse. Typisches Argument: "Macht das doch hinter verschlossenen Türen aus! Laßt uns um Gottes Willen damit in Ruhe! Erzählt uns dann, was dabei herausgekommen ist!" Aber wenn dabei etwas Veränderndes herausgekommen ist, wird es abgelehnt, weil ja keiner weiß, warum diese Veränderung stattfindet, denn niemand hat an dem Prozeß teilgenommen. Dann melden sich plötzlich alle Betroffenen und sagen: "Wir wollen aber mitdiskutieren".

Diese Art der Innovationsbehandlung ist gefährlich. Elite wird sich in diesem Land dadurch auszeichnen, daß sie sich von diesen Werturteilen nicht abhalten läßt, innovativ tätig zu sein und die Unbequemlichkeit auf sich nimmt, zunächst einmal gegen eine allgemein bestehende Abneigung kontrovers zu argumentieren. Wenn sich nur eine kleine Minderheit untereinander darüber einig ist, daß sie sich richtig verhält, wird sie mit diesem Verhalten sehr schnell die Mehrheitsmeinung verändern. Die jetzt bestehende Mehrheitsmeinung ist im wesentlichen darauf zurückzuführen, daß sich auch die Eliten in ihr eingerichtet haben und daß diese aus der

Erfahrung der 50er, vor allem der 60er und 70er Jahre, d.h. aus der Wachstums- und Expansionserfahrung heraus der Meinung sind, daß gesellschaftliche Evolutionen relativ konfliktfrei möglich seien, was unter Bedingungen ständiger Expansion der materiellen Ressourcen zutrifft. Ich brauche keine Prioritäten zu ändern, ich kann alles lassen und kann nach Hans Dichgans berühmtem Satz referieren, wer reformieren will, muß erst alle bestehenden Besitzstände garantieren.

Das funktioniert aber nur unter Bedingungen der quantitativen Expansion. Wenn die quantitative Expansion zurückgeht, muß man in bestehende Besitzstände eingreifen, um neue Prioritäten zu bedienen. Das ist jedoch nur unter Konfliktbedingungen möglich. Wenn eine Gesellschaft dazu nicht in der Lage ist, wird sich ihre Evolution verlangsamen, und was an Evolution stattfindet, wird auf Kosten zukünftiger Generationen gehen. Sie wird Zukunftsressourcen verbrauchen, sie wird die ökologischen Probleme nicht lösen können, weil sie mit dramatischen Verteilungskonflikten verbunden sind, und sie wird die Ressourcen-Reallokationsprobleme nicht lösen können, sondern sie wird sie mit Schulden finanzieren.

Daß die Bundesrepublik Deutschland auf dem Höhepunkt ihrer wirtschaftlichen Entwicklung als eines der reichsten Länder der Erde ohne nennenswerte internationale Verpflichtungen nicht in der Lage ist, ihre normalen finanziellen Bedürfnisse ohne eine jährliche Verschuldung von 60 Milliarden DM zu befriedigen, ist ein ganz eindeutiger Beweis dafür, daß unsere Innovationsfähigkeit, im Sinne von Fähigkeiten zur Prioritätenänderung, unzureichend ist. Wir leisten uns den Luxus einer harmonischen Gesellschaft und vererben eine ungeheuer konfliktbeladene Situation. Denn diese Konflikte lassen sich eines Tages nicht mehr auf diese Weise lösen, etwa die Konflikte, die aus der demographischen Entwicklung resultieren. Auch das ist für mich ein Eliteproblem, wenn Sie sich mal über die letzten 30 Jahre vergegenwärtigen, wie das, was für zumutbar gehalten wurde, abgenommen hat, dann kann man erkennen, daß das Niveau der Zumutbarkeit ständig abgenommen hat.

Die Fähigkeit der Gesellschaft, einzelne für gesellschaftliche Aufgaben, die offensichtlich sinnvoll sind, in die Pflicht zu nehmen, geht ständig zurück. Auch das ist eine Konsequenz von fehlender Konfliktfähigkeit und überbetontem Harmoniebedürfnis. Wir gehen ja z.B. in der Rentenreformdiskussion - Sie wissen vielleicht, daß ich da eine andere Haltung habe als die Bundesregierung - davon aus, daß es unter Gesichtspunkten der Zumutbarkeit vollkommen gerechtfertigt ist, heute nicht mehr als 18 1/2% Beiträge, beide zusammen, zu verlangen, und auch keine Eigenvorsorge. Wir gehen als vollkommen selbstverständlich davon aus, daß der Generation meiner Enkel, also denjenigen, die im Jahre 2000 zwanzig, dreißig, vierzig Jahre alt sind, ein Betrag von rund 30-35% ihres Einkommens für die Finanzierung der Alterseinkommen der heute 30-40jährigen zugemutet werden kann. Wir gehen von einer Steigerung des Zumutbarkeitsniveaus um fast 100% aus ohne irgendeine politisch plausible Erklärung dafür, woher diese Steigerung kommen wird, auf welcher Wertverpflichtung, auf welcher Solidaritätsverpflichtung sie beruhen soll. Was wir zur Zeit tun, ist nichts anderes als scheinbar heute nicht nachvollziehbare Zumutbarkeiten zusätzlich auf die nachfolgenden Generationen abzuwälzen. Das ist offensichtlich keine vernünftige Politik. Von Eliten muß man erwarten, daß sie das erkennen.

Autoren

Kurt Biedenkopf
Dr. jur. und Professor für Bürgerliches Recht, Handels-, Wirtschafts- und Arbeitsrecht, Rechtsanwalt, geb. 28. Januar 1930 in Ludwigshafen am Rhein.
Studium an den Universitäten München und Frankfurt, 1964-1970 Ordinarius an der Ruhr-Universität Bochum, 1971-1973 Geschäftsführer der Henkel GmbH, Düsseldorf. Seit 1968 in verschiedenen Funktionen der Politik tätig, unter anderem 1980-1984 Vorsitzender des Präsidiums der CDU Nordrhein-Westfalen, seit 1987 Abgeordneter des Deutschen Bundestages.

Ernst-August Bolte
Dipl.-Psych., geb. 1940 in Braunschweig. Nach dem Studium Tätigkeit als Anstaltspsychologe im Jugendstrafvollzug. Seit 1970 im Bereich der Personalentwicklung bei verschiedenen Unternehmen tätig: Deutsche Lufthansa AG, Poly-Gram GmbH, Allianz Versicherungs-AG, Steag AG.
Tätigkeitsschwerpunkte: Personalauswahl, Führungskräfteschulung, Personalentwicklungs-Konzeption. Ab 1970 Entwicklung und Veranstaltung von Assessment Centern.
Seit 1984 freiberuflich auf dem Gebiet der Personalberatung und -entwicklung tätig.

Reinhard A. Diesner
Dipl.-Psych., geb. am 6. Juni 1957 in Lauf a.d. Pegnitz, Studium an der Universität Nürnberg-Erlangen und der University of Maryland. Seit 1984 bei der Bayerischen Hypotheken- und Wechsel-Bank AG tätig.
Tätigkeitsschwerpunkte: Personalauswahl und -entwicklung, Assessment Center.

Heider Haydam
Dipl.-Psych., geb. 1944. Von 1971-1973 Partner im Institut für Wirtschaftspsychologie. Von 1973-1978 leitender Psychologe der Deutschen Gesellschaft für Personalwesen e.V. Von 1979-1987 Leiter der Betriebspsychologischen Abteilung bei E. Merck. Seit 1988 Leiter der Personalabteilung AT - Akademiker, E. Merck.
Tätigkeitsschwerpunkte: Beschaffung und Betreuung von AT-Personal, Führungskräfteentwicklung.

Franz Indergand
Dipl.-Psych., geb. 1950. Studium an der Universität Fribourg, Schweiz. 1977-1980 Einstieg bei der Schweizerischen Kreditanstalt, Zürich als Management-Trainer. 1980-1984 Mitarbeiter der SKA-internen Assessment Center-Gruppe. 1984-1987 Leiter des Personaldienstes für das Ressort Produktion und Dienste. Seit September 1987 Leiter des Spartenpersonaldienstes Logistik.

Wolfgang Jeserich
Dr.rer.pol., geb. 1933. Studium der Volkswirtschaft, Soziologie und Betriebspsychologie in München, London, Cambridge und Freiburg. Seit 1988 selbständiger Berater und Trainer für qualitative Personalarbeit. Tätigkeitsschwerpunkte: Assessment Center, Personalentwicklung, Personalauswahl, Führungsstilanalysen, Organisation von Weiterbildung und Personalentwicklung.

Peter Jung
Dr.phil., geb. 1941. Studium an den Pädagogischen Hochschulen Saarbrücken und Berlin von 1962-1965. Lehrer an Grund- und Hauptschulen im Saarland 1965-1969. Assistent an der Pädagogischen Hochschule des Saarlandes von 1970-1972. Studium der Psychologie an den Universitäten Saarbrücken und Düsseldorf von 1972-1978. Von 1972-1978 wissenschaftlicher Mitarbeiter an den Psychologischen Instituten der Universität Saarbrücken und Konstanz. Von 1978-1981 Referent für Weiterbildung bei der Allianz Versicherungs-AG in München. Leiter des Betrieblichen Bildungswesens der Allianz Versicherungs-AG in Köln von 1981-1984. Seit 1985 Referent für Führungskräfteauswahl und -entwicklung im Zentralen Bildungswesen der Allianz Versicherungs-AG in München.

Reinhard Leiter
Dipl.-Kfm., geb. 1946. Studium der Betriebswirtschaftslehre an der Universität München. Von 1971-1982 Industrieerfahrung bei Agfa-Gaevert in folgenden Funktionen: Ausbildungsgruppenleiter, Managementtrainer, Leiter Weiterbildung, Leiter Personalbeschaffung-Entgeltfindung, Leiter Aus- und Weiterbildung. Seit 1983 Leiter des Zentralen Bildungswesens der Allianz Versicherungs-AG in München.

Karl Leitner
Dipl.-Kfm., Mag.rer.soc.oec., Doktorat; Mineralöl- und Kraftfahrzeugindustrie, geb. 1931. Studium der Betriebswirtschaftslehre an der Wirtschaftsuniversität Wien und an der Harvard Business School. Von 1960-1966 Konzipierung und Leitung von Management-Kursen. Von 1966-1983 Geschäftsführer der MDI. Seit 1984 selbständig tätig auf dem Gebiet der Management-, Personal- und Organisationsentwicklung, Universitätslektor.

Susanne Leyer
Dipl.-Psych., Studium der Psychologie an der Universität Bonn. Betriebspsychologin bei der Bayer-AG.
Tätigkeitsfeld: Auswahl kaufmännischer Mitarbeiter und Führungskräfte, Einführung und Durchführung von Assessment Centern, Gruppenleiterin Betriebspsychologie I, Leiterin Stabsstelle Personal, Sektor Gesundheit.

Emil Looser
Psychologe, lic.phil., geboren 8. Mai 1946. Studium in angewandter Psychologie in Fribourg/Schweiz. 1977-1987 Piloten- und Flugverkehrsleiter-Selektion bei der Swiss-Air. Seit 1987 bei der Schweizerischen Kreditanstalt im Bereich Management Development, Assessment Center-Gruppe.

Helmut Methner
Dipl.-Psych., geb. 1942. Studium der Psychologie an den Universitäten Marburg und Bonn. Mehrjährige Tätigkeit als Betriebspsychologe und als Referent im industriellen Personalwesen. Jetzt Leiter des Wissenschaftlichen Dienstes in der Akademie für Führungskräfte der Deutschen Bundespost.
Tätigkeitsschwerpunkte: Entwicklung und Durchführung von Auswahlverfahren für Führungskräfte, Fortbildung, Vorsitzender der Sektion Arbeits-, Betriebs- und Organisationspsychologie im Berufsverband Deutscher Psychologen.

Rainer Neubauer
Dipl.-Psych., geb. 1947. Studium der Psychologie an der Universität München. Von 1974-1986 bei der Industrieanlagen-Betriebsgesellschaft in Ottobrunn, zuletzt als Projektleiter Auswahl und Entwicklung von Führungskräften tätig. Seit 1984 selbständiger Berater für Assessment Center und Verhaltenstrainer.

Rolf Otte
Dr.phil., geb. 1942. Studium der Psychologie an den Universitäten Braunschweig und Marburg. Studium der Erziehungswissenschaften an der Technischen Universität Braunschweig. Von 1972-1981 Dozent am Lehrstuhl für Allgemeine Pädagogik, PH Braunschweig. 1982-1987 Psychologischer Dienst der Bundeswehr beim Personalstammamt in Köln. Seit 1987 Regierungsdirektor und Dezernatsleiter für Prüfmethodik und Bewährungskontrollen.

Hans-Werner Schulz
ist Leiter des Bereiches Konzern-Bildungswesen in der Kaufhof-AG, seit 1967 für die Führungskräftebeschaffung und die Personalentwicklung des oberen Managements verantwortlich. In dieser Eigenschaft arbeitet er in dem Deutschen Arbeitskreis für Assessment Center seit seiner Gründung mit. Er fördert dabei insbesondere den Erfahrungsaustausch zwischen den beteiligten Unternehmen. Im Programmbeirat des Universitäts-Seminars der Wirtschaft (USW) vertritt er die Interessen der Handelsunternehmen.

Ludwig Uhlmann
Dipl.-Psych., geb. 1949. Studium der Psychologie in Freiburg und Bonn. Seit 1978 im Psychologischen Dienst der Bundeswehr im Personalstammamt an der Offizierbewerberprüfzentrale in Köln tätig mit den Schwerpunkten: Eignungsuntersuchungen, Psychodiagnostik und Testentwicklung.

Frederic Vester
geboren 1925, Biochemiker und Fachmann für Umweltfragen, ist Gründer und Leiter der Studiengruppe für Biologie und Umwelt GmbH in München sowie Inhaber des Lehrstuls für "Interdependenz von technischem und sozialem Wandel" an der Bundeswehrhochschule München. Bekannt durch wissenschaftliche Fernsehreihen und Ausstellungen über Systemzusammenhänge sowie als Bestsellerautor von Sachbüchern.

Dieter Volkmann
Dipl.-Psych., geb. 1956. Studium der Psychologie an der Universität Mainz. Danach Tätigkeit als Wissenschaftlicher Mitarbeiter und Referent am Institut für Angewandte Psychologie in Heidelberg. Ausbildung in der Humanistischen Psychologie und Anerkennung als Klinischer Psychologe BDP. Seit 1987 als Referent im Zentralen Bildungswesen der Allianz Versicherungs-AG tätig.

Hermann Weber
Dipl.-Psych., geb. 1954. Studium der Psychologie in Konstanz. Im Anschluß an das Studium vier Jahre Weiterbildungsreferent bei der Frankfurter Allianz-Versicherungs-AG. Seit eineinhalb Jahren Mitarbeiter der Personalberatung Bolte in Hamburg. Gleichzeitig Lektor des Windmühle-Verlags. Tätigkeitsschwerpunkte: Assessment Center, Führungs-, Verhandlungs- und andere Trainings, Publikation: "Arbeitskatalog der Übungen und Spiele" und Herausgeber der "Literatur für die Aus- und Weiterbildung in Organisationen".

Ulrich A. Wever
Dr.phil., geb. 1928. Studium der Germanistik, Anglistik, Kirchengeschichte an den Universitäten Bonn, Oxford, Marburg. Von 1958-1969 verschiedene Berufsstationen, darunter: Programmleiter Amerikahaus Hannover, Einkäufer bei einem mittelständischen Unternehmen, überparteiliche Bildungsarbeit, Planungsstab des Ministerpräsidenten von NRW. Von 1969-1978 in verschiedenen Personalfunktionen bei der IBM-Deutschland. Seit 1978 bei der Bayerischen Hypotheken- und Wechsel-Bank-AG.
Tätigkeitsschwerpunkt: Integration von Personalpolitik und Unternehmenspolitik, Entwicklung und Pflege einer kommunikativen Infrastruktur und Unternehmenskultur.